本书系山东省社科规划项目"以人为核心的农村城镇化建设与美丽中国梦研究"的阶段性成果

孙波 ○ 著

XIANGCUN ZHENXING ZHANLÜE
LILUN YU SHIJIAN YANJIU
——YI SHANDONG WEILI

# 乡村振兴战略理论与实践研究
## ——以山东为例

中国社会科学出版社

# 图书在版编目（CIP）数据

乡村振兴战略理论与实践研究：以山东为例/孙波著.—北京：中国社会科学出版社，2019.11
ISBN 978-7-5203-5283-3

Ⅰ.①乡… Ⅱ.①孙… Ⅲ.①农村—社会主义建设—研究—山东 Ⅳ.①F327.52

中国版本图书馆 CIP 数据核字（2019）第 221862 号

---

| 出 版 人 | 赵剑英 |
|---|---|
| 责任编辑 | 朱华彬 |
| 责任校对 | 张爱华 |
| 责任印制 | 张雪娇 |

| 出　　版 | 中国社会科学出版社 |
|---|---|
| 社　　址 | 北京鼓楼西大街甲 158 号 |
| 邮　　编 | 100720 |
| 网　　址 | http://www.csspw.cn |
| 发 行 部 | 010-84083685 |
| 门 市 部 | 010-84029450 |
| 经　　销 | 新华书店及其他书店 |

| 印　　刷 | 北京君升印刷有限公司 |
|---|---|
| 装　　订 | 廊坊市广阳区广增装订厂 |
| 版　　次 | 2019 年 11 月第 1 版 |
| 印　　次 | 2019 年 11 月第 1 次印刷 |

| 开　　本 | 710×1000　1/16 |
|---|---|
| 印　　张 | 23 |
| 插　　页 | 2 |
| 字　　数 | 362 千字 |
| 定　　价 | 129.00 元 |

---

凡购买中国社会科学出版社图书，如有质量问题请与本社营销中心联系调换
电话：010-84083683
版权所有　侵权必究

# 前　　言

习近平总书记在党的十九大报告中提出实施乡村振兴战略，要求坚持农业、农村优先发展，加快推进农业农村现代化。十九大报告指出乡村振兴战略的总要求是：坚持农业农村优先发展，按照产业兴旺、生态宜居、乡风文明、治理有效、生活富裕的总要求，建立健全城乡融合发展体制机制和政策体系，加快推进农业农村现代化。

乡村振兴战略是新时代促进农村发展的伟大举措，涉及农村的政治、经济、文化发展、社会生活和生态保护等各个方面，因此本书主要分为农村经济发展、文化习俗发展、农村环境治理与生态保护、农民生活方式转变四部分，具体包括农村特色产业的发展模式、农产品生产与销售体系构建、农村电商的发展、农业供给侧改革与农民生产方式转变、农村婚嫁习俗与移风易俗、淳朴民风构建与丧葬习俗改革、农耕文明传承与庙会祭祀风俗、农村文化发展、乡村文明构建与农村教育、环境问题综合治理与农村环卫体系、水资源保护、农村土地流转与土地保护、美丽乡村与生态保护、城乡融合发展与农民生活、新农合与卫生保健、农民居住改善、农村发展与农民就业收入、农民消费观念转变等方面内容。

在研究中本书结合党的十八大，尤其是十九大以来山东农村发展与美丽乡村建设的相关具体实例，探讨了山东在近年来践行习近平总书记新时代解决"三农"问题发展思想所取得的经验、存在的问题、解决措施以及今后改革发展的方向。在研究过程中，个人研究旨趣一方面追求现实实践意义，以期为新时期中国特色社会主义建设提供借鉴参考，为现实的农村发展服务；另一方面，通过对现实经验的分析总结，回归到理论研究，以便为新时代农村建设发展的理论总结与理论创新尽力。

# 目 录

## 第一篇 乡村振兴战略与农村经济发展

### 第一章 绿色兴农:农村特色产业的发展模式 (3)
第一节 绿色兴农发展理念探析 (3)
第二节 农村特色产业发展的模式 (6)
第三节 培育农村特色产业的路径 (9)
第四节 农村特色产业发展的实践 (14)

### 第二章 质量兴农:农产品生产与销售体系构建 (22)
第一节 当前农村农产品生产与营销现状 (22)
第二节 农产品质量提升 (26)
第三节 生鲜农产品与智慧农业:产销一体化探索 (29)
第四节 农产品网络销售保障体系构建 (33)

### 第三章 "互联网+"现代农业:农村电商的发展 (38)
第一节 农村电商的现状与发展 (38)
第二节 "互联网+"背景下淘宝村的发展 (44)
第三节 农村电商与现代农业 (50)
第四节 农村电商与农产品产销一体化 (54)

### 第四章 农业供给侧改革与农民生产方式转变 (58)
第一节 农业现代化与农业供给侧改革 (58)

第二节　农业供给侧改革与农业转型升级 …………………… (63)
第三节　农业供给侧改革推动农民生产方式转变 …………… (68)

# 第二篇　乡风文明与农村文化发展

### 第一章　农村婚嫁习俗与移风易俗 ……………………………… (81)
第一节　社会发展与结婚习俗变迁 …………………………… (81)
第二节　市场经济对婚姻习俗的影响 ………………………… (85)
第三节　农村经济发展与喜事贺礼的变化 …………………… (88)
第四节　农村婚姻嫁娶移风易俗与创新 ……………………… (92)

### 第二章　淳朴民风构建与丧葬习俗改革 ………………………… (98)
第一节　民风构建与丧葬习俗的关系 ………………………… (98)
第二节　丧葬习俗的细节分析 ………………………………… (103)
第三节　祭祀风俗与社会发展 ………………………………… (108)
第四节　丧葬习俗改革存在的问题及对策 …………………… (112)

### 第三章　农耕文明传承与农村集市、庙会 ……………………… (117)
第一节　农村集市的现状及问题 ……………………………… (117)
第二节　农村集市的文化民俗特色 …………………………… (123)
第三节　农村集市与农民现代生活 …………………………… (129)
第四节　庙会与农村文化传承 ………………………………… (132)

### 第四章　留住乡愁与农村文化发展 ……………………………… (138)
第一节　留住乡愁与传统文化传承 …………………………… (138)
第二节　文化遗产保护与创新 ………………………………… (144)
第三节　传统村落与文化保护 ………………………………… (151)
第四节　乡村文化振兴与发展 ………………………………… (156)

### 第五章　乡村文明构建与农村教育 ……………………………… (167)
第一节　农村教育现状及发展 ………………………………… (167)

第二节　城乡一体化背景下的农村教育 ……………………（170）
第三节　以农村教育推动乡村文明 …………………………（173）

## 第三篇　生态宜居与农村环境治理

### 第一章　环境问题综合治理与农村环卫体系 ………………（183）
第一节　农村垃圾处理与美丽乡村建设 ……………………（183）
第二节　垃圾收容与处理体系构建 …………………………（187）
第三节　农村环卫工作情况分析 ……………………………（189）
第四节　农村垃圾处理与收容体系 …………………………（193）

### 第二章　"绿水青山"中的水资源保护 ……………………（198）
第一节　水资源保护与利用现状 ……………………………（198）
第二节　大型水体水库的利用与保护 ………………………（205）
第三节　水污染防治的公众参与机制构建 …………………（208）

### 第三章　农村土地流转与土地保护 …………………………（211）
第一节　土地流转与农业发展 ………………………………（212）
第二节　土地利用与保护情况分析 …………………………（220）

### 第四章　美丽乡村与生态保护 ………………………………（231）
第一节　农村生态保护现实考察 ……………………………（231）
第二节　农村生态问题形成原因 ……………………………（238）
第三节　美丽乡村建设经验与措施 …………………………（244）

## 第四篇　生活富裕与农民生活方式改变

### 第一章　城乡融合发展与农民生活 …………………………（255）
第一节　新时代背景下的城乡融合发展 ……………………（255）
第二节　城乡融合与"三农"问题 …………………………（260）
第三节　城乡融合发展与农民生活改善 ……………………（270）

## 第二章　健康乡村构建：新农合与卫生保健 ……………………(278)
### 第一节　新农合与农村医疗 ………………………………(278)
### 第二节　农民身体保健意识与健康状况 …………………(285)
### 第三节　农民生活习惯及改变 ……………………………(294)

## 第三章　美丽宜居村庄导向：农民居住改善 ………………(299)
### 第一节　美丽宜居乡村建设现状 …………………………(299)
### 第二节　农民居住现状及改善分析 ………………………(307)
### 第三节　农村房屋建设及户型功能改变 …………………(311)
### 第四节　农民"上楼"及生活方式改变 …………………(318)

## 第四章　农村发展与农民就业、收入 ………………………(323)
### 第一节　农民从业类型现状 ………………………………(323)
### 第二节　农民外出务工情况调查 …………………………(330)
### 第三节　当前农民收入增长与负债分析 …………………(335)

## 第五章　产业兴旺下的农民消费观念转变 …………………(343)
### 第一节　农民消费观念的现状及改变 ……………………(343)
### 第二节　电子商务对农民消费观的影响 …………………(349)
### 第三节　促进农民消费观念转变的措施 …………………(353)

**主要参考文献** ……………………………………………………(356)

**后记** ………………………………………………………………(359)

# 第一篇

## 乡村振兴战略与农村经济发展

实施乡村振兴战略，就要构建现代农业产业体系、生产体系、经营体系，健全农村社会化服务体系，促进农村一二三产业融合发展。本篇具体内容主要从农村特色产业发展模式、农业生产、销售等现代经营体系的构建、"互联网+"时代农村电商与物流的发展、农业供给侧改革要求下农民生产方式的转变等方面展开。

# 第 一 章

# 绿色兴农:农村特色产业的发展模式

绿色兴农,首要解决的就是环境问题,实现农业发展与生态环境的和谐发展。当前,在一些地方农业资源环境问题日益突出,围湖造田、围海造地、过度养殖、过度捕捞、过度放牧等现象不容忽视,因此,推进农业绿色发展是农业发展观的一场深刻革命。实现乡村振兴需要生态良好的自然环境,建设美丽中国需要绿水青山的自然回归。同时,人民群众日益增长的生态需求也为绿色发展提供了持续动力。人们对优美环境和绿色优质农产品的需求大大增加,绿色兴农、绿色富农必然会成为农业特色产业发展最有前景的模式。

## 第一节　绿色兴农发展理念探析

习近平总书记在党的十九大报告中对绿色发展理念做了充分肯定:"大力度推进生态文明建设,全党全国贯彻绿色发展理念的自觉性和主动性显著增强,忽视生态环境保护的状况明显改变。"[1] 推进农业绿色发展将是农业发展观的一场深刻革命。推动农业和农村可持续发展,实现绿色兴农,必须坚持绿色发展,以绿色为导向,实现人与自然和谐共生,践行绿色发展理念。

绿色环境发展理念强调的是合理利用自然资源,保护人类生活的自然和人文景观。不仅是保护环境,也要保护整个生物圈的和谐发展。只有更好地改善人们生活的自然环境,维持生态系统的正常运转,协调好

---

[1] 引自习近平总书记在中国共产党第十九次全国代表大会开幕式上所作的报告。

人和环境以及环境中各种生物之间的关系，才能保障人类社会发展和自然环境的有序运行、和谐发展。因此，我们要科学地规划好人们生产、生活环境以及人与生态环境之间的关系，扎实推动生态环境保护。

绿色发展是在传统发展模式基础上提出的新型发展模式，是将经济增长速度和经济发展过程建立在生态环境容量和资源环境承载力的约束条件下，实现经济效益、社会效益和生态效益协同提高的新型发展模式。

绿色发展主要包括三个方面的含义：一是将资源环境作为社会经济发展的内在要素。传统发展模式把资源环境作为"取之不尽，用之不竭"的外在要素，造成了对环境资源的无序开发、使用和掠夺，导致资源环境的不可持续利用；二是把实现经济、社会和生态环境的可持续发展作为绿色发展的目标。传统的发展模式突出了经济增长目标，忽略或弱化了生态环境的可持续发展目标；三是把经济活动过程和结果的"绿色化"和"生态化"，作为绿色发展的主要内容和过程。

绿色兴农之路还很漫长。随着农业绿色发展的推进，在农业的绿色发展过程中，还存在着许多问题。我国的农产品在生产时由于大量使用农药、化肥、生长剂等，加工时又大量添加防腐剂、调味剂等，造成产品有害物质含量增高。这不仅影响了产品的质量和性能，也会对消费者的身体健康造成危害。在世界范围内，绝大多数国家在农产品和食品进口方面都有严格的质量监控标准。同时，在我国农业出口中，有很多农产品在某些时候存在质量不达标的现象。在国际对农产品进口质量标准日益提高的前提下，这种现象如不改变，将会越来越不适应未来世界农业的发展。

理念是行动的先导。要从根本上改变高投入、高消耗、高强度的传统农业发展方式，树立绿色生态高效的现代农业发展方式，就必须以绿色发展理念贯穿始终。我们应将绿色发展理念植入农业发展规划、政策制定、法律修订和管理执行等全环节，用绿色发展理念统领农业资源保护、生态修复、科技研发、生产经营、加工流通、市场销售等全过程，让绿色发展理念覆盖种养业、农产品加工业、乡村休闲旅游业等全领域，真正将绿色的理念和精神融入现代农业发展之中。

资源和环境是农业发展的基础。严格保护农业资源和治理农村生态环境，就是筑牢现代农业绿色发展的根基。要实行最严格的资源保护制度、最集约的资源利用制度和最有力的生态修复制度，有效保护农业自然资源和生态环境。实行最严格的资源保护制度，就是要有效制止资源过度开发，紧紧守住耕地淡水资源红线和基本农田底线，逐步建立起农业生产力与资源环境承载力相匹配的现代农业发展新格局；实行最集约的资源利用制度，就是要依靠科技创新和劳动者素质的提升，提高劳动生产率、资源利用率和土地产出率；实行最有力的生态修复制度，就是要把山水田林湖草作为一个有机整体，对其进行系统化保护、修复、治理。

科技是产业转型升级的动力源。实现现代农业绿色发展，关键要靠科技支撑。要紧跟新一轮世界农业科技革命浪潮，以绿色、集约、高效为引领，推进现代农业基础科技、应用科技和前沿科技全面振兴。加强生物技术、田间管理、疫病防控等基础科技研究，提升支撑绿色发展的原始创新能力。加大前沿科技研发攻关，为农业绿色可持续发展提供源源不断的技术条件。加快节水技术、加工技术、仓储流通技术等实用技术推广应用，特别是推进互联网、大数据、云计算等信息技术与现代农业相融合，实现农业精准投入、精细管理和高效利用。

要树立大农业大产品大供给观，深度开发农业的多种功能。新时代城乡居民消费结构快速升级，不仅要吃饱、吃好、吃得健康，还要吃得优质、绿色、生态。为此，要大力开发绿色生态农产品，改变农产品供给普通低质品多，绿色、优质、品牌农产品少的状况，增加优质、安全、特色农产品供给，促进农产品供给由主要满足"量"的需求向更加注重"质"的需求转变。要夯实和提升农业物质产品供给的基本功能，不断开发农业生态价值。同时，还要依托农村丰富的山水田林湖草资源与厚重多元的农耕文明相结合，大力发展乡村旅游、休闲康养等农村绿色生态产业。

明确农业绿色发展的政策取向，建立农业绿色发展的激励机制，新时代强农惠农富农政策体系应向绿色化倾斜。在巩固完善普惠支农政策的基础上，要尽快制定引领现代农业绿色发展的各类专项政策措施，形成包括绿色财政、绿色补贴、绿色价格、绿色金融、绿色保险等层面的内容丰富、指向具体、有机融合、协调互补的农业绿色发展支持政策体系。要尊重农业生态容量，重视农村环境卫生，制订科学合理的绿色规划、绿色项目、绿色治理、绿色修复、绿色补偿等政策体系。要培育和形成新的绿色生活观，形成简约适度、绿色低碳的城乡生活方式，实现农村山水田林湖草资源的永续利用。

## 第二节　农村特色产业发展的模式

着眼于绿色产业发展是为了寻找适合农村经济发展的道路，把绿色发展理念与当地农村经济相结合，推动农村经济现代化发展，使农村发展与国际接轨、与时代接轨。在农村绿色产业发展过程中，不可盲目照搬别国或者别的地区的发展模式，应该因地制宜，以实际情况为依据，实事求是，找到符合自己的特色发展模式。

### 一　绿色兴农模式内涵解析

绿色经济的发展要遵循生态、社会和经济协调共进这一规律。然而，农业传统经济模式在推动农业发展的同时，也使生态环境遭到了不同程度的破坏。例如，20世纪以来，美国在中部平原地区大力发展农业，特别是中部地区大范围种植玉米，因而获得了"玉米带"的称号。与此同时，高强度的农业发展使得沼泽、湿地大量被开垦，化肥广泛应用，农业污水排放至大海导致海水富营养化，造成海里大量的鱼虾因缺氧窒息致死。因此，转变农业传统经济模式，使农村经济发展朝着绿色方向前进，这有利于改善人类对生态环境的破坏，保护生物多样性，实现人类与生态自然的双赢。

绿色农业是绿色产业的一部分，其包括绿色有机的粮食作物、畜牧、水产、果品、无公害农业生产资料等。从目标上看，绿色产业是以可持续发展为目标的，传统产业是以经济发展为目标的。从整体与部分的关系上看，绿色产业要求生态、社会、经济这三个系统协调发展，传统产业强调产业系统的作用；从运行方式上看，绿色产业采用系统运行的方式，把农业、科技、环保、食品加工等相关行业融为一体，在产品设计、原料收集、产品生产、产品销售等流程都采用了绿色化的方式，传统产业的各种产业系统之间是相互独立、互不关联的。

## 二 农村绿色发展的历史经验

在当代经济发展中,绿色经济和绿色产业的兴起是大势所趋,符合现代经济发展的要求。在工业化进程中,欧美发达国家最先受到工业发展带来环境污染的困扰,因此,绿色发展理念与现实模式也最先出现在发达国家。当前,应用绿色观念选择安全健康商品的消费者群体已经从发达国家发展到遍布整个世界。消费者需求结构的变化促使市场向绿色营销转化,绿色市场又拉动绿色产业的发展。也就是说,绿色理念会影响人们绿色出行、环保购物等一系列低碳行为的践行,这些低碳行为又促使一个新兴行业——绿色产业的诞生及发展。

发展农村绿色产业与生态环境密切相关,它强调对资源的有效利用和环境保护。在过去农业生产中大量使用化肥和农药会造成土壤污染,导致水体营养化、赤潮等环境问题。因此,在绿色农业生产中,应该依照环保标准严格控制化肥和农药的使用量,或者尽量少使用或不使用化肥和农药,这样才能尽快改善生态环境,有利于农业可持续发展。

就农业本身发展来说,我国农产品资源丰富,劳动力成本低,所以,在国际贸易竞争中我国的农产品具有价格优势。但是,为适应生态保护和食品安全、更好促进人的身体健康的要求,发达国家凭借着科学技术和设备技术先进的优势,实行以检测标准为基础的"贸易进口通行证",这对我国农产品安全质量提出了高要求。与此同时,就国内消费需求来说,随着经济的发展、居民收入水平的提高以及人们绿色消费观念不断增强,消费者的消费观念由单一、简朴的消费观逐渐转变为以安全、健康、多元为核心的消费观念。因此,推动农村绿色产业的发展,增加更多绿色农产品的产出成为当今农业发展的必由之路。

## 三 特色产业发展模式

绿色农业特色产业是农村发展的支柱。新时代的背景下,农村需要发展现代化农业,培育新型产业形态,使农村特色产业与当地相关产业融合发展,开拓农村产业发展的新格局,为城乡一体化建设与乡村振兴战略提供强有力的推动力。

推动绿色农业特色产业发展,必须在先进理念的指引下不断构建绿色产业模式。目前，我国可供借鉴的、已初步形成的农业特色产业发展模式的组织形式主要有以下四种：

（一）"龙头企业+农户"型

龙头企业带动农业发展是我国农业产业化经营的主要模式。在20世纪90年代初期，在部分地区，龙头企业就已经出现，并且大幅度促进了农业生产力的提高。这种模式简单来讲就是企业与农民形成一个利益的共同体和风险承担的共同体。这种模式主要是靠龙头企业向外关联市场，向内关联农产品基地，利用龙头企业的强大实力扩大市场和农产品基地规模，在市场竞争中占得先机。但是在这种模式中农民对企业的依赖性强，而企业又以追求自身利益最大化为目的，所以农户往往处于一种被支配的地位。

（二）"市场+农户"型

这种模式是以批发市场为纽带连接广大农户，带动主导产业的发展，实行产销一条龙。该模式的优势是广大农民与市场直接交流，避免了中间商，让农户有了直接与买方谈判的机会，很好地解决了农户产品难卖的困境。然而，由于农户有了直接面对市场的机会，很多时候会选择直接销售农产品，这不利于农户合作经济组织的发展，容易造成农户之间联系松散甚至相互角逐的局面，难以形成强有力的市场竞争合力。

（三）"企业+农民合作经济组织+农户"型

这种模式是农民合作的经济组织以土地、资金、技术等农业重要因素帮助农民生产，同时通过使农民入股企业与企业联合经营的模式来解决产品生产加工和销售的问题。这种模式增加了农民与企业之间的联系。同时，由于合作社既拥有生产基地的支持，又具备企业的营销与市场开发的能力，其市场竞争力会更大。不过这种横向一体化的联合还是不够紧密，结合体的利益冲突会导致各方出现分歧或者决策不明等情况。

（四）"企业+中介组织+农户"型

这种模式以农业中介组织为依托，使企业将农产品的生产、加工、服务和销售各个环节与农户形成普遍的联系网。这有利于帮助形成生产、加工和销售一体化的产业集团。但是这种模式的致命缺陷是一旦中介组织出现问题，那么整个系统都将会难以运行。

农业产业化发展需要建立在农民共享发展机制基础之上。在实际工作中，政府要不断完善农民利益共享机制，提升产业链价值，促进龙头企业、农民合作社和家庭农场互助服务，探索成员相互入股、组建新主体等联结方式，实现深度融合发展。政府要真正做到以市场为主导，尊重农民的意愿，引导农业产业化联合体建立内部平等对话、沟通协商机制，兼顾农户、家庭农场、农民合作社、龙头企业等各方利益诉求，共商合作、共议发展、共创事业。只有这样，才能促进农民收入的不断提高，才能促进农村特色产业的不断发展。

## 第三节　培育农村特色产业的路径

推动农村特色产业发展，是实施乡村振兴战略的基础和关键，也是实施精准扶贫、全面建成小康社会的必要举措。发展农村特色产业，不仅有利于发展农村经济、提升农民生活水平和生活质量，也是有利于国计民生的大事，是提升全体中国人民幸福感、发展国民经济、提升综合国力的重要保障。

### 一　发展农村特色产业的现实路径

发展农村特色产业，是巩固农业发展、解决"三农问题"的重要举措。新时代进行社会主义新农村建设，首先要发展农村经济，提高农民的生活水平和质量。在调研中，可以看到在发展农村特色产业过程中，随着产业链的延长和产品质量的提高，农业生产效益正逐步提高，农民收入也逐渐增多，这也有利于形成农产品品牌，提升农业竞争力。

山东青州市弥河镇东南营村，与周边农村依靠传统的单一农业发展模式不同，它凭借自身得天独厚的自然地理条件，培育出独特水果——弥河银瓜，进而将经济发展方式转变为以瓜果贸易为主、农业种植为辅的发展模式，新农村建设道路越走越宽广。

青州市弥河银瓜，是甜瓜类中最为优良的品种。有"瓜中佳品"的美称，也因其皮色银白而闻名。古代贡品银瓜的主要产地是在青州市弥河岸畔的河滩中，这里还是弥河国家湿地公园，所以这里种植的弥河银瓜，亮如银，甜如蜜，既脆又香，以其优异的品质闻名于世。经过多年实践，东南营村所在的弥河镇以瓜果产业为依托，开始全力打造这一品牌农产品。弥河银瓜，注册了"弥银"牌商标，通过了省级无公害食品认证，并在2001年全国农产品展销会上被评为名牌产品。"青州银瓜"被国家工商总局注册为农产品地理标志证明商标，成为潍坊市首件农产品地理标志商标，提高了其产业的知名度和市场占有率。同时，它也创造了良好的经济效益和社会效益。在2011中国农产品区域公用品牌价值评估中，青州银瓜品牌价值为1.96亿元。

弥河镇把银瓜产业作为主导产业来抓，加大了特色产品培育力度。通过扩点成线，聚块成带，实现了以弥河银瓜为主的瓜果等特色产业的全面振兴。以前的弥河银瓜种植，都是村民自己零散着种，产量不多，也不注重品牌塑造。而今银瓜种植有了规模，也有了自己的品牌，产品名声远扬，供不应求，农民也发家致富，走向了小康道路。目前，全镇银瓜种植面积已达到10000亩，发展了银瓜种植专业村29个，专业户2000户，银瓜产业逐步迈向了规模化、产业化，银瓜产业也成为全镇名副其实的主导产业和特色品牌。大大提高了农产品的市场占有率，拉动了当地其他农产品的生产和销售。

经济的持续健康发展也离不开对自然环境的保护。近年来青州弥河银瓜发展出现了一些不容忽视的问题：一是在种植面积方面，正宗沙滩地青州弥河银瓜面积已由10000亩缩减到2500多亩；二是在品牌安全方面，由于生产源头环节掌控力度不够，良莠不齐的银瓜品质正在冲击青州银瓜品牌；三是在可持续安全方面，对青州弥河银瓜赖以安全生产的耕地、水域等的保护力度还不够，耕地、水域污染现象时有发生，部分种植户不合理使用化肥、农药，影响了产品的质量安全和可持续安全。如果任由以上状况继续发展下去，青州弥河银瓜的品牌和品质将无从保障。

针对上述现象，目前青州市正大力推进弥河流域治理，在弥河流域银瓜主产区划定了银瓜生态保护线，沿弥河两岸设立了3个重点保护区，其总面积为5000亩左右。通过对区内及周边环境的严格保护，并配以产地标识、编码追溯等机制，使得从源头上保障青州银瓜产品质量安全和品牌安全，为子孙后代留下青州银瓜这一历史名牌势在必行。东南营村以银瓜种植销售行业为中心，依靠自身产品特色和独特的自然优势，通过扩点成线，聚块成带的方式推动了区域经济发展。其成功之处不仅在于产品本身特色，而且在于当地干部和农户上下一心，不图一时之利，稳扎稳打地将产业链不断完善，使其成为可持续、辐射广的生产格局。发展经济依靠优势自然条件，只有保护自然，才能促进经济与自然的可持续、和谐发展。

截至2018年，弥河全镇人均纯收入为3万元，全镇农业总收入为17.9亿元。该镇党委、政府立足弥河实际，以人为本，从可持续发展之长远战略出发，坚持以科学发展观统领经济社会发展全局，以经济强镇为目标，突出抓好招商引资、民营经济、特色农业、生态旅游、文化建设等重点工作，充分发挥自身优势，不断加快产业结构步伐调整，逐渐形成了东部瓜菜，西部林果、黄烟、中部畜牧养殖、食用菌种植的生产格局。特别是以弥河银瓜、双孢菇、油桃、柿饼等为主的农产品基地的规模越来越大，其已经打造出独具特色的品牌农业。

### 二　农村特色产业路径探析

发展农村特色产业，必须采用系统的观点，将其作为一个社会系统工程来考察。只有将其放到整个经济社会发展的大环境之中，多管齐下，多方合力，才能取得效果，才能不断培育壮大农村特色产业，实现农村与城市，实现整个社会经济的共同发展与繁荣。具体可以借鉴采用以下路径方式：

#### （一）充分利用当地资源，不断培育特色品牌

不断培育、发展农村特色产业，首先必须充分了解当地的自然、社会文化和经济等独有的资源优势。例如，有些地方农村大力发展电商、特色种植、现代民宿、乡村旅游等新业态、新模式，想方设法抢占先机、赢得市场，都取得了很好的成效。但是，在发展过程中一部分乡村普遍特色不突出，盲目跟风模仿、同质化竞争等问题较为严重。这些问题的出现，对乡村产业发展、群众收入增加、乡村振兴都会造成很大的阻碍。因此，培育发展新产业，要立足实际，在"特"字上做文章，体现其个性化和差异性，把"长板"拉长，而不是一味去补齐一般性、大众化的短板。只有最大化发挥比较优势，形成独具一格、辨识度高的农村特色产业，才能不断提高当地农村的知名度和核心竞争力。

根据当地的特色，要利用其优势、发挥其长处。具体措施可以包括：(1) 挖掘丰富的自然资源，主动创建人文景观和农业文化，促进农业、

林业、渔业、水利和旅游、教育、文化和卫生保健的深度融合；（2）加强第三产业的推广和发展，大力发展休闲观光农业、体验农业、乡村旅游、定制农业、展览农业、农业集资等新形式；（3）加强对农村文化遗产的继承和培育，对传统村落加强保护和维护，将传统民居加以继承和创新，使之更加符合现代化的要求；（4）利用当地的历史底蕴发挥其价值，发展休闲旅游业，让农村农业的发展方式多样化、精致化、环保化、这样也可以很好地巩固当地原有的历史底蕴。

在充分利用当地资源的基础上，发展特色产业，构建特色品牌与质量兴农、绿色兴农发展相辅相成的发展模式。首先，在质量兴农方面，由于农民本身在生态环境保护上具有一定局限性，需要政府采取一定措施，如对一些环境友好型生产模式给予一定的奖励，对建设沼气池、种植绿肥等农户进行补贴，鼓励其进行病虫害防治等；其次，在绿色兴农方面，需要充分认识到大面积秸秆焚烧致使的农村空气污染，不合理的化肥施用造成的水体、空气污染、土壤板结，以及大量使用农药造成的污染等已成为影响农业生态环境的重大威胁；最后，在品牌强农方面，强化品牌引领，推动质量兴农战略实施，完善农产品质量和食品安全标准，推进农业绿色化、优质化、品牌化发展，打造和提升农业品牌营销平台，推动产销衔接，提高品牌知名度。

加强农业品牌的培育，需要紧密结合品牌建设和绿色产品质量认证，注重品牌建设和质量管理。农业品牌培育与建设需要我们跟上时代的步伐，在时代的带领下采用人们喜闻乐见的媒体方式，在当下火热的媒体平台上加强品牌宣传；在商场、超市、学校等各种场合，利用手机、电脑、电视、广播等方式加以宣传，让人们对中国的农业品牌耳熟能详、铭记于心，在选择时自然会融入爱国的情感来支持国货，也就会自然而然地选择中国的自创农业品牌。

### （二）发展农村特色产业，必须不断强化科技支撑作用

发展农村特色产业，实现农业现代化，还要强化科技的支撑。必须深入实施创新驱动的发展战略，加强优良农作物品种的培育，加强高标准农田的建设，加强农业机械化建设，鼓励专门农业科技人才更多地到农村指导农业科技的发展。

首先，要不断推行农业生产的标准化。要制定相关标准在条件成熟

的农村实施，加强推广标准化生产技术，配方施肥，健康养殖和高效低毒兽药。开展农民与农民，农民与商家强强合作的经营途径，使家家户户走上规范生产的道路。深化管制监督能力，突出质量、安全、绿色定位，加强农产品管理，大力推进农业标准化生产和质量监督。严格执行农业投入生产和销售的有关规定，支持新的农业企业，加快无公害农产品、绿色食品和有机食品等"三个产品"的建设，申请"三产一标"认证。让产品质量和安全问题的发现机制得到创新，要进行经常性暗访，建立投诉和奖励制度，为人们提供畅通的投诉和举报渠道。要积极推行从农田到餐桌的调查原则，发挥双向回顾作用，促进生产管理的责任落实。同时，要大力推进农产品精深加工，生物工程等深加工技术，大力培育营养食品、绿色食品、休闲食品、保健食品、生物医药等产业。要以名牌主食加工企业为重点，重点发展畜禽、蔬菜、水产、米粉等特色食品加工业。突出当地特色，丰富品牌文化，逐步形成自身农产品加工和研发的地域特色。

其次，要不断加强农业生产的高新技术支持。在当前这个信息化、智能化、全球化的时代，绿色农业当然要与时俱进，需要加强新技术的教学与推广，推动产业转型，提高质量效益。这就要求采用高新的技术保证农村农业的高效发展，用前沿的技术支持绿色兴农在农村的推广，使绿色兴农具有宏伟的蓝图和科学理论体系的保障。在现代技术和设备的大力支持下，不仅要推进绿色农业走进农村，还要推进高新技术在农村的发展和推广，现代种子产业升级项目的实施，推动整个农业技术整合和创新。为了提高农作物的生产效率，要进行农作物优秀品种的选拔，调整产品和畜牧业产业之间的结构，发展畜牧业的产业化，使农民的素质提高，收入增加，生活幸福。

(三) 加强政府引导，不断完善相应法律法规

首先，要制定相关法律法规，严格管控农产品质量，并用常态监督来落实农业生产的责任。政府要不断做好农产品质量安全可追溯管理工作，推进国家可追溯平台的应用，将农产品可追溯性与农业项目安排和农产品品牌评价联系起来；开展专项治理行动并落实到家家户户，及时评价和监督，促进信用体系建设逐步完善，建立农业生产信用档案，加快绿色农产品质量安全等工作，使政府能够及时追踪绿色农业生产的各种问题。

其次，要加强政府农业管理平台建设。政府应大力鼓励建设当地特色馆和自营平台，运用现代的网络技术，为农村开通网络信息渠道和平台，扩大和加强一批特色农产品电子商务平台。政府应强调整合发展，将互联网和销售结合起来，运用网络在线完成销售，实现线上线下分开销售，线上线下整合运用发展。同时，政府应着重发展农村电子商务和农产品电子商务，运用淘宝、京东等电子商务平台，或者自创网络电商平台，为农产品销售提供有效的、即时性的促销平台。政府也应促进农村电子商务产业园共生系统的可持续发展，引导农村的各项产业集中发展，使其在乡镇电子商务产业园区中有效进行。

（四）不断提升农民科学文化素养，催生特色产业发展的内在动力

不断培育、发展农村特色产业，就要不断提高农民的科学技术和文化素养。在实践工作中需要加强农村服务业的培育，请专业人员深入农村考察，总结经验，将其总结为具体的理论体系，通过课堂上传授给农民。实践中需要教会农民如何促进农业生产经营服务外包，发展种苗，并且转换农村农业发展方向，朝向培育专业化服务的具体教育，如集中养殖，统一防御，化肥和水管理，以及农业机械操作等。从农村居委会方面加强对农民的思想教育，为他们提供创新农业公益性服务的有效供给机制和实施形式，鼓励他们开展改良育苗育种、病虫害防治、农资供应、土壤测试和施肥等事务。

加快绿色农业的业态新型化，不断提高农产品品质。有关部门要深度宣传绿色兴农思想，使得农民遵循绿色生产的基本原则，坚持本本分分种地，踏踏实实卖菜，减少农民在生产过程中使用农药、添加剂、抗生素、兽药等能让土地高产的危险用品；要开设简单易懂的教学课程，让没有太高文化水平的农民也能深刻体会生态农业的重要性；要按照主体标准推广生产方式，大力发展绿色、环保、高品质的农产品，满足人们各种新颖的消费需求；使农业标准化水平提升，要坚持绿色生态方向，立即清理和制止与农业绿色发展不相适应的规定。

## 第四节　农村特色产业发展的实践

特色产业就是以"特"取胜的产业，是一个国家或一个地区在长期

的发展过程中所积淀、形成的一种或几种特有的资源、文化、技术、管理、环境、人才等方面的优势，从而形成的具有国际、本国或本地区特色的具有核心市场竞争力的产业或产业集群。"特色"就是"独有"，就是"区别于其他"。特色产业的形成不是一蹴而就的，是历史的积淀、文化的传承，是由其赖以产生发展的特定具体环境决定的。发展农村特色产业就要研究和把握本地区的"特色"优势，为市场提供具有特色的产品和服务。

发展农村特色产业，要坚持因地制宜的原则，充分利用当地的特色、优势资源发展多样化、多元化、融合化的产业体系，同时根据市场需求提供绿色安全、高品质的产品和服务，切实提高市场竞争力，推动乡村经济的发展。

**一 绿色兴农与特色小镇建设**

对于特色小镇建设与发展，国家发展改革委指出，"发展美丽特色小（城）镇是推进供给侧结构性改革的重要平台，是推进新型城镇化的重要抓手，有利于推动经济转型升级和发展动能转换，有利于促进城市和城镇协调发展，有利于充分发挥城镇化对农村建设的辐射带动作用"[①]。

（一）特色小镇的含义

具体来讲，特色小镇是指该小镇具有本地方的特色产业。这些特色产业是以本地的实际状况为基础来产生的，一般是以自然资源为经济和特色的基础，不同于行政单位建设的企业和其他产业区的创新创业平台。在城市化和新农村建设政策的要求下，政府将单个行政区划分单位，让特色产业更加显著，从而使其具有一定数量的人口和经济基础，也具备自然环境和自然资源上的优势，具备这种条件的就可以称为特色小镇。

第一，以特色产业为引领。特色小镇的特色在于产业，它的经济主体也是产业，重要的经济来源也是产业。因此，要把发展特色产业当作特色小镇建设的重要工程。在发展特色产业的同时，要着眼于传统产业进一步转型升级和促进新型产业的发展，从而去进一步挖掘新的特色产业。

---

① 参见《国家发展改革委关于加快美丽特色小（城）镇建设的指导意见》。

第二，规范政府的行为。在特色小镇建设中，政府要有准确的自我意识，该做什么和不该做什么，政府应该有一个明确的尺度，不能过度放权也不可过度干预。在尽职责的过程中不要超过自己权力之外，要把自己该做的做到。区域竞争的背后实际上是制度的竞争，而制度就是由政府来制定的，制度变革可以促进改革，特色小镇的建设关键要制定出创新的政策。

第三，优化土地配置。土地是非常重要的生产资料，是城镇化、产业化的载体和根基。推动特色小镇的建设，要做好土地资源的优化配置。具体步骤：一是科学合理布局土地。土地的面积是一定的，要在有限的土地内获得最大的收益，特色产业是小镇的主导产业，现有土地应按各个产业需要进行分配，按不同的功能划分区域进行布局；二是新增加的土地要有差别的分配。只给市级以上的特色产业园区内提供新的用地，其他特色小镇的用地就合理利用剩下的土地；三是对土地的用途要有所宽限，新型产业的出现就意味着有不同功能的用地都要有所储备，我们要宽容和尊重这种新型的创造性产业的出现，容许这些新型的产业在土地上利用。发展得好可以继续使用，如果发展得不好，则须退还用地。做这些的目的都是为了让特色小镇的建设能得到最大收益、获得最好的辐射效果，最终成为经济社会发展新的起点。

第四，发挥市场主体作用。特色小镇建设要发挥市场的主体作用。建设特色小镇我们应该依照市场的需求去选择产业发展的大方向，大方向一旦错了，那么结果必然是不好的。我们坚决不能违背规律，要做的就是找到规律，适应规律，不断发现新的规律，一步步脚踏实地去发展。不能违背市场发展既有的规律，要根据市场规律确定新的市场发展方向，根据市场客观规律去决定资源的具体配置，真正发挥市场的主体性作用。

第五，以区域营销为手段。从基础上来说，区域营销包括三大步骤：一是确定要发展的产业；二是为自己的产品找到合适的市场；三是将产品尽可能多地销售出去。对于特色小镇来说，区域营销大概包括三个方面：一是确定这个小镇的特色产业；二是建设以小镇为核心的面向各个产业的市场；三是特色小镇生产出的产品进行促销。与之相对应的措施是：一要增强特色产业的产业效应；二要协调发展线上和线下两个平台的发展,共同发挥作用;三要有自己特色的优质品牌并加以保持。

第六,以文化为支撑。在特色小镇发展过程中应该发挥好文化的引领、贯穿和凝聚的作用,注重文化凝聚力的作用,维系社会成员共同的精神纽带。在这个过程中,通过每个成员的共同努力提升特色小镇的文化形象,凸显特色小镇优良的文化品质。由于自然环境和历史传承的问题,各地都具有不同的文化特色和文化传统,因此特色小镇也不应排斥别的文化,要在发展自身特色文化基础上包容其他文化。

(二) 用绿色发展理念指导特色小镇的建设

发展特色小镇是解决"三农"问题、建设美丽乡村的强大推动力,同时也是推动生态文明建设的基础措施。所以绿色在特色小镇的建设中是不可以缺少的,要以绿色发展理念为指引,将生态文明理念全面融入特色小镇,将特色小镇建设得更美,从而更好地去建设美丽中国。

特色小镇的建设必须加快推进生产方式的绿色化。通过高新科学技术的支持,开办污染少的企业,发展特色小镇的产业形成新的经济增长点。产业的发展模式要适应时代发展的客观规律和要求,通过宣传吸引个人和企业的投资,对原有的产业进行创新,通过创新产生新的经济增长点。只有企业发挥主体作用,合理规划布局产业发展,政府适当地参与发挥应该发挥的作用,社会组织、企业和个人协调好关系,才能最终实现在产业的生产过程中资源的生产、分配、消费和流动等环节公平正当地发展,实现社会有序发展,人们生活方式绿色发展;才能实现特色小镇再生产绿色化,充分发挥绿色生产力的作用。

特色小镇的建设要加快推动居民生活方式的绿色化。这要求实现居民生活简单朴素,杜绝奢靡浪费和消费模式绿色低碳,向着更加文明的方式去转变,严格禁止奢靡的生活方式和不合常理的浪费。构建适当适时的能源体系,节约利用资源和高效利用资源。政府通过政策强制要求加大环境治理的力度,以提高环境质量为核心,严格按照规章制度去要求每个产业。治理环境重要的是要深入大气、水、土壤的监管之中,从根上杜绝一切污染。应该主动去修复被破坏了的生态,增强生态环境的自组织能力。

特色小镇的可持续发展最重要的就是促进人与自然和谐共生,构建科学合理的特色产业发展的新格局。在产业发展过程中,一定要尊重自然规律，各个区域之间要做好并协调好明确的分工，哪个地方出问题由哪个地方负责。可持续发展战略的出发点和初衷是保护当地的自然资源环境，实施绿色发展战略，走生态发展新路。其中，最重要的是促进当地经济的发展走文明发展的道路，提高人们生活品质的同时保证人们生活环境的质量。由此可知，绿色发展战略与可持续发展具有内在目标的一致性和本质上的联系，促进基础设施的建设、提高产业的产品竞争力，改善自然环境、保护人文历史，发展符合人们生活和生产目标的产业。

总之，建设新农村特色小镇就是要坚持绿色发展理念，始终坚持绿色发展的要求，实施绿色发展战略，走生态发展新路。只有将绿色发展新理念彻底贯彻到特色小镇的建设中，才能使特色小镇变得更美丽，为推动美丽中国梦的实现添砖加瓦。

## 二 绿色兴农与化肥使用

推进绿色兴农，质量兴农势在必行。在具体的农业生产中，可以看到，化肥是农业生产过程中必不可少的生产资料。施肥保障了农产品生产率的提高，同时也提高了农民的收入。但是，一些地方由于化肥的盲目使用，对环境造成了极大的破坏，同时也在一定程度上造成了农产品品质的下降。所以，只有合理调控化肥的使用，优化化肥使用结构，在增加农业生产率提高成本的同时，减少对环境的破坏，才能真正做到绿色兴农，质量兴农。

第一，通过科技创新，不断创新生产更高效环保的化肥。首先，要生产高效污染少的化肥，如此施用少量化肥就可以满足农作物的需求，还不会影响农作物的生产率；其次，应生产种类齐全的化肥，使每一种化肥都能充分发挥它的效力，才不会造成化肥的浪费。对此我们必须加强农业创新，在化肥的研制方面更多增加科技以及财政方面的投入。化肥的减少使用终归是治标不治本，要想真正地消减化肥对环境的影响，真正做到绿色兴农，唯一的办法就是科技创新，从根本上改变化肥的影响。

第二，积极引导改变农民耕作方式，实施合理的轮作、间作、套种等方式。一块土地如果长期种植一种植物就会造成该土地的营养不均衡，同时，还会导致土地的营养一年比一年下降，这样就造成化肥需求量的增加，但是如果改变种植方式，这个问题就会有效缓解。如果实行土地轮作，一年种植玉米一年种植大豆，大豆有很强的固氮作用，这样就减少了氮肥的使用，而且不会导致土地营养不均衡。此外，可以采用间作的方式，因为间作不但可以有效提高化肥的利用率，也可以增加农作物的产量。

第三，推广水肥一体化，探索新的施肥模式。通过灌溉的方式将肥料融于水中，采用灌溉与施肥合二为一的方式，可以做到节约化肥的同时也节省生产步骤，这样在一定程度上可以减轻劳动的强度，减少生产成本。在水肥一体化的施肥新模式下，不仅不会减少作物的生产率，而且还会增加作物的品质，其主要原因是将化肥融入水中，使农作物可以快速有效地吸收化肥中的营养。要注意的是水与化肥一体化过程中化肥与水的配比率，要科学合理地根据农作物的种类以及出现的问题进行有针对性的调配。不然可能会造成农作物肥料不足或者化肥使用过多造成农作物"烧苗"的情况。

第四，采用机械施肥的方式。在一些地方，由于农民的施肥方式存在很大的盲目性，没有掌握化肥的正确使用量，只是凭借自己往年的经验来使用化肥，而这样的施肥方式无疑是很不合理的。在这种情况下，可以采用机械施肥的方式，借助于机械的精准性，有效控制化肥的使用，避免农民自己施肥的盲目性。机械施肥的方式也是一种很现代化的方式，还可以有效地减少人力，省时省力地完成施肥的任务，从而提高农业生产效率。

### 三　绿色兴农与乡村旅游发展

乡村旅游业这一新兴产业在农村的兴起，为农村发展带来了新的生机与活力。通过发展乡村旅游，部分村容村貌由此发生了翻天覆地的变化，现代化乡村建设起来。使得村民的生活条件得到改善，生活水平不断提高；使得村民的思想观念也有所转变，接触到更多新事物，促进了村民自身的发展。所以，在适合发展乡村旅游的地方，应该大力推动发展。但就目前来看，在乡村旅游发展方面，主要还存在以下问题：

第一，旅游资源和发展模式单一，缺乏新意。目前我国的农村旅游资源比较单一化，绝大多数的资源尚且未得到有效的开发利用。开发初期缺乏系统的规划布局，招商及开发两方面的盲目性是目前农村旅游业发展的通病。现实中很多投资经营者不做市场调查分析，盲目开发，未能准确定位市场。也造成了后期深入发展的困难。

第二，从业人员专业知识素质有待提高。由于乡村旅游的从业者大多是当地的村民，他们的受教育水平较低，知识水平不高，对于旅游服务业缺少了解，管理、经营、服务意识等专业素质也需要加强培养。多数地方只有年龄较大的农民留在乡村，他们的乡土观念较强，思想也比较保守，对现代旅游业的新型管理模式和经营方法等较难接受。

第三，管理经营方式粗放。因为缺乏政府部门的统一规划，目前我国农村旅游业大多属于农民自行开发和乡村领导组织。作为旅游的组织者管理者及经营者，在缺乏管理才能和理论知识的情况下，管理经营方式粗放，导致发展过程中出现一系列的问题，这对农村旅游业的发展产生了制约。上述问题具体体现在宣传手段、产业规划、资金投入三方面。宣传方面，因为信息闭塞以及新媒体运用能力和旅游宣传理论知识的欠缺，导致宣传不足，直接影响到客流量的增加；产业规划方面，没有立足地方特色进行合理地规划，导致无法长远发展；资金方面，资金不足会制约宣传的广度和深度，影响到客流量，导致缺乏后期维护资金，旅游质量和水平会下降，客流量会逐渐减少，从而会陷入恶性循环中。

第四，当地村民参与较少。在一些地方，目前乡村旅游大多是通过租用耕地和开发商收购承包的形式进行建设，承包方在建设经营乡村旅游项目时，很少直接去招聘本地村民进行管理经营。因为大多留守村民年龄较大且受到知识水平和专业素养的限制，所以农民直接参与的很少。并且设立在乡村的旅游业没有惠及当地的老百姓，反而会引发一系列的社会问题，可能会在一定程度上影响当地农民的正常生活秩序和生存环境，也影响了农民参与的积极性。

第五，发展缺乏长远性的认识。乡村旅游业经营者对乡村旅游的认识还停留在一般的商业或旅游模式，只是通过资金投入进行人员储备和相应的设施建设，不重视对乡村生态环境的保护和民俗传统文化的发掘，缺乏较为长远性的认识，可能会使得乡村旅游失去特色，从而使后续发展的潜力不足。要改变以上现状，可以采取以下措施：

(一) 开发特色产品，发展模式多样化

立足当地实际，统筹规划，不断开发出具有当地特色风俗民情的旅游产品，这样才能让游客真正体会到乡村生活和景色，使其感到愉悦，达到放松身心的目的。例如，若当地花卉产业较具优势，应建立以花卉为特色的旅游区；若鱼塘资源较多，则应建立钓鱼度假村之类的休闲场所；若果类种植量较大，则可开发果园度假村，让人们体验亲自采摘的乐趣等。乡村旅游业在当前旅游资源单一化的情况下，只有结合实际情况，结合当地的文化传统，依托当地特色，打造出属于自己的特色旅游文化，丰富农村旅游资源，才能更好地推动乡村旅游业的发展。这要求立足实际需要对当地的情况进行合理分析，并进行统筹规划，结合当地的资源、资金投入的数量进行开发方向的确定、开发范围的划定。发展过程中的经营管理维护等问题，也要加入预算，有所规划。此外，要从客源的角度准确分析客源的构成，包含客源的年龄结构、经济承受能力、可能消费的方向等。这样可以根据客源把握发展的方向，提前做好规划与准备。

(二) 加强人员培训教育，提高管理和服务水平

只有定期开展对一线从业服务管理人员相关知识的培训，提高其专业素养，才能不断提升乡村旅游服务质量和规范化管理水平。同时，需要制定优惠政策引进高层次管理人才，发挥管理和示范作用，将最新的管理理念和经验应用传播到乡村旅游一线服务管理人员当中。

(三) 推进农村基础设施的建设与完善

基于当前农村基础设施的现状，政府及相关部门要加大资金投入，不断完善农村的基础设施。首先，要加强农村道路的修缮，为旅游业的发展提供有力保障。促进农村旅游业的长远发展，不仅要把路修好，同时还要建设好配套的交通设施，例如，设置公交站点，交通道路的指示标识和停车场的建设等；其次，还要加强农村公共卫生设施的建设，要建立起农村的垃圾处理系统和污水排放系统，按照标准建设一定数量的公共卫生间，提高农村的卫生水平；最后，要提高农村的食宿水平。政府及相关部门要加强对农村旅馆和饭店的监督，确保农村旅馆饭店的安全，使其卫生符合国家标准。

# 第二章

# 质量兴农：农产品生产与销售体系构建

随着人们生活水平的提高和健康环保意识的增强，越来越多生态、有机的农村特色产品受到人们的追捧。因此，大力推进质量兴农，严把农产品生产的质量关，打造特色品牌，开辟特色农产品的销售渠道，完善特色农产品的营销模式，不断构建农产品特色品牌和现代营销体系，无疑具有非常重要的现实意义。

## 第一节 当前农村农产品生产与营销现状

实行乡村振兴战略，是党的十九大做出的重大决策部署，是新时代"三农"工作的总抓手。因此，优化农产品生产与营销结构，在质量兴农这一关键节点上精准发力至关重要。

### 一 农产品生产与销售的现实状况

目前我国正在面临传统农业向现代农业转型的关键期，农产品的生产和营销既面临发展机遇，同时也面临着风险挑战。根据现实情况来看，在培育市场竞争力，打造起辐射带动作用的农产品品牌，以及在优化农产品的营销结构的过程中，还存在着一些具体困难，需要不断探索其发展之路。

（一）政府应不断引导农产品产销体系的优化升级

近几年来，许多地方的农产品呈现滞销状况，给广大农户造成极大损失。这样既挫伤了农户们的生产积极性,也不利于质量兴农的稳步推进。针对这种农产品丰产不丰收的"僵局",需要国家及地方政府部门采取积极措施来化解。可以看到,在贯彻落实中央农村经济建设工作精神的前提下,多地政府经过制定一系列政策,积极采取多种措施,在保证农产品的生产和销售,最大限度降低农户损失等方面做了大量富有成效的工作。

政府也需要对农产品的销售出路高度重视。多年来,相当多的地方政府一直认真贯彻落实党中央、国务院和本地区的农村经济建设的工作精神,全面、深入地推进农村农业改革,落实了多项强农、惠农和富农政策。具体来说,农业供给侧结构性改革的推动,使地方政府着重转变农业产业发展模式、强化结构调整,坚持走一二三产业深入融合发展和可持续发展的道路,其所采取的一系列政策措施已经产生了很好的效果。

(二)解决农产品消费市场旺盛与现有产销体系的错位

我国是一个人口大国,因而有着巨大的消费潜力。近年来,随着我国经济的持续健康发展,人们的消费能力不断提升,也为农产品带来了广阔的市场。与此同时,人们的消费观念也在不断更新,呈现从追求吃饱到现在追求优质的特色产品的转变,体现出绿色养生的理念正逐渐深入人心。许多农产品在具备自身特色的同时,还具有绿色无公害的高品质特点,这恰恰迎合了当下的市场需求。但在现实中,还存在农产品市场消费需求旺盛和产销体系错位之间的矛盾。因此,必须重视这一问题,在市场条件下,全面进行市场机制和政府管理机制改革,真正实现农产品丰产丰收,产销供需两旺。

(三)重视农业生产的转型升级对农产品产销带来的机遇

我国农产品产业园区的建立,使农产品生产规模化不断提升。通过建设农业产业园区,可以有效集中优势资源,带动区域内农产品的生产发展,实现农产品生产的相对集中,转变农产品生产相对分散的现状。通过适当引导和规划,使一些农业产品能够有机会作为国家名特优新产品、农产品地理标志、国家生态原产地保护产品等进行重点培育建设,并在这个过程中,赢取国内外竞争优势。

与此同时,近年来,随着高新技术不断发展,农产品的销路被不断打开。作为一种全新的技术,物联网也可以引导现代物流朝着智能化发展，在农产品营销上打破时空界限，开启万物互联的新时代。具体来说，互联网技术与农业的生产相融合，使互联网与农产品逐步结合在一起，通过电商这个新平台，人们可以足不出户地订购到自己喜爱的农产品。因此，在新时代背景下，可以充分利用大数据资源，为客户"量身定制"农产品，实现农产品的个性化营销。

## 二　创新产销体系问题的解决思路

打造乡村特色产品的品牌不但可以优化农产品的产业结构，提升农产品的质量水平和市场竞争力，满足不断升级的消费需求，也是发展特色的高质量的农业，实现农业供需的有效对接，促进农民增收的重要的举措。培育和发展农产品的产业品牌，创造良好农产品的营销环境，需要政、企、民上下齐心，形成合力，相互协调配合，严把农产品的生产质量关，才能培育出知名度高、市场竞争力强、经济效益显著的特色农产品品牌。具体思路可以包括以下几个方面。

### （一）建立完善农产品质量安全监管体系

首先，要加快进行农业诚信体系建设。围绕农产品质量安全突出问题和监管的"真空"环节，以优势主导产业为重点，建成布局合理、职能明确、专业齐全、功能完善、运行高效的市、镇、村三级农产品质量安全"网格化监管体系"和"农业诚信体系建设，实施违法失信主体'黑名单'制度"。同时，质检部门要继续保持专项整治与日常执法监管相结合，不断加强产品质量监督抽查，制订重点农产品目录，对具有辐射带动效应的农产品企业、重点农产品开展监督检查，还要不定期地深入开展质检专项行动。此外，还要落实农产品生产经营主体的责任，建立监管名录，做好农业生产档案记录，规范农业投入品使用，确保农产品质量的安全监管到位，执法有力，在源头上保证农产品的质量。让更多有文化、懂技术、会经营的农村实用型人才积极投身农产品的生产建设中来，使已获得发展先机的农产品企业辐射带动基地和周边农户，不断提高农业产业化水平，培育带动农业产业品牌发展。

其次，要建立农产品生产全程的可追溯体系。一个全面的监督管理的制度，是建立健全农产品品质安全可追溯体系的根本保证。运用云计算、物联网技术、密码技术等研发出农产品品质安全信息公布和查询平台，这样消费者就能够通过智能手机扫描二维码方式，准确了解农产品原产地、生产、检测、物流和销售等全过程信息，实现农产品"从农田到餐桌"全程可追溯的流程体系，保证农产品生产过程可视化、公开化，让消费者吃得放心，用得安心。

（二）积极推进"互联网+"农业的发展模式

在互联网技术飞速发展的今天，发挥"互联网+"的正面的作用，进而引导农产品的生产已成为不可阻挡的农业发展趋势。"互联网+"通过IT技术，打破时空限制，实现随时随地互联互通，以及各方面信息的有效传递，解决了各种信息不对称问题。在促进农业生产生活的同时，也能有效对接农产品供求市场，解决传统农业中因信息不畅而造成农产品滞销的问题。可以说，当"互联网+"与农业生产相结合时，"互联网+"技术能够切实指导农产品的生产，并运用大数据的分析等手段提高农业科学化、现代化的水平。

农业企业要形成农产品多元化的产业链，开创农产品营销新模式。通过引进推广"互联网+"现代农业模式，可以积极利用乡村旅游、休闲农业和电商平台，进而开辟品牌农产品销售新路径，建立品牌农产品产、供、销一体化产业链，开创品牌农产品营销新模式。同时，这一模式也可以为农产品经营决策提供有力根据，降低农产品生产运营风险，为农产品经营者获取更多切实的经济利益。

（三）不断加大政策扶持，建立现代农产品产销体制

政府应加大对农产品生产营销的资金投入和政策扶持。对于农产品的生产营销的资金投入问题的解决，政府可以优化财政农业资金整合投入，将支持品牌农产品产业、行业发展归入重点扶持领域；有关金融机构可以降低融资门槛，为农产品经营者"减负"，实实在在地解决农产品生产营销过程中融资难、融资贵的问题。在政策扶持方面，政府部门应建立农产品品牌奖励机制，对开展农业产业品牌培育的企业或农民专业合作社，以"以奖代补"形式予以奖励。此举既可以激起农户的生产积极性，又能够更好地助力农产品的品牌打造。

政府应引导农产品经营者树立农产品的品牌意识，积极打造农产品品牌。通过采取多种途径、多种方式开展宣传培训，引导农业企业和农产品生产者转变传统农业生产经营观念，进而培育和发展农业产业品牌。

不同的地区可以根据本地情况，因地制宜培育出品质优良的特色农产品，树立起产品品牌。

不断优化农村特色产品的生产与营销结构，对做好质量兴农这篇大文章具有深远意义。不断推进质量兴农为农产品带来更高附加值、让农民过上更加富裕的生活，也必将为推进乡村全面振兴做出应有的贡献。

## 第二节　农产品质量提升

随着社会的不断发展，由于市场机制不健全和缺乏有效监管等方面的原因，在一定程度上，农产品质量的安全事故问题也频频出现。国以民为本，民以食为天，食以安为先。农产品的质量安全不仅关系到城乡居民身心健康，关系到农户的收入多少和农业经济的可持续发展，更关系到整个社会的稳定。因此，质量兴农是新时代农业发展的重要环节，抓好农产品的质量安全应该是农业发展的重中之重。

"农业兴则民兴，民兴才能国强"，在当下农产品质量得不到完全保障的情况下，人民群众的健康得不到保障。面对这种情况，国家要想实现农业的快速发展，实现乡村振兴，就需要着眼于农产品的质量安全问题，并以此为依据对症下药，改善农产品的质量，让广大人民群众能够放心食用、安全食用，真正实现餐桌上的安全。具体来说，问题的存在主要有以下原因。

首先，农户对于农产品质量的认知程度不够。人们所使用的食物从根源上讲，都来自农户生产。在实际的生产销售过程中，农户缺少对农产品质量安全的认知，反而更加关注市场上农产品的价格和市场需求量，他们过度地关注自己的经济利益，对于农产品的质量安全认知方面往往重视程度不够。农户对国家规定的无公害农产品的生产规范的认知程度不够，常有将农产品以次充好，鱼目混珠的举动。此外农产品所使用的化肥、农药等也不按照标准要求去实行，或者是对如何生产高质量的农产品的认知程度不够，缺乏相关的专业知识，只能大量盲目地使用化肥、农药来增加产量和提高农产品的外在样貌。

有些地区的农业生产主要是一些农村妇女和老人，他们对于农业生产相关理念还停留在传统的农业生产上，对于现代农业技术的理论不了解，对于农产品的质量安全问题的认识存在盲区，因此当受到病虫害侵蚀的时候，只能凭着自己的判断去使用农药。再加上农民收入低，因此在实际生产过程中，往往更看重农作物的产量和销售数量所带来的经济利益，忽视农产品的质量问题。

农户、生产者之所以会使用化肥、农药和生长激素等，无非是想着提高农产品的质量、产量，获得更多收入。由此可见农产品品种的改进对于农产品的产量和质量都有着很大的帮助作用。可以通过技术条件来提高农产品的品种质量，提高抗病虫害的机能，提高抗旱机能，提高农产品的抗风险能力。通过提高农产品的质量，可以增加产量，又减少了污染，可以更好地解决农产品的源头问题。

其次，农产品的监管体制还存在着很大的不足。农产品的产地准出和市场准入衔接之间存在着很大问题。产地准出，通俗来讲是指农户生产的农产品都必须有严格的生产记录和合格证明。市场准入是指通过质量安全检验的农产品才能允许进入市场销售。通过产地准出的农产品较少，且所需成本较高，会导致许多农产品散漫化出售，自由出入市场。现实情况是许多初级的农产品没有生产地辨识标志，甚至有的农产品没有经过质量的安全检测就进入了市场进行流通销售。这样，在这些没有经过检测的农产品中发现重金属超标问题、添加有毒的食品添加剂问题等，便无法去追踪查源，质量安全也难以得到保证。同时，如果市场严格按照标准实施准入，实施起来难度会很大。关于相关农贸市场的农产品质量安全检测监管上，目前也只能局限于对进入批发瓜果蔬菜的车辆进行收费与登记，对进入批发市场的小商小贩或者农民的瓜果蔬菜，目前大多还没有进行农产品的质量安全检测。

基层农产品的质量监督在实施中有一定的困难。一个是基层由于经济条件的限制，各方面物质条件不足，各种检测设备不完善，县乡检测能力弱，只能进行瓜果蔬菜的初级检测，造成了检测的范围狭窄，覆盖率和抽检比例较低等现象。这种简单初级的定性检测对于水产品、蛋肉奶的检测基本没有很大的作用，远远不能适应农产品质量工作的需要，不能进行有效的农产品质量安全监管工作。此外，这种监管检测的专业性较强，处理农产品质量安全案件需要知识面广的、相关知识必须掌握精准的工作人员，但基层的专业人员相对匮乏，难以完成相应的农产品质量监管工作。同时，其实施难度过大，如果严格按照标准进行检测，则需要耗费大量的人力、物力和财力，实行起来比较困难。

农产品的质量检测监管存在不严格，落实不到位等问题。许多农产品化肥农药残留过高却依然能够进入市场销售，大量的农产品的包装简陋、没有标识。甚至有一些不法商家为了谋取利益将一些腐烂败坏的瓜果蔬菜，感染疾病死去的猪牛羊鱼等当作合格农产品去继续买卖交易。

21世纪是一个大数据的时代，云计算、云储存等高科技的应用越来越广泛，而农产品质量的有效保障也离不开大数据的支持。利用遥感、定位技术的空间数据分析以及精确化可视化手段记录农产品的状况，可以清楚地对种植或者养殖区域内的农产品的实际分布情况和预估产量进行分析；可以将农产品从开始生长到逐渐发展成熟到最后形成初级农产品的整个过程记录下来，包括农产品的本身品质元素的含量多少、化肥元素的残留量、农药的残留量，以及种植区域的有色金属的含量、土地污染情况、水污染情况等。同时，通过地理信息系统，也可以制订出适合该区域的种植方案和病虫害预防方案等。

对于农作物做好生产记录，尽快实现利用定位追踪技术，给农产品确切的追踪，加快推进农产品源头追踪技术的应用。推广农产品标志应用，一物一码，从源头到销售做好记录，形成电子档案。这样，消费者或者中间商可以通过扫描标识码便可查询到该农产品特色、生长记录、质量问题、元素含量以及受污染程度。

最重要的是要将农产品的质量监管问题透明化。一切以客观事实说话，一切以数据说话，使得农产品的监督管理标准和制度统一化，也会减少相关人员钻空子、玩忽职守的事故，有效进行农产品质量安全检测的公平公正化。争取尽快做到哪一个环节出现问题都可以找到相应的原因和要进行追究的负责人，实行谁污染谁治理、谁出事谁负责的实名责任制。

最后，农产品源头地区环境污染在部分农村依然存在。21世纪以来，工业的快速发展，促进了社会的发展，但在生活水平的提升的同时，工业的生产带来了"废气、废液、废渣"，造成了严重的空气、水和土壤污染。工厂的大量扩展，废渣不恰当处理，造成重金属超标，工业废水、生活废水造成水污染，这些都造成了生产区环境污染。中国环保部门在

2015年发布的调查公报显示，我国的土壤污染超标达到16.1%以上。与此同时，大多数农户在不了解农产品生产标准的情况下进行生产，过多追求产量和美观，大量使用化肥、农药，土壤污染日益加重。农村的生活垃圾造成的污染，各种农药的污染，工业、畜禽养殖业的废弃物污染，使得生产的环境恶化严重，极大地影响了农产品的质量。

农产品的质量安全问题在工业化时代或后工业化时代显得尤为突出，它不仅危害着百姓的身心健康，更关系着一个国家国民经济的命脉问题，关系着国家的兴衰成败。因此，着力解决农产品的质量安全问题，推进保障农产品质量安全有着很大的现实意义。

## 第三节 生鲜农产品与智慧农业：产销一体化探索

李克强总理强调，要大力实施乡村振兴战略，依靠改革创新发展乡村农业新动能。从我国社会主要矛盾的变化，适应经济由低向高质量转变阶段发展的需要，以及农业农村发展阶段特征来看，要实施乡村振兴战略，产业兴旺是基础。促进农业高质量发展，关键是要把质量兴农、绿色兴农、品牌强农作为核心任务，推动提高农业供给体系的质量和效率。

随着现代市场经济以及物联网等高科技的飞速发展，原来那种传统的农产品生产与销售体系已不适应当今时代的发展。在质量兴农背景下，如何利用现代物联网等技术来提高农产品质量，发展具有现代智慧的农业，已成为当下乡村振兴战略的一个重要问题。具体到生鲜产品来说，由于生鲜农产品具有鲜活程度较高等要求，作为一种特殊的农产品，更应该跟上时代的步伐，在生态农业、智慧农业的建设中寻找新的出路。

### 一 "从菜园子到菜篮子"工程

从传统的农产品产销模式来看，其至少包含的环节是：农产品生产（菜园子）—商贩收购—产地批发市场—集散地批发市场—销售地批发市场—零售超市—消费者（菜篮子）。这样造成的问题是：首先，经过几层环节的耗损以及利润的分摊，产地的收购价与消费者的购买价就形成了巨大的差额，这个差额无疑是由消费者来买单；其次，对于生鲜的农产品来说，其最大的价值与特殊性就在于产品的"新鲜"，对于时间、运输及储存等条件的要求较高，但是传统的产销模式过程冗杂，最终造成消费者的消费体验效果大大降低。因此，需要尽快构建"从菜园子到菜篮子"的生鲜农产品现代物流配送工程。

### （一）推动生鲜农产品与电子商务的结合发展

随着互联网与物联网的高速发展及普及，电子商务应运而生。发展农村电商，推动生鲜农产品与电子商务相结合，可以让生鲜农产品从生产者直达消费者成为可能，从而省去了传统产销模式中复杂的中间环节，减少生鲜农产品的中间损耗与购买成本，提高了生鲜农产品的质量与消费者的购买体验。

由于生鲜农产品的特殊性，其产品供应的环节应当在保证质量的前提下尽可能减少，降低成本，提高质量。采用线上订购当天采摘的方式可以保持农产品的新鲜度，以下将采用"菜管家"这一新兴互联网营销平台来说明这种模式的优点。

"菜管家"即菜管家优质农产品订购平台，具有广泛的农业基地联盟、强大的信息技术和物流配送实力，集农产品基地培育、市场开发、生鲜配送及终端销售于一体的供应链一体化农产品订购平台，保证了生鲜农产品的供给质量，拓宽了消费者的购买途径，给城市居民提供了新时代健康便利的生活方式。"菜管家"作为国内生鲜农产品电子商务的典型代表，采用"产地+平台+消费者"的电子商务模式，是国内优质农产品电子商务 B2C 平台建设的先行者。我们可以借助"菜管家"这一平台发展线上订购与线下采摘相结合的模式，推动生鲜农产品朝着高品质方向发展。

由于生鲜农产品具有保质期短、保存不易、用户消费习惯多样化、对物流配送的条件要求严格等特殊性以及农村电商发展还不完善等因素，国内虽然市场广阔且需求量大，但暂时情况是该平台亏损严重，造成农产品生鲜市场难以在短时间内以纯线上标准化模式发展。在现有物流与冷藏技术等前提条件下，生鲜电商，乃至整个农产品电商发展的突破口可以集中在用户需求上。

## （二）推动生产端与销售端的信息互通

目前农村电子商务处于发展的初级阶段，电子商务渗透到农产品的生产、加工、流通等环节需要时间和过程，电子商务尚不能无缝对接城市市场和消费者，因此，要将生产端和销售端借助互联网有效链接，推动信息互通。

对于生鲜农产品，消费者更多关心它的质量问题，简单地说就是蔬菜水果的种植条件是否是绿色无污染，加工配送环节是否安全有保障，而这些问题的解决均需要信息的传递与同步，那么怎样才能让生产者更加及时地将更多的信息如种植、养殖、施肥、浇灌、除草、加工、物流等传递给市场和消费者呢？这就需要农业与互联网相结合，将农产品质量安全等信息及时回应给消费者，使消费者对其购买的生鲜农产品放心。通过大数据的形式将生鲜农产品的生产信息及时展现给市场及消费者的优点有：（1）规范农产品生产过程中的行为；（2）让消费者放心，提高农产品的可信度；（3）扩大销售市场，树立高质量的品牌。

消费者需要了解生产端的产品质量状况，生产端（农户）也同样需要将其生鲜农产品的销售状况反馈回去。通过反馈的销售信息，生产端可以改进他们的生产、种植方式，以及农产品种类，适应生鲜农产品的市场需求。农产品电子商务是生产端与销售端连接的纽带与桥梁，能够改变生产端与销售端（市场）信息的不对称，将销售端积累的市场需求和产品信息，通过数据共享机制，将信息及时反馈给生产端，走"以销定产""订单农业"的路子，才能促进农业发展方式转变，实现生鲜农产品的质优价优。

## 二 推动生鲜农产品生产加工过程透明可视化

运用物联网技术将生鲜农产品进行智慧化生产与管理，发展现代智慧农业已是当下农业发展的必然趋势。蔬菜水果等生鲜农产品对生产种植的条件要求较高，例如，温度、气候条件、土壤等因素均对产品的质量有很大的影响，因此，将智慧农业运用其中进行实时监测，获取农作物生长状况、生长环境、病虫害等信息数据，并对所收集的数据进行分析，建立农作物生长信息系统，可以提高农产品的质量，生产出为人民大众所喜闻乐见的优质生鲜农产品。

## （一）生产过程精细管理

基于物联网的农业生产过程的精细化管理的内涵就是农业生产全过程的智能化。智能播种作业系统、智能变量施肥机、化学农药精准喷洒机、智能机械除草机和农田作业机械智能复合导航系统等五大类重大产品是智能农业技术推广应用的关键技术产品。

对于生鲜农产品，可以通过在菜园、温室大棚、园林等种植区域设置大量传感节点，实时收集温度、湿度、光照、气体浓度以及土壤水分等信息并汇总到生产的中控系统。生产端的工作人员可通过监测数据对环境进行分析，从而精细计算并有针对性地投放农业生产资料（如定量施肥、灌溉等），并根据需要调动各种执行设备，进行调温、调光、换气等动作，实现对蔬果等农作物生长环境的智能控制，从而增加产量，提高质量。

## （二）产品质量安全跟踪

我们可以将物联网、互联网技术贯穿于生鲜农产品的生产、加工、运输、消费等各个环节，对其全部过程进行严格监控，建设生鲜农产品溯源系统，使消费者可以第一时间了解生鲜农产品的生产、加工、运输环境及过程，从而为消费者购买的生鲜食品供应链提供完全透明的展现，向社会提供优质的放心生鲜农产品，增强消费者对生鲜食品质量安全程度的信心，并且保障合法经营者的利益，提升生鲜农产品的品牌效应。

### 三 加强生鲜农产品的品牌建设

国际农业产业或企业产品市场之间的竞争，"决战"在品牌。品牌是区域农业产业或企业最为宝贵的无形资产。我国生鲜农产品产量大，但是市场竞争力却不强，其中一个原因就是我国生鲜农产品的品牌不够强，知名度不够高。因此，应当强化品牌的引领作用，通过多种方式开展品牌宣传和推介活动，提高品牌知名度。

在生鲜农产品的口感等品质上应当着力培育，运用科技培育出适应市场需求并且新颖的农产品，通过提高品质来增加出口量，将销售市场扩展到国际市场。

生鲜农产品虽然具有其特殊性，却也一样有售后服务，生产销售端应当对产品提供相应的售后服务来满足消费者的需求。消费者通过生鲜农产品在线购物,期望商家能及时、准确配送农产品,并期望在售前售后环节得到相关人员的专业、细致、热情的服务。良好的物流服务能让消费者获得愉快的购物体验,能提高消费者的感知利益。例如提供优质的物流服务以及人员服务。

综上所述,打造现代智慧农业大国是我国农业生产和农业管理实现跨越式发展的战略目标,在我国推行以物联网技术为依托,对产业链进行高效整合与管理,最大限度地缩短生鲜农产品产销过程的中间环节,可以实现"从菜园子到菜篮子"的便民优质服务。在质量兴农的背景下推动生鲜农产品与智慧农业相结合,并朝着产销一体化的新生产与销售体系建设方向发展,无疑具有极为重要的现实意义。

## 第四节 农产品网络销售保障体系构建

科学技术的发展促进了国民经济水平的提升。随着电子商务的蓬勃发展,一部分传统行业的产品销售渠道逐渐从线下发展到线上,并且卓有成效,其中也包括农产品。在电子商务时代,农产品销售逐渐变为网络销售模式,但是这种模式在发展中也存在着一些问题,因此,不断解决现实问题,保障农产品的网络销售顺利发展,是加快构建农产品销售体系的重点之一。

### 一 农产品网络营销的好处

网络营销为规模不大的农产品企业的发展提供了机会,为农产品中小企业摆脱规模限制提供了机会,可以和其他企业享有同等的信息资源与网络资源,更好地发挥自身优势来创造经济价值。

2018年我国电子商务蓬勃发展,网络消费市场不断扩大,移动互联网终端和业务日益丰富,云计算、物联网等已成为新的经济增长点,互联网服务经济已初具规模。电子商务核心内容之一的网络营销正运用到传统产品的产业链中,它所呈现出的方便、快捷和成本低的优点为社会带来了丰厚的利益,并为传统企业产品的销售打开了新的渠道,创造了更多推广价值。

网络营销模式同样也适用于农产品销售。如今农产品网络营销的市场规模日益增大。我国是一个农业大国，农产品市场信息不通畅、流通体系不健全等因素导致农产品过剩，致使农产品滞销。农产品滞销问题严重影响了我国农业和农村经济的健康发展、影响了农民的收入和农民生活的稳定。而实施农产品网络营销可以解决"小农户与大市场不适应"的问题。网络营销的发展对于促进中国农产品营销有着非凡的意义，同时，对缓解我国农民因滞销问题而面临的增产不增收困境具有重要战略意义，有利于促进乡村振兴。

网络营销促进了农民和消费者的沟通交流。消费者可以在网上提供建议和要求，农民通过网络可以了解到相关的需求信息。网络营销提供了更加个性化的服务和其他增值服务，促进了农产品的销售。网络销售削减了很多中间环节，缩短了消售时间，扩大了销售范围，提高了效率。网络销售是农产品销售发展的趋势，它不仅可以打破时空限制，还使农产品的信息网络化、透明化，实现农产品产、供、销一体化。同时，互联网可以将有关的农业信息集中在网上，并进行分析，促进农产品的生产经营。

农产品网络贸易有利于建立农产品品牌，发挥农产品的品牌优势。未来的销售越来越看重品牌效益，农产品想要在竞争日益激烈的市场中谋得一席之地，就必须确立自己的优势品牌。以往农民对农产品的品牌意识不强，不太了解品牌优势对于农产品销售的作用，不主动去建立农产品品牌。但现在随着农产品进入网络销售，部分农民已日益了解到品牌的重要性，正在通过互联网制作广告，加强宣传，确立属于自己的农产品品牌。

### 二 农产品网络销售中出现的问题

互联网正在改变传统的商业模式，农产品电商被誉为电子商务的"蓝海"。因此，众多商务电商平台正在构建农产品的网络销售模式，甚至许多与电子商务无关的企业也想借此获得一定的利润。农产品电子商务和网络营销一时间成为炙手可热的新兴电商项目。

在农产品网络营销过程中，不论哪一个环节出现了问题都会影响农产品网络营销的发展。目前来看，在网络营销的发展过程中，比较大的问题主要集中在如何保障产品质量、物流和支付安全等方面。

(一) 农产品网络营销的质量保证

从农产品质量分级标准来看，农产品质量等级的划分主要依据人体感官可以感知的一些要素，这些品质要素可以归纳为外观、质构、风味等。因此，现在对农产品进行质量分级时，大部分工厂还是选择采用感官评定方法，但由于它具有较强的主观性，近年来人们利用现代生物、物理和信息技术等手段对智能化的分级方法也作了大量的研究，并且目前有些方法已进入工厂实验推广阶段。

随着越来越多的人参与到农产品的网络营销，农产品的质量就出现了一定的问题。一方面，许多电商公司只关注它们能否盈利，不对农产品进行标准化质量分级，导致了销售的农产品质量较差，甚至是销售劣质的农产品，这样就损害了消费者的权益，也损坏了农产品电商的信誉；另一方面，部分农产品由于自身的特殊性并不适合进行网络销售，这也在一定程度上影响了网络销售的农产品质量。比如，有些农产品本身容易变质，虽然采摘的时候是新鲜的，但消费者收到的时候很有可能就已经变质了。

(二) 农产品网络营销的物流保障

由于农产品生产规模小且分散，不利于农产品的集中，而且新鲜的农产品含水量高，保鲜期短，特别容易腐烂变质。这就要求农产品要采用更高效的物流配送体系。但是目前我国农产品市场物流配送体系不完备，农产品选择包装、冷藏保存、冷链物流和配送等基础设施不足。总体来说，现有农产品的储藏、深加工和运输能力严重不足。

当今，我国物流行业整体发展较快，但是农产品物流行业发展相对较慢。根据现实情况可以看出，资本投入对农产品物流行业的贡献率高且投入力度大。随着科技的不断发展，农产品物流行业由劳动密集型产业逐渐转为资本密集型产业。根据《我国农产品物流要素贡献率实证研究》显示：技术要素对农产品物流行业的贡献率为 39.89%。科学技术进步可以大大促进农产品物流产业的发展。但我国的物流行业的运输技术、存储技术、自动识别技术等发展不完善，需要在技术方面不断提升与完备。

(三) 农产品网络营销的支付安全

电子支付依赖于电子信息技术的发展。例如，数据加密技术、防火墙技术、数字签名技术等，但是这三种技术并不能完全解决网络破坏、信用卡诈骗与盗窃、网络窃听等安全问题。最常见的就是信用卡欺诈，在电子商务中，最大的威胁就是消费者在与商家进行交易时使用的商家服务器可能会致使丢失信用卡信息。而黑客会利用这些信息假冒他人身份，并按照自己的目的建立新的信用账户。

电子支付还需要安全的网络环境。网络本身存在着诸多不稳定的因素来影响电子支付的安全性。正如在网络支付过程中可能会因为网络的硬件故障问题导致财产损失。移动终端设备在使用过程中可能会因设备的问题使得电子支付存在安全隐患。特别是手机移动支付的逐渐普及，使得电子支付存在着更大的安全隐患。而且电子支付用户的安全意识不强，在支付的过程中如不采取相应防护措施，容易导致个人账号被盗取。

### 三　农产品网络销售保障体系的构建

物流是实现网络贸易盈利的主要环节之一，良好的物流管理可以降低成本，保障农产品的安全运输。物流模式可分为自营物流模式、第三方物流模式、物流联盟模式和第四方物流模式这四种模式。自营物流模式是企业借助自身的条件，自己组织的物流活动，配送速度快但配送能力较弱且费用不易控制。物流联盟是两个及两个以上的企业建立的以物流为合作基础的联盟，这个可以实现优势互补、利益共享，但是存在联盟不稳固、合作范围小等缺点。第四方物流是在整合社会资源的基础上进行的再整合，起的是枢纽的作用。

目前我国农产品运输主要采用的是第三方物流模式。第三方物流可以提供专业的服务，它的科技力量雄厚，配送设施先进，管理高效，信息处理速度快。它不仅能为农民商户提供物流运输服务，还可以提供设计服务和建议农民采取低费用超有效的运输与保管货物的方式。这为不了解这些知识的农民提供了极大的便利，农民将物流业务外包有利于发展生产经营方面的核心优势，促进农民盈利。

目前就针对农产品运输的物流体系——农产品冷链物流体系来看，2017年我国出台了众多冷链物流标准，广泛地应用了国际冷链物流标准，在各地建设了更多的冷库，使得冷藏库、保鲜库、气调库等数量不断增多。出台的新国标 GB1589 规范也推动了冷藏车市场的发展。通过农产品冷链物流为农产品的减少损耗、降低成本提供了可能，这也间接地增加了农产品的产量和农民的收益。

除了农产品物流体系构建以外，还需要不断建设完善大数据基础上农产品物流公共信息平台。信息平台将直接参与生产的环节与政府的有关部门联系在一起。在平台上可以了解农产品在供应中的各个环节信息，可以更好地实现对农产品的控制和监管，同时也可以促进农产品在生产和流通中的标准化。而且信息平台要求第三方物流进行农产品的配送。第三方物流技术力量雄厚、配送设备先进，可以降低物流成本，促进农产品的高效运输，提高农民收益。

农产品物流公共信息平台可以通过信息网络将农产品的生产、加工和运输等环节有机地结合在一起，形成一体化运作。农产品的生产监管机构、检疫机构和市场监管机构可以通过信息平台对农产品进行直接的监管，还可以在平台上面发布与农产品相关规定及标准，提高物流效率。消费者可以在信息平台上查询自己购买的农产品的相关信息，如了解农产品的质量安全等。通过平台，农民可以了解到相关的需求信息，针对该需求进行有规划地生产经营，增加效益，并且信息平台降低了农产品在储运、加工和销售等环节的成本，提高了农民的收益。

从现实情况来看，农产品网络销售在网络贸易中的比重越来越大，农产品现代化的经营模式也为农民带来了诸多利益。构建农产品网络销售的保障体系，使农产品质量标准化、采用快速安全农产品运输物流、创建安全的消费者支付环境可以使农产品网络销售更加顺利进行与长远发展；从农产品质量、物流与支付安全来保障农产品的网络销售顺利展开，可以从质量上促进农业的振兴与发展，促进整个农业的发展。

# 第三章

# "互联网+"现代农业:农村电商的发展

当前,互联网已经渗透到了人们生活的每个方面。创新、跨界、融合、开放、共享的互联网思维已经成为时代的共识。而建立在现代科技基础上的现代农业也与过去的传统农业有了很大的不同。现实情况是,目前,国家正在大力推进"互联网+"现代农业模式,为农村的发展,特别是为贫困农村的发展提供了一条新的路径。

## 第一节 农村电商的现状与发展

"互联网+"现代农业模式是我国近年来大力推广的农业生产模式,旨在提高农业的生产效率,转变传统农业的落后的生产模式。因此,研究互联网和现代农业,进而研究作为"互联网+"现代农业的发展方向之一的农村电商,对于农业模式的转型也有极为重要的意义。

### 一 农村电商发展的机遇

2016年,农业部、发展改革委、科技部等八个部门近日联合印发了《"互联网+"现代农业三年行动实施方案》,该方案提出在经营方面,要重点推进农村电子商务。2017年,国务院的《关于大力发展电子商务加快培育经济新动力的意见》提出了对农村电商的补贴政策。2018年,财政部下发的《关于开展2018年电子商务进农村综合示范工作的通知》称,将通过鼓励各地优先采取以奖代补、贷款贴息等资金支持方式,以中央财政资金带动社会资本共同参与农村电子商务工作。

我国是一个农业大国,根据国家统计局公布的数字,截至2013年底,我国农村人口有6.3亿，占总人口的比例为46.3%。近年来，随着城镇化进程的推进，我国农村人口在总体人口中的占比持续下降，但农村网民在总体网民中的占比却保持上升，占比为28.6%，规模达1.77亿，由此可见农村地区已经成为目前我国网民规模增长的重要动力。因此，农村居民网络化的消费趋势以及农村市场巨大的消费潜力正在被各个电商企业注意到，农村市场已经成为电商企业之间争相开发的市场。

巨大的市场潜力同时也带来了多方面的积极的影响。对于电商企业来说，在农村当地开展电商模式能够占据当地的消费市场，自己能从中获得很大的利润，还能带动当地优势资源和产品的开发，同时带动电商企业本身规模扩大和农村当地的经济发展。对于网商来说，电商平台的门槛比较低、成本小、风险低、操作简单，并且收入相对来说还挺可观。因此农村网民们会很愿意去尝试成为网商，所以并不用担心由于网商数量不足而发展不起来的问题。除此之外，对于消费者来说，发展农村电商能够丰富产品的多样性、区域性和独特性，能够满足消费者的需求。所以只要产品足够有特点，就不会缺少消费市场。下面以山东东平县丁坞村农村电商发展情况为例展开分析。

丁坞村位于山东东平县北部，大羊乡政府驻地东3公里处，汇河西岸。在2014年，我国手机用户达到12.86亿户，移动智能终端用户达到10.6亿户；2015年12月底，我国手机用户达到13.06亿户。丁坞村90%的村民都拥有了智能手机，而智能手机的快速普及推动了村子里电子商务的发展。移动网络的快速发展、农村互联网和手机的覆盖式普及，解放了世代"面朝黄土背朝天"的农民的思想，使之认识到土地之外的赚钱之道。

近些年来，为了加快我国农村电子商务的快速发展，推动农产品市场的转型升级，国家出台了一系列相关的政策，其中包括健全交易体制、加大对物流设施的基础建设投资、加强对农村地区电商人才培训、完善物流培训体系的建设等措施。这些政策的出台为我国农村电子商务的发展创造了一个良好的环境，也为该村发展提供了人力资源和知识。再加上时代的飞速发展，人民生活水平提高，城市居民对于生活品质越发重视，故而绿色、无污染、有机的农产品越来越受到消费者的关注。周边城市对于农产品的高关注度使企业更加重视把优质农产品安全放心地送达到消费者手中的问题。同时，越来越多的流通企业、物流企业也开始关注农村电商的物流发展。

但是，电商物流快递在农村发展仍然有很多有待解决的问题。丁坞村出售的大多数农产品价值不高，且规模不大，很多都是分散的小农户，没有形成规模效应，造成运输成本较高。因此，大部分的农产品电商物流成本居高不下，而物流成本的上涨则直接导致一些农产品价格的上涨。农产品电商物流的发展在某种程度上并没有使物流快递企业的效益有所提高，甚至成为企业的负担，所以在该村的企业生存大多艰难，这是一个不容易解决的问题。

就目前来看，相关物流体系难以支撑，因为丁坞村电商物流极为分散，分布有许多小公司，但小公司物流渠道信息化建设不完善、数据独立、资源独享、基本上不能实现信息交换互通，成本高效益低，没有大公司的龙头效应，使得快递并未真正普及到整个农村。就该村来说，有些物流公司派件都是派到县一级，该村村民作为收件人还要再到县城去取件。这样不仅导致收货时间延长，浪费时间，还可能使得卖家资金周转周期延长，对买卖双方都造成了较大的困扰。

当然，该村电商的发展也存在着巨大机遇。农村电子商务的发展与网络技术、网络金融的支持是离不开的。互联网技术的飞速发展和不断进步，为农村电商提供了技术上的保障。现如今，线上支付的方式在大众中慢慢普及，它逐渐取代了传统的支付方式。线上支付的方式使得消费者无论何时、无论何地都能进行商品的支付，不用像以前那样必须到柜台才能进行消费，为卖家和买家都带来了极大的方便。

总体来说，我国的农村电商有很好的发展势头，发展现状也较好。其主要表现在两个方面：一方面，我国农村的网络零售规模保持着逐年增长的趋势，农村网店的数量也正在逐年增长，农产品在网络上的销售额巨大；另一方面，我国农村电商也正朝着区域发展特色化和电商模式多元化的方向发展，已经开展了农村电商模式的地区也都在积极地探索电商的独特的发展模式。由此可见，这些发展现状向我们证明了农村电商这个模式对于乡村振兴来说是一个正确的选择。

## 二　农村电商发展的问题

在过去几年中，主要的电子商务平台，特别是自营平台，一直希望解决农村地区的"最后一公里"的物流问题。然而，仅仅通过解决农村物流问题来实现对农村电子商务的利益发展，还远远不够。事实上，在农村电子商务市场，这是一场"人民战争"的海洋。在这里，需要解决一系列问题，如物流、支付、监管等，这些问题如不能很好解决，将会使农户、农业公司和电商都有可能陷入高成本，低利润的困境。

虽然国家对农村电商的发展给予了多项政策加以帮助与扶持，但农村电商依旧存在诸多困境。国家的政策和基础设施的改善只是为"互联网+"现代农业的农村电商发展指明了方向，奠定了基础，提供了条件，但要想真正将这种可能性、这种方案落到实处，还有很长一段路要走。目前，大体上有以下四个方面的问题。

### （一）产品质量良莠不齐

互联网上的信息和物品太多，且缺乏相对严格的监管制度。不能有效管理。另外，面向市场的物品重复率高，且极易被"山寨"，原本优质的东西被仿造，造成信誉降低，产品依旧摆脱不了滞销的命运。这不仅给消费者带来困扰，同样也是对农民收益的侵害。此外，在现有的农产品生产流通模式下，市场的利益分配和产品定价机制往往最大限度地压低产地收购价，农民即使生产出优质的农产品，也难以得到应有的价格来有效地维持再生产。这就又回到了过去没有电商时所面临的困境，形成恶性循环。这样农民为了提高收入，只能千方百计地降低生产成本、提高产量，从而降低了产品应有的质量。

### （二）农村电子商务中缺少高质量的专业人员

农村电子商务作为与互联网息息相关的活动，对相关人员的素质要求也相对较高。人才是农村电商发展的重要力量，尤其是在电商规模日益扩大的今天，农村电商发展更离不开人才的支撑。然而现状是：虽然农村中使用互联网的人数在增加，但青壮年多外出务工，留守在农村的劳动力多为老年人和未成年人，无法参与展开农村电商中管理和技术方面的事务，因此在一些地方，农村电商在一定程度上依旧无法正常开展。

(三) 农村电子商务中的物流环节仍存在问题

在"互联网+"飞速发展的电商时代，农产品的买卖早已由单纯的买卖双方交易行为辐射到了包括虚拟交易、运输和配送等领域，这是一个先进的电子交易时代。但是，对比较为完善的城市物流体系，农村的物流体系依旧存在着问题，如连接性差、覆盖面积不够广等，再加上是新起步的一种形式，相应的物流诚信体系没有建立完善，部分产品对于存储运输和保鲜有着很高的要求，这都对农民提出了很高的要求。而现实困难是物流问题未解决，农村电子商务中的"最后一公里"就还没有走完，如果这"最后一公里"没有走好，那么之前的努力也将会白费。

(四) 特色农产品推广难度大，生产体系未成规模，缺乏市场竞争力

在保证农产品质量的前提条件下，如何推广特色农产品资源又是困扰农民卖家的一大问题。商品推向市场，但由于是新上市的产品，消费者接受新的产品也需要一定的时间。电子商务虽打破了传统商业模式下的推广壁垒，但推向市场后的产品随着竞争者的增加，电子商务也同样需要投入高昂的营销成本，如果没有适当的推广和营销，辅以良好的服务和体验，形成品牌和口碑，再好的农产品也很难实现价值。

## 三 农村电子商务发展的对策

(一) 培养电子商务专业人才

要紧紧围绕农村电子商务发展的实际，在加强高校技能培养的同时，努力构建"校企"合作的人才培养模式，注重鼓励、支持和引导学生参与企业实习；要重视培训和交流，聘请专业的电商培训人才，重点培养农村退伍军人、农村青年、返乡大学生的互联网操作能力，带动农村就业；坚持"走出去""引进来"相结合，向江苏、浙江等电子商务发达省份学习先进理念和经营经验，同时加大人才政策吸引力度，吸引专业人才投身农村电商事业，为美丽乡村建设出一份力；积极营造宽松的创业环境，鼓励外出打工者和大学生返乡参与农村电商创业。

(二) 加强互联网基础设施建设，提高网络普及率

农村地区互联网基础设施建设落后，必须要进一步完善，加快推进通信网络建设，解决宽带问题，适当降低网络费用标准，加快实现行政村宽带全覆盖，创新电信普遍服务补偿机制，推进农村互联网提速降费。

以政府为主导，加强宏观调控，加大对互联网基础设施的资金投入，同时要发挥市场经济作用，让市场参与进来，激励企业参与农村地区的网络建设，减轻政府财政负担。

此外，根据调查，因不懂电脑网络、不懂文字输入等知识水平限制而不上网的农村非网民占比分别为54.5%和24.2%；因没有电脑和当地无法连接互联网等上网设施限制而无法上网的农村非网民占比仅为12.8%。这说明，我们不但要进行农村互联网基础设施建设，而且要重视农民对网络的了解，提高其对现代网络设备的操作能力。

（三）完善农副产品物流配送体系

完善的物流体系，能够提高电子商务的效率与效益，从而支持电子商务的快速发展。政府要加大资金投入，建立农产品物流配送中心；在税收、财政等各个方面给物流公司企业必要的支持；鼓励和引导社会资本、贸易流通企业和邮政系统大力发展农村现代物流，逐步建立起以信息技术为核心，以储运技术、包装技术等专业技术为支撑的现代化农业物流体系，促进农业电子商务发展。

（四）加大政策法律支持

农村电商的发展离不开政府的政策支持。首先，政府要营造良好的投资环境和建立积极的电商政策，加强对新科技的宣传力度，鼓励农民进行网络购物和网络销售；其次，就是要提供法律支持。一方面要借鉴国外的经验，制订符合我国国情的电商法律，保护合法，打击非法；另一方面要加强市场的监督，保证农村电商正常有序地发展。

（五）加快建设农业信息服务平台

农业市场具有客户分散、产品需求波动大、配送时效性强等特点，因此要增强农品的信息获取能力，加快建设农业信息服务平台，使互联网与农业深度融合，促进农业发展。

目前，我国农业生产仍然以家庭承包为主，农产品流通方式仍然是批发零售模式为主，很难形成规模化和产业化，从生产到消费流通层次多且效率低、成本高，使得农产品市场供求更加不平衡，因而建设农产品交易平台就非常有必要。这个平台的农产品交易功能既要能实现面向企业超市的大宗交易，又应能实现面向消费者针对性强的零售交易；这个平台既可以通过交易信息进行大数据分析对市场需求进行合理预测，优化种植结构,又可以使消费者通过平台查阅农产品产地、生产加工等信息,增强消费者对农产品安全的信任。

培养"新农人"是发展现代农业的重要基础。而就目前来说,培训体系不健全、师资力量不足等阻碍了农民的进步。建设农业平台,可以设法使高校与农户联系起来,为农业生产提供智慧动力,这将有利于面向广大农民普及专业的农业知识和相关政策,满足现代农业的需求。

## 第二节 "互联网+"背景下淘宝村的发展

习近平总书记在党的十九大报告中提出"乡村振兴战略",报告中指出"三农"问题是关系国计民生的根本性问题。面对农业生产成本增加、产品种类单一、市场化程度低下、科技含量低等多种挑战,振兴乡村必须走顺应时代潮流的科学道路。

电子商务的发展无疑为农村经济带来了新的出路,将农产品和电子商务结合,不光丰富了电子商务的内容,更大力推动了农村经济的发展,为农民创业提供了一条更为方便快捷的道路。针对农村电商的飞速发展,阿里、京东多家电商集团纷纷下"蓝海",这在谋利益的同时也推动了农村振兴和农业转型升级。但是当前农村电商的发展还不完善,以"淘宝村"为例来看,尽管取得了很多成就,但在其蓬勃发展势头下也需要冷思考。

### 一 "淘宝村"为"三农"发展注入新动力

2014 年,阿里研究院提出此概念并为"淘宝村"下了定义,指大量电商企业聚集在某个村落,以淘宝为主要交易平台,以淘宝电商生态系统为依托,形成规模和协同效应的网络商业群聚现象。"淘宝村"的认定标准包括:一是经营场所在农村地区,以行政村为单元;二是农村电子商务交易额达到 100 万元以上;三是农村活跃网点数量达到 100 家以上或者活跃网店数量达到当地家庭的 10% 以上。

简单理解,"淘宝村"是以电子商务和农村经济结合为发展模式的村庄,在电商平台提供的便利渠道之下,呈现出欣欣向荣的发展态势,其数量可说是"井喷"式增长,在全国范围内,从 2009 年的 3 个到 2014

年的211个到2015年的780个，这是从零星到线面结合的发展方式，尽管后来的增长速度放缓，但数量仍令人惊叹。

有些农村的自然地理位置十分优越，在交通和产品特色上都有着自己独特的优势，这就为"淘宝村"的形成奠定了客观基础。一方面，许多农村拥有自己的特色产品，例如许多基于手工艺产品的"淘宝村"，知名度较高的有无锡宜兴紫砂村的紫砂壶和景德镇的陶瓷，都是依靠本地特色工匠的手工技术和本地原材料结合后生产出具有一定价值的产品，这就为当地"淘宝村"的形成打下了独具特色的产品基础，并且其他地方很难复制；另一方面，很多农村都是依靠当地原本的产业基础建立起来的"淘宝村"，它们的形成根源在于已经成型的生产规模，这些"淘宝村"利用原有的交通优势和产业联动优势进行发展，在保障实体工厂客户的基础上吸引大量的网上客户，满足其各种多样化需求进行发展。例如，浙江省桐乡市青石村的蚕丝被产业并非从零做起，而是依靠桐乡市庞大的蚕丝产业以及久远的桑蚕养殖历史，利用互联网的优势，在电商平台上销售蚕丝被，生产规模不断变大，更是形成了产业集群。

农民个体对物质利益的追求是"淘宝村"发展的根本动力。中国现存的"城乡差距"使得农民对于现实生活状况不是十分满意，为了追求更高的生活水平和质量，广大农民开始探索脱贫致富之路。农村电商的发展无疑给农民求富开辟了一条崭新的道路，淘宝开店"门槛低、成本低、扶持多"等特点弥补了农民发展资金不足的缺陷。

例如，山东省曹县丁楼村就形成了全国有名的"影楼淘宝村"。之前村内的影楼服装制作拥有久远的发展历史，奈何销售路子窄、市场不广阔、利润不高使其一直没有发展到很大的规模。任庆生是村内最先接触电商的村民，摸对门路后，任庆生的生意越来越好，淘宝店的成功引起了村民们的纷纷效仿。这个时候，如果任庆生拒绝将经营的经验传授给村民，很有可能就会遭受舆论压力，"小心眼""没有人情味"等类似的标签可能就会出现在任庆生的身上。当然，任庆生没有对自己的致富门路封闭，而是和大家一起分享，使大家走上了农村电商的发展道路，在原有手艺的基础上，村民们纷纷做起了网上影楼服装生意，形成了"淘宝村"。

2013年12月，首届中国淘宝村高峰商城上，山东曹县的丁楼村、张庄村同时被授予"中国淘宝村"称号。2013年曹县大集镇的淘宝产业产值近2亿元；2014年"六一"期间，销售额突破了3亿元；2014年全年销售额超过了5亿元。而2015年，仅"六一"期间，单日峰值便达80000单，销售额突破了5亿元，2016年"六一"期间，销售额再破纪录，高达60余亿元。小小的演出服，成就了大事业。

"淘宝村"的形成发展离不开国家政策的支持，乡村振兴战略为农村电商的形成发展提供了政策上的可能性，各级政府响应乡村振兴战略，依据当地生态特色，纷纷在当地推动建立"淘宝村"。不得不说，"淘宝村"的形成是乡村振兴战略扎实推进的硕果。除此之外，庞大的市场需求也为"淘宝村"的形成发展增添了可能性，农村产品具有城市工业产品所不具有的许多特性——物美价廉，特色手工艺产品做工精细，特色绿色食品种类繁多且日期新鲜，足不出户买到旅游时才能买到的纪念品等，这些都吸引着消费者目光，让"淘宝村"有了更大的市场。

政府与电商平台的扶持推动"淘宝村"走向蓬勃发展的局面：2014年，阿里巴巴集团便启动了"千县万村"计划，与农村展开全面合作，大力推动了"淘宝村"的发展。2015年，国务院发布《关于大力发展电商，加快培育经济新动力的若干意见》，商务部联合19部门推出了《关于加快农村电商发展的若干意见》等。国家推出一系列政策扶持农村农业产业与电商融合发展，并为农村电商提供科学发展意见，地方政府纷纷响应国家政策，通过产业规划引导农村电商发展，为创业者解决资金问题以及培训农民一些必要的电商技能等。除此之外，电商平台也为农村电商的发展提供了一系列优惠政策，这都极大地推动了各地"淘宝村"的涌现和发展。

## 二 "淘宝村"的发展现状

"淘宝村"爆炸式的增长速度，让人们看到了农村电商高速发展的态势，农产品有了新的销售渠道，农业的发展潜力被挖掘，农民的收入不断增加。但是随着行业竞争不断加剧、农村固有的局限性，基础设施不完善等问题的暴露，使得"淘宝村"可持续发展面临着困境。

在"淘宝村"的发展过程中，同质化是不可避免的。在发展形成的最初阶段，"淘宝村"很多都是建立在原有产业基础之上或者模仿他人建立起来的，很多电商没有自己的产品特色，大肆仿冒他人，农村电商数量不断增加，但是多样化缺位严重。出现饱和状况，由于农民知识层面以及眼界的限制，很难突破瓶颈，村内就会产生恶性竞争。在这种情况下，许多模仿者难以找到新的发展行业，只能打"价格战"，通过不断降低成本、降低价格来提升自己产品的竞争力。为了降低成本不惜偷工减料，产品质量大打折扣，回头客越来越少，利润越来越低，由此产生一种恶性循环。更有很多商家为了留住顾客冲销量，狠心做起了赔本买卖，一些地方"淘宝村"的生意越来越难做。

"本土人才缺乏，外来人才难留"是现在"淘宝村"的发展现状。我国农民普遍文化素质还较低，对于网络和电子商务接触较少，很多农民守着优质农产品却由于自身素质限制不能通过电子商务方式将农产品输送出去，或者是在开了淘宝店之后却不知道该如何更好地经营，宣传、摄影、美工、客服方面做得不够到位，最终被淘汰。也有很多"淘宝村"设法引进外来人才，聘请专业的电商人才来经营淘宝店。但是总体来说，现如今农村电商的利润并不是十分丰厚，淘宝店的经营程序较复杂，需要的人才专业化程度也较高，自然需要更高的聘金以及更优厚的待遇才能留住人才，往往大部分农村电商难以满足外来人才的需求。除此之外，有很多农村电商需要专业人才深入产业生产过程，在第一线工作，这样就必须在产业所在地和家中往返或者甚至留在农村，但是农村现在的基础设施各方面都不是非常完善，产业的经营也有很多的不稳定性，很难给外来人才生活的保障，进一步加剧了农村人才队伍匮乏。

集群模式下的产业合作，面临着很多的意见分歧。现如今许多"淘宝村"都暴露了功利主义泛滥的问题，许多电商之间想要进行合作以避免同质化恶性竞争加剧。但是有很多中小型电商在看清恶性竞争的发展怪圈后，由于自己力量的相对薄弱，第一时间并没有选择创新产品特色，而是寻求大型电商的帮助支持，希望拥有产业上的靠山。但是与中小型电商的想法不同，大型电商面对同质化竞争，往往从自身产业规划出发，衡量中小型电商的资源利益状况，对其进行收购，将有价值的中小型电商纳入自己的产业体系。但这种并购对于中小型电商来说可能并不意味着利润的最大化，甚至可能损害了自身的利益。由此可见，大型电商与中小型电商之间的合作观念有着很大的分歧，从中也可以看出"淘宝村"

集群产业内部协调机制并不完善,尽管产业之间相似性极高,但是合力太低,过度的独立难以使"淘宝村"继续以盈利状态发展下去。

"淘宝村"产业升级还面临基础设施落后的困境。尽管一个"淘宝村"甚至一个"淘宝镇"中包括许多农民卖家,但如今淘宝生意纯利润并不高,若让村民自觉拿出大量资金用来改善基础设施,可能电商生意就很难周转下去。俗话说,"要想富,先修路",路不通、道路质量参差不齐、路况相对复杂给物流运输带来一定的难度。可能这种情况在一些较发达的农村已经改善许多,但是在一些"特困村",想要走农村电商道路将该村农产品销售出去就面临着非常棘手的困境,道路未全部修通、供水系统问题不完善、没有大容量的冷藏设备和库房等都严重地影响了农村物流的发展,农村地区的很多商品无法得到配套的物流服务、过程控制、质量检测等服务,极易造成产品的丢失和损坏。互联网普及问题也限制了农村电商的发展,很多农村网络速度慢、信号差的问题还没有解决。不管是从事农产品经营还是非农产品经营,要清楚农村电商绝不是简单的产品上线,其中复杂的程序需要大量的资金链支持。"淘宝村"卖家普遍出身农民,固定资产和流动资金都不足且收入预期并不乐观,尤其是农产品上市过程中,农产品的采摘、储存、运输比非农产品的使用资金量更大。若其中一环资金出现问题,农产品物流问题难解决造成积压或是储存技术落后农产品腐烂,将直接影响整个农产品销售。除此之外,传统的金融机构很多时候也很难满足农民卖家融资贷款的需求。

### 三 "淘宝村"可持续发展探索

习近平总书记强调指出:一个地方的发展,关键在于找准路子、突出特色。欠发达地区抓发展,跟风要立足资源禀赋和产业基础,做好特色文章。特色农产品是农村的主力军,要持续发展必须要走品牌化战略,加强自身品牌化建设,可以借助于高认知、高认可度以及高美誉度的地域品牌开展持续化发展。除特色农产品外,其他销售家具、服装等非农产品的淘宝卖家,在走品牌化的基础上,还要增加产品的创新投入,在产品设计和性能上不断更新,不搞恶性竞争,注重提升自我品牌的性价比。但是多数农村电商中小型企业前期投入多且盈利周期长,要产品创新就要解决资金缺乏的问题,政府要加大资金补贴,在政策上鼓励民间资本投入农村电商,银行可以适当降低融资门槛,电商平台可以为农民卖家提供更多的资金补助,共同解决农村电商资金难的问题。

面临发展的种种瓶颈,"淘宝村"如何完成产业升级,实现绿色科学可持续发展成为必须探究的问题。

首先,重视人才培养,吸引高素质人才是"淘宝村"发展的人力资源前提。对于本地农民群体,政府部门应该响应国家政策加快网络知识、农村电商的推广与宣传,通过印发宣传册、传单等,使群众突破传统理念的桎梏,逐步接纳电商这一新兴事物,增强其学习动力与兴趣;对于已经加入农村电商的农民卖家来说,要加强专业知识教学,培训销售技能、网络安全技能、服务技能等。除本土人才培养之外,还要引进并留住高素质人才,可以通过增加各种福利、提高生活保障水平等途径引进更多的创新人才、复合人才和管理人才,更专业地进行"品牌推广运作和市场行业培育"。

其次,合理规划利用土地,推进"淘宝村"不断实现产业升级。很多"淘宝村"为了降低生产成本和销售成本走产业聚集之路,但是随着"淘宝村"内部产业的聚集壮大、种类的不断增多,农村农耕土地与商业经营冲突非常严重,并且农村民房建筑多,利用率要比城市低很多。在这种情况下,可以考虑建设产业园,如果村内需要更多的物流和服务产业支持,还可以联合其他产业加入产业园。产业园的建设更离不开政府的支持,受限于农村土地政策、农村宅基地、房产利用率低等因素,仅靠"淘宝村"的力量是不可能完成的,地方政府要充分了解村庄内部的客观条件和发展规律,改革完善"淘宝村"内部机制,做好村民的思想工作,推动中小型产业和大型产业的合作共赢,合理规划土地,对土地利益受损的村民进行补贴,提高村庄土地的使用率,降低生产成本和销售成本,推动产业转型升级,走可持续发展之路。

最后,不断加强"淘宝村"的基础设施建设。"淘宝村"基础设施落后的问题必须解决,推动互联网普及并提高网络质量,尽快出台相关政策加快农村信息基础设施的建设,让农民有好网络可用,用得起网络。在交通方面,除了政府增加资金投入以外,可以团结社会各方力量,倡导企业回馈社会,鼓励公益建路、修路,进一步改善农村物流交通运输条件,合理规划物流运输路线。许多"淘宝村"产业没有完整的排污降污系统和垃圾处理系统，污水随意排放，垃圾堆成山，严重影响了当地的生态环境甚至危害当地人民健康，当地环保局在监督的同时更需要推动"淘宝村"建设来完善内部环保系统，不能只看到眼前利益而忽视长远发展的自然基础，要走绿色科学发展道路，坚持"绿水青山就是金山银山"的发展理念。

"淘宝村"的发展带动农民自主创业，创造了大量的就业机会，提高了农民收入，有利于解决农村人口外流严重、空巢老人、留守儿童等一些农村社会问题。在农村信息化的过程中，农民卖家不断开阔视野，生活方式和消费习惯逐渐被网络潮流所改变，农民变得更加自信乐观，参与农村公共事务热情提升，极大地改善了农民的精神面貌；乡村治理更民主有序，不断推动农村现代化和城镇化，随着乡村振兴战略的深入发展，相信"淘宝村"一定会走上绿色可持续发展之路，实现更多农民的致富梦。

## 第三节　农村电商与现代农业

2016年"中央一号文件"指出，大力推进"互联网+"现代农业，应用物联网、云计算、大数据、移动互联等现代信息技术，推动农业全产业链改造升级。"互联网+"是互联网思维的进一步实践成果，它是互联网发展的新形态，标志着互联网的发展进入了新的时期和阶段。这种新形态与现代产业结合则能迸发出更强劲的活力。建立在科学技术基础上发展起来的农业，不再依靠传统经验，而是利用新的科学技术和科学研究成果，由传统的自然经济走上区域化和专业化的道路，形成高度发达的商品经济。互联网和现代农业的结合，必然会促使农业生产模式的转型和发展，促进农业现代化的发展。

### 一　"互联网+"农业模式下农业现代化的新形势

在信息技术广泛应用的时代，"互联网+"正在深深地渗透进当代农民的工作和生活。农村电商通过互联网平台切实拉近了涉农主体和农产品消费者之间的距离，让生产者生产的产品可以通过网络平台和物流系统直接送达消费者的手中，没有了中间商赚差价，既节约了成本，又节省了时间和人力,优化了农业生产要素的配置,也使得农产品不再因为地域时效等不可抗力的因素而滞销,还掀起了农村创业的热潮。

伴随着"互联网+"行动计划的实施以及农村电商的崛起,数以百万计的农民从以前在集市、路边摆摊等方式辛苦叫卖农产品到现在通过网上平台销售农产品,农村电子商务不但提高了农民收入水平,还使得农产品转型升级。曾经从农村出来的无处就业的寒门子弟有了创新创业的新平台,过去活力不足的农村就业市场也因此变得生机勃勃,许多从农村去城市务工的打工青年也告别城市回到农村开始了自己的创业之路,互联网的普及和农村电商的发展为农村的就业和创业带来了许多新的机遇。

互联网的进一步普及为农产品的销售带来了更加广阔的销售渠道,使更多热爱农产品的消费者得以了解并购买,也使农产品不再因为地域障碍或者时间差等因素而滞销。通过网络销售也在一定程度上节省了人力和物力,让农产品可以通过物流系统直接从农民手中送到消费者手里。

在信息化网络化的大背景和"互联网+"盛行的新形势下,现代农业也创建了属于自己的新语境,即在充分利用物联网、云计算、大数据、移动互联网、社交互联网等现代互联网信息技术的基础上,改造和升级农业结构,从而实现两者的融合式发展。

现代网络技术对农业的改造并不是单方面的。这种改造是纵深贯通多环节的渗透,即运用互联网技术从生产、销售、服务和金融各环节优化、升级传统农业的产业链,重构产业结构,提高农业生产效率,把传统农业落后的生产方式发展得更加新型高效,让"互联网+"的这一全新的商业模式为农业现代化的进一步发展发挥更加重要的作用。

互联网技术正深刻改变着传统农业,使农业生产更加标准化,拓展流通渠道,规范细化管理体制,在农业互联网、农业信息服务和共享等方面也取得了初步进展。但是作为一种新型发展模式,其外在体制还不够健全,内在机制也不够完善。首先,"互联网+"农业在农村的发展依旧存在很多阻力,部分农村农民观念比较落后、产业结构不够合理、商业模式不够完善等问题根深蒂固;其次,互联网专业人才更为缺乏,难以吸收、消化新的网络技术,无法应用到农业生产的实践当中;最后,农业互联网严重缺乏金融支持，信息收集、硬件软件开发、网络运营资金严重匮乏，一定程度上影响了现代农业的发展进程。问题的解决需要利用互联网为农产品市场构建信息分享平台，以供求关系的变化为导向，调整产业结构，优化产业链，从而提高农业生产的经济效益。

**二 "互联网+"现代农业战略下农村电商发展遇到的瓶颈**

"互联网+"时代下，农村电子商务的发展前景是十分可观的，但是它的发展过程也并非是一帆风顺的。由于理论基础薄弱、农民的"互联网+"意识不强、物流系统不健全、专业人才稀缺等种种原因，农村电商的发展之路还很坎坷。

目前，我国的许多网络交易平台良莠不齐。有不少平台营收都处于入不敷出的状态。究其根本原因，还是因为关于农村电商发展的理论基础比较薄弱，平台的发展模式不够多样化，跟风模仿现象层出不穷，太多低级电商平台充斥了整个市场。目前对于如何促进农村电商的理论基础过于缺乏，对电商平台所需的设施还不够完善，导致理论创新失去了活力，使农村电商的发展受到了一定限制。

农村基础设施仍然较为落后。虽然说近年来在政府各种政策的大力扶持之下，农村的互联网应用相比于过去已经有了很大起色，乡村基础设施建设有了很大进步，但是许多贫困地区依然很难具备使用网络的条件，硬件设施跟不上导致的网速偏慢、网络不稳甚至断网等现象更是屡见不鲜，涉农主体很难及时地通过网络完成线上交易。而农民作为实现互联网与现代农业融合、推动农村电商发展的主角，其文化水平和综合素质不高，网络知识储备不足，对电子移动设备的使用不够熟练，大多数农民依旧深受传统思想的约束，不肯打破传统交易模式，在不能信赖互联网平台的交易方式的情况下，农民的网络交易意识普遍不高。

当前我国农产品的物流系统存在渠道不够迅捷畅通、整体信息化水平不高等亟待解决的难题。在大部分农村地区，尤其是偏远地区物流业发展缓慢，物流配送中心甚至一片空白。同时，在农村冷冻链物流对生鲜电商来说极为重要，需要尽快建立完整的冷冻链物流模式。

最后，就是缺乏互联网复合型专业人才。其一，广大想要从事电子商务的农民普遍受到了技术层面的极大制约；其二，具备专业知识的互联网人才往往不愿意去农村工作发展或者是关于农业的专业知识不足，而兼具互联网知识和农业知识的复合型人才十分少见，培养专业的创新型复合型人才已经成了当下农村电商发展的重中之重。

作为农业大国，多年来我国对农业发展的新路径进行了不懈探索。改革开放以来我国经济迅猛发展，综合国力不断增强，都为农业现代化提供了丰厚的技术基础和物质条件。经济新常态下，"互联网＋"这一新契机的出现，为农业的现代化发展提供了新思路。运用现代信息技术与农业产业进行融合，打破农业传统的生产、运输、销售模式，给现代农业发展带来全面改革。而农村电商的发展，恰恰是"互联网＋"农业这一模式的出现而催生出的新的农村经济形态，从国家战略层面贯彻了精准扶贫的脱贫方向，为农村供给侧改革注入了新鲜血液，成为农村经济增长的新引擎。

### 三 "互联网＋"推进现代农业发展分析

"互联网＋"农业的发展模式成为当前农村拓宽发展领域的新路径，同时也为现代农业提供了新的发展机遇。"互联网＋"模式的出现与发展，为农产品质量追溯体系的建立创造了条件，推动构建了现代农业产业链，同时催生了农村电子商务的发展，使农业现代化的进程又向前迈了一大步。

**（一）建立农产品质量追溯体系**

农产品的质量安全问题出现的根本原因不仅是政府食品安全监管机制不完善，而且也是农业产业链自身结构不合理的问题。现有的农产品销售机制缺点在于纵深越长、涉及环节越多、产地分布越分散，农产品安全风险就越大。在此基础上，互联网技术一定程度上实现了广域覆盖，从生产主体和产品客体两方面，追溯体系点、线、面逐步进行；另外一个重要的方面就是平台服务。为方便消费者查询、市场主体应用和政府监管，需要依托互联网技术，为各主体提供所需的信息查证和相关服务。

**（二）引资引技——构建现代农业产业链**

由于传统产业链的冗长与低效，所以"互联网＋"对传统产业链的升级和改造重点需要放在提高效率、夯实资金基础等方面。

一方面，大数据和云共享能够有效地为各地的特色农业进行宣传，并且吸引社会各方面的资金支持，为现代农业的发展创造良好的金融环境；另一方面，信息技术的发展为农民提供了更多学习的机会，与此同时吸纳了更多农业生产与销售技术，优化了产业链的终端环节，推动了现代农业产业链的构建。

（三）积极推动农村电子商务的发展

在农业产业链的各个环节与互联网相融合的背景下，传统的电子商务人才无论在数量上还是质量上都是不够的，更需要培养专业的农村信息化人才。以农村淘宝等网点为例，目前许多电商平台已经搭建起农村与城市之间的双向分销的渠道，更多的产品销往农村，农民的生活资料更加丰富多彩，生活水平也有所提高。

这一切都是建立在农民收入增长的基础上的，这就依靠从农村到城市这条分销渠道的日益稳固与高效，并且得益于熟稔农产品销售且精通电子商务运营规律的人才。除此之外，还需要更多的探索者和更开明的接受者，为电子商务的运营清除障碍。

在网络信息技术迅速发展的今天，农业发展模式也更加趋向智能化和市场化，以通过创新驱动实现现代农业的可持续发展以及与一二三产业的融合发展，朝着精细农业、高效农业、绿色农业方向发展，进而创造出"智慧农业"和"电商农业"两种路径。依托电商行业的服务类改造，将农村特色生态资源通过电商平台在线展示，不仅有助于满足城市新型生态消费需求，也有助于提升农民在农业生产中的生态环保意识，也从而进一步刺激以生态资源为依托的农村经济增长，打造生态宜居的美丽乡村。

## 第四节　农村电商与农产品产销一体化

习总书记在十九大报告中提出：要加快推进农业农村现代化，解决好"农业、农村、农民"问题。要解决"三农"问题，实现农村农业现代化，首要环节就是发展经济，在现实条件下，通过农村电商进行农产品销售来达到增加收入在理论和实践两方面就是可行的。

可以说，发展农村电商有利于农产品销售，这主要表现在以下几个方面：第一，流通环节减少，销售效率提高。传统农产品销售的流通环节一般为：产品包装—物流运输—配送服务—零售环节；而在农产品进行电商销售中，流通环节就变成了：产品包装—线上销售—物流配送。这样一来大大减少了流通环节，降低了流通成本，农产品销售的效率也得到提升；第二，网络零散需求的积累带来规模经济的发展，农产品销售所得收入提升。相比于传统农产品销售方式大批量低价格批发式销售来说，网络线上销售对农产品零售的需求，有利于形成规模经济，积少成多带动销售数量，也有助于价格的回升，让农民收回成本得到回报；第三，提升农产品市场影响力，有利于打造农产品品牌，将农产品电商销售做大做强。电商线上销售渠道较广，在全国范围信息传播时间短速度快，有助于扩大农产品的市场影响力，打造农产品品牌，形成优质品牌的影响力，为提高农产品销售数量打开市场提供可能性。

在现阶段，互联网信息技术继续大跨步向前发展，"互联网＋"现代农业的发展势头也越来越强。农村电商的发展迎来了许多新的机遇，但也充满着不少挑战。机遇主要有三个方面：第一，国家的支持，政策的扶持。我国一直鼓励大众创业，万众创新，发展农村电商，也是鼓励农民创业、创新农村经济发展方式的重要渠道。同时，发展农村电商，也利于解决"三农"问题，解决部分农村劳动力就业问题，寻求农业农产品销售渠道问题，增加农民收入提高农民生活水平问题。近年来，从"中央一号文件"到国务院、商务部、财政部等多个部委都发布了推动农村电商发展的相关文件与政策。国家出台的文件要大力发展现代农业，促进农村经济转型升级，政策扶持，政府出资和基础上的帮助，以实现乡村振兴，农村电商政策体系也渐趋完善；第二，互联网时代下，电商平台机遇。互联网时代下，农村电商的平台，有利于深入发掘、全面整合、合理分析、科学运用农村的有效资源，提升不同类型的农产品的市场竞争力以及占有率，最终构建起高质量、可持续发展的中国特色社会主义农业发展模式，为农产品向全国各地销售提供了便利；第三，市场需求为电商销售农产品提供了消费去处。中国人口总量巨大，人口对于农产品的消费也是一笔大数目，这一巨大的市场消费潜力有利于农产品电商销售。

然而，现阶段农村电商也依然存在许多问题，面临许多新挑战，阻挡了它的继续发展。从电商发展对销售农产品的挑战来看，我们应该思考的是如何为农村电商注入新鲜血液，促进它在新时代，并且借助新时代一展农村电商风采，助力农产品销售。具体工作应该从以下几个方面展开。

第一，推进互联网建设。网络的普及才能让农村更加了解城市市场的相关需求信息和反馈信息，以便更好地调整自己的服务以及调整农产品种植的种类和规模，适应市场需求取得更多的收入。在建设农村互联网中要有针对性，要结合当地的经济实力出台一些优惠的活动鼓励农村实现通网，不断降低农村上网的成本，着力解决网络信号差、覆盖率不高、上网速度慢的问题。在进行互联网体系搭建以后，可以鼓励和帮助农民学会使用网络查看外界信息和电商平台的基本使用。

第二，大力扶持农村电商平台发展，提高服务水平。农村电商平台是农村农产品供应方与城市农产品消费方之间的直接桥梁和纽带。建设农村电商平台，有助于提升品牌形象，扩大消费渠道，从而提高市场占有率和市场销售范围。

第三，加大对于农村电商的宣传活动，扩大知名度。农村电商应该有自己独特的标志和宣传语，在网上利用朋友圈、QQ空间等加大对农产品优势的宣传，增加人气。同时，也可以打通与阿里巴巴、京东等国内知名电商平台的销售渠道，互相合作，增添知名度和可信度。

第四，建设相应的基础配套设施和物流体系。快递物流是农产品由农村生产地运输到城市消费地的主要运输方式，完整物流体系的构建和基础设施的配套是电商销售中极为重要的一环。引入快速便捷物流运输设备，修整农村基建道路，减少农产品在物流运输中耗费的时间，给消费者带来更加快速的服务，提升服务质量。还要对农产品进行一定的包装，在包装上下功夫，为农产品在运输中创造一个相对可靠的保护。

第五，进一步发展农村电商，还要培育电商销售专业人才，提供优质销售服务。顾客就是上帝。这是消费行业奉行的宗旨，同样，农村电商销售农产品也是服务行业，也需要有专门的人来为电商销售支撑，为消费者提供令人满意的服务。这样一来，培育电商销售专业的人才就变得尤为重要。应该注重专业电商人才的引进和培养，建设多元化多层次的农村商务培训，利用政策和资金吸引人才进入农村电商锻炼和创业，增加农村电子商务人才的薪资待遇，以此带动当地农民大力发展电商。专业的电商销售人才不仅有助于农产品的销售，也有助于农产品反馈信息的接收和及时对农产品线上销售策略的调整。

  第六,打造农村电商诚实守信优良品牌,提高信誉度。对于一个农村电商来说,最重要的就是要有自己的优势,而农村电商要发展壮大就要做出属于自己的品牌,让自己的产品"名扬四海"。"酒香不怕巷子深"是一句老话,但是,好的东西要让更多的人知道,就不要被动等待,而应该主动出击。要因地制宜,打造本地特色的农产品,找准优势,作为品牌打造的重点。农村电商的优势在于它卖的是放心的农产品:绿色有机、安全无污染、营养健康。从更长远的来看,还应该申请专门的商标和特色,保护品牌产权,保障品质,增加附加值。在发展过程中,要打造坚持卖放心产品,保质保量,诚实守信的品牌,让消费者买得放心,成为回头客,增加销量,这才是真正长远和有前途的方向。

# 第四章

# 农业供给侧改革与农民生产方式转变

当前,"农业供给侧改革"的核心内容是从"供给端"入手,发挥农民的主体作用,让农民生产的农产品能够满足消费的需求,从而实现产销的有机对接和动态平衡。生产力的发展不断使得传统农业生产方式落后于社会发展,传统农业生产方式一方面阻碍了农民的收入增加;另一方面阻碍了农业经济发展的进程,所以,我国必须进行农业供给侧改革,通过实现农业生产方式现代化,来推动经济发展。

## 第一节 农业现代化与农业供给侧改革

2015年12月在北京召开的中央农村工作会议首次提出"农业供给侧改革"这个概念,反映了国家对农业供给侧改革的重视。会议指出,当前中国的农业经济结构性问题十分突出,非常有必要进行农业全方位的结构调整。

### 一 当前农业供给侧改革的意义和存在问题

农业供给侧改革对农业发展具有重大意义。首先,农业供给侧改革的实行可以加快农业绿色转型。在我国,在一些地方,水污染越来越严重,用这样不达标的水浇灌土地,农产品的质量安全难以保障。一方面是因为环保治理不达标导致的。由于工业化的影响,相关化工产品的需求量大,造成掺杂有大量重金属等的污水被排放进河流,农民取水灌溉,从而导致土壤中有大量重金属残留;另一方面也是受化肥不当使用的影响,在我国多个地区农区化肥使用量超过国际化肥施用安全标准,也就是说种植的农产品有大量的有害化学物质残留。因此，农业供给侧改革使人们开始警醒：现在的重点不是在提高产量上，而是要注意农产品质量。

其次，能够调整农产品价格。在我国，有很多农产品价格已经接近，甚至超过发达国家市场价格。也就是说随着农产品的价格不断提升，对我国粮食安全带来了潜在隐患。因此农业供给侧通过调整生产端，实现更好的产销对接，能够更好地维护我国粮食安全。

最后，可以补足传统农业生产方式的短板。农业供给侧改革强调要从"供给端"发力，让农民发挥主体作用，使生产的产品数量和质量都能达到消费者的需求，而不仅仅让从消费者的"需求端"发力，从而最后实现产销的无缝对接和动态平衡。在农业供给侧改革的背景下，传统的农业生产方式暴露了很多短板，只有认识到这些短板的存在，才能更有效地推动农业生产方式的现代化。

当前在农业供给侧改革方面主要存在以下问题：

第一，农业生产效率低，组织化程度不高。

在我国对优质农产品的需求增长很快，但是供给却往往不足。1978年，我国生产组织形式由以人民公社为代表的集体生产转变成以家庭为基本单位的家庭生产。首先，它往往是按照家庭中人口数量的多少进行平均分配。这种分户经营的方式因为其分散性，难以实现集约化发展；其次，由于以家庭为单位进行生产，而这种生产方式又往往是以人力、畜力为生产的动力的，因此农产品产量较低，生产效率低下；最后，这种生产方式缺乏资金、技术的投入，一方面阻碍了生产规模的扩大；另一方面没有足够的资金进行科技研发，生产效率得不到提高。综上所述，由于农产品以家庭为单位进行生产，导致生产效率低，从而难以实现规模效应，因此，按照这种生产方式生产，在优质农产品供求方面往往不能满足消费者的需求，难以达到农业供给侧改革政策中产出与消费动态平衡的状态。

第二，生产的盲目性不能避免。

现有的土地经营分散化，难以克服农户在商品生产上的盲目性。经常会出现跟风种植的现象，造成产出的农产品供大于求，使农业生产经营处于一种不稳定的震荡之中。由于市场经济具有盲目性和滞后性，当农户发现一种农产品能够卖出较高价格，一般情况下大家都会扩大这种农产品的种植规模。规模的扩大导致供给量大幅增加，但是需求量却是缓慢增加的，因此便会造成因供给量大于需求量，商品迅速贬值的情况，也就是"菜贱伤农"现象。

第三，农业生产的技术变革缓慢。

首先，传统农业通常缺少农户需要的新出现的和有利的投资机会，缺少能带来更高收入的追加投入形式。传统农村的农业是劳动密集型的增长，主要依靠劳动力、土地和物资的投入。而在当今，为了向现代农业过渡，许多发达国家的农业向资本密集型和技术密集型投入转化，农业生产方式也由传统的以人力和畜力为动力，转向以机械作业为动力，因此，当前这种低投入阻碍了农业生产技术的改革。

其次，在传统经营模式下，农民的文化素质普遍较低。农民往往通过种植得出生产经验，而不是通过接受高等教育，学习专业知识来提高生产技术。一方面，由于耕作方式粗放，使得耕地沙漠化越来越严重，大量焚烧多余的秸秆造成严重的空气污染，由于化肥农药的使用不当，不仅容易造成土壤的硬化，还会导致化学物质在土壤中残留，对农作物和牲畜产生不良影响；另一方面，由于缺少技术，只是盲目地种植，难以最大程度地利用各种技术和条件，来提高农产品的产量和质量，也很难提高农产品的附加值。

### 二 农业供给侧改革的路径

农业供给侧结构性改革主要是解决三个问题：一是改善农业供给结构和质量，适应市场需求；二是提高农业生产经营效益，增加农民收入；三是促进农业转型升级，提高竞争力。下面围绕这三个角度阐释推动农业供给侧改革的途径。

（一）以加强农村人力资源建设来改善供给

人力资源是经济发展的重要因素，因此我们需要全面分析农村人力资源，对一些制约发展的问题加以改善。

对当前农村人力资源建设的分析如下：

其一，农业从业人口的大量转移。这主要受到城镇化的影响，目前，城镇人口在不断地增加，城镇人口增加并不是城镇人口本身不断地增加，而是外来人口不断地引进，而所谓的外来人口，就是农村农民工往城镇转移和发展，这就使城镇和农村之间出现微妙的变化。进城的农民工，大多数都是青壮年劳动力，在农村中留守的大部分是老人和小孩。因此农业生产缺少了劳动力，往往会造成"田多，没人种"的现象。

其二，农村的职业教育不达标。首先，农民对职业教育缺乏积极性。农村贫困人口中虽然大部分曾接受过初级阶段的义务教育，但是他们普遍认为种田不需要科学技术，且认为因自身文化水平有限，没有再接受新知识的能力；其次，师资力量短缺。这不仅体现在成人教育教师工资少，流动性大，还体现在他们的知识结构不够全面、能力有限。农村职业教育与成人教育有教学实践性和直观性强的特点，要求教师具有较强的实践能力和协调能力，不具备这些特点的教学往往是脱离实践的；最后，国家对职业教育投入的资金不足。农村贫困地区自然条件恶劣，交通不便，经济发展落后、增长缓慢，财政收入总量少、不稳定，其有限的资金投入到教育发展中的经费较少，具体到农村成人教育等方面的资金非常少，有的地区几乎为零。

加强人力资源建设，主要应包含以下几个方面：

其一，加大政策支持，落实资金到位。政府需要认识到农村人力资源建设的迫切性和重要性，把人力资源建设放在显著的位置，加大对农村人力资源建设的资金投入。不仅如此，政府还要落实相关的法律法规，保障资金的到位。

其二，普及和提升对农村的基础教育。首先，要解决农村教师队伍总量不足和结构不合理的问题，来提高农村教育质量；其次，政府也要实行"教育专项计划"，设立一些专门项目。例如让孩子免费吃早餐、免除学杂费、降低学费、提供补助等方法，不会让村民因为家境贫穷供不起孩子上学，还可以多建立一些民办学校，让社会也为农村教育建设出一份力。最后，要让家长意识到教育的重要性，不要因为"目光短浅"而葬送了孩子的教育。当然，只通过劝说是很难落到实处的，必要时要通过各种手段促使家长进行自我教育，时刻反省在教育子女过程中的不足。如开办"家长培训班"通过各种培训，引导家长树立正确的教育观。

其三，促进成人教育与职业教育发展。首先，需要加强师资队伍的建设。一方面要保证师资力量的充足，结构合理，防止出现短缺的现象；

另一方面也要重视对教师的培训，让老师在不断学习和交流中，自身业务素质能够提高；还要提高农村职业教育和成人教育教师的地位；其次，要保证成人教育与职业教育以需求为导向开展。一方面，要树立农民重视教育的意识，让他们相信可以通过职业教育和成人教育来实现自我提升和自我发展，促进农业的生产，让日子过得更好；另一方面，要注意因时制宜和因地制宜，对农民开展职业教育和成人教育，要以市场需求为导向，时刻关注社会紧缺岗位的需求，有针对性地开展教育培训。当然也要做到因材施教，对不同知识水平的人要采取不同的教学方法，或者根据他们的具体个性以及不同需求，开展与之相匹配的教育。

（二）以发挥科技的作用来提高生产经营效益

科学技术是第一生产力，推动农业生产方式的现代化离不开科技。机械水平的提高，有利于农业生产力的提高，对农业供给侧改革起到推进作用。

第一，提高农业发展机械化水平。

政府要实行相应的政策保障农业的发展。中华人民共和国成立后，国家采取了重工业优先发展的战略。为了大力发展重工业，国家需要筹集大量资金，而集资的方式往往是通过工农产品价格"剪刀差"的方式，将农业剩余转化为工业化所需要的资金。这种有所偏向的政策，使得第一产业远远地落后于第二产业。农民没有剩余的资金来投入农业生产，国家没有多余的资金投入农业生产技术的革新，久而久之，农业技术便远远落后了，因此国家必须实行相应的政策来保障农业科技的发展。

第二，大力提高互联网技术。

互联网技术在农村的应用还存在一些问题。首先，它的普及程度低。尽管农村地区使用互联网的人数和规模都有了很大的提高，但是互联网基础设施建设还有待完善，这就导致了很多农业生产数据比如种植数据、养殖数据和农产品交易数据等，都不能高速准确地传达给村民。村民对种植和养殖往往出于一种盲目的状态；其次，互联网人才少。他们要想经营和发展区域农产品品牌就需要具备互联网应用能力和专业营销技能的人才。因此农村互联网人才的缺少限制了农产品效益的提高。

我们必须要重视互联网的作用，一方面，可以培养一些专业的互联网人才。让互联网人才带领农村生产与销售的网络化，更好地提高农业发展水平；另一方面，可以充分利用互联网的优势，对不同岗位、不同区域的农村人力资源进行管理，优化其配置；还可以通过互联网技术，监控生产销售信息，让供给和需求进行合理对接。

第三，以实现农业产业化来提高农业竞争力。

首先，要提升产业化的规模和集约程度。经营规模决定了农业的基础竞争力，但当前中国农业产业化的规模较小，集中度低，难以在市场竞争中占据优势地位，因此可以采取一些措施来扩大规模和提升集约程度，例如加大财政扶持的力度，对适度规模经营主体进行补贴，鼓励他们扩大生产规模，并且对规模经营主体的农业设施和农业机械等给予补助，鼓励他们继续进行规模化生产。

第四，要壮大龙头企业。

农业龙头企业是指与农户联系，带动农户进入市场，使农产品生产、加工、销售有机结合，并经过政府认证的企业。龙头企业具有带头作用，它的发展能够引领农业的发展，促进农业产业化。因此，我们可以采取一些措施，例如借助各类平台，大力宣传农业产业化龙头企业，推广优质农产品，进行市场信息的交流，拓展市场供销渠道；国家必须建立健全完善的政策体系，加大对农业龙头企业的政策扶持力度；也要鼓励龙头企业进行科技创新。

## 第二节 农业供给侧改革与农业转型升级

随着我国经济进入新常态，在农业经济发展的同时，也面临较为严峻的挑战。对于需求侧的改革已经不能完全适应我国农业发展国情和解决当前农业问题，国家将改革侧重点转向了农业供给侧，就是要将其视为农业经济转型升级的又一突破口和着力点。

### 一 农业转型升级的现状与重要性

当前，农产品市场上的矛盾突出表现在供给未能很好地适应消费需求的变化，从而导致供求出现了结构性失衡，中低端产品过剩，高端产品稀缺，传统产品过剩，新奇特产品短缺。这就对我们的农业发展提出了新的要求，要使得供给一侧能够适应需求一侧不断变化的要求。而农业供给侧结构性改革的核心就是从农产品供给一端入手，通过对生产要素的自身调整、重组和优化，使产品能够在质量和数量上满足消费者的需求，促进农产品供给结构优化，实现农产品供给与需求的无缝对接。

根据我国农业发展现状，可以看出进行供给侧改革的迫切性和必要性。当代农业社会的重点任务就是做好农业供给侧改革，只有这样，才能使得我国的现代化农业保障实施。农业供给侧改革侧重的是去产能，去杠杆，去库存，降成本，解决农产品的价格还有产量的矛盾问题。它遵循市场发展规律，以需求为导向，制订有效的应对策略，可以促进我国现代农业的发展。

农业供给侧改革是提高农产品供给质量，满足消费者日趋多样化的物质文化需求的主要选择；是完善农业生产方式、提高农业经济效益的现实要求；是适应经济一体化趋势、增强我国农产品国际竞争力的迫切需要；是促进农业环境生态保护、促进农业可持续发展的根本保证。

推进供给侧改革是现当代的农业发展的必然要求。实施供给侧改革有利于农业现代化，信息化发展，有利于我国农业供给一侧的质量的提高，延长农产品价值链，有利于绿色农业的发展，有利于农业生产方式改变，有利于满足消费者需求；刺激需求增长，有利于农民素质还有能力的提高，有利于土地政策的完善和发展，有利于降低生产成本；解决供给矛盾，有利于农业发展水平的提高，有利于农业产业化发展，最为重要的是有利于我国农业的转型升级。

## 二　农业供给侧改革推动农业转型升级

供给侧结构性改革最终目标必须落实到结构改革上。与需求侧管理发展有较大的不同，供给侧管理发展主要有劳动力、土地、资本、创新这四大要素，所以，供给侧结构性改革既要兼顾有当前经济的稳定增长，又要兼顾到长远的可持续发展，更要兼顾需求一侧。在我国农业"供给侧结构性改革"中，"供给侧"是改革切入点；"结构性"是改革方式；"改革"是核心命题。

促进农业产业升级是一个长远的发展计划，必须循序渐进。在农业供给侧改革的背景下，要采取相关的措施，带动农村经济的发展。农业转型升级的主体主要分为三类，主要是政府的作为，社会的方面还有就是农民自身的发展要求。

推动农业供给侧改革必须发挥政府的作用。政府的作用主要就是提供资金支持和制度保障，加强市场需求的相关引导作用和社会组织的作用，促进农民自身的素质和技能的提高。

当前，我国农业供给侧改革的目标就是要推进农业转型升级。推进农业转型升级主要是通过社会各主体的相关作用。我们认为粮食或者是农产品产量高就意味着我国农业发展得很好，其实不然，产量高只是一个方面。我国人民的生活质量不断提高，需求也变得日趋多样化，人们更多的是追求享受，这就是消费者的需求。我们在思想上不能与时俱进，这样不能适应整个时代的发展要求。

加快农业供给侧改革，不断改进农业生产的基础设施。用现代农业发展标准衡量，我们国家还有相当一部分的地方还存在着农业基础设施发展薄弱，农业机械化程度不高，科技化水平落后等现象，这种传统的生产经营方式意味着农业的发展落后，这是不能适应整个社会发展的。国家和政府要投入资金，改善这种现状。我国农产品质量不高，品质不优，这样也是一种资源浪费的现象。我们投入了相当一部分的成本，但是效果不好，这就导致我们的资源没有用对地方，这就需要我们加大创新还有科技投入，提高生产效率。农业产品销售渠道狭窄，供给和需求无法对接，使得农民在很大程度上经济受损，要充分利用电子商务的作用，拓宽渠道。促进产业转型升级，一二三产业的融合发展是产业转型升级的一大切入点，实现产业融合发展，意味着可以相互促进，这是促进农业转型升级的重要举措。例如农业与第三产业的融合，发展旅游业，这样对于农业的生产价值就会有很大提高，促进了农业转型升级。

### 三 农业转型升级的应对策略

农业转型升级内涵丰富，主体和路径多样。在供给侧改革背景下，农业转型升级的发展任重而道远，要促进农业转型升级需要社会各方面的努力，要从政府的制度保障、农民生产方式转变和自身素质提高以及符合现当代发展的技术创新等方面入手。

（一）政府发挥主导作用

首先，要改进基础设施建设工作，增强农业发展服务能力。要建立科学规划体系和制度，推进基础设施以及公共服务等设施的建立和完善。在经济发展水平比较低的地区，交通问题值得关注，实现村道和周边公路之间的对接是具有关键作用的，除此之外还应该在道路的交叉口等位置画上醒目的交通标识，以防出现交通事故。

除此之外，要组建宣传传播平台，积极鼓励农业企业运用各类新媒体实施宣传，提升农产品的知名度；还要加快乡村电子商务产业发展，现当代网络发展迅速，也被大部分各个年龄段的人们所利用，从而利用度比较高。要学会运用现代电子商务平台，开展网上宣传与农村旅游以及农产品促销等工作，进一步推动农村经济发展。

制度一直是被热切关注的问题，政府要完善土地承包经营流转制度。政府要不断规范土地流转使权，在此基础上建立规范的土地流转程序，建立健全土地监管机制、调节机制还有信息储备机制，这可以使农户与农户之间产生的矛盾问题得到有效的解决。具体工作中需要在土地流转方面建立数据库，这样在土地流转时，信息可以得到及时匹配和对接，使之更加便捷化。

另外，关于农业投资和资金制度。对于创建农业品牌和创新农业发展方式的农民，可以开展贷款服务。除此之外，金融机构完善基础设施的贷款服务，可以有效推进农业机械化和现代化发展，对此国家可以进行财政支持。

要完善农业保险制度，促进城乡要素之间的互联互通，对于农产品的需求和供给的需求实现有效对接。保险制度可以有效减少农民的担忧，可以在农产品遭遇天灾时，以保险兑付减少损失。

政府需要不断推进农村一二三产业融合发展，延长农业产业链，增加农业附加值，深度挖掘农业的多种功能，实现农业生产、加工、流通等要素的融合。政府需要通过延伸产业链条，拓展农业功能和发展空间，提高农产品产业价值。此外，旅游业的发展是现当代农业发展的一个热点，因为现代社会人们的需求更加注意享受，对于生活环境的质量和旅游观光的要求也是越来越高。

（二）农民发挥主体作用

农民作为供给侧改革的主体，在农业的发展创新方面要积极调动和发挥其作用。将农民作为重点培育对象，进一步明确其市场主体地位，给农民提供技术支持。培育当地具有企业家潜能的农民，这更有利于稳定提高当地农村劳动力就业和素质，提供就业岗位，带动就业的发展。充分发挥农民合作社与农业企业作为新型服务主体的潜力与作用，加快发展专门针对某一个环节的专业性服务组织，发挥分工协作的优势。

同时，也要对当代大学生提出要求，积极引导大学生学习农学，在农学方面培养优秀人才，在专业方面加强培育。大学生是祖国的希望，在农业发展方面更应该发挥支撑作用，国家应该注意这方面的培养问题。

(三) 加快农产品品牌培育

品牌是农业特色、品质和形象的体现，对于现当代农业的未来发展具备了非常好的指导性价值。一个地区只要有比较好的农业品牌，就能够在农业中发挥示范性、引领性的重要作用。但是从整体上看，我国的农业发展缺少打造品牌的意识和行动。对此，政府部门要加以扶持，推动其加快发展并引导其实现转型升级，促进其产生更大的影响力，从而在其引领下出现更多的农业优秀品牌。

要积极研发新产品。当前我国农业产品主要停留于初级产品上，现有与农业相关的第三产业，服务业或者是旅游业也都只是以观光和采摘为主，难以满足广大游客多元化的需要。所以，要不断强化市场调研，以大多数人的需求为基本导向，不断丰富农业产品类型，进行品牌创新。面向不同客户群体，分别推出不一样的线路，切实提升休闲农业活动的趣味度与参与度。在此基础上，要全面发掘本地特色文化与特色农产品资源来吸引客户的眼球，以产生更多的价值。

(四) 加快技术创新

农业的基础设施复杂庞杂，有储存农具，有苗木、木材等农产品的加工设施，培育、生产种子的设施，畜禽养殖设施，专为农业生产服务的灌溉排水系统，还有供热、供暖、供电等不可缺少的基础设施。这些都是农业上比较常见的基础设施，随着科技的不断进步，农业对于这些生产设施的要求也不断提高。

要追求生产设施的现代化，推动电子化，信息化建设。对于大规模的种植和养殖，现代化的生产设施会促进农业产业化发展，这就需要社会和国家的技术人才努力学习专业知识，开拓进取，积极联系实际，不断创新农业生产技术和现代化设施，为现代化农业的发展提供创新活力和技术保障。

在农业管理中,可以采取信息化技术。种植业可以利用现在的信息控制技术,提高种植质量和效率,减少劳动力,适应现代农业发展现状。这就需要技术人才的创造和发展。

农业信息化平台主要用于对种植和养殖环境进行检测和自我控制,有效采集影响作物生长和畜禽成长的时间和空间信息,包括利用物联技术,利用其安全性、可靠性和实用性等特点,发展精细农业;包括自我控制系统,这更是提高智能化水平的一大重要举措;包括控制灌溉、温度、湿度甚至是畜禽养殖的投喂系统,这些都可以利用自我控制系统进行信息化管理。农业信息化管理平台对于农业生产、销售具有重要意义。

## 第三节 农业供给侧改革推动农民生产方式转变

2017年2月,国务院发布了《关于推进农业供给侧结构性改革的实施意见》。在农业供给侧改革这一背景下,提出了农民生产方式必须向着现代化的方向改变的要求。农民生产方式向现代化转变的根本途径就是要从一家一户的小生产转变成为更有效率的集约化、规模化、标准化的大生产,而完成这一转变则需要实现农产品的市场化,解决农村土地权的再分配问题,达到规模化生产,完成机械化的实现与科学技术的普及。

### 一 农民生产方式的现状问题

我国近些年的农业生产多以传统农户,即普通承包户的身份开展以"农业"为主的生产,这种生产方式由于规模较小、生产分散、水平低等原因,严重制约了农业的发展。在这种生产方式下,大部分农户转而选择了"半工半耕"的生产生活模式,农业在乡村的发展呈现出副业化的倾向,农田荒废等现象也已屡见不鲜。因此,这种在部分农村现存的以"家庭经营"为基本模式,以"农业生产"为基本生产内容的农民基本生产方式正在面临着严峻挑战,主要问题如下:

(一)户均承包土地面积小,且分散,农业经营无法达到预期效果

土地是农业的基本生产资料,是农民重要的生活保障,也是提高乡

村社会稳定性、和谐感的根本。我国最新的耕地资源面积为 20.25 亿亩，农业人口却近 7 亿人之多，相比较盛行以家庭农场经营模式为主的美国，其耕地面积多达 28 亿亩，从事农业生产的人口只有 300 万人。并且，我国地形以丘陵高山为主，受气候等条件影响，土壤品质多样且差异大。这样的耕地国情导致在分配土地时，出现户均可得土地少，并且在社会主义市场经济"公平正义"原则的指导下，秉持分配土地类型要平均的分配准则，户均所得分配土地大多分散在乡村各部，耕地难以成片，诸如品种改良、机械操作、基础设施完善应用等与农业进步发展直接相关的生产工作无法有序有效进行，不利于提高生产效率，不利于家庭增收，也在一定程度上使得农户之间因土地问题发生利益冲突，矛盾不断，不利于乡村社会和谐。

在部分乡村地区，还存在土地承包权利的完整性和确定性得不到可靠保证的情况，这造成了农户经营规模不断缩小的不利局面。乡村政府对于中央政府下发的政策实施力度和积极性不足，使得在中央推行"延长承包期""不能随意调整土地"的政策法规后，乡村承包地问题仍没得到有效妥善解决，仍存在着"三年一调"或是"五年一调"的现象。承包地不定时地被调整，农户无法准确预测生产活动的成果，无法做出合理的生产规划和准备，无法发展成合理程度上的规模经营，这使得我国乡村农业发展长期保持小规模经营模式。经营规模小，很难使土地、劳动力、资本等主要生产要素达到最优配置的水平。同时，小户型的生产模式没有能力进行需要大规模资金和时间投入的农业基础设施建设，并且，"单打独干"的模式也使得农户缺乏对市场变化的适应和调节能力。

中国农民"家庭经营"的生产模式只能维持简单的再生产活动，经济效益甚微，只能解决家庭的温饱问题。生产资料细碎化，生产要素配置低甚至缺失，经营规模狭小，抵御自然灾害和市场风险能力弱，投入和产出差异大不成正比。总之，土地的生产价值没有得到高效发挥，无法从根本上促进农业的升级和乡村的振兴。

（二）劳动力整体素质不高，且呈现老龄化、兼业化现象

改革开放促进了第二、三产业的迅速发展，开拓了城市就业市场，城乡差距又一次加大，乡村中大量的青壮年劳动力自发自觉地从乡村向城市转移，从农业向工业、服务业、新兴产业转移。乡村空心化程度越

来越深，致使乡村"家庭经营"生产的劳动主体多为老年人等文化程度不高的人群。这些人群的普遍特征有：多为老年人身体素质不高，体弱多病，劳动能力不强；信任传统耕种经验，轻视科学知识，专业技能掌握不足且难以适应新兴高科技生产方式；受乡村传统遗留的"小农经济"思维的影响，一家一户，安于现状，单打独干，个人本位主义思想严重，缺乏扩大再生产的动力；害怕市场竞争与风险，难以理解市场需求走势，并缺少参与市场竞争的勇气和对市场经济易变性的承受力；政治素养低下，难以准确把握运用党中央的惠农政策；环保意识薄弱，缺乏社会责任感，常采用大量使用化肥等掠夺式的生产方式。

上述这些特征都在很大程度上限制了农民收入的增长，导致自然资源超前消耗，水土流失严重、水资源消耗过大、森林植被锐减、草原草地退化加剧、沙漠化面积扩大；土壤有机质含量下降，产品品质差，生产生活高投入低产出，销售市场缩减，严重挫伤农民生产积极性、农户自身科学素养低，影响高新生产技术的推广。这种传统生产观念惯性和对市场经济的漠视导致乡村农业难以规模化发展。

（三）农业品种结构性不够优化，市场适应力不强

农业生产是农民生产活动最重要的内容，农业生产的产品结构是农业发展的重要支撑。因小户型生产规模和农户素质的局限性，我国在出现农产品总量过剩问题的同时，农业产品结构性矛盾也非常突出，主要表现在农业产品生产结构与市场需求结构不相适应，以至于不能较好地满足新时代城乡居民收入水平提高后随之而来的多样化、优质化、个性化的需求。不同产业品种结构不均衡，如粮食作物的种植面积远远多于水果、坚果等的种植面积，并且水果品种结构单一化现象严重，苹果、梨、柑橘三种产品的产量比重接近总量的3/4，同时品质水平不高；产业内部品种结构不协调，优质品种稀缺，"十二五"期间通过国家审定的水稻品种216个，其中二级稻32个，仅占18.52%，且还有相当部分面临制种难、商品化和加工性指标不突出、重金属吸附能力强等问题；盲目坚信"产量第一"的迂腐生产理念，对市场需求的变化灵敏度不高，不科学生产导致市场缺口大；农产品研发改良和创新加工能力不足，特别是农产品加工环节仍处于规模小、机械化程度低、粗加工的低水平状态，农产品附加值低，经济效益差；农业的多功能性尚未开发完全，农业的

休闲、观光、体验、科普等时代性需求尚未得到有效开发。

精加工的缺位，中高端农产品供给不足；机械化生产的缺失，环保优质农产品供给不足；农业多样性发展尚未被完全开发等这些农业经济结构失衡现状都是跟不上时代需求的突出体现。这显然不利于促进市场经济的进步发展，无法与国际市场对接，使得以"家庭经营"为基本生产模式的乡村农业经济在中国市场、在国际市场都丧失了竞争力。农业生产缺效益、农产品缺竞争力，经济效益缩减，也极大挫伤了农户的生产积极性，严重阻碍了农产品的继续再生产进程。

（四）政府扶持政策出现疏漏偏差，社会化服务不够健全

首先，现阶段农业发展形势发生深刻变化，特别是粮食连年增收后部分粮食品种出现阶段性过剩，资源环境约束加紧。原有的乡村经济发展财政补贴政策对解决中国新时代乡村经济发展出现的新问题作用十分有限。财政补贴区域差异明显，东部乡村地区所获补贴明显高于中西部乡村地区，这加剧了区域之间农民收入的差距；统一的财政补贴方式，无法满足个体农户的个体性、多样化的发展需求；农业灾害风险防护分担机制缺失，缺少必要的刺激生产积极性的奖励政策。

其次，农村金融体制不健全。现阶段乡村经济深入融进市场经济中，但乡村金融环境并不完善，农户融资渠道不畅通，相关金融服务不健全，具体表现在：农业保险覆盖范围狭小，作用甚微；金融机构的社会责任感意识不强，服务态度不好，给予农户相关的咨询服务质量不佳，且分工不够清晰，内部运行机制不完善；政策性金融缺失问题仍旧存在；民间金融运行缺少规范指导；乡村信贷方式单一，且信用度不高。

进入21世纪以来，我国全面放开了农产品购销市场，实现了农产品产销的市场化发展。但同时，农产品的价格形成机制的缺陷也逐渐显现：执行最低收购价的主体以国家为主，过于单一化，结合收储规模不断扩大的现实，导致一些产品形成了事实上的国家垄断，使价格无法完整准确反映市场供求关系，市场的调节功能在乡村经济发展中失灵，加重了国家财政负担，也影响农民作为生产主体的主观能动性的发展。

因"家庭经营"的生产活动规模较小，实力弱，我国政府已采取措施建立保障农民生产的社会化服务，但因仍处于初级阶段，服务体系还不够健全：针对性不强、力度不够大；政策落实不彻底、实践性差强人

意；社会化服务需求和社会化服务供给不配套不对口；社会化服务总量少、类型单一，难以满足农户的大量需求；社会化服务专业性程度不高；公益性社会化服务组织缺乏；经营性社会化服务组织运行经营失范事件频发。

**二 推进农民生产方式转型的举措**

在供给侧改革的背景下，农民生产方式也应该随着不断转变，具体可包含以下方式：由"小规模生产"的单打独斗走向"规模生产"的合作经营；由"家庭经营"走向"多元经营体系"；由"单靠经验"生产走向"科学理智"生产；从单一农业生产走向一二三产业的融合发展；由"基础设施完善度低"走向"机械动力设备充足供应"。依据供给侧改革的发展思路，实现农民生产方式向时代性、科学性、高效性转变，需要采取以下对策：

（一）加强职业农民培育，为农村输入人才，提供知识支撑

农业"家庭经营"模式中的劳动者是"传统农民"，是社会学意义上的身份农民，是身份有别于市民的群体，强调着一种等级秩序，追求维持生计。而"职业农民"是农业产业化乃至现代化进程中出现的一种新的职业类型，能够充分进入市场，活跃农业经济。因此应加强对"家庭经营"模式生产实践者的职业教育和培训力度，努力将他们培养成为符合农民的一般条件。此外，还具有高度社会责任感，紧密的科学意识，勇于参与市场经营的新型职业农民。为此要着重提高农民对科学技术的接受能力以及应用能力，加强农民环保意识，使他们的生产生活方式更加科学，生产效率得到稳步提高。同时将目光瞄准那些未来可能成为职业农民的群体，给予政策、财政等支持和保护，吸引大中专院校相关专业毕业生成为新型经营主体，鼓励特别以农业职业技术学校毕业生为代表的具有较高农业发展素养的群体进入新型经营主体中就业或回乡创业。

鼓励大学生发展关于农业方面的创新创业项目，为农业的发展贡献自己的知识，例如举办"互联网+"等类似的项目，鼓励大学生到农村展开实地调研，从而根据当地农村发展现状，制订成型的计划方略，在某个乡镇首先展开试点，从而集思广益，若是成效良好便进行大规模推广；继续完善免费师范生项目，鼓励更多的大学生参与进来，从而将大

学生的知识带入农村，进行知识的传播，为农村输入活力；对农村进行政策倾斜，鼓励大学生下乡工作，在一定的社会基础上提高农村大学生到农村工作的工资水平，并为其提供住房保障，从而吸引大学生下乡工作；在农村投资建设工厂，另外，要大力发展农村教育，完善教育设施，使得更多农村人才留在本地，同时要对农民进行农业方面的培训，教会他们如何使用现代化工具进行机械化生产，提高农民从业技能，从而保证农村劳动力的数量与质量。

（二）改革农业生产体系，调整产业结构，发展绿色产业

传统农民生产内容以农业为主，产值低且效益不显著。要优化农产品供给结构，满足市场需求的调整，加大对水产品、坚果、水果等品种的选育力度；要推动农民生产生活领域实现一二三产业融合发展，拓展农户收入来源。积极鼓励农民以家庭或以村集体为单位利用乡村自然、生态和文化资源开拓乡村旅游、休闲农业，丰富农民生产内容，发掘更多生产潜力，使农民生产内容更加多样化，结构更加立体化。农民生产方式的转变还可以依靠"互联网＋"技术，改变传统集市生产销售模式，利用电商平台，获取最新市场需求，盘活现有生产资源，"线上"与"线下"相结合，突破传统生产交换空间狭小的局限性，扩展乡村农户深入的市场范围，提高产品交换效率。政府与社会应积极向乡村经济发展传授科学知识，应用高科技，丰富农民生产成果的内涵和价值，使其在市场上更具吸引力。

根据当代消费者的需求，不断调整产业结构。当前人们满足了基本生活需要，开始追求更高的生活享受，消费更加多样化和个性化，因此农业也跟上发展潮流，发展当地的特色产业，加大特色产业投入比重。农业供给侧改革是转变农业生产方式，推动现代农业发展的重要手段。农业供给侧改革的核心就是从农业自身入手，以改革创新为动力，经过一系列的调整，最终使农民生产出的产品数量与质量均符合消费者的需要。深入贯彻农业供给侧改革的方针，以实际成效推动农业产业结构优化升级，对于农业生产方式的转变具有积极意义。

山东省青岛市胶州市的蔬菜品牌"胶州大白菜"就是在不断进行供给侧改革的道路上越走越宽。为了让历史名产"胶州大白菜"焕发出新的活力，做大做强这一农业品牌，胶州市政府在利用国家原产地证明商

标、地理标志的基础上，与企业、农户三方联动，在促进大白菜产业提档升级上下足了功夫。其主要联系了绿色、口碑好的种子企业、农药企业、科研单位，农产品清洗、挑选、修整成型工序的专业工厂，物流冷藏公路运输公司，各乡镇定点的快递转接处的种子企业等几十个理事单位来全面负责大白菜基地的选定，进行了全方位、多层次的运作。同时，大白菜生产、包装、销售等各个环节均有农业技术人员上门指导，形成了胶州大白菜品牌成长的合力。

同时，要因地制宜，不断培育优势农产品，完善产销结构。消费者现在更加关注的是农产品的绿色健康，因此国家要继续完善《农业生态环境保护法》，降低土地的污染程度，减少化肥使用量，净化水资源，同时农业要加大对绿色产品的资金、人才、技术等的投入力度，更好地满足消费者的需求；积极发展优质水果、高效蔬菜、食用菌生产，开展粮食、蔬菜、经济作物的多种经营，有条件的农场要利用种养结合的经营方式，提高土地产出，增加农场经营收入，提高农民收入。

（三）加强政策支持力度，提高政策供给的针对性、可行性

土地细碎化增加了农民生产成本，土地经营权和承包权的分离影响到土地的利用效率及基础设施建设。为实现农民生产方式由"单打独干"的低效率生产走向更好的合作经营，改革土地制度在当下是十分必要的。要完善土地承包制度，稳定土地承包关系，健全土地流转服务体系，延长承包期，保证土地有偿自由流转，促进农业规模经营的发展。要完善互换并地政策措施，解决因耕地零碎而导致的耕种不便的问题。逐渐减少农业人口，逐步扩大农户耕地规模。要推行家庭农场等新型经营主体经营用地的优惠政策，尽最大可能满足其生产设施用地及附属设施用地的需求。

要兴建农业基础设施。要支持小农户以及新型农业主体水利水电、通信网络、交通道路等基础设施项目的建设；要从各个方面补充完善财政补贴制度，扩大农产品目标价格补贴、种植结构补贴和土地流转费用补贴的力度和覆盖面广度；建立完善的鼓励奖励机制，为农民生产方式走向现代化提供完善保障。

要创新农村金融保险制度，建立完美适应新时代乡村经济发展特点的多样化、市场化、广覆盖、可持续的农村金融体制。要降低农村信贷

门槛,帮助农户取得更多的资金支持,拓展生产生活领域,建造规模适当、内容丰富的家庭生产体系;要完善农业保险政策,扩大政策性农业保险以及商业性农业保险的覆盖面,使农户生产生活的方方面面得到可靠保障;提高金融机构的社会责任感,鼓励其推出更多"为人民服务"的产品。

(四)健全社会化生产服务体系,完善保障体系,铲除后顾之忧

农业社会化服务是指为农业的产前、产中、产后提供优质、高效、全面、配套的公益性服务及经营性服务。建设覆盖面广,内容详备、方便快捷的社会化服务体系,是发展现代农业的必然要求。近年来,以政府为主导的农业社会化服务机构的功能逐渐弱化,面对这种情况,应坚持主体多元化、服务专业化、运行市场化的方向,鼓励培育更多经营性农业服务组织机构,同时坚持以政府为主导购置公益服务,形成经营性服务和公益性服务相结合的多元化发展的、完善的社会化服务体系,提高社会化生产服务的输出所实现的质量与效率。改变目前以技术服务内容为主的单一服务方式,不断拓展社会生产服务领域,实现在信息、营销、防范危险、质量监管、创业资金支持等各领域的全方位覆盖,充分满足农户的多样化生产需求。同时强调增强社会化生产服务机构的公益性,提升其社会责任意识,主动积极传播现代先进科技知识、传递最新市场信息、灌输先进管理理念,提高小农户的素质,促进农户经营方式、发展理念的转变,实现农业社会化服务从关注农业生产力提高转变为更加关注农业经营支持,从关注生产环节转变为更加关注产业链的延长和衔接的发展目标。

要提高从事农业收入低的现状,最大程度上提高农民的收入。给予更多扶持,减少全社会轻视农民的现象,同时进行美丽乡村改造,对农村的居住环境改善,使农民不再住在"破草屋",能够住上"小别墅",提高农民居住水平,使得农民住房有保障;另外要解决农民养老问题,国家给农民发放养老基金,但是农民的养老金的金额要根据农民所做出的贡献来规定,从而既调动了农民的生产积极性又保障了农业养老问题;增加农民经营活动的价值链长度,维持农民在价值链上的位置,便于农民获得高额利益;对于农民卖不出去的农产品国家要适当实行收储制度,对剩余产品进行收储到相关企业进行再次加工制作,但是应保持农民在

这一过程中的地位,而国家作为中介,若是盈利,则应30%上交给国家,剩余的70%留给农民,若是出现亏损,则由国家来承担并且对农民实行相应的补贴,从而解决农民在生产过程中的后顾之忧。

(五)构建新型农业经营体系,创新农业政策,合理利用资源

构建新型农业经营体系的核心是坚持家庭经营的基础性地位,培育多元化的经营主体,发展多种形式的经营规模。家庭经营是农业发展的自然要求,家庭农场是世界农业的普遍形式。以血缘关系为纽带连接的生产关系,能够利害与共,自觉尽力投入到生产实践中。因此在一定范围内家庭经营在农业发展中的基础性地位在很长的历史阶段内仍必须坚持。但分散的小农与社会化服务对接、与新装备新技术以及国家资源下乡对接都存在困难。因此,应积极培育新型农业经营主体,以市场化为导向,以专业化、集约化为标准尺度,组织发展"专业大户""家庭农场""农民合作社""农业企业"等新型经营主体,推动农业主体现代化,引导新型农业经营主体适度发展,增强新型农业经营主体对普通传统农户的示范、激励和提升作用。或是发展"公司+农户"的合作农业,鼓励城市工商资本到乡村发展适度的企业化经营种养业,鼓励"公司"做大做强并成为"龙头企业",引导龙头企业和普通农户之间形成稳定的购销关系,真正实现保底收购,以"家庭经营"为主的小农户以土地承包经营权入股,由企业家投资,小农户在获取分红的同时,也能获得劳动佣金,增加生产收入。

我国土地国情的特殊性和局限性决定了中国绝不能完全照搬西方大农业大规模经营的做法和经验,也不能盲目固守"家庭经营"的小规模生产模式,而应该鼓励小农户在生产经营的实践中形成规模经营。构建新型农业经营体系,需要努力构建新型农业经营主体+各类农业服务主体+普通农户的现代农业发展格局,培育新型经营主体,并配以完善全面的现代农业服务体系,彻底激发传统农户的发展潜能,促进农民生产生活方式的现代化转型,延长乡村经济产业链,盘活乡村经济,从经济发展方面带动乡村全面振兴。

农业供给侧需要不断改革创新。但是,一旦思维被传统定式所限制,则会制约农业政策的实施。因此在政策制定过程中,可以建立智囊团,对政策的实施过程进行充分调研,在创新的同时稳步前进。在改革过程

中，土地分配政策要创新，要鼓励进行土地流转，健全土地承包责任制，各个地方政府应该因地制宜，贯彻中央指导精神，根据自身土地承包经营权的流转以及经济发展特点，落实自身土地政策，只有这样才能适应当地农业发展。我们应该因地制宜，自主开发土地流转政策，同时借鉴他人的成功经验，使分散的土地集中起来，整合土地资源，将大片土地集中于大农户手里，实行规模化、集约化生产，同时应采用传统耕作方式与现在耕作方式的结合，更多地使用机械化生产，提高生产效率与生产质量。要加强农业产业上游下游之间的联系，使其紧密合作，明确产品的分工，从而延长产业链，增加农产品的附加值，使其朝着多样化方向发展，增加产品价值量。与此同时，更要拓宽农产品销售渠道，不要仅仅局限于卖给当地商家的方式，政府可以修建公路铁路等多种交通方式，同时利用互联网，发展农村物流业，进行网上销售。要保证落实农业补贴政策，对于土地的使用要进行严格监控，提高农民种粮食蔬菜的积极性。要鼓励农民发展非农业产业，增加收入方式，同时也拉动农村发展，实现农村振兴。

# 第二篇

# 乡风文明与农村文化发展

新时期中国特色社会主义乡村振兴，必须传承发展和提升农耕文明，走乡村文化兴盛之路，弘扬和践行社会主义核心价值观，加强农村公共文化建设，开展移风易俗行动，不断提高乡村社会文明程度。本篇内容主要从农村婚姻嫁娶与移风易俗、农村丧葬习俗改革、庙会风俗传承、农村教育发展等方面展开。

# 第一章

# 农村婚嫁习俗与移风易俗

经济社会的发展也带动了社会习俗的变化，结婚嫁娶风俗的变化就像一面镜子，清晰地映射着社会经济、文化观念的变化。在农村社会文化发展过程中，我们应当不断抛弃陈规陋习，大胆创新，同时，也应当有意识传承和发扬优秀传统特色习俗和文化。

## 第一节 社会发展与结婚习俗变迁

费孝通先生曾说过：中国乡土社会是一种礼俗社会。在农村社会中，社会习俗成为其必不可少的一部分，也是进行农村秩序管理的重要方面。由于是人们约定俗成的，与严格的法律条文或者乡村规章制度相比较，社会习俗所约定的更容易为大家所接受与认同。具体到婚姻习俗来说，婚姻作为人生中极其重要的一环，婚嫁习俗自然成为农村礼俗的重要一部分。可以看到，随着现代化进程加快，农村也逐步跟随现代化步伐，在婚姻嫁娶习俗方面也呈现出了一定的变化。

### 一 婚嫁习俗的传统与现代特色并存

山东农村的结婚习俗几乎每个地区都具有浓郁的地方特色。现实习俗是延续传统和现实结合的产物，山东省济南章丘区明水街道所属村庄就体现了这一点，具体表现在以下方面：

(一) 传统习俗方面

"压红砖"：结婚的时候，办喜事的人家会将一对红砖压在家门口。村里的平房住户会把红砖压在门口过道的顶上，明水等地的楼房住户会把红砖压在本单元的楼洞口。其寓意是免灾、辟邪，寄寓了对新人婚后日子平平安安、顺顺利利、红红火火的美好祝愿。

"上轿包子，下轿面"："上轿包子，下轿面"是当地人耳熟能详的章丘婚俗。这里说的"包子"并不是指大蒸包，而是煮的水饺，而且饺子越小巧越好，与"撮包子"相比，"捏包子"被认为更精致。饺子有五味饺子，"酸甜苦辣咸"俱全，现在更多是用韭菜和芹菜馅儿。新郎官迎亲前吃，新娘到婆家后吃从娘家带来的饺子。在乡村，办喜事的人家会请邻居们到家里帮忙包饺子，共沾喜气。因为饺子形状像元宝，寓意新人生活富裕美好；面条细长顺滑，寓意新人婚后生活顺顺利利，吉祥平安。随着经济的发展，柏油路平整宽阔，交通工具便捷多样，轿子迎亲已经是极少数了，比如路非常不好走的山区乡村，或者是很讲究婚轿传统习俗的村子，还有一种情况是喜欢中式婚礼风格的新人会用轿子。

"合家饭"（又称"宽心饭"）："合家饭"是指新郎将新娘从娘家迎亲到婆家后吃的一顿饭，这顿饭要求新娘婆家人和娘家人一起吃，两家人都要一人吃一口，寓意亲家和睦同心，故名"合家饭"。

婚服：婚服数量增加，中西元素融合。过去结婚，新娘一套婚服就能从头穿到尾，而现在大多数新娘会穿3—4套婚服，早晨出娘家到过门穿上中式红色绣服，中午酒店婚礼仪式上换成西式白色婚纱，仪式结束后去亲友饭桌前敬酒换上敬酒服，等等。

（二）结婚细节变化方面

婚车名牌增多，租车价格反降。章丘婚车租用名牌豪车的家庭越来越多，据某婚庆公司订单数据显示，当前租用奥迪车队的家庭近乎占到其所接订单总量的50%，而与此同时，婚车租用价格不升反降。章丘婚车黑色系更受欢迎，白色婚车很少见。

婚宴市场化。随着农村包地普遍化，农村青壮年劳动力受土地束缚减弱，更多到附近经济较发达的城镇打工，奋斗多年，贷款买房，另一个原因是旧村改造和拆迁换房项目，使农村人口平房换楼房。住在城镇楼房，人太多，婚宴摆不开，则转至饭店。过去在家办婚宴，要提前好几天扎喜棚，乡邻都来帮忙，婚宴桌凳不够，邻居们从各自家里搬来凑。现在生活节奏快了，青壮年很多离开老家，年轻一代之间的乡里联系不如原来那么密切了，在外打工也没有太多的时间和精力，现在转到饭店办婚宴，既省事也省时。这也使得大饭店专门开设了婚宴厅，并购买了婚庆设备，如音响、投影设备、LED 大屏幕、舞台布景等，这也抢占了部分婚庆公司的市场份额，因为婚庆公司提供这些设备还要增加日益上涨的人力装卸成本、运输成本及店铺和仓库租金成本等，而饭店则"坐地不动"，具有一定的价格优势，目前当地原有的几家小规模的婚庆公司收益不足以支撑运营，已经改行。

婚宴选购的烟酒更倾向于中高价位，而选购的喜糖炒货则偏好中低价位。近年来，喜烟喜酒偏好中高价位知名品牌。比如 90 多元一条的宏图泰山烟，甚至也有极少数用几百元一条的玉溪烟。喜酒的价位浮动空间也较大，一般从 120 元左右到三四百元不等。当地品牌酒比较受章丘人欢迎，比如清照酒、百脉泉酒，价位越高的烟酒，越受欢迎，消耗的量越大。但与过去相比，虽然烟酒喜好的价位有所提升，但总的来说，消耗量还是有明显下降的。

与喜烟有所不同，章丘购买喜糖仍然偏好中低价格。这一价格偏好逆差现象，反映了章丘的一些观念，即男权观念，也可以说大男子主义。不仅是男性一方这样认为，家庭中的女性在一定程度上也具有这种观念，都有不同程度上认为"男主外，女主内""男方决定大事，女方管鸡毛蒜皮"，在涉及金额较大的经济事务中男方的话语权更强一些等。而喜烟喜酒的服务对象绝大多数是各家庭中的成年男性成员，喜糖炒货的服务对象则是以妇女、儿童和老年人为主，受重视程度不够高，所以喜糖炒货的购买偏好中低价位。同时也体现了章丘大众消费观念，"在能省钱的地方少花钱"。另外，好糖和差糖的价位悬殊，许多名牌糖果如"徐福记""阿尔卑斯""金丝猴"等，价位很高，而一些不知名的糖厂生产的喜糖则价格低廉得多，这也导致了大众更愿意选择中低价位糖果。还有一个原因是绝大多数顾客是外行，不懂得其实优质的糖才更实惠。同类型糖果相比较，像"徐福记"这样优质的糖果一斤可以卖到 90—100 元，但有些质量差的糖一斤才能卖到十五六元，价格差距很大。

**二 农村社会发展与农民婚嫁习俗变化**

随着城市化的发展，农村卷入现代化潮流，也发生了一定的变迁。主要原因在于：其一，农村的经济发展越来越好，人们的思想不断开放。

在家务农越来越满足不了人们的期许,大量的农民入城打工赚钱,每当返乡,都会随之带来一些新观念;其二,随着教育水平的提高,农民子女的受教育机会大大增加,在外学习或者出国务工等都大大开阔了新一代年轻人的眼界,对于婚嫁习俗的事情也有了自己的想法。农村婚姻嫁娶也发生了极大变化,具体表现在以下方面:

婚姻自主性加强。从原来的"父母之命媒妁之言","娃娃亲"转变为如今的恋爱自由。农民子女的思想日渐开放。虽然还存在媒人这一职业,但是最终是否结婚的决定权在子女手里而不是父母定夺。子女不同意,父母也不会过于强迫,一般考虑子女的感受,想着儿孙自有儿孙福。父母越来越少插手儿女的感情问题,认为子女自己感到幸福就好。

择偶标准发生变化。择偶标准是人们择偶观念的体现,农村择偶观念可以反映出农民现有的价值标准。价值标准受到社会文化,传统习俗,社会制度,社会结构等多方面的影响。女方从注重男方的家庭条件到注重男方的发展潜力与能力,是不是"潜力股",是否有赚钱养家的能力,还有对品行的注重等。近些年,农村青年的择偶范围扩大,不仅局限于邻村或者附近乡镇。如今出门在外打工的年轻人时常会把外地媳妇带回家,也出现了本村女儿远嫁的现象,择偶的范围不再局限于小圈子。

封建贞洁观被抛弃。村民们的对于贞洁方面的思想观念也发生了改变。原先女孩子的贞洁是很重要的,如果在结婚前女人失去贞操,就会被唾弃,被谩骂,被冠上侮辱性的字眼。而现在随着思想越来越开放,男女结婚前经常出现同居的现象,人们对这一方面的关注也越来越少。

对于离婚大多持现代开放态度。原先村民们对于离婚是强烈的反对态度,认为"嫁鸡随鸡嫁狗随狗",女人要夫唱妇随,离了婚就是被抛弃,没人再娶,地位更加低下。而现在,农村的离婚率上升,农村女性不再忍气吞声,甚至主动提出离婚。有研究表明:对很多农村年轻妇女来说,婚姻成为一种实现幸福生活的手段,抚育子女的责任感弱化。这表明农民已经从传宗接代的传统价值观逐渐走出,从"保全大局"向追求幸福的思想转变,重视在以情感慰藉为基础的家庭中追求个体幸福。

## 第二节　市场经济对婚姻习俗的影响

在广大的农村地区，其中一些村庄由于地理条件限制，与文化中心相隔较远，新思想的传入较为缓慢。另外，其自身风土人情根深蒂固，形成了农村地区自己独有的一种社会文化层，也轻易不会发生改变，因而，大多农村都还保留着一些相对传统的社会习俗。然而，随着社会的发展和乡村人口流动的加大，城市和农村的屏障被逐步打破，新潮的思想文化进入到农村地区，冲击着已有的文化传统。由于同时受到农村经济发展的影响，农村的婚嫁习俗呈现出传统习俗日益消减的同时，出现了习俗商品化、市场化日益增强的现象。下面以山东省临沂市罗庄区赵庄村婚姻习俗情况为例展开分析。

山东省临沂市罗庄区赵庄村传统的结婚风俗，一般由提亲、定亲、合命年、送日子、援饭（填箱）、下催状、婚礼、上喜坟、回门等十几个重要环节组成。首先具体看一下男方在这些环节应该做的事情，"提亲"这个环节在近几年里已经很少见了，毕竟现在男女双方大都是自己认识的，而且在当地婚前的男女双方大都是同居的状态，所以男女打算结婚之后，男方正式拿东西拜访女方家庭，就算是提亲。在过去，男方向女方提亲是需要媒人领着的，之后慢慢发展到男方自己拿着东西去女方家庭拜访，如果女方家长同意，之后男方才可以和父母正式登门拜访，到现在则是这一步与定亲和为一，由男方出钱在当地的酒店置办酒席，男方这边出席的有自己的父母、一些亲密的亲属（父辈方面的亲属）以及自己的好友，男方的母亲一般会给女方买一些首饰，主要有金手链、耳环等，但也有很多是在订婚的前几天男方的母亲带着女方去现场买，当然还有一些男方母亲还会给女方买新衣服之类的。订婚时，男方要拿六种礼，喜果子、糖块、粉条、鸡肉、锅饼。关于订婚的定金问题每个家庭不同，没有统一的风俗，礼钱一般是通过男女家庭双方协商确定，数额不尽统一。有的数额非常少，只图个吉利，几百元即可，随着当地经济的发展以及村民生活水平的提高，这些年礼钱也是逐步增加。如：66元、666元、6666元表示六六大顺；99元、999元、9999元表示久久长远；101元、1001元、10001元表示百里挑一、千里挑一、万里挑一。不过当地选择"千里挑一"的比较多,当然还有的是不收礼钱,不过这种家庭不太多。"合命年"这个习俗也是很少见了,但是一些较为封建没有什么文化的家庭还是很看重男女双方是否犯忌讳的情况,在当地一般男方家庭比较挑剔,重视这些。关于属相有"鸡犬泪交流,白马怕青牛,蛇见猛虎如刀斩,山猪自古畏猿猴,两龙不能躺在一个床上"等迷信禁忌说法。

随后的这段时间就是男方父母准备结婚的事宜。在过去男方父母主要就是准备婚房以及装修事宜,等着装修好房屋之后让女方父母过来参观,之后由女方父母负责买家电用具,而现在变得男方这边负担更大了,男方父母不仅要购置新房,装修还要配备好车子以及家电,要求全都是齐备的,女方父母则是添一些厨具之类的东西,算是结婚当天的嫁妆,另外,男方还要负责置办床上的结婚用品,并找"全合人"(指儿女双全的媳妇)为新人缝制被褥,四角放一毛的钱,缀红线,以图吉利。现在大家生活质量提高,新婚的床上用品都是买的专门用品,不再讲究这么多。之后就是男方要找婚纱摄影楼拍婚纱照,自己找婚车以及驾驶员,以及确定自己要请的亲戚,关于请客以及婚礼的仪式等问题一直都是有自己本家的大总管负责,因为之前请客都是在家里自己请专门的厨师做宴席,所以买什么菜,烟酒,婚礼后给客人的礼物以及应该请的客人的名单都是要和大总管商议来定。不过近几年一些结婚的仪式、婚车以及给客人的礼物这些事全都是由婚庆公司负责,而且宴席也都是在酒店里办,所以男方只要负责给婚庆公司钱以及提前预订酒店就可以了,至于菜色也是根据酒店不同的价格来选择,既方便又快捷。

在过去送日子之前要查日子。这件事主要是男方家长负责,有专门的人根据男女双方的生辰八字确定结婚的具体日期,女方盘头的方向和时间,发嫁的时间,在20多年前赵庄村是有一些老人专门算这些的,男方父母拿着烟或者是给些钱让他们算好就可以了,不过现在当地的结婚并不是特别注重生辰八字确定的结婚时间,大都是选择比较好的日子,比如5月1日或10月1日等,所以在这些日子里,农村的很多情侣都是同一天结婚,而且算日子这种事情现在大都交给婚庆公司来办,只要把男女双方具体的出生日期告诉他们,他们会把盘头、出嫁的时间安排好。

关于送日子主要是两件事,第一件是送请柬,柬帖内容包括结婚日期、发嫁的具体时辰、上下轿或上下车头朝哪个方向、新娘盘头和坐帐时面朝的方向等，都一一交代清楚。另一件是送礼，一般为六色礼，即鸡两只、鱼两条、肉一刀（多是猪的后腿，当地叫猪后座，重十斤至十五斤），点心若干，最重要的就是男方一定要给女方送一个大锅饼，而且要用红布包着。一般男方家送来的礼，女方除了肉和锅饼不能退之外，其他的礼都要各退回一半给男方家，表示喜事要分半。肉不能回赠，是因为"肉"即是"荤"，通"婚"，"退荤"有退婚的意思。而且送礼这种事都是男方的叔叔去送。叔叔在当地的方言是夫夫，与福谐音，叔送就是福送。

结婚前一晚，男方要在家中等着女方来添箱。添箱要收拾嫁妆，将衣服、团圆饼、压床鞋、压柜钱、宽心面等物品放入家具之中，这一过程称之为"装柜"。女方的长辈这时候要给压腰钱。如果女方父母家太远是可以没有这一个环节的。等着女方走了之后，新郎家要请儿女双全的老人把床铺好，然后新郎请一个或者两个弟弟在床上滚来滚去，这一环节叫压床。寓意是多子多福，子孙齐全。第二天一早，男方要在女方盘头结束后去婚纱店接新娘，再和新娘一起去新娘家等待发车，发嫁前新人和女方家人照相，除全家合影外，分别和家人照相，示意和和美美。送嫁队伍过路口、过桥梁、过村庄等，都要燃放鞭炮，并且要在一些电线杆上贴上写有"青龙"二字的红纸条，与新郎新娘八字不合的送客和迎客的衣服上也要上别写有青龙二字的红纸条。传说青龙能"镇邪"，鞭炮能"除恶"。送嫁队伍到了男方的村头或者是大路的路口，男方派专人边放鞭炮，边迎接送嫁队伍。新郎、家人和陪客在自己的家门口等候迎接新娘。送嫁队伍在新郎家门口落轿或停车后，新郎的家人和陪客按照分工，分别先把送新娘的大客小客从车上接下来。而且对方的大客，男方要找专门的同辈份长辈迎客。新娘下车之前，需要婆婆给新娘的"盆低钱"，价格也是取吉利数字，如果婆婆给得少，新娘不同意，是可以不下车的，也出现过婆婆给了三次钱还不下车的情况，一般这样的女子就会在村民心目中留下一个厉害人物的印象，新郎这边还要找出人说好话，同意后由新郎给新娘开车门。之前办婚礼都是在新房的院子里办，现在为了省事大都去酒店，当然也有极个别的在家里办，按照赵庄村的习俗，在婚礼上女方才算是正式改口，要给改口费，在婚礼结束后，新人要给自己的长辈磕头，长辈要给新人磕头钱，这时候男方要找一个年纪 10 岁左右父辈的弟弟，给新人铺好下跪的红布，这一步叫提站，很多长辈受完新人磕头礼之后还要给提站钱，5—100 元不等，一般越亲的长辈给得越多，提站钱提站人要自己拿着。这种磕头要进行半个小时左右。婚后第二天，新人要和男方的父亲以及同辈的男子去坟地祭祖，这一步是上喜坟，要带好喜宴，黄纸，还要给每座坟墓压一张红纸，标志着新的香火、香火不断，然后新人要去给爷爷奶奶辈的磕头。婚后第三天，男方要陪着女方回娘家，回娘家，不能由新郎家里人去送，要由新娘的哥哥或弟弟去接。女方回门要拿两个锅饼和一只鸡，在娘家要当天去当天回，不能过夜。返回婆家时也是由娘家人去送，不能由新郎家里人去接。这个时候女方要给男方退一个锅饼。回门结束，标志着婚嫁礼仪结束。

相对来说，赵庄村算是一个较为落后的地方，结婚还是保持着大量和过去相同的风俗，并没有太大的变化。随着国民经济的发展，时代的进步，当地的结婚风俗也在慢慢地改变，婚礼较之前还是变得简单了，一些不必要的形式也省去很多。与此同时，当地还是存在着一些陋习，比如相亲时的本命之说，以及磕头礼等，这些也都在慢慢地改变。

## 第三节　农村经济发展与喜事贺礼的变化

礼金在婚嫁习俗中属于人情消费，这与中国礼尚往来的传统礼节有关。随着农村经济水平的提高，加上城乡差距的缩小，礼金也水涨船高。在农村传统的婚嫁习俗中，礼金这种人情消费是从"礼节""情义"为出发点的一份心意和祝福。而今，礼金在一些地方却成为一种攀比的现象。农村人普遍重体面，份子钱过少，会被人看不起，成为十里八乡的饭后谈资；礼金过多，在家庭支出中的比重越来越大，会成为一种"人情负担"。这种现象也使得农村婚嫁习俗变得越发商品化、世俗化。

油坊场村坐落在山东省潍坊市安丘市的东南部，其行政区域属于景芝镇。全村共有 101 户人家，多以李姓为主，所以村里很多户人家之间都或近或远地有亲属关系，村民间交往因而也比较密切。从前村内多数村民都是从事最简单的种植业，靠天吃饭，种植大姜、大蒜、小麦等农作物，并以此为生计，经济并不发达。而到了现在，随着时代的发展，很多人家的经济来源已经不仅限于简单的农作物种植，很多户村民建造了蔬菜大棚，种植一些经济效益比较高的蔬菜；村里也开办了几家小型加工木材的工厂，村里身强力壮的年轻人多数选择进城打工，而且随着一步步的开放，村民对于教育的重视也有很大的提高，村里越来越多的学生考入大学学习。

由于这些原因，多数村民的家庭经济收入有了很大的提高，油坊场村的总体经济水平有了很大的改观，村民生活更加富裕。在这种情况的影响下，油坊场村村民在喜事的礼金金额上也有了变化。在改革开放以前，村里经济十分落后，家里收入都很低，生活比较困难，有什么喜事也拿不出多少钱，个别关系好并且有能力的给个几毛钱或是几块钱已经是非常少见的了，多是用自己生产的东西代替礼金，比如鸡蛋、蔬菜、米和面等。但礼轻情意重，能简单的表达一下祝福就可以了。

20世纪90年代，村民的平均经济收入每个月在300—500元之间。这个时候有普通朋友结婚或者生孩子，一般礼金金额都是20—30元；小孩过百日则是给30—40元；由于当时村里考上大学的人特别少甚至没有，所以几乎没有人会特意给礼金；而遇上朋友家里老人的生日确定出席饭局的，则要给喜主20元左右。给亲戚家的礼金相对朋友会更多一点，但也只是在几十元的范围，一般不会超过60元。此外，这个时候关于结婚彩礼的说法还没兴起，所以结婚的男女双方还不会互相要礼金。

2000年以后，油坊场村的村民每个月的收入上升到了平均每个月1000元左右。这个时候有朋友结婚生孩子的要给70—100元不等的礼金；随着对教育越来越重视，升学礼金也随之兴起，大学生升学作为父母的朋友也要给100元表示祝贺；朋友孩子百日和老人大寿的祝福礼金也是在100元左右。对于亲戚同样也会比给朋友的礼金多一些，但多出的数量就不确定了，还是要依据该家庭的经济水平。这段时间结婚彩礼的说法逐渐开始流行起来，这时村里结婚的人家多数都是男方给女方娘家10001元，代表万里挑一的意思。

近几年，经济进一步发展，油坊场村的村民几乎都已经过上了相对舒适甚至富裕的生活，普通村民月均收入普遍已经高于1000元，种植蔬菜大棚的农民和一部分外出打工的工人甚至每月可以赚到2000元、3000元甚至更多，各种礼金也随之提高了不少。同样先从朋友来看，现在关系一般的朋友结婚和生孩子的礼金一般是200元，关系更好一点的朋友可能会给300元或400元；小孩过百日、孩子升学以及为老人祝寿一般就是固定的200元。现在给亲戚的喜事礼金较之以前提高了很多，就结婚来说，关系远一点的亲戚要给300—400元，关系近的最起码要给1000元，高于1000元的也已经非常普遍了；亲戚生孩子和孩子过百日的礼金通常在300—400元；一般亲戚的孩子考上大学都会给500元左右的礼金表示鼓励，但比较亲的有可能会达到上千元。现在结婚的彩礼一般是31800元，寓意是三家一起发，当然也是要考虑家庭条件和女方的要求，有条件的还有代表万紫千红（万紫即一万张5元，千红即一千张100元）的15万元等。

总的来看，油坊场村的喜事礼金的金额呈明显增长趋势。各种喜事要求的金额越来越多，而且有越来越多的原来并不是非常重要的喜事也开始大操大办起来，所以要送的喜事礼金的样数也越来越多。这样，随着社会的发展，人们在喜事礼金上的花费越来越多，在这方面的压力也就越来越大。

不管以前贫穷的时候，还是现在逐渐富裕起来，油坊场村的村民之间遇到喜事送礼金的习俗一直保留了下来，但是随着时间的推移和经济的发展，喜事送礼金所蕴含的意义与过去已经有了一些变化。在过去，注重的是礼金里所包含的祝福，没有太多的攀比。现在人们开始注重礼金的数量，尤其是关系比较好的亲朋好友更是不好意思给少了，这次人家送你几百元的礼金下次你就得回送给人家，而且只能比人家送你的多不能少，认为礼金的数量能代表所谓的面子、实力和感情，一般要跟同行的人一样甚至要多于他们，要不然就会觉得太少了拿不出手，担心喜主会因此对自己有偏见丢了面子，这就是人们经常说的打肿脸充胖子。不过现在，人们生活比较富裕了，与亲戚和朋友间互相送礼金也几乎是在可以承受的范围内了，只要不是超出范围，有什么喜事送上礼金向喜主表达自己的祝福，大家再聚在一起吃吃饭聊聊天，也不失为一种交流感情增进友谊的好机会。

当然，农村人喜事送礼的习惯既然能够延续这么多年，在一定程度上也可以被看作是一种礼仪文化，首先，是它可以体现出中国农村村民对于与亲朋好友间感情的重视，一定程度上符合我们一直以来提倡的"礼"的理念，同时随着社会的发展和变革，这种"礼"又被不断地赋予了新的内容，不断地发生着改变和调整。其次，在赠送礼金的过程中也衍生出来一些需要人们注意的礼仪，比如在宾客面前不要不经意的捏量红包的厚度，当然更不可以当面清点礼金，因为这都是不礼貌的。而且在若干年来形成的用礼金数量代表特定寓意的习惯研究起来其实也是非常有意思的，比如在数字中6代表顺，8代表发财，9代表长长久久，所以带有这些数字的数额比如666元、888元、999元等在赠送礼金的时候更容易被选择，而且在不同的场合也可以选择赠送代表相应祝福的礼金来表达自己最真切的祝福。

现在都在提倡节俭，反对铺张浪费，但是礼金的金额却在以较快的速度增长。礼金作为这么久以来人们表达祝福的一种主要的方式，想要杜绝是基本不可能的，而且它本质上是一种祝福，所带来的危害只是因为在其发展的过程中没有处理好而造成的。如果要让喜事礼金能够顺应时代发展的潮流而不变质，就必须做出调整和改良。首要的是从心理上接受杜绝浪费和拒绝攀比，自觉抵制这种不良风气，尽量在自己的经济能力范围之内给亲朋好友送上自己最真心的祝福，做一些力所能及的事情，而不是为了面子在赠送礼金的时候大手大脚，给自己和喜事主都带来不必要的麻烦和负担。而且如果家里有喜事也可以选择一切从简，没有必要全部都大操大办，给自己在经济上和情感上增加一些没有必要的压力和负担。

现在农村经济发展正在进入一个新的时期，所以需要大力进行村风村俗的建设和变革。喜事礼金这一个几乎每个人都会参与的活动，在村民心中，因为其根深蒂固，而且主体数量比较庞大，在改革的过程中要明确清楚地认清它的变化及现状，可以将其作为一个改革创新的重点和难点。只有让喜事礼金真正保留其原有的本意，把它当作一种美好的祝愿和祝福，而不是一种负担和攀比的手段，这样才有助于农村社会的不断发展。

## 第四节　农村婚姻嫁娶移风易俗与创新

农村人在婚姻大事中的各种习俗，主要是为了追求一种热闹、吉祥的气氛，但是随着时代的不断发展，由于种种原因，婚姻习俗也呈现出了许多与现代文化不相适应的地方。

**一　婚嫁习俗中的陋习**

在大多数人心中，婚姻嫁娶本来是一件幸福的事，且人们一生中"嫁"或"娶"的机会大多只有一次。婚姻是男女双方具有建立家庭和生育子女的意向的结合，应该是一个美好的开端，但现在却因为一些愚昧落后，甚至低俗的陋习，弄得物是人非。

（一）传统婚姻习俗中的封建陋习

例如，在一些地方，媒人说媒过程中的"开八字"就是封建迷信的一大体现，生辰八字是科学，但是通过生辰八字算男女是否行大运或是否相冲相克便是迷信。

迎亲的各种规矩、婚礼中的一些禁忌也具有迷信色彩。比如用红纸贴井盖，有人说水是财富，具有向下流动的特征，若有过多的暗井下水道出现在门口及比较显眼的地方，寓意漏财，而贴住井盖就是希望留住财富；更多的说法是下水道是藏纳晦气的地方，而喜神，也就是算卦人口中的吉神，喜欢看见红色一类的喜庆之物，用红纸盖住井盖，喜神就会将邪恶的灵魂粉碎，保护新人不在良辰吉日被凶神恶煞之物冲撞到，以图吉利。

（二）包办婚姻在部分农村的存在

婚姻本应该建立在双方情投意合的基础之上，但农村男女的主婚权在家长手中，父母包办婚姻剥夺了青年男女自由选择、自由恋爱的自主权，使得仍存在着男女双方被迫结为夫妻的现象。加之媒人说媒本是属于义务性质，但有不少媒人为"谢媒礼"而乱点鸳鸯谱，为了谋取利益而随意撮合当婚男女，说合不美满的婚姻，造成了婚姻的悲剧。我国《婚姻法》第五条规定，结婚男女双方完全自愿，不许任何一方对他方加以强迫或任何第三方加以干涉，而"父母之命，媒妁之言"是对婚姻自由的过度干涉，已经严重破坏了当事人的自由选择权。

我国《婚姻法》中还明文规定了对事实婚姻的认可和限制等一系列问题，对于没有到民政局进行结婚登记或者补办的婚姻，我国法律是不承认的，对其效力也是采取消极不认可的方式。而在农村地区却有许多村民以结婚仪式取代婚姻登记，这是不具有法律效力的。

（三）彩礼钱的持续上升

彩礼，在中国大多数地区都有彩礼这一传统习俗。彩礼自古时起便存在于人们的生活中，与人们的婚姻嫁娶息息相关，彩礼在古代是成年男性相中了哪家姑娘，便送聘金、聘礼到这个姑娘家，如果姑娘同意便收下，不同意则退回。彩礼在历史发展过程中，经历了多次存在与消除的对抗，曾被一度废止，如今却又活跃在人们的身边，且金额一路攀升。

彩礼的本来意义在于礼聘，但有些女方家庭却视女儿为"敛财工具""招商银行"，这就使得男方家倾其家财送礼。婚前彩礼成为普通农村家庭的重要负担，而且越是贫穷的地方，娶妻的彩礼也就越高，"因婚致贫""因婚返贫"的现象在农村屡见不鲜。

（四）份子钱成为"红色炸弹"

社会的不断发展虽然为人们积累更多的财富，为提高生活质量提供了保障，但是，随之而来的不仅仅是这些，礼金的数额也随着财富积累的增多不断升高。本来亲朋好友们前来参加婚礼是一件开心的事情，但份子钱越随越多却使人望而生畏，甚至产生不想再参加别人婚礼，自己多办几场婚礼以多赚取一些份子钱的消极思想。一些农村村民办婚礼时都会先问婚庆公司有没有安排人在门口收份子钱，这不仅使人们之间的人情味变得淡薄，更使一些工资较低的人难堪其重，许多人半个月甚至一个月的工资就这样交给了别人。人们之间的纽带逐渐由原来的血缘亲情转变到了令人生厌的"人情债"。

礼尚往来本是中国历史悠久的传统美德，但沉重的礼金过度强调了"礼"的价值，却歪曲了"礼"的内涵，本来增进感情、互帮互助的美德，却变了色彩和味道。礼尚往来慢慢异化成了"人情消费"，除了结婚宴席之外，以乔迁之喜、婴儿满月、孩子升学、开业庆典等为名的宴请活动比比皆是，收礼成风，形成了恶性循环，人情消费逐年猛涨，礼金成了衡量"人情"的工具，扭曲了正常的人际关系。

（五）闹洞房性暗示频繁

在古时，亲戚朋友闹洞房，多是想沾沾新郎新娘的喜气，亲戚们开开玩笑，相互推搡，等到新人一起进入房间之后，众人便离开，并不会对新人提什么要求。随着人们思想的不断开放，越来越多的花样被用于众人闹洞房，从一开始的提几个问题到现在的一些高难度动作，大多会让闹洞房的过程变得精彩、有趣。但是花样的增多难免会鱼龙混杂，现在一些农村，往往要求新郎新娘做出一些难登大雅之堂的动作，这些动作往往带有一定程度的性暗示，常常使新郎新娘羞愧难当，同时也会给在场的未成年人留下不好的印象，不利于他们以后的健康发展。

此外，还存在着婚姻的过度操办现象。农村村民的物质生活得到了改善，手里有钱了，家中的红白喜事规模越来越大，消费档次越来越高，为了要面子、讲排场，婚礼大操大办、铺张浪费，把大型婚宴作为自己炫耀物质财富和人际关系的资本，形成竞相奢靡的风气。

当然，婚姻嫁娶陋习不仅限于此，一些农村存在的其他诸如"闹伴娘""红包开门""半路截车要红包"等也同样让当事人苦不堪言，应该尽快予以改变。

## 二 农村婚嫁陋习形成原因及其影响

现存的一些风俗习惯，自古以来就存在于世，有些随着时代的发展逐渐退出历史舞台，有的却保留了下来。因为种种原因，许多风俗习惯中的陋习也一直存在，并且愈演愈烈，我们常称这部分文化为"落后或腐朽的封建传统文化"。这些陋习之所以存在，主要有以下原因。

首先，在于农村文化的相对封闭性。许多农村地区因为地处偏远，与外界的交往也不密切，思想比较封闭落后，缺少文明法治观念，因此保留了一些迂腐落后的风俗习惯。一定程度上，农村风气也难以受到大城市的影响，民风保守，严重与时代发展脱轨。因为民风守旧，故步自封，更不要说用新的风俗习惯去替代旧的了。

其次，政府的政策引导不到位。中国向着"法治大国"的目标不断发展，立法、司法越来越完备，但在某些方面仍然存在着许多漏洞，农村风俗的恶化发展便是其中之一。法律对许多风俗没有做出明确规定，对不良风俗的打击力度也不够强，导致不良之风屡禁不止。同时，一些地方的农村干部不思进取，自身素质不断下降，管理不当，力度不够，致使一些农村婚姻收受礼金现象严重。许多基层干部不作为，甚至领导村民进行错误的风俗活动，也在一定程度上助长了新的陋习不断产生，旧的陋习难以去除。

再次，部分农民的道德文化素养有待提升。结婚热热闹闹固然是好事，但为了热闹而热闹的结婚就令人生厌了，许多人抱着"看热闹不嫌事大"的心理，提出一些自己认为能够使婚礼的过程更加热闹的方式，多半让人难以接受；除了"图热闹"的大部分人，还有一小部分人本身就心怀不轨，想趁着别人婚姻嫁娶来满足自己的私欲，达到一些不良的企图，虽然并不会产生多么坏的影响，但也让人难以侧目，这些不良思想由于无人禁止，无人管理，逐渐转化成种种不良风俗习惯。

最后，民间习俗所代表的社会观念，具有很强的继承性。随着时间的推移，传统习俗留下来的不只有好的方面，不好的方面也留下了许多。虽然有时国家会推出一些法律法规禁止，但因为这些传统习俗历史太过久远，很难一下子从人们心中消除。近年来，在农村地区的确有一些传统风俗习惯在不断演变，但是随着人们观念的不断变化，一些新兴的陋习弊端也不断显现。彩礼风的不断加剧，攀比风的不断加剧，严重影响了农村形成好的社会思想。

在现代文化发展进程中，农村婚姻嫁娶显现出来的这些陋俗对农村地区各方面产生了不可避免的影响。

家庭是社会的细胞，是组成社会的基本单位，家庭的和睦促进社会的稳定发展。由于农村地区彩礼数额巨大、没有爱情基础的结合，为婚后生活埋下了隐患，引发家庭纠纷，甚至上升到家庭暴力，成为不少家庭离婚的祸根。而因为支付不起高额彩礼而难以娶妻的大龄单身男青年可能会因此走上报复社会的歧途，成为社会治安的一大问题，影响农村社会的和谐稳定发展。

改革开放以来，农村对婚嫁的消费提出了更高的要求，彩礼、婚宴等各项开支的增长速度远远超过农村人民的收入增长速度，使得许多家庭为婚事省吃俭用、缩衣节食，甚至有些老人为给儿子娶亲投入了毕生的积蓄，降低了日常消费水平，影响正常的生产投入，阻碍农村经济发展。

不仅如此，当前高额的彩礼也使本该纯洁的婚姻关系带上了铜臭的气息和买卖的性质，爱情因钱而异化。许多村民的价值观在婚姻陋俗中被歪曲，他们在从众心理和面子文化的影响下，往往不惜债台高筑而选择随大流，"打肿脸充胖子"，淳朴的民风被金钱主义取代，对乡风文明建设产生了一定的制约作用。

### 三　婚嫁习俗改革与创新

在乡村社会中，风俗是实施秩序管理的基础。随着改革开放的深入和农村现代化进程的加快，受到工业化和现代文明的影响，农民不仅在生活态度和价值观念方面发生了变化，生活方式也发生了较彻底的改变。农村婚嫁习俗要想不断改革与创新，就要取消目前农村婚嫁习俗中的各种陈规陋习，不断移风易俗，具体可从以下方面入手：

（一）强化组织作用

长期以来，乡村流传着这样一句话："村看村，户看户，群众看干部。"可见，基层干部在农村群众中的形象建设是相当重要的。农村党员干部应该发挥模范带头作用，使党风和民风之间形成良好的双向互动。农村基层干部要强化自身的素养，在群众中建立良好的道德形象，以此树立自身的权威性，同时，要扎实学好理论知识，保持农村婚嫁习俗发展变革的正确方向。要深入农村，了解乡风民俗与群众的真实需要，切实解决农村婚嫁中的问题，帮助群众走出困境。

新农村文化建设的关键在于党的领导，农村基层组织是党和国家在农村建设中的得力助手，在第一线接触群众，是联系广大人民群众的桥梁与纽带。"两委"班子是农村婚嫁习俗变革的中心力量。两委即农村党支部委员会、村民委员会，要大力对农村婚嫁习俗进行改革，坚持精神、物质两手抓，把农村婚姻嫁娶作为整顿乡村风气的切入点。同时，农村"红白喜事理事会"也是整顿乡村风气的重要力量。农村"红白喜事理事会"应该发挥自己的作用，选举村里有威信的理事会成员，参与到乡村婚姻嫁娶习俗的变革中去，制定出符合乡村特色的乡规民约。

（二）完善制度建设

乡规民约是广大农民教育和管理自己的一种制度措施。乡规民约的制定一定要"一切为了群众，一切依靠群众"。通过乡规民约规范本村的婚嫁习俗，这一过程要鼓励村民发声，提出目前婚嫁习俗中的问题，例如彩礼和份子钱要价过高的现象，商量出解决办法，使之成为村里的一种普遍共识，这有利于解决婚嫁习俗中的攀比现象，化解农村地区的"人情负担"，从而有利于和谐美好乡村的建设。

开展移风易俗工作，必须密切联系群众，"从群众中来，到群众中去"，领导干部要深入基层进行调研，了解群众对婚姻嫁娶习俗变革的态度，以及对工作开展的满意程度，让群众敢于提意见，有地方提意见。定期开展讨论会，集思广益，针对问题"对症下药"，听取群众对婚嫁习俗变革的看法和建议。

（三）加强思想宣传

农村居民的受教育程度不高，仅仅依靠制度约束和组织管理，很难起到显著的效果，需要从思想根源上进行变革。农村地区可以开展相关的文化活动，例如，把婚嫁习俗等移风易俗融入猜灯谜等民俗活动中，调动群众参与的积极性，同时在活动中传播新思想，改变旧观念。

婚嫁习俗的规模要从每个家庭自身的经济实力出发去考虑，而不是攀比浪费，大操大办，追求高额彩礼，要把农村中的这种过度追求娱乐化、社会交往功利化的价值取向偏差引向正途来，端正民众的价值取向，回归朴实节俭的乡风民风，让婚嫁习俗重新回归其富有人情而喜庆的含义上来。

# 第 二 章

# 淳朴民风构建与丧葬习俗改革

丧葬习俗是指不同民族在其殡葬过程中经过漫长的发展演变而逐步形成的一种民俗。作为人生四大礼仪（诞生礼、成年礼、结婚礼、丧葬礼）之一，同时又是人生中最后一次礼仪，人们往往非常重视，因此在丧葬方面创造出了"入土为安""隆丧厚葬"等一系列传统观念和做法。丧葬习俗经过几千年的发展而流传至今，其中难免会有糟粕。这些糟粕对民风造成了一定程度的影响，而民风直接关系到社会风气，环境发展的优劣，对整个社会的发展具有引导作用，因此民风建设与丧葬习俗改革迫在眉睫，同时需要二者发展的齐头并进。

## 第一节　民风构建与丧葬习俗的关系

民风指的是民间教化和习俗，也就是我们常说的社会风气，也指社会中的人的一种交流方式与过程。它的核心是民间风尚，就是指社会中的人的价值取向和行为模式。注重民风建设在中国古代便已经成了历史中各朝代的共识，是各朝代政治和社会治理的优良传统，这对过去几千年的封建专制统治秩序维护有不可替代的作用。

如今，维护社会和谐稳定，创造良好的社会人文文化环境，也需要高度重视民风的构建。改革开放以来，在全面小康实现过程中，经济迅速发展，人民生活富足，物质生活得到了极大的满足，与此同时人们在精神方面的要求也逐渐增多。在这种形势下良好的社会道德风尚成为越来越多的人的追求，要满足这种社会的新需求，不仅要规范社会道德行为，而且要放眼全社会，对其中的各种传统陋习进行改革规范。

## 一　不断构建淳朴民风

中华人民共和国成立之后，人民实现了真正的当家作主，不再被压迫，平等民主代替了封建社会的等级制度，民主观念渐渐深入人心。在这种社会风气的引导以及中国共产党的领导下，中国进行了一系列的丧葬制度改革，摒弃了旧社会中带有封建迷信色彩的仪式，以更文明更科学的方式进行，以大众化的丧葬活动代替等级森严重殓厚葬的落后的丧葬仪式，并创造出了许多新型的丧葬方式，比如用黑纱代替披麻戴孝，用规范的公墓代替了乱葬与皇家陵墓，时时处处践行着平等的原则，从而推动了社会的发展。

丧葬礼仪作为一种传统仪式，有其积极意义。它对死者进行表彰，可以让后代子孙学习前人美好的品德，继承其遗愿，继续为社会做贡献，对于继承优良家风，增强家族凝聚力有深远意义，但是其中落后的丧葬礼仪也一定程度上影响了淳朴民风的形成。殡葬改革是社会主义文明（包括物质文明、精神文明、政治文明、生态文明）体系建设的一项重要内容，对切实保护人类生存环境，充分观照中国传统文化，顺应社会管理、公共服务、生态文明发展大趋势有重要意义。

党的十九大报告也对农村民风建设提出了新要求，要求以社会主义核心价值观为指导，继承弘扬优秀传统文化，扫除封建迷信思想，这引发了新一轮的乡村建设，对遏制丧事大操大办的陋习，深化农村殡葬制度改革，引导农民破除不合理的风俗等起到了重大的作用。在一些地方所发生的变化主要表现在：

（一）"厚养薄葬"的良好风俗逐渐形成

随着人们综合素质的提高，人的观念不断更新，社会上逐渐形成一种"厚养薄葬"的风气。丧礼即使简化，也不能过于草草。目前各地都在提倡厚养薄葬，其实，一个人连父母去世都敷衍塞责，他真有可能会在父母生前尽孝吗？正因为丧礼对于家庭伦理具有重要意义，孔子才反对单纯提倡薄葬。

厚养就是主张亲人在世时对其进行无微不至的关怀，尽到子女或者亲人应尽的责任。这种"养"不仅是物质上的关怀，它反对定期给老人寄钱寄东西而不进行精神上的慰藉的行为。它是指在精神与物质两方面照顾老人，尽到子女的义务，让老人颐养天年，儿女也得以心无愧疚，不必在老人百年之后出于愧疚而对葬礼进行大操大办。其实，大肆操办葬礼不仅是要表达子女对逝者的愧疚，还有一部分原因是做给别人看，究其原因，其实还是在逝者生前，亲人没有尽到赡养义务，怕被外人指责。如果人在去世前居安食美，死后就不必在没有实际意义的事上大做文章。

（二）科学殡葬逐渐落实

目前，全社会崇尚科学的风气越来越盛行，全民族的科学文化素质不断提高，社会民风越来越科学化、合理化。这也慢慢解放了大家关于死亡的思想观念，古代"留全尸"的想法也越来越不被推崇，因此许多崇尚科学看清生死本质的人往往不在乎死后的排场，而是选择一种节约健康的方式处理自己的躯体，比如火化为灰烬之后让亲人带去自己最喜欢的地方，或埋在树旁，或撒向空中，重新回到自然。

人们的环保观念不断提高，而且将环境保护的良好社会风气应用在社会生活的各个方面。在殡葬方面也不例外，因此出现了生态殡葬的新形式。生态殡葬是指通过对殡葬和生态环境有关的环节进行系统研究，按自然生态、人文生态和经济生态原理规划、建设和管理的，由殡葬设施、殡葬设备和殡葬环境组成的资源能源消耗低、污染排放少，与环境相协调的生态复合型殡葬体系。生态环保的观念使人们重视葬礼对环境的影响，采用高科技的方式处理遗体，减少有害物质在大自然中的存留，促进了丧葬制度改革。

（三）现代祭奠方式更显生态和谐

随着计算机网络的快速发展，通过互联网解决实际问题的社会风气也越来越盛行，伴随着这种风气产生了一种新的祭祀方式——网上祭扫和网络公墓。网上祭扫，简称"网祭"，它是一个跨越时空的虚拟祭拜空间，是迈入信息时代人们的一种新的扫墓祭祖方式，意指逝者的亲朋好友可以足不出户，在一些殡葬网站上为逝者建立纪念馆，将逝者的事迹、照片等在网络上传递，还可以为逝者点烛、献花、撰写纪念文章等。

## 二 丧葬礼俗与社会变迁

殡葬礼仪是在传统稳定的社会结构中进行了数千年的文化传承，是集体生活经验的积累、扩充与实践，是面对死亡事件的集体行为规范与伦理法则。殡葬礼仪原本具有深层的文化模式，经得起外在急剧变迁下的种种挑战，能以其坚强的礼仪制度来引领人们体验生命的终极价值。但是，工业社会取代农业社会的变革浪潮，深刻地影响、改变了人们的价值观念，旧有的丧葬礼俗行为与仪式无法继续保存与传播，并处在停滞、倒退与消失的过程中。现代科学技术几乎主导了现实生活的一切运作模式，控制人类主体性的思维活动，导致原本精神性的生存基础，如人与宇宙、历史与内心世界的和谐关系等的萎缩或消失。尽管如此，延续千年的丧葬礼俗的式微，还是一个循序渐进的缓和的过程，我们应尽可以取其精华、去其糟粕，在适应现代社会发展要求下，改革丧葬礼俗，更新、充实丧葬文化内涵。

丧葬礼俗具有抚慰功能。起源于原始社会的丧葬规范，在经过漫长的自然崇拜、祖先崇拜后，逐渐转向内心，度化到宗教这个实体，开始与人类生活浑然一体。任何的宗教必然都是以精神的超越向度，借助种种超自然的预设观念与思想，协助人们从死亡的痛苦状态或罪恶意识中获得解脱与救济。宗教对死亡的悲伤抚慰，通过丧葬具体礼仪规范来体现，它不是外在的劝导与安慰，是直接诉诸本心的信仰情感，从死亡的有限中开展无限的体验之路。丧葬礼仪也对丧亲者具有抚慰功能。丧亲者沉浸在悲痛中不愿面对死亡事实，更会产生恐惧临终与恐惧死亡的焦虑，造成失落感觉。丧葬礼仪规范的存在，为丧亲者焦虑、恐惧情感的抒发提供了一个渠道，用临终关怀的死亡义理阐释人必有一死的自然规律，进而提出灵魂超度并不会堕入冥界的安抚话语，让人在礼仪流程中自然而然接受这种说法，修复内心悲恸的阴影来面对现实生活。我们讲社会"病了"需要医治，人心病了亦需如此，丧葬礼俗的一大意义就在于开辟了一条自我医治的精神道路。

丧葬礼俗具有团结乡里的功能。古代社会丧葬仪式的举办动辄上百人为之奔波操办，这集中体现了丧葬礼俗团结乡里族人乃至维护整个国家和谐安稳的重要作用。尽管现代丧葬仪式化繁为简，但仍然保留了一般的结构流程，但凡有仪式存在，就少不了人的参与。现代社会在科技与新思维的冲击下，压缩了家族原有人际的运作关系，各种亲情伦常逐渐淡漠与疏远，不断剥落与丧失丧葬礼俗内在的文化内涵，最后连礼仪形式也在日益的简化过程当中逐渐被忽略。某些丧葬礼俗形式虽然得以保持，其礼仪内涵却难以进行后续的展开。

现代的丧葬礼仪，在一定程度上呈现出庸俗化倾向。所谓丧葬礼仪的庸俗化，在于人们处理死亡的礼仪活动中，逐渐缺乏精神性的精致的行为规范，只能在外在的器物与仪式层面追求铺张与豪华的场面，感官的满足就使原本应具有的丧葬关于人终极关怀的精神品质流变，亡失掉面对死亡的礼仪本义。这种庸俗化的过程，其实就是丧葬礼俗异化发展的过程，它又与殡葬的商品化有密切关联。人必有一死，这使得殡葬成为一种稳定的消费产业。市场恶性竞争，殡葬产业过度投合市场消费利益需求，忽视礼俗背后的礼义内涵，更是助推丧葬礼俗难以寻回应有精神关怀的重要原因。殡葬商品化的真正危机，是随着商业化的流行风潮侵蚀人们原有厚实的生命情感，偏向于群向性、攀比性与炫耀性等消费心理，成为一种夸耀财富的工具，助长社会拜金主义与功利主义的猖獗，这于国于民都是有害无利的。丧葬礼俗的异化倾向是需要我们警惕的。

新农村建设就是国家在这一时期通过各项政策，大力扶持农村发展，从而使农村人口也可以享受到现代化带来的好处，使广大农村成为生产发展、生活富裕、乡风文明、村容整洁、管理民主的社会主义新农村。侧重社会和文化建设的新农村建设，是要通过建设适应于农民经济收入水平的生活方式，使农村成为中国现代化的稳定器和蓄水池，从而为中国现代化打造牢固的农村基础。所以，淳朴民风构建与丧葬习俗改革是新农村建设的一个重要内容。

农村文化建设是社会主义新农村建设的重要组成部分。坚持从实际出发，尊重农民意愿，扎实稳步推进社会主义新农村建设是中国现代化进程中的重大历史任务。丧葬礼仪是人民群众的集体共业，不能仅仅靠外在的公权力的强制与管控，更要着眼于人民群众整体素质的提高。良好的民风，在于人民充分自由地主动创造又不逾越社会底线，尊重人民的首创精神，肯定群众在丧葬办理实践中摸索前进的方法，及时对群众探求的有益做法予以回应，人民才拥有一个改革弊制、创造美好生活和谐的社会氛围。

## 第二节 丧葬习俗的细节分析

民俗文化是人类历史的活化石。根据时代发展的要求,需要积极引导民风,倡导农民移风易俗,保留传统丧葬文化中的合理成分,倡导文明孝道,改造传统丧葬制度中的不良风气,引导建立健康文明的丧葬文化氛围。时代的发展需要不断完善科学合理的丧葬制度,树立与社会主义市场经济发展需求和社会进步相一致的新葬俗,以进一步推进农村淳朴民风构建,这样才能不断适应我国社会主义新农村建设的发展。

### 一 丧葬习俗的细节

丧事风俗流传至今,已经有几千年的历史,也是几千年文化文明史中的一部分,这是每一个家庭所无法回避的。下面以青岛市胶州市李哥庄镇大屯一村的丧事风俗细节情况展开分析。大屯一村位于山东省青岛市胶州市李哥庄镇驻地东南四公里大沽河东岸,建村于明朝初期,多由云南人迁移而来。这个悠久的村庄不论在婚嫁、祭祀、节日还是丧葬方面都有其独特的风俗。

主丧人多是由村中德高望重的老人担任,他们比较熟悉丧葬流程,也有丰富的理丧经验。主丧人一般是一男一女,男主丧人负责处理吊唁、记录的丧葬外事;女主丧人负责制作孝衣、孝帽、做饭等丧葬内事。两个主丧人身份需要儿女双全,身体康健,寓意团团圆圆,美满幸福。

当至亲长辈垂危之际,子女多要守在旁边。为其洗脸、梳头、洗手、洗脚、擦拭身体,然后为其穿戴寿衣。穿戴好寿衣之后,将其尸体移到正屋的灵床上。该村的灵床多是由门板代替,在正屋放置两个凳子,然后将门板置于凳子上,由此制成灵床。之后会由主丧人进行去世时间记录和进行悼念等一系列的流程。

报丧主要是向两部分人告知去世的消息。一是告知周围邻居。由主丧人负责在死者的大门上张贴专用的黄纸,在门旁贴有白纸,白纸上用毛笔写着去世之人的姓名、生日、卒日等基本信息;同时还要用长的白纸条制作纸幡,年龄越大的人纸幡上白纸条越多,然后按照男左女右的风俗悬挂在门旁;二是告知亲友。去世以后,主丧人会差人去死者的亲友家报丧，但是报丧人每到一家只能在门口口述丧事，不得进门，以免带去晦气。现在随着通信技术的发展，报丧的形式有了较大的变化，差人报丧多简化为用电话通知。

所谓报庙就是把去世之人的灵魂送到土地庙里，每一个村都有自己村里的土地庙，或三两个相邻的村子共用一个土地庙。由主丧人挑着担子，担子中会放有水罐等工具，帮着理事的人夹着大的竹箩，竹箩里放着香、纸。子女跟在后面进行哭丧，由此把死者的灵魂送到土地庙与阎王爷报到，让阎王尽早接收死者的信息，也好让死者尽早投胎。报庙的时候不用穿丧服，穿素色的常服即可，且报庙时有去时哭、返回时不哭的习俗。

为了文明卫生，中华人民共和国成立后国家就提倡火化，大屯一村也积极响应。去世之后家人联系村中专门的殡葬车，殡葬车到来以后，要给去世之人盖上事先准备好的被子，被子要盖住头脚，由家人抬上殡葬车。在抬尸体的时候，子女要大声哭泣表示对去世之人的不舍。火化以后要将骨灰放入骨灰盒中，到家以后再将骨灰盒放入棺材中。

灵堂设在正屋，灵堂中间位置放两个凳子，凳子上放棺材，棺材是南北方向放置。棺材两旁放小板凳，给守孝的子女、子孙使用，棺材前方放置一男一女两个用纸做成的童子。棺材正前方放有一个火盆，供烧纸时使用，棺材上也会放一盏燃烧的油灯。

守灵是去世之人的子女在灵堂守在灵柩旁边，子女需要日夜守灵三天直至下葬。民间认为，虽然人已经去世，但是他的灵魂还留在人间，在去阴间之前都会回家看望亲属，亲人怕其在回家的路上迷路，就会点油灯，而守灵就是为了保证灯不会熄灭。到现在，守灵则是更多地体现了对去世之人的缅怀与不舍。

吊唁是指对死者的一种祭拜。大屯一村的吊唁有两种形式：一种是有亲戚关系的吊唁。这种吊唁多在灵堂进行，去世之人的亲戚多会携带花圈、烧纸、钱等，进门后有专门的引路人，指路人会喊×××（亲戚关系）到，然后吊唁之人哭着进灵堂。进入灵堂后，鞠躬磕头都可以。当指路人喊有人进来的时候，守灵的子女要大声哭泣；另一种是非亲戚关系的吊唁。这种吊唁多在死者家外临时搭建的灵棚中，去世人的邻居或者朋友在去世之后的第二天来送烧纸或者钱来为死者添上路盘缠。当然，两种吊唁形式都会有专门的理丧人记录前来吊唁之人的姓名以及吊唁所带的东西。

送盘缠是给死者送去在阴间安定的盘缠。送盘缠的时间是在死者去世的第二天晚上七点左右进行。由理丧人在前面夹着竹箩引路，其他的亲属穿着丧服跟在后面。送盘缠要带很多烧纸、纸马、纸人等。到达土地庙以后，送盘缠的人按照亲疏关系站好，由理丧人为纸马解开拴着马腿的绳子，好让马驮着已逝之人；还要为纸人起好名字并叮嘱他们好好伺候；现在还会有纸车，纸车是开着一扇车门的。做完这些以后所有的来送盘缠的亲属要跪下，由长子站在凳子上手里拿着长长的木棍为父（母）指路。长子将带来的烧纸点燃，朝西南方向高喊："爹（娘），你往西南走，遇到好地方你就停下，给你送的钱你使劲花，收好给你送的钱"纸烧完了以后要再次叩头，然后返回。

迎旌是在第三天中午十二点进行，死者家里要给死者写一个旌，上面记录着死者的姓名、年龄等。迎旌时，理丧人提前在十字路口放好桌子、香炉、供品，由大女婿在持旌。看到旌后，长子进行叩首迎回旌。迎回旌以后，放回灵棚进行叩拜，此时由大女婿先进行叩拜，在叩拜时不需要穿戴孝服，只需在腰间系白布。但是叩拜以后就需要穿戴孝服。

出殡是整个丧事之中最重要的礼仪，大多是在第三天下午一点以后进行。但是如果死者死后的第三天是重丧日那么殡葬之礼要在第四天进行。第三日的中午，亲朋好友要聚在一起吃饭，近几年吃饭的地点多是在饭店，但是孝子孝女因是重孝不能随去，吃完饭以后回到死者家中准备出殡。起灵之前孝子孝女在灵前叩首做最后的道别，然后理丧人将棺材抬出放到灵车上，这个过程中子女需要在棺材旁大声哭泣。起灵结束后有专门的人将死者生前睡过的炕扫干净，然后将死者睡过的枕头拿到门口烧掉。同时进行的是出殡的行灵，死者的长子要手拄孝棍（多用柳树制成，辈分越亲近孝棍越粗），在扶丧人的搀扶下，头顶"火盆（前文提到的摆放在灵柩前用来烧纸的器皿）"，一边大哭一边走，到第一个十字路口长子将其摔碎，然后跪地哭泣。摔盆后继续行进，直至坟前，然后按照礼仪下葬。

**二　丧葬中的人情因素**

2017年"中央一号文件"——《中共中央、国务院关于深入推进农业供给侧结构性改革加快培育农业农村发展新动能的若干意见》提出，加强农村移风易俗工作，引导群众抵制婚丧嫁娶大操大办、人情债等陈规陋习。红白喜丧事的操办，可以称得上是一个家庭，甚至是一个村里比较重大的事情。娶媳妇、嫁女儿、老年人去世、盖房子、乔迁、店铺开业、考大学、参军、生孩子等，都是一些农村农民办酒席的名目。下面以临沂市郯城县成南村为例分析当下农村人情的变化。

在我国农村的部分地区，人情风俗异化，项目剧增，礼金暴涨，部分农民举债送人情影响生产生活，在一定程度上良俗走向恶俗。过去，人们称自然死亡的死者为"喜丧"，这样的丧事都喜欢大操大办，正式吊唁开始前后都要大吃大喝三天左右，很多家庭因为丧事的办理而举债累累，亲朋好友前来吊唁的礼金与礼品数量日益加重，铺张浪费的奢靡之风日益盛行。

现在，该村成立了红白喜事理事会，理事会成员组成是村委会的一部分领导班子和村中年龄较大、威望较高的长者组成，来专门整治农村对于红白事的铺张浪费现象。理事会成员中的长者会监督每一场的红白事的筹办与过程，力求使村子在潜移默化中形成勤俭节约，拒绝铺张浪费的村风。

过去，在亲人去世之后的一段时间里，必须要在生活的许多方面进行节制，以表示对亲人的哀悼和思念，这就是居丧。居丧具体是指死者家人的后辈自死者断气时进行服丧。男子不穿华丽的衣服，穿草鞋（现在已不常见）；妇女则要脱去身上的装饰品，脱下彩色衣服。男女各依其与死者关系的远近，穿孝服、戴孝帽。

对于孝子，居丧的礼节就更加严苛，孝子在居丧期间（一般为一月或百日）不能理发，不能同房，不能会晤亲友、参加宴会、进寺庙等。尤其是在安葬之前，这些习俗必须严守，否则不吉。

在古时候，孝子要居丧三年。为什么是三年呢？因为按惯例，小孩子在出生以后三年不离母亲的怀抱，因此，父母死后，孝子应服丧三年，以示回报。三年之间还会有很多小的礼仪，礼仪繁多，要求严格。现在，人们生活节奏加快，工作繁忙，很多人都是无暇顾及这些居丧的礼节，但有些人仍在坚持居丧，与传统的居丧有所不同，将"穿孝服，戴孝帽"改为在左肩佩戴孝章即可，孝子的居丧也是依个人心意来，不要求面面俱到。

### 三 丧事风俗的改变

丧俗的改变不仅仅反映了当地的文化风俗变迁，更是当地经济发展的产物。随着经济的发展，人们的生活方式与观念都在不断地变化着，从改革开放以来，伴随着社会的发展、政府有关政策的实施、人们生态环保意识的提升以及年轻一代农民迈入社会，各地丧俗也发生了改变，呈现出日益简约化、经济化、环保化的趋势。下面是对山东青岛胶州市某村的丧俗变迁的调查研究。

根据调查走访，在改革开放初期，由于生产力发展水平比较低，农村居民的收入有限，那时该村里有人去世一般都是给逝者沐浴更衣后，用牛车将逝者送到就近的火葬场进行火化，接着是守灵与吊孝，然后选择一个合适的日期进行发丧出殡。但这个时候一般人家其实是很少会有用棺材来为逝者下葬的，农村常说的"棺材本"可不是那么容易攒齐的，所以说此时的农村穷人家出殡也是能省则省的，或者说是根本负担不起出殡的费用。但对只要稍富裕一点的普通人家来说，出殡这个仪式还是必须好好办的，在死者去世十二个小时后需要举行"放马"仪式，这时死者的儿女亲戚就要穿着孝服，逝者的儿子女婿一般手拿裹着黄色纸的木棍——丧棒，在村外空旷的地方将事先用纸扎好的马烧掉，而在放完马的地方会有灰烬、烧纸碎片还有丢弃的木棍，但这个习俗一直保留到今天，其实这对环境来说也是一种负担。

"人情"是在社会生活中人们无法回避的话题，尤其是在农村地区，而在农村办丧事更是少不了上"人情"这个环节。在这方面人们是很讲究的，这个人情其实是和死者一家有一定亲戚关系的人或是关系较近的朋友吊唁时的礼钱，一般来说在出殡时，会请村里比较有声望的会写毛笔字的老人来理账，记好每家所出的钱物以及人力，这也是为了以后这家人还人情做好准备，俗称"留底"，说白了就是个参考，但是随着经济的发展，过去别人的10元的礼钱到了这家人还的时候可能就是60元了。

这种"人情"在农村人的眼中是一家人在村子里人缘好坏、家族兴旺与否的反映，但这也是一种额外的经济负担，为了一些传统说法与所谓排场，经常会使丧事办得很烦琐，搞得人们因为丧事负债累累，尤其是在2010年之前，人们经常谈丧色变。

今天许多烦琐的丧俗已经消失了，像是唱戏的队伍、打旗的队伍已经不存在了，而且烧纸钱的也越来越少了，一般都是扎个花圈或者送鲜花到坟上。村里的比较讲究的人一般都是用灵车将死者送走，再简单地出殡，但即使简单的出殡也得五六千元左右的花销。到今天，一般人们都不会太计较一些烦琐的礼节，但是对于一些四五十岁左右的人来说，还是比较看重一家人的丧事的，他们仍然将这个作为衡量一家人在村里人情关系好坏、富裕与否的标志。但到现在也有许多人选择省掉出殡直接将死者用灵车带走，然后火化下葬，这当然是比较节约的方式了，这样一般只要2000元左右的花销。在以前是否大办丧礼很大程度上与一个家庭的收入有关，但在现在这已经不是唯一因素了，在很大程度上取决于人们的观念。

现在丧事程序简化的原因是政府提倡简化丧礼。如果哪一家人选择简化出殡，当地政府会给予这个家庭二三百元不等的补助。同时，丧事程序简化是因为许多懂得丧俗的老人的去世使得一些习俗跟着流失了，这在某种程度上也是一种好事。还有一部分原因是现在的年轻一代文化程度普遍提高，不太注重鬼神之说了，而且在政府的倡导下有了较强的环保意识，而且受西方思想的影响也比较大。当然，这些最终还要归因于经济的发展。经济的发展使得人们的观念发生了很大转变，不再注重鬼神迷信之说，而是注重现实中的实实在在的幸福，让消费更有意义，同时也注意到了环保，这也是物质生活丰富之后人们精神境界提高的一个表现。

## 第三节　祭祀风俗与社会发展

中国的传统节日很多，不同节日有不同的祭祀风俗。节日祭祀风俗在社会发展过程中既保有传统的一面，也在不断发生着变化。下面以山东鲁西南某镇节日祭祀为例展开分析。

每年过年或到了重要祭祀节日，民间家中就会有郑重的祭祀仪式，其本来的含义就是在这一天向逝去的祖先送去吃用的东西，以祈求未来健康平安圆满。

中国传统节日中，最主要的当属春节，所以该镇在春节之前，也有很多准备活动。腊月二十三，祭灶，也叫作"送灶"或"辞灶"。人们经常用一种灶糖来拜祭灶神。祭灶时要把灶糖融化，涂在灶王爷的嘴上，让灶王爷别说坏话。灶神的画像分别写着"上天言好事，下地保平安"。虽然有一定迷信色彩，但也是人们对未来的美好期望，同时也对自己的言行有一定的规约作用，对人们道德的养成有一定的作用，也体现了伦理道德的自律。

腊月二十四是该镇一年中最后一个集市，所以这一天，集市上特别热闹。附近村舍的人们都会到镇子上采办年货，购置大量的瓜果蔬菜，为春节做好准备。这样子年味就越来越浓了。

腊月二十五扫尘。有民俗称"腊月二十四，掸尘扫房子"。扫尘就是年终大扫除，将全家上上下下，里里外外打扫得干干净净。北方称"扫房"，南方叫"掸尘"。在春节前扫尘，是中国人民素有的传统习惯。这也体现了中国人民的勤劳和文明。同时，一家人一起打扫也体现了其乐融融的美好家庭氛围，也体现了中国人民自古以来的合作意识。人们借助"尘"与"陈"的谐音来表达除陈、除旧的意愿。腊月二十七传统民俗中在这两天要集中地洗澡、洗衣，除去一年的晦气，准备迎接来年的新春。就是一家人干干净净，整整齐齐来迎接新年的到来。"新"字也体现在这里，希望有一个崭新的明天和未来。

腊月二十八，蒸馍，炸豆腐。年谣云："腊月二十八，打糕蒸馍贴花花"或"二十八，把面发"。这一年，在家里，长辈们会蒸各种各样的馒头，各种形状。比如枣山，点心等。每一种都有不同的用处，比如，枣山是供奉给灶神的。同时，这一天会下油锅炸豆腐。将不易保存的豆腐进行炸制，使其成为金黄色，口感很好，并且可以存放很久。

大年三十贴对联，架年火，熬玉米汤，接神，吃团圆饭。这一天，每家每户早早起床，准备出松枝，木柴或者玉米秆子架起高高的年火，年火堆得越高，越预示着新的一年红红火火。"总把新桃换旧符"。每逢春节，无论城市还是农村，家家户户都要精选一副大红春联贴于门上，为节日增加喜庆气氛。同时也把对新年的祝福写上去。贴上大大的福字，预示福气满至。一文一武的门神，驱逐晦气，安家定宅。下午的时候会熬玉米汤，解年后大鱼大肉的油腻。快到傍晚的时候，会开始摆放供品，等着晚上烧香送神。忙完所有的事情后，大家开始围坐在一起吃年夜饭。一般除夕晚上，我们会吃烧馍，因为它在制作过程中会经常转一转，翻一翻，预示着把霉运翻走，把好运转来。

大年初一，全家都要早早起床，抢着先放开门炮，将新年的好运抢先迎进家门。然后就是连绵不断的鞭炮声，出门会看见一地的红色。点燃高高的年火，预示红红火火，驱逐"年"这个象征厄运，霉气的怪物，将厄运拒之门外。之后开始吃饭，吃面条，把未来的日子拉得越来越长，也表达对新年的美好祝愿。新年的早饭一定要吃，不然，会预示新的一年没有饭吃，会饿肚子。吃完早饭后，小孩子们会给大人拜年，讨要压岁钱。这也是教育孩子们尊敬长辈，懂得孝顺和感恩的体现，也体现出长辈对晚辈的关爱，是一项整合家庭伦理关系的民俗活动。

在这个过程中，对神的祭拜也有很大的讲究。

从供品的品种上，大体有两类，一类是吃食，即点心水果；另一类是猪牛羊的肉。还有就是自己家里蒸的点心、馒头或者油炸的吃食。现在生活讲究方便，所以有时候对形式有所忽略，就直接去买一些超市的点心。这也可以看出祭祀风俗在慢慢地改变，慢慢地简化。

从摆放格式上，一般是以按照3或3的倍数的数量关系摆放。比如，一个盘子中的水果起码是3个，或者5个，这样的单数，千万别随意摆上一两个。而上供的盘子也应是3个或者5个。主神一般摆放5个，显得正式并且重要，也与其他的小神相区分。

上香一般是三炷，一炷为主。大神三炷，小神一炷。一般多插在用小麦盛满的香筐里，也寓意来年的丰收。家里摆放供品可以放在清静之地，应向西或向南，意味着向西方极乐世界遥拜。之后的大年初二到初四，会各处走亲访友。初二，嫁出去的姑娘要回娘家，姑爷拜访岳父岳母。之后几天就去各种亲戚家，无论远近都会去拜访，这也成为联系亲友的途径，密切了人们的关系。

正月十五、十六，会搭戏台子唱戏，晚上放烟花，放孔明灯。十六早上，要吃炒米羹，还要接神，会拿着纸钱、炒米羹去祭拜祖先。没有开锁的小孩子还要带着五角形状的，用小麦秆子，五色纸条缠绕的东西举行一个祭拜仪式，保佑健康长大。举行完仪式后，会去南大桥扔钱，也叫"扔病"。无论多少，只是希望把新一年的病痛全部扔掉，健健康康地长大。大人也会这样，并且以老人居多。

正月十七之后，年味就淡了。整个年也就过完了，便开始投入新的学习和工作中。二月二，龙抬头，搬枣山，喝油茶。要将春节期间没吃完的枣山馒头拿出来。油茶是前一天晚上炒好的油茶面熬制成的，味道很好。

在清明节到来之前，大家便会商定一个日期去祭祀，之后开始着手准备需要的东西。开始叠纸元宝，纸钱，购买供品，等等。然后到了商定的日子，便会早早地聚集起来。拿好东西去坟地祭祀。首先，要在坟地附近圈三个地方，这样，就有了前土、后土之分。把供品分别摆放好以后，开始烧元宝和纸钱，把带来的吃的进行破供，让祖先吃饱。之后开始放鞭炮，绕着坟地三圈，之后，进行磕头拜祖先。这也是追溯先人，不忘祖先的表现。

端午节到来的时候，会包粽子，插艾叶，戴五色绳，祭拜等，与过年祭拜大体相同。"女不拜佛，男不望月。"在中秋节，男子一般不会参与祭祀活动。女子会将买好的瓜果蔬菜，摆放在院子的桌子上，桌子要对着月亮，然后对着月亮祈福美满和谐，健康喜乐。

六月十九，观音菩萨成道日，民间有拜观音求救渡的习俗。一般会搭戏台子唱戏，开放观音庙，让其他人来祭拜。焚烧五色纸，放鞭炮。十月初一，此时寒意已现，民间有送寒衣之俗。用肉来祭拜，把两根筷子插在肉上面，进行祭拜。除了以上节日，可以在每月初一、十五祭供，以消罪生福，另可按逝者生卒日进行祭祀。

中国古代传统节日的祭祀活动的仪式感很强，而且，对于每个节日都会有不同的期待与追求，这也是人们对未来美好生活的追求与向往，也可以体现出人们的乐观。在现代生活中，人类生活节奏越来越快，某些传统的祭祀风俗和活动也在走向没落，这既体现了社会的发展，也在某些方面昭示着传统文化的日趋式微。

## 第四节　丧葬习俗改革存在的问题及对策

新时代中国特色社会主义乡村振兴，必须传承、发展和提升农耕文明，走乡村文化兴盛之路；必须不断弘扬和践行社会主义核心价值观，加强农村公共文化建设，开展移风易俗行动，不断提高乡村社会文明程度。农村丧葬习俗是中华民族传统文化的重要组成部分，因此，只有不断改造传统丧葬制度中的不良陋习，引导建立健康文明的丧葬文化氛围，加强构建淳朴民风，才能适应我国社会主义新农村建设的需要。

### 一　丧葬习俗改革的现状

对落后的丧葬习俗的改革，是推动新时期中国特色社会主义乡村振兴必须解决的问题之一。这是一场变革千年旧习的风俗革命，是对带有迷信色彩的丧葬文化的极大挑战。近年来，我国丧葬习俗改革尽管取得了一些成就，但由于受到各方面因素的综合作用，仍然存在着很多不可忽视的问题。

（一）很多地区"加棺厚葬"仍然盛行

我国在全国范围内推行火葬。2015 年环球殡葬研究所发布的全国推行火葬各省统计表数据显示，山东省排名全国第七，火化率达到 87.2%。火化率虽高，但在农村地区普遍存在火化后装棺二次埋葬的现象。近几十年来虽移风易俗，大搞火化，丧事简化。但传统土葬习俗在农村尚广泛流行，在许多农村地区，即使实行火化，也要购置棺材安放骨灰盒。火化后将骨灰盒放入棺材，筑坟安葬如常，丧葬仪式如常。可见农村丧葬习俗改革仍面临诸多困难。

不仅在山东地区，甚至全国，丧葬习俗都受到传统观念的深刻影响，诸如"入土为安""厚葬尽孝"等。我国是传统的农业国，土地是生命之本，人们相信人死后埋入地下才能使灵魂得到安息，即"入土为安"。同时"慎终追远"的孝道作为丧葬观念的核心，其中一个重要的内涵就是认真地对待人生的结束，以传统的隆重且繁复的丧葬仪式表达对亲人离世的哀痛之情，即哀死思亲，厚葬久丧。

儒家文化历来倡导孝道，这对山东地区产生了深刻的影响。一般人认为，棺材是死者的房子，要尽力选用上等木料，精心制作以尽孝心。通常以松、柏木为佳；最次者为柳。木板厚 3—4 寸。有的连上多遍油漆，乌黑锃亮。在如今看来，这种传统流传下来的丧葬习俗有许多弊端，例如封建迷信色彩浓厚，大操大办劳民伤财等，不利于社会文明的发展，也使丧葬改革推行缓慢。

（二）入葬烦琐，殡葬呈现商品化和庸俗化

中国的风水文化产生于贫困落后、愚昧无知的年代，人们由于对天灾人祸的无能为力、无可奈何，便开始崇拜、信仰它，寻求心理安慰和心灵寄托。"灵魂不灭""阴阳合一""轮回转世"等观念，使村民认为只有善待死者，选择风水好、方位正的墓地以及准确的入葬时辰，妥善安置让死者满意，才能荫庇子孙，造福后代，但事实上只会造成仪式的烦琐和神秘。

随着商品经济的发展，殡葬日趋商品化和庸俗化，人们一味地致力于礼仪的形式和排场，越发偏离了其礼仪精神和内涵。建造坟墓、购买棺材骨灰盒的大量支出，纸钱、花圈等祭奠用品的消耗，请阴阳先生、喇叭匠（民间对乐队的称呼）等以及办丧宴的费用等，消耗大量人力物力，带起了扎花圈、相墓、丧葬祭祀服务行业等"白色产业"，丧葬仪式产业化商品化，影响了社会风气，助长了铺张浪费之风。

（三）殡葬改革推行滞后

虽然我国在 1997 年出台了《殡葬管理条例》，并根据实际进行过多次修订，地方政府也制定了相应的法规，但农村地区经济发展水平低，信息不畅通，农民文化水平也不高，对政策的理解也不充分。有些县镇等基层政府认识不到殡葬改革的重要性，甚者无视政策法规，采取自由放任的态度，没能将政策在村镇等进行良好的宣传，以致政策在农村地区得不到有效的实施。并且火葬较土葬相比，增加了尸体运输、临时安放、火化等额外费用，而农村地区人们收入又普遍偏低，政府补贴奖励政策的缺乏也使得改革推行困难。

在推进丧葬习俗改革的过程中，基层政府一心只考虑完成上级的指标，采取简单粗暴的"一刀切"的强制措施，进度过快，大幅度压缩变革时间，弹性不足，没有遵循制度嵌入风俗的改革规律。部分管理者和实施者也没有秉承为人民服务的理念，没有考虑和体现出更多人性化的服务行为，置农民群众的切身利益和感受于不顾，导致了农民的抵触心理和反抗行为，二次火葬现象频出不穷，丧葬习俗改革进展滞后。

此外，缺乏科学文明的殡葬伦理观念，基层领导干部的模范作用没有很好体现，人情往来借机敛财等也是农村丧葬习俗改革困难的原因，农村丧葬习俗改革的任务长期且艰巨。

### 二 丧葬习俗改革中的突出问题及突破口

农村丧葬改革是当今建设社会主义文明的重要组成部分之一，是社会进步的重要表现。传统丧葬仪式中大操大办等陈规陋俗不仅给人民群众带来经济负担，也造成了资源浪费等不利影响，阻碍了社会文明的发展进步，所以大力进行农村丧葬改革有重要意义。

改革就是去除那些不合理的因素和问题，使其更加完善、健全，更具生命力。丧葬习俗改革也存在许多问题，而这些问题也正是丧葬习俗改革的突破口。

首先，要不断解决传统丧葬形式中存在诸多问题。土葬、火葬、水葬等各有利弊，很大程度上和社会发展要求都不太一致。第一，土葬虽不污染空气、不浪费能源、不破坏环境，但其突出缺陷在于浪费土地资源，死人与活人争地盘。加之，农村的土地流转问题等情况已不允许棺木土葬了；第二，火葬现在很大程度上是社会倡导的主要殡葬形式，但火葬的弊端日益显现，能源浪费、污染环境、费用高昂沉重；第三，水葬虽解决了死人与活人争地的矛盾，但还是污染水源，破坏环境，还有直接肢解死者遗体，也让人难以接受。

其次，要解决协调相关行业以及民众的利益纠纷。改革总是要牵动一些人的利益，因此会形成一定的阻碍。比如在现在盛行的火葬改革过程中，肯定会对其经济收益造成很大影响，必然会产生行业抵制行为。要想改革达到让人们内化于心、外化于行的效果，必然会要求改革者广泛征求意见之后才能付诸行动，协调好各方的利益纠纷问题。

再次，要不断加强对农民移风易俗的教育。在人们的传统生死观中，人死后是有灵魂存在的，祖先灵魂的庇佑与否是其自身及其子孙后辈能否顺利以至于飞黄腾达的标尺之一。所以民众对丧葬礼仪十分重视，对此需要用教育的手段普及科学文化知识，逐步提高农民的思想觉悟和整体素质，转变和破除这种思想。在丧葬习俗改革过程中，让广大民众尤其是具有较强生老病死观念的人，学会接受改革的现状以及长远发展下去的生态需求。

最后，要尽快推行现代乡镇集体墓地改革与建设。这一点山东沂水县已经实施成功的经验值得借鉴。土葬是山东农村地区普遍采用的葬法。我国是传统的农耕国家，以农业种植为主要生存手段，人民对土地拥有深厚的感情，生前靠地吃饭，死后也想入土为安。但土葬的弊端也日渐显现。一方面，做棺材需要砍伐大量的树木，破坏了生态环境。我国的植被覆盖率远远低于世界平均水平，森林遭到大量砍伐破坏，这无疑使生态问题更加严重；另一方面，大量丧葬用品的使用例如纸钱的燃烧，也会对空气造成一定污染。因此，对殡葬方式进行改革可以为保护生态环境、推动社会可持续发展做贡献。

我国是人口大国，人多地少，土地资源十分紧张。尤其是人口稠密的山东地区，人地关系紧张问题更加显著。而传统的土葬则需要一定的土地面积。我国不仅人口基数大，老龄化问题也十分显著。如果还是采用传统的土葬方法的话，则会造成大量的土地资源浪费，出现死人与活人争地的尴尬现象。此外还会造成林木资源的浪费。对丧葬习俗进行改革一定程度上可以节约土地资源，缓解人地资源矛盾，同时也节约了林木资源，提高了资源的利用效率。再者遭遇丧事，儿女等为了体现自己的孝心，通常会大操大办，讲究面子大摆丧宴等，造成铺张浪费问题。特别在经济发展水平不高的农村地区，不仅给农民带来沉重的经济负担，还会产生不良攀比之风。所以推行丧葬改革，倡导文明简约办丧事，有利于减轻人民负担，构建和谐社会。

我国农村这些不健康的丧葬习俗所造成的诸多问题已经成为新农村建设的绊脚石。农村的丧葬习俗改革面临着诸多的困难与障碍，需要党和政府根据不同地区的特点，具体问题具体分析，出台相应的政策与规定，同时也需要人民群众的支持与积极配合，以推动改革的顺利进行。

此外，我国地方政府及农村基层组织在近年农村的丧葬习俗改革的推行进程中，逐渐总结出了一些行之有效的方法与措施，例如在村委会设置红白理事会专门管理相关事宜，国家提供补贴丧葬费、火化费等。但与此同时，在改革的过程中不免存在一些过于激进的做法，如平坟等强制性行为不仅在道德意义上会受到谴责,引起老百姓的不满,不利于乡村精神文明建设,也会影响党在人民心目中的形象以及公信力。改革需要一个过程,大刀阔斧的同时还要注意适度、方式和方法,要温和、渐进又不失强制力地进行。

# 第三章

# 农耕文明传承与农村集市、庙会

集市是人类社会发展的产物,是乡村经济与文化交流的中心点。庙会与集市略有不同,庙会在一定程度上更加彰显了文化传承属性。随着社会的发展,特别是城市化进程的加快以及城中村的改造,传统的集市变得越来越少,但仍留存着一部分。集市、庙会在很长一段时间内是经济发展的重要表现,在促进经济繁荣、文化交流、联通城乡商农等方面都发挥了巨大的作用。

## 第一节 农村集市的现状及问题

集市作为农村最为古老的传统交易场所和交易方式,随着市场经济的发展,近些年来已经发生了很大的变化。现存的集市,也顺应着社会的发展进行了很大调整创新。可以说,研究集市的变化发展,特别是城市现存集市的变化,对于城市化进程中农村商业问题的解决具有重大意义。

### 一 农村集市的现状

李村大集,位于山东省青岛市李沧区,是青岛现存规模最大的集市,是每个青岛人心中不可磨灭的岛城印记。每逢农历初二、初七,大集都是一派热闹的景象。据历史记载,李村大集始建于1892年的李村河滩,位于李村河的中段。到清朝末年已经有辐射百里的规模了。在清末到民国时期,大集以自由贸易为主。大集中的商品非常多,涉及日常用品、瓜果蔬菜、海鲜产品、手工制品等诸多种类,还有一部分煤油、火柴之类的洋货。大集每逢二、七为集日,盛况在当时可谓非同一般,周围地区甚至稍远的胶州人都会在此购买所需要的物品。现在在腊月期间的几个年集,大集的客流达到一年的巅峰,赶集人可谓人山人海、摩肩接踵,大到几十万的轿车,小到对联福字针线锅碗杯勺,应有尽有,都是人们采购的对象。李村大集的发展是青岛商业发展历史的佐证,更是李村商圈商业发展的活化石,被入选为青岛市非物质文化遗产目录,是名副其实的"青岛第一大集"。

随着经济社会的发展,李村大集暴露出的问题日益明显,主要集中在几个方面:

第一,防洪安全问题突出。李村大集位于李村河泄洪通道上,是泄洪的主要通道,地势较低,雨季会发生汛情,经常对商贩以及顾客造成人身安全和经济损失。李村河的治理工作一直是青岛政府的工作重心,但李村大集常年盘踞在李村河道上,对于河流及周边环境的改善极为不利,河流的治理工作一度落后,对于城市规划极为不利,这也是后来大集搬迁的一个最主要原因。

第二,食品安全问题,大集上多为流动商贩,在各地赶集摆摊,监管难度大,且大集为露天集市,食品卫生难以得到有效保证。由于集会的特殊性质并不是天天开放,因此商贩往往到处赶集摆摊,流动性非常大,这对监管极为不利,整改难度比较大。

第三,消费者消费水平和消费心理发生变化。消费者对于购物环境和商品的质量安全的要求越来越高,而李村大集这种传统集市的环境难以满足消费者此类的需求。李村大集的商品比较大众,也难以满足消费者个性化的需求。快节奏的生活使得人们更加倾向于物美价廉、方便快捷、种类齐全的网购,而在特定时间赶集购买所需不再是人们的最佳选择。

第四,大集周边交通压力甚大。李村大集高峰时日客流量达到20万—30万人次,每逢二、七集日,大量的人流、车流涌入,给李村中心商圈的交通造成了极大的困扰。

李村大集存在的种种问题如果没有得到及时地解决,必然会影响经济的发展。李村大集的存续对于集市就业者和集市的消费群体有着重大意义,绝不能贸然取消,应在保留的基础上进行整顿、改造,使得城市规划与传统文化相融合。考虑到集市就业群体与集市消费群体的需要，若强行关闭李村大集，可能会产生许多利益冲突。因此，李村大集依照"化零为整，有条不紊"的原则进行了搬迁整改。2015年4月李村大集启动搬迁，于2016年6月搬迁结束。

搬迁后的李村大集位于李沧区重庆路与青山路交汇处，占地50多亩，建筑面积23400平方米。其中，农贸市场区建设成封闭式，按照青岛标准化农贸市场的要求设计，用于安置固定经营业户。市场内划分为水产品区、肉食区、蔬菜水果区、调料副食品区、特色小商品区5个功能区。文化交易市场区为两层建筑，包括茶文化交易区和花卉交易区。除了完善的硬件设施，市场管理部门还为经营业户提供了非常优惠的政策。2018年大集周边房价达每平方米3万元，在这样一块寸土寸金的地方修建新型集市，可以看出青岛政府对大集改造的重视。在李村大集商户对于改造满意度调查中，85%以上的商户对大集的搬迁持肯定态度，对大集的未来的发展持积极态度。

李村大集的搬迁带来了许多新变化：第一，搬出的李村大集成为治理李村河浓墨重彩的一笔，通过河道清淤、木栈道更新、塑石修补等工作，还原河道原本样貌，美化了城市环境，解决了李村河的生态问题，李村河又重新回到了往日美丽的面貌，河流的汛情也得到了有效改善；第二，大集的搬迁还缓解了李村商圈的交通压力，加之地铁的建设，李村的交通状况得到了大幅改善。大集修建的封闭式农贸市场区并安置固定商户，有助于维护良好的市场秩序，也有助于加强市政部门对于商品质量安全的监管；第三，从市容市貌角度来讲，新的李村大集更加整洁明亮，标注了青岛新的李沧印记。对于商户来讲，新的李村大集彻底改变了之前"看天做生意"的局面，做生意更加方便；第四，对于赶集人来说，更加集中的商户和更加规范化的管理使得大集的传统形象在人们心中得以颠覆。李村大集的搬迁促进了基础设施的发展，将给周边居民带来巨大的福利，将从根本上解决周边市民采购生活物品的问题，在李村商圈不断崛起的大背景下，提高居民的配套设施建设。

从2014—2017年李村大集成交额统计中可以看出，李村大集的人气居高不下，改造后更是呈现年年增长的趋势。根据青岛电视台对李村大集人次的不完全统计，自2018年1月1日—2月28日，已有约为72万人次到达李村大集购买商品，仅在 2 月 7 日这一天就有 15 万次人流量。

在 2018 年 5 月 1 日对李村大集顾客满意度统计中，93% 的顾客对于李村大集的新面貌非常肯定，表示李村大集仍是选购商品的重要目的地；也有 7% 的顾客表示没有以前大集的感觉或者改不改造都一样。总体来说，改造后的大集在"青岛土著"的心中仍有着独一无二的位置，仍然会受到大家的肯定。顾客满意度较高的原因有以下几个：从政府部门来说，在改造的过程中始终坚持以人为本的策略，倾听民声，统筹兼顾，必然会得到大部分人的支持；"化整为零"的整改策略使人们更容易接受，时间没变，只是地点换了，人们的心理习惯不会受太大影响。

百年李村大集的搬迁，是顺应时代变迁的写照。现代社会的发展要求传统集市进行适时地改变，而传统集市暴露出来的种种问题也迫使着其自身的改革创新。新李村大集是创新发展的产物，是城市规划与传统文化相交融的产物，彰显了新时代经济发展的活力。李村大集繁荣了一方经济，在方便周边居民、增加税收等方面发挥了不可替代的作用。它或许并不是彰显青岛特殊魅力的标志，甚至曾经喧嚣、嘈杂和凌乱，但它却真实而鲜活地展现了青岛平民百姓的市井生活，给无数在岛城北部居住的青岛人留下了难以忘怀的回忆。

**二　农村集市与农村经济发展**

农村集市是农村商品经济发展的产物，历史悠久，在我国普遍存在。集市一般有固定的时间和固定的地点，参与者多是附近的村民和居民，在当下它不仅是消费的场所，也是娱乐的场所。四图村位于山东省潍坊市昌乐县经济开发区，规模较小，人口居住集中，村内没有集市，但长期以来村里人有较为固定的赶集的地方，就在四图村村口对面的街道上，在农历逢五逢十有集。虽然这个集市不属于四图村，但是四图村村民是经常参与的。

为什么农村集市一般有固定时间？首先，这与农村人的生活习惯及消费习惯有关。农村人是比较忙的，没有闲情逸致每天去赶集，逢集的时候把需要的东西一次性采购完，可以用上好几天；其次，农村一般聚集分布，如果每个村庄都有体现本村特色的集市，就需要每个集市有固定的开集时间，这样一方面便于商贩流动于各个集市；另一方面消费者也可以自由选择不同时间不同地点的集市。如果每天都开集，却不能保证有足够数量的商贩和消费者，那集市就没有意义了。而且开集占用道路，遇上集市交通拥堵，也不方便大家日常出行。

关于四图村集市的参与者，总的来说可以分为商户和消费者两大类。从职业上看，商户有农民、手工业者、商贩，多来自农村；消费者有附近的农村村民和城镇居民。从年龄结构上看，商户多是中年人，消费者多是中年人和老年人，也有青年人和小孩。现阶段参与农村集市的青少年比例下降，这与青少年职业非农化有关，有的去上学，有的去城里工作，大家参与农村集市的兴趣也减少了，剩下一些在家里居住生活的人还有赶集的习惯并且乐此不疲。集市上的商品琳琅满目，衣食住行用应有尽有，足以满足农村人的日常需求。从商品来源上看有自产自销的，比如农民自己种的蔬菜，比如现做现卖的食物，比如手工制品；也有先进货然后拿到集市上卖的，比如一些大的水果摊和菜摊，比如卖衣服鞋帽的摊子，等等。走到集市上会看到有行色匆匆只管购物的消费者，也有领着小孩闲逛的消费者和结伴而行有说有笑的消费者，由此可以根据参与集市的消费者的主要目的的不同，将其分为以购物为目的的消费者和以休闲娱乐为目的的消费者两大类。对参与四图村集市的消费者做出这样的划分是有意义的，现如今随着人们经济水平和生活水平的提高，农村集市存在的意义更多的是从精神和文化的层面上讲，而不只是满足人们的物质需求了。农村人在有时间赶集的时候带着好心情来到集市上走走转转，看到喜欢的商品就买，一圈下来，更多的是感受农村集市作为农村民风民俗的一种表现形式，因此我们在集市上听到人们用地方方言交谈说笑的嘈杂的声音、看到一番热闹的景象时，内心也是愉悦和满足的。这也印证了前文提到的集市不仅是购物的场所，也是休闲娱乐的场所的观点。

四图村集市目前仍然受到了周围村民的欢迎。首先，集市就在居住区，人们赶集是很方便的，很多人会选择步行，就跟出去游玩似的。相比之下，大型超市则距离较远；其次，集市商品种类齐全，吃的喝的穿的用的玩的应有尽有，价格实惠，质量也不错，现在人们越来越重视诚信经营，一般不会出现假冒伪劣和三无产品；最后，人们在赶集的时候相互交流，重在参与集市氛围，四图村有些大妈往往在赶集时结伴而行，也通过这种方式增进邻里间的感情。四图村集市最热闹的时候是将近年关的时候,那时人们的购物需求增加,都在积极准备年货,集市是不错的选择。或许只有土生土长的农村人才能真切感受并享受集市的热闹及其内在的民风民俗。说到节日,集市上有一个特殊现象,我们在中秋节吃月饼,在元宵节吃元宵,在春节贴春联,有些商品在特定时间才有足够数量的需求,可以理解超市可以随时提供这类商品,但也不普遍;集市上一些商户会在某个节日来临时专卖某种商品,比如元宵节的元宵,春节的春联,那么这类商贩的职业是什么?为什么在元宵节时突然到集市上卖元宵?又能有多少收入?有这种手艺很好,但不会天天拿到集市上去卖,那他们平时做什么呢?关于收入,商贩的目的就是追求利润,既然拿到集市上卖就一定有利可图;关于职业,可能他们平时从事其他商品销售,具体情况不得而知。

四图村集市自愿参与,多是小商贩,没有固定摊位,也没有什么设施,虽是自发但秩序良好。集市的监督管理没有被重视,毕竟在固定时间才有集,算是大家约定俗成了的,但平时没有集的时候是不允许在路上摆摊的,因为这样不仅影响交通,也影响村容村貌。前面说过四图村集市不在村里,在村外的街道上,四图村位于经济开发区内,为了各方面建设,还是受到严格管理的。以前还有在路边摆摊被城管赶走的事情,现在大家自觉性也提高了,能够做到在规定的时间规定的地点做规定的事情。

另外,集市商贩的流动性很强,可能今天在这个集,明天去那个集,要不要赶集都是自由安排,有时遇上下雨天或者高温天气,集市也就散了,所以一般都是在上午赶集,消费者也是如此。关于集市上食物的卫生情况,一般没有被认为是不卫生的食物,只要食物生产制作时符合卫生标准或者进货渠道正规,质量都是达标的。但天气是影响食物卫生的重要因素,如果遇上大风天气,那些散装糕点之类的暴露在空气中的食物肯定就不卫生了,集市上人来人往,车来车往,也对食物卫生有影响。食物卫生与否每个人都有自己的看法,也不能说暴露在空气中就不卫生,大多数消费者不会在意这些,如果在意就不会去赶集或者买那些食物。有的人确实因为卫生问题不会去买,但还是很喜欢去赶集,享受这个过程,享受参与其中的乐趣。

现在四图村只有很少一部分村民还以集市销售为职业，因为村里的坡地已经被占了，农民也不用到集市上卖农产品了，大部分人选择外出打工。综上所述，农村集市的经济意义一方面是满足人们对商品的需求；另一方面是推动农村商品经济的发展；集市在一定程度上既体现民风民俗又可以满足人们的精神娱乐需求；它具有生态意义，关乎环保和美丽乡村、美丽城市的建设；也具有社会意义，关乎一部分人的就业。由此看来，一个小小的农村集市也能涉及"五位一体"的各方面，还是值得研究思考的。

## 第二节　农村集市的文化民俗特色

现有的一些农村集市，不仅仅具有商品交易的属性，而且还具有一定程度的文化民俗传承特色，商品交易背后表现的是人与人之间的关系，在一定程度上体现了农村经济社会发展的缩影。

### 一　农村集市的历史性与地域性特色

农村集市既是农村历史的一部分，同时也成为农民现实生活的一部分。集市见证了在中国经济发展过程中农村的巨大发展，人民生活水平的不断提高还有农村居民对美好生活的向往。农村集市发展到今天，也面临着很大的挑战，但是可以说，集市存留着一代代人的记忆，也见证了村镇的兴衰变迁，未来依旧会影响着人们生活的方方面面。

泰安市山口镇，交通便利，自古商贾云集，物产丰富，素有"金山口"之美誉。2011年又建起城东最大的高标准农贸市场。下面以改革开放四十年多年来的发展，来分析山口镇集市的现状与改变。

山口镇集市原位于镇中心的103省道十字路口。集市沿330省道东西延伸，呈带状。随着农村经济的不断发展，集市上人群越来越密集，单线的集市设计已经无法满足人民生活的需要。为此，2010年，由山口镇政府出资，对集市进行了扩建和整改。在集市的面积上，进行了扩建，增加了南北向的售卖街道，从单一的东西延伸，到南北交错。根据老人们的回忆，现在的山口镇集市的规模大约是20世纪的3倍。

为了满足村民们的生活需求，山口镇集市的日期同样相较从前发生了极大的变化。在21世纪前，山口镇集市逢阴历一、六开集（即每月的初一、初六、十一、十六、二十一、二十六）。21世纪初改成了逢阴历的一、六为大集，逢阴历的二、七为小集的传统。现在，大集和小集的习俗依旧保留，同时形成了每天早中晚三个时段的定时集市，只是其规模相对于大集和小集较小，商品种类相对单一，主要是蔬菜、水果、肉类等新鲜的生活必需品，满足人们的饮食需求。

同时，集市的管理更加规范。在物质比较匮乏的改革开放初期，市场秩序不健全，缺乏管理，容易出现因为摆摊区域而发生的冲突。随着管理的完善，现在有专职的管理机构，根据摊位面积收取摊位费，大概每平方米5元，摊位费相对稳定，对商贩销售成本影响不大，每个摊位同时负责好对应面积的卫生清理工作。同时在停车区域设置专人管理，避免盗窃等违法犯罪行为的发生。由于人们购物的时段相对集中，用扩宽摊位道路（道路宽度由4米改为6米）和开辟多个进出口（由4个入口增加到8个）的方式，同时合理分流人群，并设置提示性的标语，合理规划市场的分区，来避免拥挤造成社会问题。

再者，更加注重维护消费者的合法权益。由于城市农村的经济差异依旧存在。部分不良商家为了迎合部分老年人追求低价产品的需求，降低销售成本，而出售假冒伪劣产品，损害了部分消费者的合法权益。为维护消费者的合法权益，镇政府设立了专门的举报电话，鼓励群众举报不良商家。同时，镇政府，定期派出工作小组，随机对集市上的商户进行质量检查，对违反国家规定的假冒伪劣商品进行处罚，从源头出发维护消费者的合法权益，保障人民的生命健康安全。

不同的传统节日，不同时代、不同地域的集市也有自己的节日特色。以春节的年集为例，在20世纪八九十年代，人们的环保意识并不强烈，当时各村各户都有养猪养鸡的习惯。每到春节，山口镇也有杀年猪的习俗，村民留下自家过年用的部分，其余的都会在年集上售卖，售卖的不只是年猪的生肉，还有农户自制的香肠，猪蹄等二次加工产品。为了庆祝新年，为方便村民们购置年货，每年的年集都颇为盛大，且持续时间更长，每年的腊月二十八日天还不亮的时候，集市上就早已人山人海，在年集当天，除了出售春节人们日常请客需要的蔬菜水果等，春节独特售卖的物品也会出现在集市上。年集上，有老人现场手写并出售的春联，老人并可以按照村民的命题写出充满人们对新年美好愿望的文字，这种写春联的有一个名词，叫作"书春"。除此之外，年集上，鲜花植物的售卖区，也是异常的热闹。来自南方的鲜花，被早早运到集市上，供村民们挑选，用来装饰。其他带有美好寓意的大型植株也是村民们喜爱购买的，比如寓意金玉满堂的金桔树，寓意富贵吉祥的发财树。烟花也是春节必不可少的一部分。现在国家对烟花售卖进行了规范，只有具有经过审批拥有烟花销售许可证的商家才可以进行售卖，这一举措的实施保护了人们的生命财产安全，假冒伪劣烟花造成的安全隐患得以减少。

现在，超市的出现带来的竞争新挑战。随着经济的发展，山口镇类似于银座购物广场的大型超市已经开了四家，形成了良好的竞争体系。超市的出现，带来了24小时方便的购物体验。相比于传统集市，超市具有干净，快捷，不受地域和时间的限制等优点。大型超市带给了传统集市新的挑战。但是传统集市具有不同于大型购物超市的人情味和文化关怀。这种人情味是商贩与消费的村民间多次接触形成的默契，存在于邻里朋友间日常琐碎的交流里，流淌在人们小时候形成的童年记忆里。面对超市高效率的商业化经营，如何平衡集市与超市的关系非常值得管理者思考。

## 二 农村集市的文化特性

农村集市这种交易场所和交易形式，由于其历史性和地域性等特点，它背后所展现的往往是具有浓郁地方色彩的地域性文化，从而成为文化传承和文化遗产的一部分。

石岛镇地处山东半岛东南端，因"背山靠海，遍地皆石"而取名石岛，小镇三面环海，一面靠山，温润的海洋气候使这里的人有着细腻的生活状态，小岛上的居民多数以捕鱼为生，搏击大海的勇气使得这里的人骨子中依旧透着一股山东人的淳朴与爽朗。石岛镇早在隋唐时期，就与日韩有贸易往来，被新罗人称为"黄金口岸"，孙中山先生也曾在《建国方略》中两次提到石岛，将石岛与上海、广州并列为中国东方三大港口，称为"小香港"。在现代化飞速发展的今天，这个地处中国东部沿海的小镇，有着传统与现代的交融，在与国际社会接轨的同时，依旧保存着许多具有标志性的传统活动，石岛大集便是其中的一项，在不断的发展演变中形成了具有地方特点的集市。

石岛大集的地方特色可以从它的源头说起，它最早起源于祭祀活动，大海给小镇带来了富饶的经济，小岛居民相信这方土地必有神明庇佑，但有时波涛汹涌的大海又存在着太多的未知，为了感恩大海的馈赠也为了祈求来年风调雨顺，石岛居民会在每个月的固定时间里举行祭祀海神娘娘和海龙王的圣典，这一天来自小镇四面八方的居民会准时聚在一起，烧香、祈愿。热闹的祭祀活动常常要持续一个上午，旧时交通不发达，来参与祭祀的居民为了准时赶上圣典通常要摸黑前行，一上午的活动之后通常会饥肠辘辘，很多商贩瞅准这个时机，开始在庙会上兜售小商品，这就形成了早期的石岛大集，随着经济与科技的发展，小镇居民虽然依旧保持着对大海的虔诚，但是集市祭祀的色彩逐渐淡化，而集市也逐渐成为一个真正的商品交易的集会。

现在的石岛大集成为很多人找寻记忆的地方，石岛集市上兜售的商品有着浓郁的地方特色，石岛大集在每个月的农历三、六、九举行，一般在早上七点开始，下午一点左右散集。在这里，石岛镇的各种特色汇聚一堂。集市七点一开始，卖油条的会在集口，来赶集的人通常没吃饭，会来个两三块钱的油条垫垫肚子；在石岛大集上你会看到像绸带般舞动的"石岛大叶海带"，由于营养价值丰富被当地人称为海洋里的"冬虫夏草"，这些海带的贩卖者来自石岛镇东南部的一个富有传奇色彩的小岛——镆铘岛，镆铘岛上的住宅至今仍保留着海草房，以及靠海吃海的浓浓的海洋情缘，使得那里的百姓对海洋食品的制作很有一套自己的见解，腌制的海带保留着海带的最为本源味道，品相也翠绿晶莹。近年来更是形成了从养殖、加工到物流一体化的海带生产工艺，由于精湛的手艺、醇美的鲜味，石岛海带被大量出口到日韩等国家，海带加工出口也成为小镇的经济支柱产业之一。在集市上还能看到起源于石器时代的"石岛蜢子虾酱"，不同于超市卖的那种精加工过的，在集市上渔民自己腌制的虾酱无添加并且大多用矿泉水瓶盛着，打开之后一股又臭又香的气味扑面而来，抿上一口，更是回味无穷，自醉其中。石岛大集上卖的海米和虾皮也是公认的好，商贩手里通常会放一个小碗，里面盛着少量海米和虾皮供来买的人试尝；在石岛大集上还有村民自炸的糕点，当地人统称这类食品叫"果子"，在集市上放眼望去每个人手里都会提一点

"果子"边逛边吃；集市上还有"斥山盛家火烧""俚岛的油炸糕"，制作这些食品的商贩会比卖其他商品的商贩早来，提前支好锅，生好火，烧好水和油，等热气腾腾的食品一出锅，店家根本不用吆喝，被香味吸引的食客早就里三层外三层地翘首以待，店家多会先让那些早就垂涎三尺的孩子们先大快朵颐，总有几个着急的孩子顾不得烫，多汁的火烧刚一到手，便大口咬，汤汁有时会喷到脸上，这时的还不忘用舌头舔一舔，大人们这时也会相视一笑，浓浓的人情味，令人温暖。在每年春节或者元宵节期间，石岛大集更是热闹，石岛人在元宵节有点属相灯的习俗，在集市上，来自东山捏属相的张姓大爷面前早就围满了好多人，他捏的属相逼真生动，有巧夺天工之势，属相卖六元一个（当地人认为六比较吉利），很多人戏称他为"张巧手"。石岛集市上还会有现场画年画和写对联的师傅们，他们提前摆好桌子，挥毫泼墨，在集市上形成一道靓丽的风景线，人们可以根据自己的喜好预定对联，横批通常是"风调雨顺"四个字，这些民间艺人们平时的工作就是打工或者务农，然而有着如此精湛的技艺，不得不说"高手在民间"。石岛大集在下午一点左右散集，临近散集的时候也成为商品最便宜的时刻，有很多人会趁这个时候捡个漏儿，商贩在这时也会松口，散集的时候被认为是讨价还价最好的时刻。总之，石岛大集可以说是石岛特产聚集地。

石岛大集也成为一个时代的缩影和一代人的记忆，集市上交易的货物体现着每一个时期的生活状态，它像一台活的录像机，无形中不断记录着小镇的发展，在20世纪60年代贫穷的时候，镇上的居民们常常会背着砍的柴草，打捞的海藻，积攒的鸡蛋，手编的草筐、篓子去集市上卖，目的是为了家里的孩子换个笔、买个本，为心爱的姑娘送上一条丝巾，为家里的男人添置一件新毛衣，家里的孩子也因为常常能够吃上一根集市上的油条而心满意足。在物富年丰的今天，石岛大集更像是一个户外版的超市，也出现了很多专门以在集市上卖货为生的商贩，集市上也无所不有，甚至很多在现代超市买不到的东西，像"属相花饽饽""炕席子"这样的东西在集市上都能找到，集市变成很多人淘"土味"好宝贝的地方。集市的东西也被人们公认为是便宜、无公害、绿色健康的三好食品，在食品安全令人堪忧的今天，荣成市里的人也会特意驱车去石岛集市上购买老农自家生产的农产品，老农也爱吆喝吆喝"自家的菜不打药,自家的菜嫩出水,自家的蛤蜊透新鲜"。另外随着经济的发展,人们的购物观也发生了变化,不怕东西贵,就怕没好货,对于靠海的石岛人来说,餐桌上最少不了的就是海鲜,岛上的居民人人都是识货的行家,对海产品也更加挑剔,为了让岛上的居民能够买到满意的海产品,石岛镇还特地在石岛大集的基础上开辟了一个叫"北方渔市"的水产分集市,"北方渔市"毗连石岛老港,很多靠岸船只刚卸下一筐筐鱼就会马不停蹄地送到渔市上来,很多批发商和顾客早早在此等着挑母虾爬子、母蟹子。另外集市上的东西越来越精致,满足着生活水平日益提高的居民的需要,集市上出现了很多现代化的产品,在石岛大集旁的吉兴等商家会把热水器、冰箱样品搬到集市上展览,如果有相中的就会去店里提货。

在交通工具上,过去集市上人们多数步行,这一天几乎每家每户都会有一个人出来赶集,就算没有明确的购买目标,也要出来凑个热闹。许久不见的好友,往往会在这一天相遇。伴着清晨第一缕阳光,岛上的居民们三五结伴,一起去赶集,在去往集市的路上,孩子们追赶着打闹,大人们说着家长里短,也有岛上居民骑自行车或者开拖拉机,经过步行的人身边常常会调皮地在背后拍一下,被拍的人通常会赖着搭一个便车。要是有人赶集来晚了,其他人就会友善地嘲笑他"起了个早朝,赶了个晚集"。由于清晨的海风较大,石岛的妇女在赶集的时候常常会在头上裹一种叫"包头巾"的针织围巾,色彩鲜艳无比,有点像今天说的荧光色,尽管与今天的女性的审美大相径庭,但细想却能感受到其中体现着那时的人对生活的热爱与力量。如今随着国家经济的发展,家家户户也拥有了小汽车,公交车村村通,年满 70 周岁以上的老人可以通过刷老年卡,免费乘坐"荣成情深巴士"。为了方便年轻人,石岛镇投放了大量名为"永安行"的共享单车,支付宝芝麻信誉达到 600 可以免费骑车,在集市对面就有一个停车点。另外政府还为了方便居民,在每个月赶集的日子,开通了集市专用公交,但更多的小岛居民依旧会选择起早步行赶集,因为那种慢悠悠的日子才叫生活。

石岛大集虽热闹,但近年来在集市上发生的危险也不少,一个是财产安全;另一个是交通安全。随着小岛的海洋经济快速发展,大量外来务工人员涌入,许多北上以及外籍船只也在此靠岸休整,参差不齐的道德水准,使得集市上时常有财物丢失的案件。因为集市上没有监控且人员密集，就算报警调查难度也十分大，吃"哑巴亏"的现象时有发生，而作案人也常常会挑一些年迈反应迟钝的老人下手，划破他们的背包，或者裤兜，这种现象令人心寒又气愤。另一个是交通安全，石岛大集的地点在镇上主干道相连的几个分路上，来赶集的人们要穿过主干道到达集市，交通安全也令人担忧。为了更好地保证集市的秩序，近年来，政府也对石岛大集进行了整改，将集市场地划分成一个个位置，保证一摊一位，空出足够大的道路供车辆和行人走动，在这一天增设交通警察和巡警数量，最大可能地保护好居民的安全。

今天石岛大集的存在意义远远超过了它的现实价值，它是传统与现代交融的一个节点，体现着石岛人的一种淳朴的生活方式。石岛大集也承载了一代代人的回忆，凡是在这个小岛上长大的人，无不对这个集市有着特殊感情，对于许多远离家乡久居市井的石岛人来说，故乡的集市更是成为工作、生活在外地石岛人乡愁的缩影，每每想起大集仿佛都可以听见故乡隐隐地召唤，时间把这个小镇改变了很多，亘古不变的是石岛镇的人民那份热爱生活的态度。

## 第三节　农村集市与农民现代生活

在经济发展过程中，农村集市也在不断发展变化，在一定程度上不断适应着农民生产生活的改变，但是集市仍然还是农民生活不可分割的一部分。

威海市位于山东东部沿海，作为一个发展中的三线城市，其经济逐年发展。文登区隶属于威海市，其与韩国隔海相望且交通便利，种种因素也造就了地方特色经济。

当地农村的集市多为自发形成，也有大型和小型之分。这和村落的大小以及经济发展水平有关，大型村落集市规模相对较大，有专门人员管理，而小型村落集市规模很小，无人监管。文登农村范围广大，而城镇规模较小，在广大的农村地区，村落的分布较为分散，所以一个大型集市会汇集周边多个村落的居民，而小型集市数量较多，分布广泛而松散，多供本村居民交易买卖。

集市有固定的时间与地点。在时间上，大部分集市大致5天一次，而不同的集市时间也不同，这就出现了一个有规律的集市周期，而经营者就在这个周期中每天前往不同的集市，销售商品。集市中的买卖双方在特定的日期前往集市进行买卖活动，在这天中，交易活动开始于上午八点半左右（随季节变化而变化），集中活跃在九点半左右，在十一点时就接近尾声，到了下午一两点时，这一天的集市就彻底结束了。在地点上，每个集市的地点是固定的，多位于居民区，穿插于房屋前的街道。大部分摊位的位置也是固定的，一个摊位位置会一直被一个经营者使用，在大型集市中，这个位置会被专门人员收取卫生费，也就是变相的摊位费，这个数字很小，更多的是作为一种象征，而小型集市则没有摊位费。

从近几年来看，集市中的经营者数量有明显减少，由于年龄的增长以及农村集市市场的缩小，很多经营者会逐渐减少出摊的次数，直至退出集市市场。在农村集市中，大部分经营者都以集市生意当作固定的谋生手段，持续数年甚至数十年。而这些人的年龄普遍在40岁以上，中年经营者占大多数，更有年龄在60岁以上的老年经营者，这类老人多以自产农副产品为主要商品，青壮年则很少。这与农村的经济发展模式与思想观念有关。当地地形复杂，多丘陵，种植业并不发达，受自然因素影响，苹果种植成为当地的特色农业。在以农业为主的经济模式下，农民出身的经营者从业以"安稳""长久"作为主要目标，而大部分经营者兼顾农民与经营者两个身份，他们致力于让自己的子女脱离农村这个境况，从事"轻松""有保障"的工作。在自然和人文因素的影响下，"50后""60后""70后"在农村集市担任经营者与消费者这一身份，而"80后""90后"则选择在城镇生活工作，这也导致了农村集市不管是经营者还是消费者的高龄、老龄化。

威海的人口增长率为负数，在广大的农村地区，老龄化问题尤为严重，老龄村比比皆是。这类老人的经济来源，一部分来自农业收入，另一部分来自打工收入，少部分来自子女以及政府补贴，所以他们在集市中的消费受收入影响很大。在苹果种植这一特色经济的影响下，在苹果收购价格高，农民收益好的年份，集市消费购买力普遍提高，而受市场影响，苹果滞销的年份，集市的购买力普遍降低。此外，因为临近韩国，有船舶、飞机直达，当地与韩国的交往相对密切，因此形成了代购这一特色职业。在代购的人群中，有一部分较为特殊，他们多为老人，经过组织成为一个团体，坐船抵达韩国当地，背货回国，这类人群的收入水平普遍高于以农业为主的村民，消费水平也相对较高。

大体来说，集市的主要经营商品为食品类，也有服装类，农业用品和生活用品等，吃穿用度，种类齐全。由于老龄化问题，集市商品的构成、销量也发生了变化。老年人的养生观念使得健康食品的销量高于垃圾食品，而食品类的总销量基本保持不变，这类消耗品是农村集市不可或缺的主力军。在食品中，肉类的销量稳居第一，且基本保持不变，在节日时销量更高。生猪肉作为村民日常生活不可或缺的食材，在5天一次的集市中，是村民购物清单中的必买商品。因为临近黄海，且临近大型水库，当地渔业资源丰富，在农村集市中也不乏海鲜河鲜。而服装类销量远远低于食品类，这与老龄化问题也不无关系。老年人对于衣物的需求量很低，成衣市场很小，所以衣物销量很低，以至于服装类经营者越来越少。农业用品的销量有季节性，播种、施肥、收获在大部分时间上有一致性，是农村集市中不可或缺的一部分。农民播种的蔬菜种子以及农药主要来自于农村集市购买，而粮食作物的种子多从农民上一年的收获中挑选和保留。

在农村集市的经营者中有几类特色，一种是以手艺为营生的手工艺者，如修鞋。这种行当在农村还存在市场，但修鞋的手艺人都年事已高，相继去世，后继无人，也终将会消失在农村集市；另一种是以自家产出的农产品为商品的经营者，多为蔬菜、水果类，蔬菜销量明显低于水果类，因为消费者多为农民，蔬菜自给自足。还有一种不会长期存在于一个集市的经营者，这类经营者出售对于农村消费者而言非常新奇的生活用品，通常只卖一种，依靠口才和群众的从众心理吸引大群人围观与消费，他们不会长期存在于同一个集市，商品也不会一成不变。在春节等重大节日时，农村集市中会有专门售卖糖果的经营者出现，他们多售卖价格低廉的普通糖果，以迎合节日气氛，在节日结束之后，他们又会退出农村集市。同样的还有售卖春联的经营者，他们只在春节前出现，春节之后就看不见他们的身影了。

农村集市中，经营者与消费者，经营者与经营者，消费者与消费者的关系，也是一种有趣的现象。在农村集市中，人情世故成为一种影响商品价格和销量的因素，这一点与城镇集市有所区别。同一件商品，经营者卖给熟人朋友的价格会低于陌生人，而消费者会更倾向于购买熟人的商品。在同种商品的经营者之间，竞争关系同样存在，但商品价格并不会因此受到大的影响。在相邻经营者之间，存在一种互帮互助的朋友关系，彼此之间联系紧密。

从往年的趋势看，在威海部分农村，农村集市的消费额呈下降趋势。人口老龄化使得农村集市的购买者越来越少，消费能力越来越低，农村集市市场越来越小，经营者也越来越少，农村集市的规模日渐缩小。大型集市的经营者甚至减少了一半以上，而有些小型集市摊位也仅剩约三十几个，也有一些小集市因消费者过少，购买力过低，经营者逐渐减少，直至消亡。

## 第四节　庙会与农村文化传承

庙会是农村集市的一部分，但与集市又有所不同。可以说庙会是一种古老的汉族民俗活动，属于宗教文化的延续，山东各地庙会每年都有几次、几十次，例如，曲阜有正月初二至十六的鼓楼门会，正月十五夫子洞庙会，清明节林门会，腊月大庄花会等。

利津县位于山东省北部，是山东省东营市的一个行政县，在每年的农历十月初二左右会有一次 7 天左右的大型庙会。赶会一般都吃了早饭出发，逛到下午才回家也不嫌累，除了买和玩更多的是一种兴奋和开心。在会上种类最多、最受欢迎的就是游乐项目。套圈，是一种比较常见的游戏方式。两块钱买十个竹圈，地上会摆一些新鲜的玩意，多半是玩具或者是家里实用的小型摆件，如果能用竹圈套到，东西就给你，但条件很苛刻，圈碰到东西也不算，所以也是很难套到的，但依旧每次都会吸引很多人。扎气球，扎气球跟套圈比较类似，都是送礼物。套圈和扎气球是整个庙会中数量最多的摊位。扎气球主要分为两种，一种是较为传统的飞镖射气球；另一种是近年兴起的用枪射击气球。十元十个飞镖或者十发子弹，扎破的气球越多，奖品越好，奖品不外乎一些小的毛绒玩具，但能得到一个，也需要费一番力气，因为气球并不是想象中那么好破。

还有一种是表演性质的，比如马戏团、飞车表演之类的。以前信息传播并没有如此发达，互联网还未在农村普及，人们能接触的娱乐设施不多。在农村，能看马戏的机会也不多，一年一度的赶会，也吸引了不少的表演团前来驻扎。表演也分为两类，一种是真人的，比如飞车表演、歌舞表演等，但由于近几年表演形式的缺乏和不健康表演形式的传播，这种类型的表演形式已经几乎不在了；另一类是动物表演，这一类是比较受欢迎，几十块钱一张票，可以在棚里坐很长时间，观看精彩的节目，但随着现在社会对动物保护话题的关注度越来越高，这种类型的表演也逐渐消失了。其他的各种游乐设施也会有一些，比如旋转木马，小型的过山车，小火车之类的主要供小朋友娱乐的设施，也会比较受欢迎。

在这种庙会上，吸引人的除了各种各样的游乐设施，再来就是各种各样的食物和小吃了。脆果子、长寿糕，各种各样的糕点，因为农历十月，天气已经开始转凉，有些许冬天的意味，所以一些冬季的吃食，类似烤红薯、炒栗子之类也会有卖的；冰激凌、糖葫芦这个肯定不能少，各种水果做成的糖葫芦，咬一口，酸酸甜甜好喜欢，还有棉花糖，几乎每个小朋友手里都会拿一个，各种颜色的都有。每次看着机器在转啊转的，就非常迫不及待地想吃到，就是容易吃得满嘴黏糊糊；糖人儿，各种糖浆做的小人儿和动物，不仅好吃，还非常美观，不过这种手艺这几年已经很少见了。写名作诗这在农村会上真算得上是一种绝活儿，十块钱一张，把你的名字以绘画的方式画在这张纸上，名字的每个偏旁都是各种植物动物，奇形百态，令人拍手叫绝，几乎每个人家里都会有几张。

在这种庙会上除了各种娱乐的项目，也会有一些贩卖其他物品的。以前农村物质条件匮乏，一年到头也没钱买什么衣服，很多家长只能在赶会的时候，趁着便宜多给孩子买几件；铁锹锄头等农具，来年干农活少不了；还有不少摊位专门卖一些比较新奇的玩意，有不少小孩子喜欢的玩具在这里都能买到。

值得分析思考的还有滨州市邹平县红庙村庙会。这一庙会自开始至今已有500多年的历史了，由庙会延伸出来的以高大姑的故事为背景，以传承和弘扬孝文化为主题的高大姑孝文化节时至今日也已经举办了三十届之多。一届又一届的庙会，一年又一年的传承，使得孝文化在红庙村一直以强劲的生命力绵延不断地传承发展着。

红庙村庙会是民间百姓为纪念"千里寻父"的孝女高大姑而自发组

织的民间活动，一代代的传承和发展，也使得每年农历六月六的孝文化节规模盛大，远近闻名。相传，高大姑的父亲因抗击倭寇死于大海之中，高大姑为使父亲魂归故乡，千里寻父，日夜哭喊，最终感动了上天，上天特下旨意，派一神人交给她一把勺子，嘱咐说舀干海水后就能寻得父亲的尸体。而后，高大姑夜以继日，不屈不挠，最终寻得了父亲的尸身，扶柩归葬故乡，自己也随父而去。故事的真假已无从考证，但无疑，信仰的力量是巨大的，从善如流，人们往往都更愿意怀着一颗向善的心看待这个世界，更何况是面对生养自己的父母。因此，自人们为纪念和赞颂高大姑的感人事迹而为其建造的庙宇完工后，村民们的心灵似乎也从此安放下来了，孝女高大姑的精神也转化成了一种对村民们影响深远的孝文化而一代一代地传承下来了。

为纪念高大姑的孝行，每年的六月初六到六月初九，人们都会举行为期三天的庙会。庙会的开始首先为高大姑及其父亲上坟，在阴历六月六的这一天上午十点到十二点，一条浩浩荡荡的队伍准时从红庙村头出发，最前面由四个年轻人抬着四张小方桌，上面摆放着由村民们精心准备的供品，后面紧跟着高大姑的塑像，再后面还有村民或打旗或敲鼓，一路好不气势。到了那一天，村民们往往还会穿上各种花哨的衣服，画上略带夸张的妆容，一改往日的稳重老成，扭动起不很灵活的身体，舞动着不很专业的手臂，跟在队伍后面表演划旱船、扭秧歌等中国传统节目，一路好不热闹。行至邻村安家庄，由安家庄的村民接去后，再送至高旺村，三村的村民环环紧扣，一路相随，到了高大姑父亲墓前，人们纷纷献上供品，虔诚地作揖礼拜。结束后再原路返回，送高大姑回红庙村的庙里。在来回大约六里的路程上，队伍经过的每一个路口都会有村民们摆放好的供品，以表达自己对高大姑的敬畏和爱戴之心。到了六月初六的这一天，人们都会放下手中的农活，卸下这一年的忙碌，摩拳擦掌，翘首期盼；在外打拼的人们也暂时离开那座喧嚣的城市，纷纷赶回家乡参加这一年一度的盛会，除了春节，这应该是村里最热闹的时候了。

盛大的开幕式结束后，庙会也就正式开始了。除了村里村外的人们来庙里给高大姑上香祈福之外，村里的老人们最期待的接连三天的戏曲表演也开始了，吕剧、京剧轮番上演，虽不比专业表演者的神韵技巧，却也因为都是熟悉的面孔而倍感亲切。在这三天里，在那一方小小的广场上，天天都坐满了前来看戏的村民，其中中老年人居多，年过半百的他们往往对电子产品少有兴趣，却对中国的戏剧情有独钟，人们都自备马扎，在这一看就是一整天，有的戏迷甚至看的连午饭都不想回家去吃，随便在附近买一些东西就在广场上等着表演者稍作休息后继续开始。因为也正值暑夏，广场旁边也布满了各种小吃冷饮的摊点，却也都自觉地不进入到广场内部，以防打扰人们看戏的兴致，只待什么时候一场戏结束了，人们出来买个老冰棍一类的解暑，又急急地挤回人群兴致勃勃地继续看。到了晚上，天气稍微舒爽些，广场上除了戏迷们还在兴致勃勃地看戏，又多了一些年轻人，或是带着孩子，或是和许久不见的老朋友一起在那个喧闹的广场上，或是聊天，或是打闹。戏曲演员唱戏的声音，敲鼓的声音，说话声，嬉闹声，叫卖声……混杂着，热闹着，一直到了晚上九点多钟，夜色昏沉，表演了一天的演员们也都纷纷坐车回去了，人们才依依不舍、三五成群地离开广场，一路上还意犹未尽地做着各种点评，或是哪个角色今年换了演员了，或是今年的什么曲目稍作改动了，又或是一年一年的戏曲表演水准越来越高了。

庙会和戏剧表演除了吸引来了祈福看戏的人，还吸引了许许多多商贩。在最热闹的第一、二天里，商贩们的摊位可以从高大姑的庙前一直摆到村口，各种各样的日用品，琳琅满目的小饰品，还有形式多样的衣服……又吸引了各种年龄段的人们驻足挑选。那条长长窄窄的街道，伴着暖暖映下来的阳光，掺杂着商贩的叫卖声，村民们的说笑声，两天来竟也成了一条"商业街"，街上的人络绎不绝，十分热闹。

高大姑文化节历经了30多年，在村委会的努力下，这一文化节有了很大的发展。

首先，最明显的就是基础设施的不断完善。就每年人群最聚集的广场而言，最初村民们在露天的戏台下看戏，偶尔有的时候遇上下雨，就会使村民们看戏的心情大受影响，虽然仍抵挡不住个别戏迷冒雨打伞看戏，但不论是表演者还是观看者都使得这一年一度戏剧表演应该带给人们的热闹氛围和满足感大打折扣。现如今，广场修上了顶棚，虽不奢华，但即便遇上刮风下雨，村民们看戏的热情也依旧不会受到影响，为村民们提供了极大的便利。同时，修上了顶棚之后，接连三天的戏剧表演吸引了更多邻村的人前来观看，也极大地提高了庙会的知名度和影响力，来的人愈多，吸引来的商贩也就愈多，越热闹，知名度越高，来祭拜高大姑的人也越多，不仅提高红庙村庙会的影响力，还会增加村里村民们的收入，倒也是一举多得。

与此同时，近年来另一个明显的变化，就是商贩的增多和管理的规范化。即便是在高速发展的现代社会，相比较于城市居民，农民的文化生活还是相对匮乏的，而这种一年一度的文化盛会自然会吸引该村邻村不少人来参加，而这时，各类商贩自然也不会错过这样的商业时机，因此每年都会有大量的商贩在这三天聚集在红庙村沿街，往年由于缺乏管理，允许进入的商贩没有明显的标准界限，所售商品也没有质量保证，种类单一，商贩与村民还经常因为占地，叫卖声等问题发生纠纷，引起了村民们的不满，但随着每年村委会的改进，这种情况渐有好转，允许进入的商贩都是年年参加庙会的"老商贩"，与村民们也都面熟，有的村民甚至自己张罗，趁着高大姑的影响力来给自己的生活添些补贴。除此之外，在庙会的三天里，商贩们所售商品不仅质量有了很大提高，种类也开始丰富多样起来，与村民们生活息息相关的日用品，吸引小孩子的各种小玩具明显占据了更大的市场，常常吸引不少人驻足挑选，那一条不长的"商业街"也渐渐地聚集了越来越多各个年龄段的人，常常是人头攒动。一到晚上，也可谓是一派"繁华"景象，虽没有城市霓虹灯，在那昏黄的灯光下也因为充满了村民们的欢声笑语而备显温馨。

另外，作为庙会的有机组成部分，高大姑庙的管理更加透明，更加科学化。有关高大姑的神话传说，不仅具有极为深刻的教育意义，同时还转化成了村民们的一种信仰。村民们大多还保留了一代一代口口相传的方式传播高大姑的感人故事，也使得故事从孩童开始就有了很大的影响力，越是震撼，越是印象深刻。这种最原始的传播方式，也往往会产生最深刻的影响，几百年的世代传承也使得孝女的感人故事在方圆百里远近闻名。每每到了庙会这天，该村的、邻村的人们都纷至沓来，为高大姑上香祈福，而高大姑的形象也已经不仅仅是一个简单的孝女形象，更多的是百姓心中一个全能全知的人格化的神，人们敬仰她，崇拜她，并以她为榜样，高大姑所在庙的管理也成为红庙村村委会的工作之重。从以往的危房，到现在新修好的高大气派的庙宇；从过去资金管理的不透明，到现在资金流动全透明；从之前单一性的祈福，到现在多方面的发展……最初那一隅小小的天地，也跟随着时代发展的步伐，变成了绿树红墙有模有样的庙宇。几十年过去了，红庙村的红庙宇，也已经不再是原来那个普普通通的小庙宇了。

红庙村的庙会虽然起源于人们的封建迷信，对神灵的崇拜信仰，但无疑它对乡村发展的贡献是巨大的，这不仅仅体现在经济方面，更重要的是在人们的精神方面。人们学习高大姑的孝行，却并没有学习愚孝，而是随着时代的发展不断融合新的观念，不仅使孝文化代代传承，生生不息，也使村中民风淳朴，村民团结和睦，同时还与邻村建立了和睦关系，提高了红庙村在本县的影响力。

党的十八大以来，习总书记多次强调文化软实力在社会发展中的重要作用，要求充分重视和发扬中华民族的优秀传统文化。作为一种重要的民间文化，庙会文化也是中国优秀传统文化的重要组成部分。在其发展的过程中，我们也应该取其精华，去其糟粕，积极创新，与时俱进，使其不断发挥出新的生机和活力，充分发挥其在乡村发展过程中的重要作用，使庙会文化为农村经济社会发展再添前进的动力。

# 第四章

# 留住乡愁与农村文化发展

我国的农耕历史文明绚烂悠久，农耕文明的文化影响深远，而农耕文明和农村有着千丝万缕的联系。伴随着经济建设的高速发展，城市化进程日益加快，部分乡村却一直发展滞后，处于极为落后的状况，在这样的时代背景下，习近平总书记于2017年10月在党的十九大报告中提出了乡村振兴的战略方针。乡村振兴，一个非常重要的方面就是乡村文化振兴，但是可以看到：在社会变革日渐深化以及城市节奏不断加快的背景下，多数农村乡土文明受到了冲击，文化发展在一定程度上严重滞后。

乡土文化在历经时代冲刷和洗礼后依然具有独特的价值。因此，留住乡愁，保留农村优秀的传统文化是当前背景下发展乡村文明，实现乡村振兴，传承乡村文化，进而促进农村经济和文化发展的重要任务。实现这一重要任务，就需要我们深入理解乡愁的内涵，把握乡愁产生的原因，以乡愁这一情感主线为指引，探寻留住乡愁的措施方法，大力促进农村文化的发展。

## 第一节 留住乡愁与传统文化传承

20世纪八九十年代以后，随着中国改革开放的不断进行，社会主流文化由农村逐渐转移到城市，农村文化逐渐呈现出没落和边缘化的状态，并且在社会变革日益深化以及城市节奏不断加快的背景下，农村文化受到了极大的冲击。中国优秀传统文化与农村文化密不可分，因此，留住乡愁不仅能够维护传统农村文化的风貌，能给予人们以精神寄托，使农村文化不断发展创新，这也构成了中国文化发展的重要组成部分。

## 一 留住乡愁与文化发展

乡愁在不同的人那里有不同的含义。有人认为乡愁就是对故乡熟悉的人和事的怀念；有人认为乡愁不过是一种文学表达，是古代文人创作的一种修辞手法；有人认为乡愁是因为家乡变化得太快，但自己没有参与这种变化、没有作为这变化的一部分而感到感伤。总之，乡愁是一种愁丝，是一种精神上的失落与空虚。这种愁丝的产生大多是因为家乡的变化而导致——除了空间变化会带来，时间上也会带来，就算不离开家乡，在看到家乡的变化时也会产生。乡愁在某种程度上说是对过去文化的怀念，是发展中必然产生的情感。延伸理解一下，乡愁就是"愁"以往的传统文化，或者说"愁"当时的民风民俗。农村是我们所有的人的根，人类的脚步都是从农村踏入都市，因此当人们一提到乡愁，就会回望农村，那里有我们最深的记忆，那里是我们永远的老家。然而当乡愁赖以生发和寄托的这些农村文化不复存在，人们的乡愁就会失去依靠和源头，随之而来的，便是故土情怀的失落与泯灭。

党的十八大以来，习近平总书记就建设新农村、建设美丽乡村，提出了很多新理念、新论断、新举措，强调乡村文明是中华民族文明的主体。村庄是这种文明的载体，耕读文化是我们的软实力，不仅如此，习总书记在农村文化建设上还强调，农村文化发展不能脱离原来的文化基础。要保留那份乡愁的味道，如果那份乡愁缺失，农村文化就不能再成为农村文化，农村也不成农村，只能说是城镇的机械复制。

首先，需要平衡农村文化发展与乡愁之间的矛盾，要帮助农民树立正确的文化认同。农村文化中存在的低俗文化潜移默化地影响着农民的生活，他们在面对文化生活的问题上很难不受来自于低俗文化的影响，然而由于自身的局限性，他们又无法认识到这些问题，所以需要借助外部的力量来改变自己的价值观。有关部门要积极制订治理方针，加大对文化的管理，特别是低俗文化的管理。要对农民进行宣传教育，改变错误的乡愁认识，使农民从自身能认识到自己沉迷于低俗文化的危害，拥有一个健康向上的文化生活环境。对于村落中原有的民风民俗要积极保留，但对于其中的"三俗"文化要坚决取缔、时刻打压，这不是农村文化中的精华，而是危害人思想的毒瘤。

其次，平衡农村文化发展与乡愁之间的矛盾，就要尊重农民的乡愁，同时也要引导农民去保护这份乡愁。农村文化要发展，但并不意味着农村文化要向城市文化靠拢，它也应在发展中保留自己的特色，留住一份乡愁。由于城镇化和工业化的发展，城市膨胀的同时出现了农村的衰落，农村的基础设施、就业机会、医疗条件等没有城市完备，农村的青年人更加倾向于搬迁至城市生活，导致农村人口"老龄化"的现象，带来农村产业发展缓慢、传统的农村文化消失等问题，最终会导致农村衰落直至消失。其一，"人"是文化传承的核心要素和核心载体，要想发展农村文化就必须"留得住人"。兴建基础设施，改善农民的生活环境；发展农民喜闻乐见的文化，丰富其精神世界；修订法规，维护农民的合法权利。经济基础决定上层建筑，要想农民能留在农村，最主要的还是让农村的经济焕发活力。让文化活在社会中是最好的保护，应该让农村文化保持其原汁原味的同时，将它推入市场。比如开设文化旅游项目，让村民的利益与农村文化的保护和开发联系在一起，让他们参与村落的旅游开发和休闲观光农业，增强农民文化保护责任感的同时也能解决农民的就业问题；其二，根据市场需求，利用当地的传统工艺，积极开发手工艺品，提升村落的保护性和动力等。上述这些办法，既保护了农村文化的原貌，尊重了农民心中的乡愁，还带动了农村文化的发展，让农村在人们心中不再是贫穷、落后的代名词。

最后，平衡农村文化发展与乡愁之间的矛盾，还需要国家政策的支持。促进农村文化发展和保护乡愁不是凭个人能力就能完成的，需要国家及时采取各项政策。这个政策主要体现在对于新农村的规划上。在城乡一体化政策出来后，许多农村得到了改善，有了政府的帮扶，许多农村焕然一新。一栋栋楼房整齐漂亮，水泥路平整宽敞，村民基本不用出钱，就能按照人头分得房子。在这一政策下，农村确实得到了发展，但是乡愁也真的变成了一种忧愁。"上楼"之后，每户水、电、气及蔬菜、水果、肉蛋等日常生活支出平均增加近20%。换句话说，"上楼"之后的"新生活"，很大程度上是以生活成本增加为代价的。可见，虽然这些政策出发的本意是好的，往往达到的效果不尽如人意。其重要原因还是对于政策落实时没有理解其内在的深刻意义，如城乡一体化并不是城乡一样化，一些地方大拆大建，一样的水泥钢筋房，让古树、老井、池塘这些关于农村的记忆仅仅成为人们的记忆。国家制定了帮助农村文化发展的政策，就需要正确理解、正确执行，尽可能地在维护农村原有的形态上改善农民的生活。让人们记住乡愁有赖于科学的村庄规划和科学的政策执行。

农村不应该只追求发展，而忽视了乡愁文化的保护。相信随着农村文化建设工作的不断推进，农村文化能更好地被继承、发展，乡愁也有更好的载体去承载。农村文化也是乡愁的根基，留住乡愁与发展农村文化是不相冲突的。相信我们今后一定能在搞好农村文化建设的基础上，更好地留住乡愁，留住美好。

### 二 乡愁与文化认同

可以说，清晰地描述当前中国文化，特别是农村文化是一件比较难的事。当前，社会所存在的多元化的信息传递方式，导致大量信息不加辨别地进入农村地区。由于农村居民的辨别能力较低，致使村民对各类信息不加辨别地吸收，同时，主流信息传播的迟滞导致了各种非主流信息先入为主，影响着农村居民的价值判断。如此这在一定程度上导致了农村文化发展的杂糅和农民文化认同的困难。因此农村文化的传承与发展，必须树立主流文化价值观，强化文化认同。具体来说当代农村主流价值观和文化认同主要表现在以下方面。

（一）中国特色社会主义文化认同

改革开放40年来，中国农村在中国共产党的领导下发生了巨大的变化，广大的农村居民不仅解决了温饱问题，而且很大一部分农村居民还走上了小康的道路。中国共产党的正确领导推动了农村居民生活质量的不断提高，农村居民对于中国改革开放政策、对中国特色社会主义道路更有信心了。特别是在面对重大灾难、实施重大政策过程中，党和政府的办事能力、决策能力得到了人民的高度赞赏，各个阶层团结一心、共同努力，推进了改革开放建设的决心进一步坚定，全体社会的向心力和凝聚力明显提升。具体表现在：中国特色社会主义发展道路成为社会大众的共同意识，对党、国家和政府的信心进一步增强，对经济向着好的方向不断发展拥有更大信心。

改革开放受到了广大人民群众的拥护，人民群众的生活得到了巨大的改善、我国国力不断增强、在国际中的地位逐渐上升等,是人们支持改革开放的重要原因。农村居民对于社会主义文化的理解不断加深,带来的还有人们对社会主义文化的更多支持,特别是在2006年中央宣布正式取消农业税后,农民对中央的惠农政策、对中央统筹城乡发展规划的认同上升到了一个新高度。而进入21世纪以后,中央接连出台的五个一号文件都以解决"三农"问题为主,中央所做的这一切努力,使广大农村居民切实感受到了党的惠农政策所带来的好处,也从心底接受了共产党人的执政理念。对共产党人执政理念、执政文化的认同,也很自然地转向了对社会主义文化的认同。

(二) 宗族文化的认同

由于受现实的社会经济因素的制约,一度在中国农村社会影响力被削弱的宗族势力,在改革开放以后又重新复活并影响着中国社会,宗族势力在农村的复活有其现实的必然性。宗族势力在农村大范围的复活直接导致了农村居民对宗族文化的认同度重新上升,而宗族文化上升的一个主要表现就是同宗大规模的修撰族谱。

(三) 民族传统文化认同

走向现代化的过程是对传统文化的反叛过程,也是传统文化反思自我并寻求在新的历史环境中复活的过程。我国广大农村地区,特别是中部农村地区,都曾经保留着相当完好的传统文化。但在改革开放的过程中,一些传统的东西在市场经济大潮和现代生活方式的冲击下,一度淡出了人们的视野。但近年来,随着国家对保留优秀文化遗产的重视,特别是区域特色旅游业的兴起,大量的外来游客对欣赏传统文化的需要重新催生了当地传统文化的复苏。

(四) 现代文化、外来文化与外来生活方式认同

改革开放以后,随着农村与外部世界的交往日渐加深,特别是大量年轻人外出打工后迁徙式的回归与外出,他们也将外部世界的生活方式、思维观念带回了农村。而中国传统文化中所特有的包容性,使得这些思维方式和生活观念得以在农村地区生存下来,并慢慢影响着人们的观念。

### 三 怎样留住乡愁,发展农村文化

保护传统文化脉络,推动农村文化的发展,乡愁是最深层的文化驱

动力量。乡土文化是中国文化的感情之根，有利于增强民族认同感和凝聚力，而乡愁又是乡土文化中不可或缺的极其重要的一部分。乡愁有着丰富的内涵，在长期的历史进程和社会流动中，乡愁也逐渐成为传统文化中的一个精神元素，这就决定了在城镇化建设中对农村乡愁文化进行保护和传承的重要性。

社会的发展也需要让乡愁情感与时俱进，使乡愁成为现代人的情感寄托，而不是使其淹没在高楼大厦之中。因此，留住乡愁就显得尤为重要。留住乡愁要立足于农村文化发展的根本，从乡愁的内涵和重要性入手，建立相应的农村文化发展体系，构建农村文化发展框架，以此来保持农村文化发展活力。

（一）注重对农村人才的培养

人才是现代社会竞争与发展的重要生产力，人才资源是第一资源，习近平总书记指出，国家发展靠人才，民族振兴靠人才。人才是兴国之本，富民之基，发展之源。留住乡愁，发展农村文化，要做到积极向新一代青年宣传传统文化的价值和丰富内容，让他们愿意去继承和发展农村文化，使得传统文化能够代代流传。

（二）发展产业，提高农民收入

经济基础决定上层建筑，农村文化的蓬勃发展，离不开经济强有力的支持，开创产业带动发展，既有利于提升农村的经济水平，也有助于农村文化的发展。经济发展是命脉，而经济的发展必须要产业的带动，振兴乡村在建设中应坚持规划先行，根据当地基础条件做出合理具有前瞻性的产业规划，转换农业发展动能。鼓励当地村民创业致富，支持外来企业对当地进行投资，以特色产业的发展带动当地的经济发展，提高居民收入。

（三）完善乡村基础设施建设

加强农村基础设施，不仅是"工业反哺农业，城市反哺农村"、实现城乡统筹发展的途径之一，也是建设社会主义新农村的重要内容。研究农村基础设施建设问题，可以为解决农村基础设施投资资金不足、投资效率不高等现实问题提供理论依据和政策建议。乡村的基础设施得到落实和保障，可以为发展农村文化免除后顾之忧。第一，继续完善农村交通路网，加强水利设施建设，保证人人用上安全水；第二，加强规划指导,对村民的建房加强管理和正确引导,对具有价值的古建筑进行保护修缮;第三,完善农林设施,农业是农民生存的根基,是乡村振兴的根本;第四,通过兴修各种农田水利工程设施和采取其他措施,调节和改良农田水分状况和地区水利条件,使之满足农业生产发展的需要,促进农业的稳产高产。

(四) 丰富农村人民生活和精神世界

新农村建设是社会主义建设的重要内容,不断满足农民的精神文化需求是社会主义新农村建设的首要任务。乡愁文化蕴含着社会大众的情感诉求,要打造富有时代气息的乡土文化体系,发展极具特色的、人民大众喜闻乐见的乡土文化弘扬农村优秀传统文化。丰富村民的日常生活,充实农民的精神世界。

"望得见山、看得见水、记得住乡愁",习近平总书记这句诗情画意的话让我们更加重视乡愁的作用,重视留住乡愁的意义。乡村让人们拥抱自然,乡愁寄托人们的精神情感,弥补现代人的情感空缺。农村振兴要将经济发展、文化传承结合起来。留住乡愁,探寻文化的根,寻求文化的回归,以乡愁为情感主线,留住农村记忆、呵护农村文化、活跃乡村发展,在乡愁的带领下,推动农村经济进步,促进农村文化发展。

## 第二节 文化遗产保护与创新

中华文化博大精深、源远流长。中华文明发源于乡村,根植于农村的沃土之中,许许多多的农村都有着极其深厚的文化底蕴。然而在现代化发展过程中,许许多多的农村特色文化得不到有效的发掘和弘扬,被湮灭在历史中,被人们所遗忘、抛弃。

在农村发展过程中,包括历史文化、红色革命文化、民俗文化在内的农村特色传统文化都应该被珍视、被继承和发扬。但是目前来看,中国有许多有历史文化底蕴的农村地区,例如,某些文化伟人的故里地区、一些红色革命文化流传的地区等,为了经济的发展,城市化建设拆除了原有的遗址、故居,抹杀了原有的文化痕迹,披上千篇一律的城市化外衣。这不仅没有充分利用和发展当地的文化资源,更是毁掉了故土的文化之根,让本地的文化之原一片荒芜。此外,还有一些农村地区存在着腐朽的文化思想，例如封建迷信、信奉鬼神、算命风水等，还有伴随着多元文化的发展与冲突，一些农村地区存在着文化低俗、落后的现象。

### 一 物质文化载体与乡村记忆

农村非物质要素如传统习俗、传统技艺和具有特色的生产生活模式是乡愁记忆的重要组成部分，是与城市在文化上最大的不同，炊烟袅袅的生活至今仍为人们所怀念。而且，大量的物质文化遗产、口头和非物质文化遗产仍散落在我国农村，是我国历史悠久、灿烂的农耕文明的体现。近年来，由于国家对农村文化产业的持续投入，以及相关大型平台的展示，农村文化产业得到快速发展，通过市场化运作方式，将农村优秀的历史文化资源转化为文化产品以及相关文化服务，如相关文创产品以及旅游业，不仅使农民们的收入得到提高，还将当地农村的名气传播开来，为我国社会主义新农村建设提供了范例。

由于我国农村文化产业发展较晚，经验不足，且粗放式发展模式明显，大多数文化产品只流于形式，逐渐趋同。再者，政府虽然对农村文化产业投入一定的资金扶持，但产业的发展不仅是资金的问题，也是个文化发掘的问题。因此对于农村文化产业发展，参与者需要什么，相关单位能给予到什么帮助，这个需要我们认真对待，尽量杜绝大水漫灌现象，使相关单位的资源能用在正确的方向上。即便当前乡村记忆中的物质要素既有机遇又有困难，但我们仍是要让乡村记忆中的物质要素与文化事业和文化产业发展相结合，既保护又发展，积极打造乡愁文化发展的名牌。

对于乡村记忆中的物质要素，在文化事业发展部分，要采取更多的保护措施。例如对于具有一定历史价值的传统建筑要进行修葺保护，使这部分建筑不因历史岁月的逝去而褪色，永远成为乡村记忆的重要组成部分。也可以进行保护性开发，在对传统建筑不进行大变动的前提下，改造部分空间，收集民间相关素材，建成具有特色的乡村建筑纪念馆或博物馆，加强人们对于所在乡村的认识，提高人们在乡村记忆保护中的参与度，进而增强对于所在乡村的认同感。

对于农村记忆的物质要素的保护，当然不仅是传统历史建筑，对于具有农村共同记忆的场所也要进行保护。正如大槐树寻祖，正是通过以前在大槐树下生活构成了共同回忆，直至今日，每年都会有许多人从海内外返乡祭祖，这就是共同生活场所所带来的认同感与凝聚力。因此，对于乡村记忆中的物质要素一定要采取保护性开发方式，这是农村文化产业发展的前提和必要条件。

与乡村记忆中的物质要素基本相同，在文化事业中，乡村记忆的非物质要素也是以保护为主，主要起一个联结情感的作用，并且可以为非物质要素的文化产业发展进行铺垫。但这方面也存在与物质要素有所不同的地方。

非物质要素是作为一种文化元素而产生，并且是经历历史的沉淀与选择的，但是在这个过程中，难免会有部分落后的思想混杂其中，残留至今，因此，在留住乡愁过程中，必须对落后的思想文化进行剔除，以充分发挥非物质要素调动人们的积极性，连接情感的作用。当然在对待非物质要素的文化产业发展的时候，围绕祭祀以及逢年过节这种机会，以旅游为契机所带动的乡村文化产业发展的收益也是相当可观的。

### 二 农村文化发展与方言

语言是人类最重要的交际工具、思维工具，是人类表达自己的情感和思想，认识世界、认识自己的重要载体。由于所处环境的不同又会给语言带来不同的生存土壤，形成不同的语言团体——地方方言。可以说，没有了语言，一个民族的精神内核也将不复存在。语言，是民族文化的载体，那么方言则是民族文化的一个特殊的亚文化——地域文化的载体。从更确切的角度说，方言，是农村文化的载体。

千百年来，农村是汉语方言生存的主要土壤，自给自足、相对封闭的小农经济生活是汉语方言维持稳定状态的外部条件。但是，改革开放以来，尤其是进入21世纪以后，飞速发展的社会主义市场经济给农村社会带来了翻天覆地的变化，方言文化赖以生存的土壤遭到了前所未有的冲击和破坏，汉语方言的语言系统也从根本上得到了改变。因而，方言文化所遭受的生存危机是致命性的，虽然现在这种情况只存在于局部地区或者是众多方言文化中的小分支，但是，如果任凭其自生自灭，那么它的消亡速度远远不是我们可以想象的。

　　乡音，生生不息，血脉相传，千百年来保持着它独有的特色。它是来自故乡的慰藉，给你带来心灵的抚慰和精神的满足。同时它也是地域文化形成的底色，在此基础上而形成的独具特色的地域文化熠熠生辉。这些夹杂着具有浓厚乡土气息氛围的话语，大多都来自于市井中百姓生活的寻常琐事，茶余饭后的家长里短。它是民间智慧的结晶，也是地域文化的精华所在。你可以讲着吴侬软语，在安静的夜里低声闲谈，或者也可以侃着东北话，在酒桌上嬉笑怒骂。正是因为这种特色，才赋予了方言承载文化的使命，也正是因为这个载体，我们的文化才得以异彩纷呈、蓬勃发展。

　　方言除了寄存乡愁以外，对农村文化发展，特色农村文明的形成有着重要的作用。若某一天方言消失了，地域文化势必会随之消失，而依托地域文化形成的农村文化也将不复存在。如果没有了方言的存在，那些有趣的谚语、歇后语也就失去了意义，因为很多俏皮话是在方言的基础上形成发展的，是利用方言特殊的音调、语调和用词造成的谐音妙语而发展起来的，有着独特的含义和韵味。那些具有地方特色的戏曲小调也会渐渐消失，因为地方戏曲就是以方言的发音特点为基础，而经过多年磨合提炼的结果，听不懂方言就感受不到戏曲的韵味，方言消失了，绚烂的戏曲文化也就无以依托、随之消亡，文化的多样性也渐渐减少。那些与众不同的地方风俗也将难以维系，失去了方言的土壤，也就失去了发展的根基。这最终导致农村文化失去了其鲜明的特色，失去赖以支撑和发展的精神内核，农村文化发展将会面临严重的挑战，最终只能变成一个个发展模版。丰富多彩，个性鲜明，独具特色的各地文化将不复存在，中华民族的文化积淀渐渐消失，民族精神也愈加薄弱，最终影响整个国家的发展。

　　"只有民族的，才是世界的。"同样，"只有本土的，才是独特的；而只有独特的，才是最闪亮的"。从这个方面来说，方言是农村文化一张个性鲜明的名片，是一个地方区别于另一个地方的重要标志。它是一个地方的政治、经济、文化的集中反映和表达，具有绝对的地方性和浓郁的地方特色。同时，对同一地域的人来说，方言会带给他们对生活地域强烈的情感认同，是他们对故乡情感宣泄的主要出口，也就是乡愁的主要承担载体。

当前，我国正在加快城乡一体化进程，加快新型农村建设成为我们的重要任务。方言的存在会激发起外出的游子对家的眷恋，对建设故乡的责任感和使命感，对留住乡愁，保存故乡特色文化有着强烈的渴望，对于促进农村文化发展，具有十分重要的意义和作用。现在，优秀人才回乡搞建设或者是为家乡捐款捐物大多都是出于这个原因。乡村文化的发展需要所有人的共同努力，而方言则会是将这些人的力量拧成一股绳，并发挥出巨大作用的重要纽带。

### 三　农村迷信思想现状及改变

迷信思想是指人们相信鬼神、占卜、命相等的思想与行为。新中国成立后，政府与社会一直倡导人们要相信科学，反对迷信。随着科学技术的发达和人们知识水平的提高，大多数人们还是选择相信科学，但由于古代迷信思想存在已久，根源深厚，因此依然被保留了下来。而且农村比起城市来说，大多数人文化水平偏低，传统而保守，因此为迷信思想的传播提供了适宜的场所。但是随着社会的逐步发展，农村人们的迷信思想观念也产生了一定变化。

五里堠村位于山东省青岛市胶州市胶莱镇。镇政府位于北王珠村，五里堠村距离同镇的北王珠村很近，不过三公里路程，但是由于北王珠村有国道，交通发达，因此北王珠村发展成了一个小商业村，处处可见各式店铺甚至是居民小区。五里堠村类似于北王珠村的一个附属的小村，人口仅有200多人，且村民以务农为主。

该村迷信思想的现状主要分为四大类。第一类，丧事方面的迷信。人死后办丧事是世代流传的传统，主要是让死者的亲属心灵得以慰藉。但是迷信的是，相信鬼神学说，认为人死后会到阴间，现在普遍流行给死者烧冥币、纸电器、纸汽车等，意为让死人在阴间活得好一些，什么都要齐全，实际上是相信鬼神之说，是不科学的。这种现象不仅仅在该村，农村普遍都有这种现象；第二类，迷信一些巫婆。几乎每个村子都会有一个巫婆。这个巫婆往往是"通晓"过去与未来的，甚至可以被黄大仙类似的附身，告诉你一些你想知道的事情。该村亦有一个巫婆，有人曾亲眼目睹一个村民找巫婆去咨询儿子的婚事，巫婆身体一抽搐，然后就说自己现在是黄大仙,刚刚黄大仙已经把他想问的事情转告给自己了。然后就告诉村民他的儿子将来什么时候能结婚,未来儿媳位于什么方位等。这样的事例,常人会觉得很邪乎,不可信。但是也有些人对巫婆深信不疑,不过一般都是中老年人;第三类,小孩吓着了"叫魂"的迷信。小孩子顽皮经常会被吓着,会容易晚上哭闹、白天疲劳甚至是发烧感冒。然后家人会带着他"叫魂"。常见的"叫魂"方式有:一是找一个会"叫魂"的人在孩子耳边默念一些类似咒语的东西;二是用红线穿进新针,吊着香在孩子睡觉头的位置点燃,香灰掉落孩子即好;三是水中立筷子念死去家属的名字,叫谁的名字筷子立住然后跪拜,请求放过孩子,最后将水倒掉。当然"叫魂"的方式有很多,在此不一一列举了。其实孩子吓着后会在短时期内流失大量钙、镁、维生素 B、维生素 C 等,钙镁能镇定神经,流失使得孩子不能安眠,易哭闹;维生素 B 的流失使得孩子易疲劳,维生素 C 的流失使得孩子抵抗力低下,细菌入侵易发烧感冒等,并不是真的魂魄丢掉了,所以"叫魂"是不科学的。此即该村迷信思想的主要现状;第四类是过年摆供品、请神。该村过年堂屋里会挂"竹子",上面写着祖宗的名字。实际上很多农村地区都有挂"竹子"这样的习俗。过年了祖宗会回家吃饭,各路神仙也会来家里吃饭。因此家家户户都有一个供桌,过年的时候摆满了供品。供品种类多样,不同地区农村的供品是不一样的。据调查,泰安新泰的农村供品非常讲究,还需要摆放猪头、整只鸡、捏成牛头状的生面团、一整条鱼。而该村过年供品没有那么讲究,摆放水果、糖果、一整块年糕、瓜子、坚果、饼干等都可以,成本还是比较小的。毕竟过年家里也要买这些东西吃。

　　再以山东新泰市某村为例展开分析,新泰位处鲁南内地,同样也存在一些迷信思想。随着社会的发展,该村迷信思想出现了一定变化。首先,是办丧事方面。21 世纪初,同样流行给死者烧东西,不过主要是黄纸、纸元宝、纸辇轿等,远不如现在的烧冥币、家用电器、汽车高级;其次,是迷信巫婆。21 世纪初,由于发展落后,村子里也没有卫生室,孩子生病乃至大人生病,很多人都去找巫婆寻找治疗方法,更不必说让巫婆预知一下未来的事情了。现在相比较于 21 世纪初,迷信巫婆的人变少了,现在主要是 60 岁左右及 60 岁以上的老年人相信巫婆,咨询的事情也基本是婚事、财路这方面了;再次,是"叫魂"方面,目前这一方面还没有具体的变化，小孩子吓着以后还是会"叫魂"；最后，是过年摆供品、请神。比起21世纪初，该村的供品种类有所改变。21世纪初，经济发展有限，供品也仅限于年糕、瓜子、花生，水果的话也基本是苹果而已。现在经济发展好了，供品不仅有以上几种，还有坚果、饼干、糖果，水果种类也很多，甚至还有草莓等。

　　改变的原因一方面是由于经济水平的提高。虽然该村主要以务农为主，但是村民种地有道，收入可观。现在家家户户家用电器基本配置齐全，私家车也不是稀罕物了。现在村民普遍"赶潮流"，就连给死者烧的东西也比较现代、高级。而且，随着经济的发展，以及出行方便，村民生病一般会选择去村里的卫生室，大病的话开私家车去市里的医院，村民更愿意相信医学，而不会选择盲目地相信巫婆；另一方面是村民文化程度的相对提高。文化程度的相对提高，使村民更愿意相信科学，而不是有事就找巫婆，一定程度上对巫婆产生怀疑。而且随着时间的改变，30岁及其以下的年轻村民大多都受过教育，老一辈人去世后，一些迷信的观念也没有得到保留。

　　可以看出，该村迷信思想依然严重。主要有以下原因：一是农村地区，民风保守，迷信思想的根基仍是比较深厚；二是村民的文化水平与素质偏低。村内上学的青年总体年龄尚小，人数也较少，家中仍是父母当家。除去60岁以上的老年人，该村的中年人文化水平基本都是小学或者初中，文化水平低偏迷信一些。还有很多知识水平高的青年眼光长远，去城里工作生活，已不在农村居住。现阶段，该村大多青年要么上学，要么早早辍学，这些早早辍学的青年也有很多受父母的影响比较迷信的。因此，青年的力量薄弱，对该村迷信思想的削弱作用较小。

　　迷信思想有很多危害。诸如像过年摆供品一摆好多天，供品都坏掉了，浪费食物；祭奠中给死者烧冥币等不仅浪费财力，而且污染环境。迷信思想还会影响少年儿童，阻碍科学精神的传播发展；一些巫婆神汉这样的行为和做法甚至会使人走上人生歧途。要改变这种现状，政府应当加大对农村科学精神和无神论的教育，普及科学知识，发展农村经济，同时村民们应该积极响应政府，学习科学精神，破除迷信思想。

## 第三节 传统村落与文化保护

传统村落是维系传统与现代的纽带。它给人一种归宿感，但是随着现代化、城镇化进程不断加快，传统村落似乎在逐渐没落，因此，在农村发展过程中，需要不断加强人们对保护传统村落重要性的认识，以更好地在实现文化保护的同时，实现传统村落保护、传承与发展。

### 一 传统村落保护对于农村文化发展的意义

在城镇化进程中，大量农村人进入城市，在城市快节奏的生活中人们常常会想到远处的家乡，有着浓浓的乡愁。乡愁使得人们无论多远都能记忆身后的家乡，从而会经常回到农村。对农村的关注以及农村自身的发展，减缓了农村传统建筑、器物的自然消亡，这也有利于对这些农村物质文化载体的保护。同时人们对农村老物件的挂念有利于减少老物件的灭失程度，人们会更加爱护这些物件，甚至会带在身边，有利于以这些物件为载体的农村文化的传播和传承。

随着城市化和现代化的浪潮席卷中国，农村传统文明的凋零似乎是大势所趋。越来越多的游子，因失去家园而失去内心的安宁。在农村被纳入城市体系的过程中，很多农村文化的物质载体被划到城市的范围之中，乡愁有利于保护这些已经被纳入城镇之中的农村文化的物质载体，让它们在城镇化的进程中保持原貌，让其中蕴含的农村文化不再消失。

我们需要不断加强对于传统村落的保护。农村在建设和发展的过程中要合理规划，明确农村城镇化不是要消灭农村，而是要改造农村，发展农村，对农村的规划和设计要符合本地区的特色，要注意保留村庄原始风貌，慎砍树、不填湖、少拆房，尽可能在原有村庄形态上改善居民生活条件，保护好农村的古风古韵，特别是农村的特色建筑，要突出地域建筑的文化特色，体现出地域性、民族性、差异性和多元性，防止出现城镇化过程中建筑千篇一律的现象。同时还要注意保护农村的祠堂碑刻、百年古树和能体现出人们生活方式的物件，如碾子等，从而留住人们的乡愁，留住人们的文化记忆。

新农村的建设要融入自然环境之中，要因地制宜发展农村特色产业。与城市相比，农村最大的优势就是良好的生态环境，那种人与自然最天然的和谐。农村可以依托独具特色的自然生态和传统的人文环境，大力发展乡村旅游业，可以让城市中忙碌焦虑的人们在附近农村的旅游中获得情感的释放，甚至寻回儿时的欢乐，也可以让很多远离家乡进城务工的游子在另一片土地上获得情感的寄托，在旅游中增长见识，把其他农村地区的发展经验带回家乡，从而促进家乡的发展。在这个过程中要积极借鉴国外的农村发展和旅游的成功模式，如农庄旅游、生态旅游等，打造农村地区的特色旅游品牌，充分发挥城镇化建设和乡愁对农村文化物质载体保护的组合效果。

在城镇化进程中要秉持"望得见山，看得见水，记得住乡愁"的理念，在保持人与自然和谐的同时保存人们乡愁的文化。保护好传统的古宅民居，特别是历史文化村镇。历史文化村镇里保存着大量的农村文化载体，具有完整性、系统性，对于珍贵的文物要及时申遗。当然申遗不是唯一出路，保护好、发展好历史文化村镇才是出路，但申遗对农村文化物质载体的保护仍具有积极意义。

加大城乡互动，农村文化物质载体的保护不能只依靠农村自身的力量，在城镇化的过程中还要依靠城市带动文化载体的保护，以此来促进农村文化的发展。作为承载乡土文化、传递地方气息、寄予深厚情感的传统的农村文化物质载体，在今天虽淡去了岁月的厚重，但仍然弥足珍贵。让离开农村到城市的人们留住乡愁，可以让人们更加珍视农村的一草一木。

## 二 城镇化过程中传统村落面临的问题

城镇化也指"城市化""都市化"，它不是指一般意义上的城市产生、发展与消亡，而是特指近现代以来随着工业化的出现、发展和壮大，农村人口和非农产业向城镇快速集聚的现象。现实情况是，我们在城镇化过程中遇到了许多问题，我们传统村落的保护与发展面临着严峻的挑战，主要表现如下：

（一）传统村落衰败

在城镇化进程中，居住在村落里的人从传统的生活方式、生产方式中转变，导致村落逐渐衰败。衰败的原因如下：

首先，传统村落生产方式的转型。

生产方式，通常是指人们谋取社会生活所需物质资料的方式，以及生产过程中的人与人、人与自然之间的关系。农业生产方式一般是指农业生产的方法和形式，主要指农业生产制度、组织形式以及农产品的交换方式。

其一，是农业生产制度的演变，由传统社会的自给自足的小农经济转变到改革开放之后的家庭联产承包责任制，到20世纪90年代又放活土地经营权；其二，是村落产业结构的调整，1978年之后，工业化、城市化促使农业产业结构发生重大调整，最引人注目的是第二、第三产业的不断发展；其三，是农村市场的形成，中国传统农村商品交换长期处于零散、封闭状态。进入20世纪90年代之后，中国真正由计划经济走入市场经济，同时商品流通体制开始形成，由此带动农村市场经济发展，农村的生产方式也不断转变。

其次，农民观念与生活方式的变化。

为了外出寻找更好的生存空间，获得更高的收入，广大农民改变了"安土重迁""留守在农村"的观念，通过各种方式离开农村，流向城市。

城镇化过程带来传统观念与现代思想的碰撞，使农民的传统观念发生转变，邻里关系变得疏远。村落是个"熟人社会"，人情礼俗无处不在，但随着城镇化的进程不断加快，邻里之间来往越来越少。还有，人们由之前的安贫乐道转变为追求财富，在农村里也会出现钱财的攀比现象，农村人们之间的贫富差距也在不断加大。

最后，留守儿童和孤寡老人群体壮大。

由于城镇化的发展，农民流动加大，农村的青壮年劳动力纷纷进城务工，农村出现大量留守儿童和孤寡老人。这些留守儿童和孤寡老人就在逐渐没落的传统村落里居住，成为传统村落里孤独的"守护者"。

（二）旅游开发过度，失去传统村落本味

随着城镇化发展，近年来，许多传统村落为了发展自己地区的经济，把目光投向旅游业上，许多开发商争相在风景优美的古村落投资，建造旅社、饭店等。

原生态的传统村落被开发为景点之后，大量的游客涌入，停车场、水泥路的修建破坏了传统村落的幽静和美丽。同时，许多传统村落景区不限制游客人数，在游客旺季，人数大大超过它的环境人口容量，对传统村落的生态造成了严重破坏。除此之外，有些村落为了招揽游客，建造"假古董"，也就是参照从前的居住地的特点，大批量新建与此相类似的建筑。当传统村落成为景区后，淳朴的民风受到市场经济的冲击，家家户户也都开起了小卖部、小餐馆。

现在许多传统村落的商业气息变得越来越浓厚，越来越没有从前的味道。

（三）对非物质文化遗产的重视不够

非物质文化遗产是指被各群体、团体和个人视为文化遗产的各种实践、表演、表现形式、知识体系和技能及其有关的工具、实物、工艺品和文化场所。传统村落很重要的一点价值就体现在它蕴含了丰富的非物质文化遗产。

当前城镇化过程中，尽管有很多地方对传统村落进行旅游开发，但这也仅仅停留在古村落建筑、乡村自然风光开发上，非物质文化遗产的保护开发没有引起足够重视，甚至在传统村落中居住的农民都很少有人知道本乡本土的历史，很少有人能说出传统的礼仪、风俗，更没有人关心和继承带有地方特色的民俗风情、传统工艺、地方戏曲等，没有对非物质文化遗产进行系统整理、挖掘和展示。

### 三 探索传统村落的保护与发展之路

传统村落对于我们是一笔巨大的文化财富，在城镇化、工业化不断发展的现代社会，我们应当积极寻找保护与发展传统村落的路径，更好地传承文化，守住心底的乡愁。

（一）对于传统村落的保护方面

要推进传统村落发展，首先要对传统村落进行保护。通过立法提高民众保护意识。

第一，完善相关法律制度与管理机制。

目前各地区传统村落景观都受到了不同程度的破坏，不仅是公民自身的原因，很重要的一点是政府对于这方面的监管不足，没有使人们意识到传统村落的重要性，因此，政府应当加强对传统村落方面的监管。

同时要立法先行，确立传统村落的法律地位，让传统村落保护工作有法可依，依法行事。各地要结合当地的实际，制定相应的传统村落保护条例，为传统村落提供一个完善的法律制度体系。还可以出台相关政策，为参与传统村落保护的人提供资金技术支持，调动人们保护传统村落的积极性。

第二，提高地方居民的保护意识。

要实现对传统村落的保护，重点和难点就是提高地方居民的保护意识，只有地方居民有意识，才会主动去保护，而当前地方居民历史保护环境意识较差，主要体现在注重眼前的经济效益而忽视文化，破坏传统村落。

因此，要对当地居民进行文化遗产保护教育，让他们了解到他们的传统村落蕴含着丰富的文化财富，并且是不可再生的。同时还要教会当地如何更好地保护传统村落所承载的物质和非物质文化遗产。

第三，注重规划，分级保护。

可将传统村落的保护纳入当地经济和社会发展的规划体系内，所在政府还应当组织有关部门和专家，共同商讨传统村落的保护方向，并且给相关部门和专家分配相关的保护任务。

对于各类古建筑，可根据损坏程度以及重要程度的不同，合理选择进行修缮、改建或重建，尽可能还原历史原貌。对于非物质文化遗产，应该组织相关学者加强对其研究、发掘，加大对历史文化遗产保护的投入，营造良好的历史文化遗产保护氛围。

（二）对于传统村落的发展方面

对于传统村落，不仅需要保护，还需要对其进行发展，以与现代社会相适应，在新的时代焕发新的生机与活力。

第一，发展传统村落文化产业。

文化产业指的是为社会公众提供文化娱乐产品和服务的活动，以及与这些活动有关联的活动的集合。传统村落文化的传承需要经济基础维持，不具备良好的经济基础容易造成人才和劳动力流失，从而使传统村落走向衰败。因此，文化产业的发展有利于村落文化的复兴。

很多传统村落文化底蕴深厚，独具特色，但文化产业普遍不太发达，因此，在城镇化过程中，各传统村落应当在加强基础建设和公共服务的基础上利用自身丰富的文化资源优势,加大文化产业开发力度,在增强村落居民经济实力的同时培养他们的文化自信。比如可调动村落居民进行特色村镇的建设,还可利用"互联网+"方式发展文化旅游产业。但需要注意的是村落文化生态具有不可再生性,应当在发展文化产业的同时维护传统村落的文化生态平衡。

第二,对非物质文化遗产进行传播。

在上文提到过非物质文化遗产的含义,简要来说就是人们在长期共同生活过程中所创造的文化。要促进传统村落发展,就必须要对非物质文化遗产进行发掘与传播。

保护、传播传统村落中的非物质文化遗产,可通过大众传媒等方式,对各地传统村落的非物质文化遗产进行详细介绍,让人们更好地了解各个传统村落。还可以在各村落进行相关的文化表演,比如云南苗族的篝火晚会,这就有利于吸引其他地区的人来参观,在发展当地经济的同时也有利于更好地传承非物质文化遗产。

## 第四节　乡村文化振兴与发展

乡村文化振兴是乡村振兴之魂。振兴乡村文化是乡村振兴的重要环节,留住乡愁是守护我们的文化根基,是建设我们的精神家园,增强我们的文化自信的重要方面。在社会主义现代化建设的新时期,乡村振兴必须要留住乡愁,走乡村文化振兴之路。

### 一　乡村振兴必须振兴乡村文化

乡村文化振兴是乡村振兴之魂。2013 年 11 月习近平总书记在山东考察时指出:"一个国家、一个民族的强盛,总是以文化兴盛为支撑的,中华民族伟大复兴需要以中华文化发展繁荣为条件。"[①] 党的十八大以来,习近平总书记多次强调对于文化发展与传承不能数典忘祖,要将具有民族性的文化和精神作为国家发展的根本力量。在党的十九大报告中提出,将文化自信作为文化强国的重要战略,这是中国特色社会主义新时代所

---

① 人民网,http://theory.people.com.cn/n/2013/1216/c40531-23849634.html.

赋予我们的重要的历史使命。

在乡村文化振兴的过程中，乡村的基础设施可以通过乡村自身的经济发展和国家的宏观调控来建设、配备。但是乡村文化振兴，需要凝聚人心，提高乡村人的思想觉悟，需要对传统的乡村文化进行正确的扬弃，取其精华去其糟粕，批判继承、古为今用，而且这个过程并不是一蹴而就的，需要一切从乡村的实际情况出发，具体问题、具体分析，还需要与时俱进，融合创新，与中国特色社会主义现代化建设和乡村振兴战略的大局相契合。所以乡村文化振兴是乡村振兴中的重要环节，也是最难的环节。在社会主义现代化建设的新时期，人民日益增长的美好生活的需要与不平衡、不充分的发展之间的矛盾日益突出，农民在精神文化方面的需求也日益增加，乡村振兴战略必然蕴含文化振兴的价值诉求。当前不仅要把精神文化作为衡量农民美好生活质量的重要尺度，还要在高水平上满足农民的美好精神文化生活的需要。

公茂村位于山东省东营市利津县东北 28 公里，集贤村西北 2.5 公里，村名的由来是周公茂迁此定居，开设烟房，字号公茂，1923 年建村得村名公茂屋子；1950 年改名公茂村。虽然当地的经济发展速度一般，但相对于文化发展速度来说，经济发展速度要比文化发展速度快。在调查中了解到，该村的大部分"60 后""70 后"的村民的文化水平只有小学甚至大部分村民没有上过学，而这和当时的时代背景有着密不可分的关系。就拿村民甲来说，据他描述，在 20 世纪八九十年代，大部分农民的生活条件十分艰苦，缺衣少食。试想，如果连温饱问题都没能解决的话，那么对文化教育的忽视也就在所难免了。所以据村民 A 的描述我们可以看出，20 世纪六七十年代由于农村经济发展十分落后，农民生活艰难，所以大部分村民没有接受过文化教育或者只有少数人接受过低等教育，而很少有人有机会接受高等教育。

据村民乙所说，在 20 世纪八九十年代，有一部分人其实也是有机会得到接受教育的机会的，但是很大一部分人都对上学毫无兴趣，反而对于辍学打工有些浓厚的兴趣。甚至当时很多家长的想法也是上学无用，不如辍学打工挣钱补贴家用来得实在，因此，当孩子要求辍学时，家长持支持态度。由此我们也可以得出这样一个结论，大部分"60 后""70 后"没有接受教育或者仅有少部分人接受了低等教育不只是当时的经济发展水平低下，还有一个重要原因就是当时村民对文化的重视程度很低。总结来说，该村"60后""70后"的大部分村民的受教育水平都是很低的。原因不外乎有两个，一是当时的经济发展水平低，农民生活水平低，没有能力接受文化教育。二是当时村民的文化意识和对文化的要求低，不重视文化教育。

而据调查，该村的"80后""90后"与"00后"的文化水平平均都在初高中，几乎没有未接受文化教育的实例。据村民丙说，当前农村的经济发展大幅提升，村民的温饱问题已得到解决，而且村民的文化意识也得到大幅提升，大部分村民都意识到了文化的重要性，所以十分重视下一代的教育问题，因此大部分"80后""90后"和"00后"都得到了基础教育。据调查，仅有少部分人因为个人原因导致初中未毕业，大部分人都已达到高中文化水平。虽然仍有部分村民对于文化的重视不是很高，但是这种状况已然十分少见。从这些事例中可以看出，村民的文化意识对于下一代的受教育水平有着重要影响。

现如今，该村村民在经济收入提高、物质生活改善的基础上，对精神文化生活有了新的更高的追求，也都迫切希望能够像城市居民一样平等享有文化权益，丰富自己的业余生活，提高自身的综合素质，实现人的全面发展。为顺应这一发展要求，该村也进行了相应的文化建设。当前该村的村文化大院设施比较齐全，建有计生服务室、老年活动室、图书室、电教室、党员活动室等，并定期组织活动。但是据了解，这些设施并非经常开设，所以这些设施的开设趋向于做表面文章。因此可以看出，该村村民的公共文化需求受限于薄弱的公共文化供给。据调查，该村村民普遍认为该村的文化生活并不丰富，其中大约有 1/3 的人认为村里的文化生活"比较匮乏"；1/3 的人认为"一般"；1/4 的人认为"很匮乏"；只有极少部分的人回答"很丰富"或"比较丰富"。

该村村民平时的文化娱乐活动主要是看电视、上网和读书看报。看电视占绝大部分，上网占一小部分，而读书看报的比例则更小。由此可见该村村民大多数以个人性文化娱乐活动调剂生活。目前该村可供村民参与的群体性文化活动仅有放电影、唱戏还有近两年兴起的广场舞这几项民间文化活动。而且据了解，前两项活动开设的频率和次数并不多，一年也就一两次。村民们能够经常参加的是第三项，跳广场舞。每天晚上七点左右，村民就会集合在该村的文化大院里开始这项娱乐活动。但是参加这项娱乐活动的村民大部分是中年女性，其余男性和青年男女都少有参加。但是该村村民表示他们对公共文化活动其实存在着较大需求，然而该村的公共文化供给显然尚不能满足村民的需求。造成这种问题的原因大致有二：一是这方面的资金不足；二是村领导和上层领导对此重视程度不够。

再看另外一个村庄的现实案例：山东省青岛市营房村，这是一个典型的小渔村，21世纪以来，在经济稳步发展的基础上，居民的文化生活水平也有了显著提高，广播电视大面积普及，文化书屋、数字化电影放映和文化资源信息共享等建设项目也逐渐展开，但居民文化娱乐方式依旧略显单一，尚存在陋习旧俗，硬件设施建设基础薄弱，投入不足、区域间发展不平衡等问题依然突出，这不利于推进"美丽乡村"的实现。针对这些问题，营房村应加大基础设施投入，调动居民的积极性，鼓励引导居民积极参加文化活动，共同营建高水平的文化生活。

随着经济的发展和国家对"三农"问题的重视，营房村居民的文化生活水平也有所提高，个性文化资源也变得丰富起来。经调查，97%以上的家庭已具备电视，其中大部分也已装有宽带，能够上网。但受各种因素的影响，居民的文化娱乐活动大多数还是看电视、上网、打扑克，很少喜欢打球、看电影、下棋。只有在节日来临的时候才会举行灯会、扭秧歌、唱戏等文化活动，而表演大多数是居民的自娱自乐式的舞蹈、唱歌，在平日里缺少由专业队伍举办的文艺演出等文化活动。虽然大部分家庭已具备上网条件，然而通过电脑学习、了解国家大事的少之又少，大多数是利用电脑打游戏、看电影、聊天等。据了解，营房村的居民之间感情交往较为密切，与他们乐于互相串门、聊天有关，这符合农村文化现状，与城市社区居民之间联系较少形成鲜明对比。

营房村的硬件设施建设基础薄弱，投入不足，存在着当前文化产品不能满足居民需求的问题。虽然有上级政府和管理部门进行拨款支持，但还是难以彻底改变经费不足以支持文化事业发展的现状。文化资料得不到满足，也就更谈不上更新，日复一日，必将恶性循环。再者，基层干部仍然存在着重经济、轻文化的观念，这就对推进营房村的文化建设造成了极大的障碍。就调查来看，当前村内的主要公共文化设施有：有线电视、有线广播、寺庙、文化馆、小型图书馆，其中寺庙和小型图书馆占到很大一部分，但寺庙是由居民自行兴建的，而小型图书馆也由于缺乏资金和相关管理人员，设施陈旧，书籍破烂老旧，甚至连阅览室的桌子椅子都是村民从自家带来的。设施满足不了居民的需求，居民自然不会常去，久而久之，图书馆营业时间越来越短，更有一家已经关闭。某些居民表示并不知道文化馆的地址，更有年龄较小的村民表示并不知道文化馆、图书馆的存在。可见某些文化活动场所已名存实亡，国家投入资金建设的设施已处于闲置状态，没有发挥实际的作用。虽然居民业余的文化生活较为单一，但并不代表居民没有这方面的需求，人们也想学习一下电脑知识开阔眼界，多参加一些文艺演出活动，然而现有的文化产品却不能满足居民对丰富文化生活的追求。

虽然营房村的总体风气有所改善，但仍存在陋习旧俗。就调查来看，居民的日常闲暇生活除了看电视、上网外，最普遍的就是玩扑克、打麻将，聚众赌博的情况也时有发生。衣食不用愁，住着小洋楼。田地不用兴，处处麻将声。正是当前营房村部分居民的真实写照。另外，封建迷信活动也普遍存在，如烧香拜佛、算卦、占卜等。调查发现，大部分居民认为打牌、打麻将乃非常正常的活动，也意识不到其他文化活动的必要性，这其实与缺乏政府的相关引导和管理有很大的关系。

农民文化的现代化是制约农村政治与经济发展的重要因素。农村教育状况直接影响到农民文化素质的提高与否。调查情况显示，当前营房村的受教育程度有所提高，大部分居民已有高中学历，部分青年有本科学历，少部分有硕士学历，但这并未达到目标，村民整体仍存在文化素质不高的问题。此外还存在人才大量流失的危机，这不利于该村传统文化、特色文化的继承，使得传统文化岌岌可危，没有得到创新和发展，日渐衰落。

振兴农村的乡土文化，可以基于以下原则与思路展开：

（一）积极推进农村地区的文化体制改革

这对满足居民文化需求起着举足轻重的作用。目前的文化设施、场所和产品主要集中在乡镇一级，并没有下放到农村，这对居民有效地开展文化生活造成很大不便，只有将乡镇图书馆、乡镇文化馆、乡镇电影院等转为村级文化活动中心，才能使之深入居民的文化生活，让居民享受到应有的文化服务。村与乡镇应联合起来共同推进机制改革，丰富完善该村的文化工作领导小组，健全组织机构，完善农村的文化管理服务机制，努力形成管理以县为主、协调服务以乡为主、建设以村为主的新局面，共同打造有效的文化体制机制。

（二）把乡村文化建设放在重要位置，经济和文化两手抓

一些农村的领导干部仍然存在着"重经济、轻文化"的思想，认为经济搞好了，文化建设也就自然跟上去了，这极大阻碍了该村文化的建设。因此领导干部要在思想上将文化建设摆在重要位置，思想端正了，行动才跟得上去。首先要针对乡村干部建立文化培训课程，加强他们对文化的认识。一旦领导对文化建设有了正确的认识，他们就会大力推进文化改革，从具体措施入手，丰富居民们的文化生活，将建设落到实处。

（三）进行积极文化的宣传教育，提高居民的文化素质

振兴农村乡土文化，必须不断倡导文明健康的文化娱乐活动。一些农村村民对赌博、酗酒等一些不健康的活动认识不正确，这与缺乏宣传教育有关。因此应提高舆论引导能力，在农村加强社会公德、职业道德、家庭美德、个人品德建设，通过宣传、教育、培训等各种措施，提高居民的思想道德素质，使之能够自觉抵制色情、淫秽、暴力等不良文化的侵袭，远离不健康的文化娱乐活动，形成积极文明的乡村风气。

（四）突出地方特色，弘扬创新传统文化

农民作为推动文化发展的主力军，本应该对农村的传统文化深度了解，然而就目前情况来看，许多青年人对传统文化的了解少之又少。针对这种情况，需要充分挖掘该村优秀的传统文化活动，如舞狮子、孔明灯会、唱戏、陶艺等。此外，文化生活的建设也要突出地方特色，深度挖掘开发农村固有的和合文化、节俭文化、爱乡文化等，丰富其形式，并在此基础上吸收借鉴其他乡村的优秀文化，取其精华、去其糟粕，从而不断创新农村的文化活动，丰富居民的文化生活。

文化是乡村振兴的灵魂所在、核心所在。走乡村文化振兴之路是建设美丽乡村的重要环节。那么怎么走乡村文化振兴之路呢？首要在于保护和继承优秀的农耕文明遗产。我国地域辽阔，而且农村存在的历史悠久，产生了许多具有地域特色的农耕文明，比如传统的节日、传统服饰、

传统美食、传统歌曲、传统舞蹈、特色手工艺等，而这些都是非常珍贵的农耕文明遗产，需要保护和继承。

乡村文化也需要与时俱进、发展创新。在社会主义现代化建设的新时期，乡村文化要符合时代发展的总趋势。所以，我们可以结合时代要求，深入挖掘农耕文化蕴含的优秀思想观念、人文精神、道德规范，充分发挥其在凝聚人心、教化群众、淳化民风中的重要作用。当然，挖掘和培养传承优秀农耕文明的继承人是乡村文化长远发展的重要方面。在现阶段，许多传统的工艺因为找不到继承人而逐渐消失在人们的视野里，所以，要留住农耕文明，我们要挖掘和培养继承人，让我们的优秀的农耕文化后继有人，发展壮大。

乡村文化振兴是乡村振兴的重要环节，是乡村振兴之魂。留住乡愁、振兴乡村文化是乡村振兴的凝聚力量、强基固本的基础工程。乡村振兴，文化先行，让乡村能望得见山，看得见水，留得住乡愁。

**二 文化振兴的现实路径**

农村文化的发展首先要立足于自身文化，并在此基础上革故鼎新；农村文化发展还应由国家主导，引入社会资源加大对农村文化的保护与建设；农村更应借助于乡村振兴战略的时代机遇实现文化振兴。农村文化发展离不开全社会的共同努力，只有整个社会都重视起农村文化来，农村才能有所发展。

（一）继承发展农村优秀传统文化

农村优秀传统文化本身就是一种隐形的财富，发展农村优秀传统文化，继承是前提，发展是关键。发展农村优秀传统文化首先应立足于乡村文明，在保护传承乡村优秀传统文化的基础上，吸收城市文明及外来文化优秀成果，实现农村文化的创造性转化和创新性发展，同时不断赋予其先进的时代内涵、丰富表现形式。切实保护好优秀农耕文化遗产，推动优秀农耕文化遗产合理适度利用。继承发展农村文化既要保护农村非物质文化遗产，如支持农村地区优秀山歌民谣、少数民族文化、民间文化等传承发展；又要留住那些具有代表性的物质文化遗产，如保护好文物古迹、传统村落、民族村寨、传统建筑、农业遗迹、灌溉工程遗产等。

培育新农村优良道德风尚,是当代农村文化发展的必由之路,也是对乡愁情结的一种净化和加强。农村道德文化决定农村文化的发展高度,如果该村道德水平低下,即使有再健全的基础文化设施,再丰富的文化活动形式,这个农村的文化也不会被人们所认可和赞同。

培育新农村优良道德风尚,一是先继承农村优秀的传统道德;二是与时俱进,弘扬中国特色社会主义核心价值体系与核心价值观。

农村优秀的传统道德是中华优秀传统美德的一部分。内涵很丰富,涉及面非常广。"仁、义、礼、智、信"是中华传统美德的核心价值理念和基本要求,也是农村优秀传统道德的浓缩。"仁"指仁爱,关心爱护或同情。"义"指道义,正气正直和诚实。"礼",指礼仪,要求人们既要懂礼貌又要守礼节。"智"是指智慧,要求人们有明辨是非和知己识人的智谋之力。"信"是指诚实守信,也有信赖和信任他人的意思。这五要素可以带动农村乃至整个社会的道德水平的提升,进而更好地发展农村文化。除此之外还有一些具体的要求如尊老爱幼、诚实守信、先义后利、好学明志、勤俭节约和助人为乐等。

(二)加强农村公共文化建设

农村的文化建设不能落后于农村的经济发展水平,就像邓小平同志说的那样,社会主义精神文明和物质文明两手都要抓,两手都要硬。有效推进农村文化建设,很重要的一个方面就是要完善农村基础文化设施,发展农村公共文化事业。

首先,我们要完善农村教育设施。文化发展,教育先行。教育可以说是农村文化发展的动力。没有教育上的努力,文化发展之路必然举步维艰。农村教育本身就是农村文化的一个组成部分,教育水平在一定程度上就是农村文化发展程度的体现。山西"宰相村"以走出59位宰相和59位大将军著称于世,浓厚的文化底蕴的培育离不开教育。发展农村教育还能够有效提高农村人口素质,为农村文化的传承和创新提供优质的人力资源。在农村地区增建小学和中学,扩大农村基础教育规模,落实国家九年义务教育政策。改善农村教学环境,改进教育设备,提高师资力量,推动优质学校辐射农村薄弱学校常态化,实行城乡教师轮流换岗,积极发展"互联网+教育",推进乡村学校信息化基础设施建设,让农村孩子享受与城市孩子平等的教育条件。发展面向农村的职业教育,针对不同地区的实际情况开设相关课程，满足农村文化发展和经济振兴的需要。尽管国家和政府对发展农村教育方面给予了很高程度的重视和实际的物质支持，农村教育的发展状况仍然不能让人满意。据调查显示，重点高校中农村学生比例远远低于城市学生的比例，并且差距还在逐步拉大。教育应该成为文化发展的跳板而不是短板，发展农村文化应首先从完善农村教育设施做起。

其次，我们需要完善农村公共文化基础设施。图书馆，博物馆、艺术馆等公共教育学习场馆大部分都是选择建在城镇里，由于在空间上辐射程度的有限性，农村并不能与城市共享国家改革开放和文化建设的成果，还存在相当一部分农民从来就没见过这些公共场馆，便也无从谈起这些教育学习场馆对农村文化发展的作用了。文化基础设施对农村文化发展的影响不容小觑，在这些特定的文化场所进行教育或学习，能使农民增强对本村的归属感，有利于促进宗族乡里之间的团结，达到对本村文化的高度认同以及抱有对发展该村文化的责任感。国家应对公共文化基础设施进行"基层化"，面对文化建设薄弱地带的农村，更应加大支持。举个例子来说，每个村里都可以设一个有关本地区发展历史的博物馆，可以大量搜集本村的物质和非物质文化遗产，博物馆的意义不在于规模有多大，而在于内容是否全面生动，有吸引力。可召集村里人做博物馆志愿者，除了面向本村村民，让他们充分了解本村历史，还可以吸引外地人，扩大本村文化的影响力。

最后，我们要完善农村休闲娱乐基础设施。我国农村的文化发展中一个突出的瓶颈就是现阶段农村休闲娱乐文化发展水平满足不了人们对休闲娱乐文化的需求。往年在农村中常常见到的露天电影这几年逐渐销声匿迹，各类文艺演出下乡活动在发展中也演化成了形式性的存在。对新农村休闲文化认识的偏差，休闲设施建设之后，资金投入严重不足，休闲文化生活形式单调，工作队伍薄弱，管理不合理，不良文化滋生是我国广大农村休闲文化建设的现状。究其原因主要是政府重视程度不够，机制不够健全，管理不到位，农民素质普遍较低。在这种情况下，久而久之，农村乡里关系会变得越来越冷淡，农村文化也会随着时间的推移逐渐沉没。需要在农村兴建公园、广场、活动室等休闲娱乐场所以及公共健身器材，另外，村里有关负责人还要积极承担丰富农村居民精神生活的责任，适时组织农村文化活动，如举办农村艺术表演、露天观影活动等，注重满足农村居民对休闲娱乐文化的需求。

(三) 挖掘农村特色文化

农村具有非常丰厚的文化资源。农村文化资源属于一种民间形态的文化资源，是与现代都市文化并存的一种文化形态，具有它独特的魅力和价值，是乡愁情结外化的具体表现。挖掘农村特色文化，要充分利用农村特色的优质文化资源，让它们成为对外展现农村文化建设面貌的名片。

农村物质文化资源或称固态文化资源，包括农村特色建筑、特色手工艺品或特色美食等，是农民在长期的物质生产活动中创造的一种带有鲜明物质文化属性的资料，承载了一代代农村居民的智慧和汗水。像福建的客家土楼，安徽的宏村和西递村，重庆的吊脚楼都是农村特色建筑的代表。盲目扩大城市规模，推进城市化进程，蚕食着本来就残剩不多的农村特色建筑资源，在农村房屋墙壁上标识的"拆"字便是对农村文化发展的一个挑战。许多农村特色手工艺品也陷入传承危机，后继乏人，农村物质文化遗产的保护和利用陷入困境。

农村精神文化资源或称非物质文化资源，包括农村特色习俗、特色民间技艺等。农村特色的精神文化建设现状也不容乐观。在现代高强度和快节奏的生活压力下，人们把更多的时间用在了工作上。手机电脑等智能终端在农村的普及，使得农村居民不再对传统的文化习俗抱有很大的兴趣。另外，在城市文化的巨大诱惑之下，也有不少农村居民主动放弃传统的农村习俗，转而去追求所谓"现代化"的生活方式。

农村生态文化资源也是农村特色文化资源之一，将其独立于农村的物质文化资源和精神文化资源更能凸显它的重要地位。

农村特色文化资源，同自然资源一样，很多都是不可再生资源，一旦被破坏或者消失，就会造成无法挽回的后果，因此，保护和充分利用这些农村文化资源成为发展农村文化的当务之急。同时，我们也要处理好保护和开发文化资源两者之间的关系，一定条件下，过度保护会转化为浪费，不合理开发也会造成对文化资源的破坏。对此，国家曾多次制定相应的方针政策，来促成农村文化发展问题的解决。我们还要以创新思维开发农村特色文化资源，可借助信息化平台和城乡一体化发展机遇，盘活这些资源，使之转化为有特色能量的文化生产力。适当发展文化产业，可发展农村特色旅游业，这也是这几年比较热门的农村发展方式。在发展农村文化的同时带动了农村经济的发展，助力国家乡村振兴战略的实现，形成一个以文化促经济，以经济促文化的良性发展循环。

第 五 章

# 乡村文明构建与农村教育

农村教育发展与乡村文明建设是一个复杂的系统工程，是社会主义新农村建设的时代诉求。因此，乡村文明构建要求我们从农村学校教育角度入手，充分认识农村教育的价值意义，不断探索乡村教育发展的现实路径，只有这样才能找到一条适合农村发展的教育道路，建设社会主义新农村。

按照建设社会主义新农村的要求，全面提高农村群体的思想道德素质和科学文化素质，大力开展科学技术知识普及活动是一项重大的战略任务。当前农村教育发展与社会主义乡村文明构建，关键在于用一种新的理论体系和建设方法，重新焕发中国农村社会新生的可持续发展能力，增强农村群体的自我教育能力，并与国家和社会力量相配合，在实现目标的同时增强自身发展的活力和创造力。

## 第一节　农村教育现状及发展

教育问题是国家十分关注的关乎国家未来发展的问题，而其中农村教育则更是一直受到国家重视。2003年9月国务院召开了中华人民共和国成立以来第一次全国农村教育会议，颁布了《国务院关于进一步加强农村教育工作的决定》，明确了农村教育在教育工作中"重中之重"的战略地位。

国家的重视的确使我国农村教育获得了重大发展，但是农村教育的现状不是十分乐观，仍存在一系列问题。这一系列问题阻碍了农村教育的发展并且限制了农村青少年的受教育机会。

教育是我国的一项基本国策，影响着一个国家的软实力，对于国际地位和综合国力都具有较大的影响。如今，我国教育已取得较大发展，但是我国教育仍存在诸多问题和短板，这些问题和短板就主要体现在农村教育之中。

据 2017 年调查数据显示：我国有 8000 万文盲，其中有 2000 万左右青少年是文盲，而这些文盲中有 90% 分布在农村。由此可见，我国农村教育仍存在较大问题，这在一定程度上阻碍了青少年接受教育，阻碍了教育水平的提高。

而我国农村教育现状中所存在的问题主要是以下四个方面的问题。

### 一 师资力量薄弱

由于农村经济较为落后，教师待遇较差，工资较低等实际情况，我国农村的教师数量较少，教师资源情况并不乐观。例如，在许多偏远山村仍常常会出现一个老师教授多门课程的情况，有的老师既教授语文还要教授数学，甚至还有要教授音乐等非自己所学专业的课程的情况，而有的偏远地区学生学习甚至并没有相关专业的老师。

这就体现了我国农村教师资源严重缺乏，甚至常常出现上述"一师多用"的情况。这一问题严重阻碍了农村青少年正常接受教育，降低了农村青少年所受教育水平，也严重制约了农村教育的发展。因此我们必须尽快丰富师资力量，解决农村教师数量不足的问题。

### 二 教育观念落后

目前中国教育的传统观念影响较为广泛，且现代良好教育观念传播不够广泛，尤其农村更是受传统教育观念的严重影响。我国农村由于经济政治发展较为缓慢，思想较为落后，受封建思维影响较大，所形成的教育观念也更是落后于时代，存在较多的问题。

在农村，由于环境较为封闭，信息较为落后，思想也较为落后，所以多数人不能正确认识到经济与教育之间的关系，把教育当作单纯的消费行为，而缺乏对教育的认识，也即没有认识到教育是投资、是投入、是发展的观念。

教育是一种战略性产业，教育与经济是相互起作用的。人们受教育的程度越高，越有利于先进科学技术的普及和推广，有利于提高劳动生产率，有利于经济的发展。同时，经济的发展能为教育提供大量的物力和财力。也就是说，教育需要经济的支持与投资，但教育绝不仅仅是单方面依靠经济，良好的教育可以促进经济的发展。

但是很多农村村民并没有意识到这一问题，导致很多人只认为教育是消费。由于家境不好或一些固化思维，容易导致很多村民不愿意花费过多投资在教育上，也导致有的村民不愿意花费金钱在教育上，不愿意去接受教育。在现代教育观念中就有一内容是"全面发展观念"，但由我国农村教育现状来看，这一观念在农村传播和被接受认可尚不广泛。

### 三 硬件设施落后

师资力量与教育观念都属于教育中的软实力问题，不过影响教育水平的却不仅仅是软实力，还有硬实力，如教育硬件设施。硬件设施主要依靠资金、技术与基础设施，但是农村在这几方面都比较落后，所以在农村教育中也存在硬件设施落后的问题。

在我国农村，资金较为缺乏，且基础设施较为落后，就导致农村信息化水平较为落后，多媒体等信息化教育设备落后，很难在学校安装较先进的多媒体设备和相关电子设施来给学生进行课程讲解，而是多数只能采用黑板板书的单一形式进行课程讲解。同时，一些安装了多媒体设备的农村学校的情况也不太好，设备配置低，设备单一，老化严重。

这说明在农村硬件设施落后问题较为严重，很多农村地区根本不具有安装多媒体教学设备的条件，即使有的农村学校能够安装多媒体设备，他们的设备也依旧较为落后，不利于高效使用和进行多媒体教学，也就无法采用新型手段对学生进行视听结合的讲解，不利于系统化的讲解分析，不利于教学效率的提高。而这一现状也间接阻碍了农村教育水平的发展和农村青少年受教育水平的提高。所以我们必须针对这一现状找到应对措施来提高我国农村教育发展水平。

首先，政府应加强政策支持和财政倾斜。就目前而言，国家为保证教育扶贫的顺利开展，提供了许多政策支持。比如说针对西部提出的"两免一补"政策，以及《关于中等职业学校农村家庭经济困难学生和涉农专业学生免费工作的意见》的颁发以及公费师范生等，都是促进农村教育发展的政策。但仅仅是政策上的支持，很难改变农村教育的现状，政府还应该及时调整教育资金的支出。

其次，应深化农村教育体制改革，进一步整合农村教育资源，加快实现城乡教育的均衡发展，进一步提高农村学校的教育教学水平。针对农村学校布点多，规模小，教育资源闲置的问题，采取分散合并、直接撤并、建中心学校、教学点等方式，使教育资源得到有效整合，校舍条件得到改善，提高办学质量。学校要密切联系农村的实际情况，充分发挥自己的优势，找出鲜明的办学特色，促进农村孩子的全面发展，这样才能有效防止生源大量流失。

## 第二节　城乡一体化背景下的农村教育

长期以来，城乡二元教育体制结构造成了城乡教育资源极其不平衡，城乡差距越拉越大，严重阻碍了农村教育发展。基础教育实行地方负责、分级办学、分级管理体制，导致了城乡学前教育普及难、随迁子女入学难以及留守儿童监护难等问题。下面将基于城乡教育一体化的背景分析城乡教育现代化水平的差异，分析农村基础教育阶段存在的阻碍因素和问题，并提出针对性的建议，以加快城乡教育一体化进程。

### 一　城乡一体化进程中的农村教育发展

"离农"或"为农"，使农村的价值选择陷入困境。"离乡脱农"价值取向是传统的价值取向。它为农村孩子提供了向城市流动的可能，不仅表现在学生的自身意愿上，还更多地表现在父母对于孩子到城市发展、定居的期望，不希望子女再回到农村。例如，进城务工人员希望子女能够在城市参加考试，就表达了希望通过升学制度获得更好的教育资源和改变子女的社会阶级的期望，不希望孩子再回到农村。而"为农"的现代的价值取向则难以在农村人的脑海里生根发芽。

关于农村留守儿童的教育也是制约农村基础教育发展的一个重要问题。2018年9月的全国农村留守儿童和困境儿童信息管理系统统计显示，目前全国共有农村留守儿童697万余人。与2016年全国摸底排查数据902万余人相比，全国农村留守儿童总体数量下降22.9%。虽然随着近几年农村经济的发展，很多留守儿童的父母选择返乡务工，使留守儿童的数量下降，但是还是有相当多的留守儿童的父母选择进城打工，这就导致一些留守儿童长期缺乏父母的照料。同时由于爷爷奶奶上了年纪，难免会对留守儿童疏于管教，使其得不到良好的教育，甚至人身安全也得不到保障，生理和心理出现不同程度的健康问题。留守儿童是社会的弱势群体，在很长一段时间受到了政府和学界的关注，许多研究表明，一些父母外出的留守儿童在心理和学习上与非留守儿童存在着不同程度的差异，而且母亲外出相较于父亲外出来说对子女的影响更大。

再者是教师的流动率较大，教师专业技能缺乏等问题导致农村教育质量低下。据有关学者调查表明，一半的农村学校校长都表示学校存在教师流失的情况，主要流失的是骨干教师和35岁以下的青年教师，因为上级政府往往更重视骨干教师，因此很多骨干教师可能会晋升到管理层，而不再在第一线奋斗；青年教师往往志不在农村，农村学校工资低，对津贴待遇问题不满意，想去大城市寻求更好的就业机会，所以教师的流动率非常大。

### 二 关注与解决留守儿童问题

要实现乡村振兴战略，建设乡风文明、治理有效的现代化乡村的要求，必须要加强农村德育智育建设。其中加强儿童基础德育智育教育建设是实现农村德育智育建设完善的必然要求。然而在我国广大农村，留守儿童数量依然巨大。作为社会人群中的弱势群体，留守儿童自身发展空间有限，发展力量薄弱。我国现阶段对留守儿童的基础性德育教育也存在着诸多问题与缺陷，农村留守儿童这一问题的严重性逐渐上升到了一定的高度。当代留守儿童是未来新型农民的后备军和建设新农村的主力军，应当得到应有的关爱与教育。关爱农村留守儿童，加强对留守儿童道德与智力的培育刻不容缓。

对于农村留守儿童问题的解决，我们不能只调动一个或几个方面，一定要形成联动机制，集中发挥力量。既应该发挥政府的主导作用，也应该不断改变农村家庭自身观念。一定要最大限度地发挥积极作用，减少外出务工父母对子女的不良影响，保证留守儿童的健康成长。

（一）完善相关政策法律，发挥机构的联动作用

城乡二元结构导致农村留守儿童的教育问题更加严峻，因此我国应该加快户籍制度改革，加快新农村建设，减少城乡差距。首先应促进农村发展，有利于农村基础设施的改善，让农民享有更多现代化发展的红利与实绩，只有这样才能更有利于农村留住人才与劳动人口，从而大幅度减少农村留守儿童的数量。要想完善保护留守儿童的相关政策与法律法规，可设立专项基金给予支持。同时，应促进教育事业发展，加大农村教师队伍建设力度，促使其他部门例如劳动保障部门发挥更大作用，使各部门发挥联动机制等，有利于留守儿童问题的解决。

（二）完善农村留守儿童信息，统一分析与管理

相关部门加大对农村留守儿童家庭情况的调查力度，综合进行大数据分析对比。既要有对整体数据的把握，又要有个别数据的动向。在村委会等相关部门中设立留守儿童信息表，做到每一个农村留守儿童的信息都有记录，信息动向都有追踪。这有利于对每个留守儿童的特殊性进行进一步的把握，精准解决留守儿童的具体问题。

（三）正确引导社会公众对留守儿童的态度

严格把关报纸等平面媒体、微博等网络媒体对有关农村留守儿童相关内容的报道，引导社会大众用理性公平的态度来面对与分析农村留守儿童的问题。把留守儿童身上的标签摘下，为留守儿童营造一个公平公正的社会环境。可以建立留守儿童社会心理服务中心等公益性组织，给予留守儿童更多的关怀与关注。

（四）丰富教学内容，开展多彩活动

丰富农村学校的教学内容，多开展一些社会实践类的活动，可以使留守儿童提高融入社会的能力，与他人建造信任感的能力。丰富多彩的校园文化，可以增加校园亲切感，使校园成为留守儿童第二个温暖的家。对老师进行相关方面的培训与辅导，可以使老师具有及时发现问题、及时沟通、及时解决问题的能力。农村教师不仅要关心儿童的学习成绩，也要关心儿童的自我认知与价值观、世界观的形成与发展，给予他们正确的方向引导，为他们的身心成长注入正能量。

（五）加强对父母的教育和监护人的相关培训

作为留守儿童的父母，他们有义务抚养儿童长大成人，但他们却没

有彻底履行他们的义务。加强对他们的父母观培育，父母不仅要给予孩子物质方面的支持，更要在孩子的精神世界中注入正确的强心剂。由于农村留守儿童的监护人往往是隔代亲属或者亲戚朋友，主动教育意识感不强，因此也要充分利用相关资源对留守儿童的监护人进行培训与指导，提高他们的家庭教育水平。

以上对策虽然并不能全方位地解决留守儿童的问题，但是也能发挥一定程度的作用。当然，加快户籍制度改革，缩小城乡差距依然是解决问题的关键。

## 第三节 以农村教育推动乡村文明

《中共中央国务院关于实施乡村振兴战略的意见》于 2018 年发布，其中提到，必须把"优先发展农村教育事业"作为振兴乡村的重要内容。为此政府要提供给学校更多的教育资金，保证农村地区的老师的工资待遇，从而确保农村地区师资力量的稳定。除此之外，国家政策上要给予农村地区更多的便利，帮助农村逐渐缩小与城市之间的教育差距，让城市教育农村教育的发展，推动城乡教育的统一协调发展。

**一 乡村振兴、乡村文明与农村教育的关联**

改革开放以来，我国经济得到飞速发展，同时城乡差距也越来越大。城乡的差距不仅表现在经济上，也表现在教育上。因此，发布不久的《乡村振兴战略规划（2018—2022 年）》对城乡教育事业都使用了"优先发展"的用语，从比较的角度来看，所谓的"优先"，自然是指相对于城市教育而言，优先发展农村地区的教育。

（一）农村教育是乡村文明建设的基本路径

习近平总书记指出：当今世界的综合国力竞争，说到底是人才竞争，人才越来越成为推动经济社会发展的战略性资源，教育的基础性、先导性、全局性地位和作用更加突显。同样，农村教育的发展在农村地区的整体经济发展中起着主导作用，农村教育在现实生活中的重要性是显而易见的。

农村教育的发展是农村精神文明的整体推进的表现，有利于我国全面建设小康社会战略的实施,是振兴国家战略的重要体现。农村教育的发展提高了农民的生活水平,对农村的整体建设具有重要意义。同时,农村教育的发展对农民的生活水平也会有高质量的提升,有利于提升农民的幸福感。

农村教育是农村文明建设的基本途径。农村文化教育对于传承优秀传统农村文化,培养农村文化人才,促进农村青年和农民对农村文化的认同,激发他们对家乡的文化认同和热爱,提高农村文明水平具有重要意义。在当今时代,必须建立健全乡村文化教育体系,推动乡村文明发展。要彻底解决并实现乡村的永远繁荣,没有一劳永逸的政策,除了教育。

乡村振兴必然依靠乡村教育,只有乡村教育得到发展,农民的素质才能真正得到提升。倘若忽视了乡村教育的发展,振兴战略就只是一个口号。一个教育落后的乡村,无论其经济取得了多少成绩,乡村居民的收入如何提高,都不能成为真正意义上的振兴。

(二)乡村文明建设为农村教育创造良好社会氛围

乡村振兴是包括农村经济建设、政治建设、文化建设、社会建设、生态文明建设和党的建设在内的全面振兴,必须注重协同性和关联性,坚持整体部署,协同推进。在推进乡村振兴的五个大方向的要求中,乡村文明建设起着至关重要、不可忽视的作用。

乡村文明建设也推动了农村教育的发展。乡村文明建设包括乡村道德建设、乡村文化建设、乡村风俗建设、乡村思想建设等内容,包括农民在长期的生产生活实践中所积淀而成的文化习性、心理特征和行为习惯。农民作为农村经济社会活动的基本主体,其思想文化素质是影响农村文明水平的根本因素。归根结底,应该从农民的伦理作风、思想观念、精神观念和文化素养来反映和评价农村文明水平。

乡村文明是乡村的文化软实力,为了让农村繁荣,必须以农村文明固有的精神自信为指导。农村文明建设对改善人民幸福,促进全面振兴具有重要意义,是实现乡村全面振兴的重中之重。

## 二 乡村文明的意义与现状

乡村文明构建是乡村振兴的重要内容和动力源泉。在几千年历史发展的文化积淀中，乡村文明孕育了发达的农耕经济，创造了灿烂的思想文化，形成了有效的治理机制，对维护国家的稳定统一、保障人民的生产生活、促进经济的繁荣发展具有重要意义。

推进乡村文明构建，是加快农村先进文化建设、促进农村全面协调发展的重要举措和必由之路。只有抓住乡村文明这个灵魂所在，开展形式多样的精神文化活动、提高广大农民的文化教育水平、培育风清气正的乡风民风环境，才能为实现乡村振兴战略奠定坚实的文化基础。

(一) 振兴乡村文明的主体是农民

乡村文明最终目的是农民素质的提高、乡村物质财富的增加和社区的整体进步。良好的乡村文明和环境氛围，不仅能够帮助农民树立发展信心，使他们在潜移默化中摒弃落后观念和陈规陋习的影响，正确处理物质富足和精神充实之间的关系，还能够凝聚人心、振奋精神，提高农民群众的思想道德水平和科学文化素质，为乡村振兴注入强大的精神动力。

(二) 不断加强基层民主自治是乡村文明的保障

农村基层民主的前提是农民必须具备一定的民主意识和民主生活习惯。只有提高广大农民群众积极参与农村事务的主人翁意识，使他们自觉接受农村党组织的民主领导，遵守农村生活中的规章制度和行为规范，才能为推进农村基层民主政治建设打下坚实的基础。

(三) 乡风和谐是乡村文明的表现

生活在和谐稳定、风气纯正的社会环境中，共享社会主义现代化建设的文明成果，是农民群众对美好生活的一致追求和共同愿望。只有加快推进乡村文明构建，使农村真正成为生产发展、生活宽裕、乡风文明、村容整洁、管理民主的社会主义新农村，才能满足农民群众日益发展的美好生活需要。

### 三 农村教育促进乡村文明建设

教育是培养人的活动，教育的个体价值通过个体对于教育的需求而体现，以乡村学校教育来提升当地人口素质是对于农村教育发展最迫切的要求，素质的提升对于改善农民生活条件、提升生活质量具有重要的意义。下面从人与自然、人与社会和人与人三个角度来阐释农村教育的社会价值。

从人与自然的角度看，我国是一个农业大国，农村学生将是未来社会的中坚力量，加强农村教育可以促使当地的农村学生尊重乡村自然文化发展规律，协调好人与当地自然资源的关系，在引导青少年学生认识乡村的基础上认识现代生活、现代社会，达到一种与生存环境和谐共处的状态。非功利化的教育方式有利于学生个体回忆乡村生活与成长经历，引导他们用新的眼光去发现乡村世界的丰富内涵，善于利用和支配农村当地的教育资源，使其在生活实践中通过感受乡村社会的博大及活力，从而确立投身建设新农村的理想和人生奋斗的远大目标。

从人与人的角度看，积极响应政府政策，捍卫农村人人享有受教育的权利，有利于受教育群体增进学识，扩大知识面，掌握生活所必需的技能，从而参与到社会生活和公共管理，学会承担和履行特定的社会角色，通过提高沟通和解决问题的能力来解决人与人相处中产生的问题，形成良好的社会人际关系，进而学会共同生活，提升自身良好思想道德素质和科学文化修养，从而促进其全面发展。

从人与社会的角度看，重视农村教育有利于打破学校教育与乡村社会的隔离，形成其双向互动和双向知识交流，解除了发展空间的限制。教育的发展增强了学生自我发展的希望，利于个人价值的充分实现，从而推动个体积极参与到社会流动中，过有尊严的生活，提高农村社会的幸福感，最终推进社会主义乡村文明的建设。

乡村文明建设是社会主义精神文明建设的重要组成部分，包括两个方面，分别是思想道德建设和科学文化建设。学前教育，义务教育和素质教育则是使教育具有代表性的三个阶段。在教育的过程中，学前教育和素质教育在个人思想道德素质方面对思想道德建设起到促进作用，义务教育则主要起到促进科学文化建设的作用。要大力发展教育，以乡村师生的良好风尚，带动乡村精神文明建设。进一步提高农民素质，努力培养和造就一批有文化、有素质的新时代农民，为乡村精神文明建设提供有力的人才保障。

（一）学前教育与素质教育促进村民的思想道德建设

随着社会和时代的发展，我国越来越重视乡村学前教育事业的发展，学前教育对缩小城乡发展差距、促进儿童身心健康发展，实现全面建成小康社会，对提高国民整体素质有着非常重要的影响。

　　学前教育是人生必不可少的学习阶段，这一阶段拥有启蒙教育的功能，在乡村幼儿接受义务教育前起着影响乡村儿童素质提高的作用，对孩子形成正常心理和人格、建立良好的生活态度和习惯等具有基础性作用。在乡村建立高质量幼儿园，配备教学水平高的乡村幼儿教师，让乡村幼儿接受良好的幼儿教育，提高乡村幼儿的素质，是乡村人才培养的长远战略。幼儿教育的育人功能主要体现在培养幼儿的道德品质，形成良好的社会性行为。这种从小就进行道德和规范教育具有一定的优越性。人有很多看似偶然的不良行为，其根源大多在儿童时期。这就要求我们从小就开始加强学生的社会公德、规范意识和文明行为习惯的养成教育，使学生从小就具备良好的道德意识，形成良好的情感体验，为学生良好道德品质的形成奠定基础。在乡村文明建设的过程中，幼儿是乡村主体里一股新鲜的血液，但是随着外出务工人员的增加，乡村留守儿童群体也逐渐增大，在这种特殊的情况下，乡村幼儿若在心理发育的萌芽期得不到正确的引导，则较其他家庭成员都在身边的孩子来说更容易产生个性、心理发展的异常，为以后心理的健康发展埋下隐患，甚至以后会走上违法犯罪的道路，给乡村思想道德建设带来沉重的打击，因此在孩子接受教育的第一阶段给孩子切实传递真善美的思想，培养他们的品德便显得尤为重要。

　　（二）素质教育进一步促进思想道德建设

　　素质教育作为乡村教育的重要组成部分，是提高受教育者的思想道德判断水平，养成良好行为习惯，形成正确的世界观、人生观、价值观的过程。首先，素质教育在课程教学中展开思想品德教育，在各科教学中使用马克思主义的观点去阐明材料，将马克思主义的观点尽可能与其他知识内容联结在一起，充分发挥各科教学的思想道德教育作用。在各科教学中既使用了马克思主义的观点去阐明教材，又从各个学科本身的特点出发，用其特有的科学理论和科学知识来影响学生的思想品德；其次，学校通过联系社会实践基地，如去养老院，在敬老院帮老人做一些家务，和老人聊天，做一些志愿者的工作。社会实践是提高学生思想道德素质最有效的方式。学生通过社会实践接触社会，了解社会，在付出的同时使他们体验到人生价值，增强社会责任感，在帮助了他人的同时，自己还获得了提升。这对促进学生思想道德素质的提高,帮助他们确立正确的世界观、人生观、价值观有着不可替代的作用;最后,在进行素质教育时,教师对学生传授一些包含人生哲学的生活经验,这些生活经验对于学生们来说尤为珍贵,可以让他们在一定程度上降低走上歧途的可能性,还可以在接受课本知识的同时提高自己为人处世的能力。在经验交流过程中,教师将教书和育人有机地统一起来,通过与学生的沟通交流,了解学生遇到的困难,帮助他们排解心里的苦闷,加深了教师与同学间的感情,同时还可以从教师的角度潜移默化地改进他们的学习态度,培养学生严谨治学和良好的道德品质。

(三) 义务教育促进科学文化建设

在1986年《关于〈中华人民共和国义务教育法(草案)〉的说明》中指出:"义务教育,是按照法律规定,适龄儿童和少年必须接受的国家、社会、学校、家庭必须予以保证的国民教育。"

教育活动是传播科学文化知识的重要手段之一,是科学文化活动的构成,是其传承和发展的主要途径。首先,教育是科学文化传递的主要手段。人们接受教育的主要场所是学校,学校是专门的文化传授机构,拥有经验丰富的教师,各种辅助的教学设备,可以通过有目的、有计划、有组织的活动,使学生高效地掌握人类创造和积累的科学文化财富,了解科学文化知识,从而使科学文化知识可以一代一代地传递下去。

其次,教育有利于科学文化的选择。教育对文化的选择主要体现在,第一,通过对教育内容的选择来实现。任何教育传递的文化都是经过历史筛选的。在编写教材的过程中,会将正确的、精华的文化编写进去,而那些错误的、糟粕的文化则被剔除出去,这样有效确保了乡村的学生在接受教育的过程中,接受的是正确的科学文化知识;第二,通过教师个体对教育内容的理解与传递来实现。教师在传授科学文化知识前,自己本身要形成教课内容的体系,将自己对课程的理解融入课本已有内容中去,将课本内容按照合适的逻辑,合适的表达方式传递给学生,用最易理解的、直白的语言使同学们最快理解。某一知识点采用什么方法讲,什么时候讲,在哪个章节讲都是老师来进行安排和思考的。

最后,教育有利于科学文化的更新与创造。教育是文化更新和创造的主要手段。人类学研究表明，教育程度越高，更易开展科学文化交流活动。纵观历史，在科技上取得重大成就，推进我国科学技术进步，攻克一个又一个科技难关的人，大多都是接受过高水平教育的，正是他们的丰厚的文化积淀为他们的创新奠定了基础。

# 第三篇

## 生态宜居与农村环境治理

乡村振兴，必须走乡村绿色发展之路，以绿色发展引领生态振兴，加强农村突出环境问题的综合治理，实现百姓富、生态美的统一。本篇内容主要从农村环卫体系构建、土地流转与土地保护、水资源保护、美丽乡村建设与生态保护等方面展开。

# 第一章

# 环境问题综合治理与农村环卫体系

党的十八大报告指出，建设中国特色社会主义事业总体布局由经济建设、政治建设、文化建设、社会建设、生态文明建设等"五位一体"构成。"五位一体"中生态文明建设，要求我们要从源头扭转生态环境恶化的趋势，为人民创造良好生产生活环境，努力建设美丽中国。实现美丽中国的建设目标，美丽乡村建设是不可或缺的重要部分。实施乡村振兴战略，建设美丽乡村，就要按照产业兴旺、生态宜居、乡风文明、治理有效、生活富裕的总要求，开展农村人居环境整治行动，加强固体废弃物和垃圾处置，将农村环境整治放在重要的位置上。

## 第一节 农村垃圾处理与美丽乡村建设

农村环境综合治理需要国家和基层政府的共同努力。早在20世纪末，英国就提出了PPP模式。PPP模式是指政府与私营商签订长期协议，授权私营商代替政府建设、运营或管理公共基础设施并向公众提供公共服务。而农村环境综合治理的综合是全体人民、各级政府、各大中小型企业，治理的是大气、水、海洋、土地、矿藏、森林、草原、野生生物、自然遗迹、人文遗迹、风景名胜区、自然保护区、城市和乡村等。

山东省东营市广饶县前桑村约有500户家庭。家庭成员年龄在25—35岁之间的家庭有53户，这类家庭较少饲养家禽、较多购买包装精致的食品和其他商品，这类家庭的子女一般年龄较小，消费能力最强，产生的生活垃圾总量最大，且可回收利用的垃圾也最多。家庭成员年龄在36—60岁的中年家庭有283户，相比年轻家庭，这类家庭饲养家禽的数量明显增多，由于子女的升学、工作等原因，很大一部分支出用于支持子女，生活支出较大，另外由于生活习惯和生活压力，产生的垃圾明显少于年轻家庭，所产生的一大部分垃圾都能在最终的垃圾收集之前得到循环利用，比如旧衣服、旧布料的再利用和包装袋、塑料袋的重复利用。子女年龄在12—24岁的家庭，约186户，这类家庭较突出的一个特点是子女问题，由于子女一年中大部分时间都在外求学或者工作，因此，这些家庭在子女回到家时产生的垃圾会明显增多，但持续时间不长，随后便恢复到平均水平。家庭成员年龄在60岁以上的老年家庭，家庭成员数量在两人及以下，有147户，这类家庭的成员年龄较大，由于生活经历和生活需要较少，是最节俭的一类家庭，也是购买力最弱的一类，产生的垃圾最少。

前桑村的房屋占地面积约300亩，街道均硬化，有自西向东的三条纵向主干道，横向有一条主干道，宽约15米，横跨三条纵向主干道，在纵横主干道交叉分割出的块状土地中，有数条宽约10米、长度跨越四户居民约120米的南北向横向街道，称之为"胡同"，规则分布的地方每条胡同一般有八户村民，也有不规则住户分布在最北边纵向主干道之北，东西方向上起始位置也不完全一致。除此之外，在村庄最北边纵向街道住户聚集地的东南角有一个占地约100平方米的湖泊，在村庄最南边纵向街道的北面是宽约3米深2.5米的排水沟，其余两条纵向街道两边均有宽1米深0.5米左右的排水沟。

前桑村的垃圾集中处理实行是从2014年开始的，在此之前，村民的生活垃圾随处堆放比较普遍，大家主要选择的垃圾堆放点是村庄南边纵向干道旁边的排水沟和北面的湖泊，在这些地方的周围，垃圾成堆，环境非常之差。新的垃圾集中处理方式实行后，该村的面貌有了很大的改善。

目前，前桑村的家庭生活垃圾处理主要有三种方式，第一种方式是在街道放置固定垃圾桶；第二种方式是雇用专人定期捡拾垃圾；第三种方式是运送垃圾至统一处理点。针对第一种方式固定垃圾桶的放置。各村的垃圾桶由乡镇下发和负责，垃圾桶为高约90厘米，直径80厘米的绿色圆柱形桶，放置在该村三条纵向主干道，每两个垃圾桶间隔一个横向街道，因此，每个垃圾桶使用的家庭住户有16户左右。在雇用专人捡拾垃圾方面，前桑村包括周边的村落按照该村面积大小安排专门人员捡拾垃圾，皆为该村 60 岁以上的男性村民，配备有垃圾车。因为前桑村的面积较小，所以只有一人负责，他负责的工作就是在该村各个街道捡拾纸张、树枝等较明显的垃圾。对于第三种方式，当村里的各个垃圾桶装满的时候，就会有小型卡车进到村里，将固定垃圾桶里的垃圾收集起来运送至处理点掩埋。

上述农民家庭生活垃圾的处理方式的实行，是由多方面的原因造成的。首先，随着农村的收入水平和生活水平的提升，垃圾的种类已经变得更加复杂化。比如塑料包装、各类电子产品垃圾这些难以处理和回收的垃圾，已经超出了居民自行处理的范围。同时，生活水平提高后，农民也更加关注生活环境的优劣，对于随处堆放垃圾的现象很多村民纷纷提出意见，垃圾的统一处理成为必然的趋势；其次，追求环保和绿色发展的大方向下，东营市政府开展了一系列整治农村"脏、乱、差"活动。当地借此活动也开展了各项文化评比，垃圾处理不好，各个村庄的环境便无法得到改善，因此，由政府出资，统一安排和下发垃圾桶、垃圾车，也就有了现在的家庭生活垃圾处理方式。新的垃圾处理方式实行后，可以说，给广大村民的生活带来了很大的便利。住户家里的垃圾有地方可以扔，还有人处理，不管是家里家外都变得干净整洁了很多；最后，由于政府的奖励性政策，各村积极性很高，在获得奖励的同时也使得村民迅速改变了原有的随处堆放垃圾习惯，接受了家门口的垃圾桶。从长远来看，居住环境改善了，自然会利于农村的进一步发展，在思想层面，这些改变必然会提高村民的环保意识，并在一定程度上给子女做了榜样。

针对各地情况，综合起来看，农村垃圾具有种类杂，总量大，处置乱的特点，而农村垃圾治理普遍面临的困难较多，具体存在以下几个方面的问题。

第一，缺少资金支持，资金来源单一化。

由于各级政府财政投入更多倾向于城市和乡镇，对农村垃圾处理的资金投入有限，农村基础设施较差，导致农村对垃圾治理的重视程度还远远不够。虽然近年来，为积极响应习近平总书记的号召，中央和地方政府财政都对农村环境治理给予了强有力的支持，但垃圾治理不应该仅靠政府的单一化资金支持，应建立多元化的资金来源支持系统，这对新农村建设是非常必要的。

第二，缺乏有效的制度保障机制。

目前我国尚未出台专门针对农村垃圾治理的法律规定，政府和农村尚没有具体的依据进行治理，有关部门还不能较清晰地明确责任，缺乏可操作性。另外，对于随处倒垃圾的村民缺乏明确的处罚措施，也加大了维护的难度。《固体废物污染环境防治法》第四十九条规定，农村生活垃圾污染环境的具体办法，由地方性法规规定。由于相关法律缺乏具体的可操作措施，农村垃圾治理没有有效的制度指导，而农村环境问题就长期得不到解决。

第三，垃圾收集难度大。

由于农村地域较大，房屋多是平房，居住较为分散，以城市垃圾治理的方法套用农村而安放垃圾桶和设立集中式垃圾站，资金和人力投入巨大，这一问题对于现在国家发展程度来说是难以较好解决的。

第四，垃圾处理难度大。

农村基础设施建设滞后，建设不全面。垃圾处理工作水平低，垃圾收容没有形成一个很好的体系，加上资金投入有限，垃圾处理技术不成熟，普及度低，给垃圾治理带来了很大的困难。目前农村垃圾处理主要有：户集、村收、乡运、镇处理；村集、乡运、镇处理；村集、镇收、片区处理。这些方式都需要大量的垃圾转运工作，有时仅仅将垃圾从一个地方运到另一个地方，一定程度上没有从根本上解决环境污染问题。

第五，保持难。

一方面，现阶段我国农村垃圾的处理方式主要是焚烧和填埋，垃圾处理技术落后，没有形成全面先进的垃圾收容体系。这种处理方式虽在短时间内能快速减少垃圾，但空气和土壤污染严重，并不利于可持续发展，治理成果保持难；另一方面，农村村民总体素质较城市有一定差距。人们环保意识较低，对于垃圾收集和分类的意识匮乏，不利于治理措施的贯彻和落实，改变村民随处乱倒垃圾习惯短时间内有难度。

农村是农民生产生活的基本单位，是农民实现生产和再生产的主要场所，也是实现社会现代化的重要方面。随着农村经济的不断发展，生态文明建设的作用日益重要，"美丽中国"的概念是在党的十八大会议上被第一次正式提出，强调必须树立尊重自然，顺应自然，保护环境的生态文明理念。人与自然是生命共同体，人必须尊重自然，顺应自然，保护自然。美丽乡村是美丽中国的具体实践，因此，当前农村垃圾处理在一定程度上已经严重影响到美丽乡村的建设，必须引起全社会的关注。

随着经济技术的高速发展，我国农村建设也步入了一个新的阶段，而农村生产生活垃圾却没有及时得到有效治理。"垃圾围村"现象成了影响甚至阻碍农村发展进程的重要因素，农村垃圾已超过工业污染和城市生活污染，成为建设美丽乡村的最大障碍。同时，当前农村垃圾由于数量巨大，不仅影响村容村貌，更重要的是在一些地方已经影响到土壤和地下水，导致农作物受到污染，危及人们的健康。如果农村的垃圾不能得到有效地治理，农作物的质量和产量也不能得到保障，受到污染的农作物流入市场，将会给人们的身体健康带来更大的不良影响。

## 第二节 垃圾收容与处理体系构建

在乡村振兴战略的指导下，农村环卫一体化建设在农村经济、生态环境及农村居民的健康状况等多方面具有举足轻重的作用。农村环卫一体化建设，是贯彻落实科学发展观，构建社会主义新农村的必然要求；是推动农村经济、生态文明可持续发展的具体体现；是"三农"政策的重要举措。在目前来看，加快推进农村环卫一体化建设，虽然需要克服种种困难，投入大量资金、人力、物力建设，但它所带来的长远效益是远远难以估量的。

当前，全面推进农村环卫一体化，意义极为重大。（1）加快推进农村环卫一体化，有利于农村生态环境的恢复与重塑；有利于政府转变自身职能，建设真正为人民服务、促进社会发展的服务型政府；有利于拓宽投资融资渠道，为社会资本提供更可靠的投资方向；（2）农村基础设施的建设及环卫岗位的需求，可以为农村提供更多的就业岗位，提高农村居民的收入水平。垃圾及污水治理排放后，有利于生态农业及乡村旅游业的发展，可以在此基础上开发民宿、观光、度假、渔家乐等项目；（3）清洁、卫生、绿色的人居环境有利于人们的身体健康。置身于青山绿水中可以陶冶人们的情操，有利于广大农民群众提高幸福感与获得感，增加人民对党和政府的满意度；（4）目前我国农村环卫一体化的良好建设和发展，也有利于为其他发展中国家提供可行的建议与示范，增强我国在全球生态文明建设方面的话语权。

在推进农村环卫一体化、垃圾处理体系构建方面，山东省莱阳市某镇的做法值得提倡。该镇政府坚持党的领导，深入贯彻党的指导方针，开始重视生态文明建设，大力打造美丽乡村。近几年来，该镇有序开展生活垃圾处理设施规划、建设、运行和监管工作，提高了农村生活垃圾无害化处理能力和水平，加强了城乡环境综合治理工作，使人居环境质量和生态文明水平有较大的提高。

该镇政府对农村（社区）居民生活垃圾分四类进行处理。一是厨余垃圾、泥土尘灰、植物枝叶等可堆肥垃圾，如：剩菜、剩饭、餐巾纸、面巾纸、尘土灰、植物枝叶采用生物堆肥的方式集中处理；二是金属、塑料、玻璃、废纸等可回收垃圾，如废铁、废铜、饮料瓶、碎玻璃、废报纸、纸箱、废纸、废旧家电等可进入废品回收环节，作为再生资源回收利用；三是建筑垃圾，如建设过程中产生的废砖、渣土、弃土、弃料、淤泥等废弃物，送至指定地方填埋处理；四是废旧织物等不可回收、不能堆肥的垃圾，如废旧衣物、尼龙织物、皮革、废电池、农药瓶、塑料袋等进入垃圾中转站集中处理。

该镇政府对于农村（社区）生活垃圾的处理方式，具体包括：（1）对于交通便利通水泥路、柏油路的村（社区），生活垃圾采用户定点、组分类、村收集、镇转运、市处理的方式进行处理。首先村民按照生活垃圾分类标准对生活垃圾进行粗分类，将堆肥垃圾进行生物堆肥或生态循环处理，将建筑垃圾进行就近填埋处理，将可回收垃圾收集变卖，将不可回收垃圾送至垃圾收集池集中处理。接着各村环卫工人将各村垃圾生态处理池无法生态处理的垃圾收集转运至镇上的垃圾中转站。再通过镇转运、垃圾中转站内生活垃圾转运至垃圾填埋场按无害化标准，规范集中填埋处理。最后市里实行统一标准、统一要求、统一监管，确保垃圾按无害化标准、规范化填埋处理；（2）对于交通不便、位置偏远的农村的生活垃圾采用户定点、组分类、村处理、镇监管、县检查的方式进行处理。首先村民按照生活垃圾分类标准对生活垃圾进行粗分类，将堆肥垃圾进行生物堆肥或生态循环处理，将建筑垃圾进行就近填埋处理，将可回收垃圾收集变卖，将不可回收垃圾送至垃圾收集池集中处理。接着各村环卫工人将定点垃圾收集池的垃圾转运至垃圾生态处理池进行细分类，生态化处理，再次减量。然后以村为单位，因地制宜，在不污染饮用水源、不影响村民生产生活的地方建设简易垃圾填埋坑，对各村保洁人员收集转运的垃圾进行集中填埋处理。还要镇负责监管自行处理的村庄是否结合堆肥、生态循环处理等方式对生活垃圾进行减量处理，同时加强对村上垃圾填埋工作的指导，确保生活垃圾按无害化处理的要求进行填埋处理。最后市环保局、县城管办不定期对自行处理的村庄开展检查，确保生活垃圾按减量化、资源化、无害化填埋处理。

当地政府对于农村（社区）居民生活垃圾处理的工作内容主要有：（1）加强领导，落实责任。各村和相关部门加强领导重视，充分认识加强农村生活垃圾清运体系建设的必要性和重要性，细化工作方案，明确工作任务和工作目标，将推进农村生活垃圾处理专项行动的各项责任落实到具体个人。定时安排工作人员对本镇内建设垃圾中转站，配备垃圾运输车辆、建设生态垃圾处理池、垃圾收集池的情况开展摸底调查工作，同时结合实际，确定新建基础设施数量整合资源，降低成本，保证资金用在刀刃上。进入实施阶段，集中时间、集中精力，突出工作重点，利用农村闲置土地完善环卫基础设施，配齐、配足环卫人员，安排定岗，切实履行控制农村面源污染的职责；（2）强化宣传，广泛发动。进行广泛的宣传动员工作，召开村民小组会议，宣传教育群众广泛参与到解决农村垃圾面源污染和垃圾减量化的工作中来，杜绝出现政府主动、群众旁观的现象。开展新公民文明素质培训，宣传教育群众学习文化礼仪知识，改变生活陋习，提升公民综合素质；强化公民的环境意识培训，改变垃圾乱倒乱扔乱堆、杂物乱放的不良习惯，提高自觉参与改善自身环境卫生意识。

## 第三节　农村环卫工作情况分析

在2006年发布的《中国城乡环境卫生体系建设》中，中央提出：我国农村环境存在卫生体系相对薄弱，卫生事业发展缓慢的问题，要求建设完整的农村环卫体系。自此，农村环境卫生体系建设开始起步。在短短几年的治理下，农村环卫体系取得了很大成效，深入开展了许多农村环境综合整治工作，修建了大量农村基础设施，在一定程度上实现生活垃圾环卫一体化和较好的统筹规划。

黄埠社区位于青岛即墨市温泉镇，温泉镇作为青岛市城市建设23个重点发展城镇之一，作为承办青岛市的高端会议、旅游度假场所以及居住休息的休闲之地。温泉镇政府根据蓝色硅谷的总体规划及街道的实际情况，自2013年起启动了四个社区建设工作，其中就有黄埠社区。近年来，随着温泉镇城市化进程不断加快，优良的城市环境卫生的重要性日益突出，温泉政府对于城市环卫工作也极其重视，派专人督查温泉各街道环卫工作情况。黄埠社区作为新型农村社区，环卫工作更是重中之重。房地产在这里大量竞标投资，商品房已经大量建成，这里成为人们度假旅游的好住所，周边的基础设施逐渐完善，地铁11号线已投入使用，便利的交通和优美的环境会使这里的人口急剧增多，更需要环卫工作的及时跟进。

黄埠社区的环卫工作是由政府公开招标，中标的环卫公司开展具体的环卫工作。政府根据环卫工作的实际情况向环卫公司进行拨款。据调查，负责黄埠社区的环卫公司在黄埠社区共安排有177名环卫工人，其中男性环卫工有146名，女性环卫工31名，男女比例约5∶1。男女比例相差较大。原因有以下几点：第一，黄埠社区是新型农村社区，周边还有大量耕地，女性劳动力大部分在家务农并通过做手工针织赚取其他收入，而男性劳动力除了在农活比较忙碌的时候会去帮忙，大部分人都出门找了较为固定的工作，以赚取相对稳定的工资维持生计；第二，农村传统观念比较深厚，男主外女主内，男性更愿意出门打拼，赚取相对稳定的工资；第三，有的环卫工作对技术要求较高，环卫公司在招收新员工的时候也会向男性倾斜。

在年龄方面，40岁以下的环卫工人有26人，40—50岁的有67人；50—60岁的有64人；60岁以上的有20人。年龄集中在40—60岁，这是比较正常的情况。在新型农村社区，愿意从事环卫工作的大多是一些下岗失业工人或者周边农民，他们大多是为了维持生计或者因为年纪的增大而没有一技之长去从事报酬更多的工作。对于40岁以下的20多个人，他们处于年轻力壮的年纪，从事的一般是技术含量比较高的环卫工作，比如操控挖掘机、驾驶机车等。对于那些60岁以上的环卫工人，一部分人是贫困户，为了生活不得不去做一份工作，尽管工作比较辛苦；还有一部分人是儿女出门在外，又缺乏爱好或者娱乐生活，只有做一份工作来消磨时间。

在工龄方面，从事环卫工作三年以下的有140人，3—6年的有24人；6年以上的有13人。从这些环卫工人的工龄可以看出，他们的流动性是非常大的。首先，大部分人是为了维持生计，通过兼职做环卫工人赚取更多的报酬，一旦有其他报酬相对多而工作比较清闲的地方，他们往往会辞掉环卫工的工作，另谋出路；其次，环卫工这项职业就现在来看，社会地位比较低，大多数人是瞧不起这项职业的，所以环卫工老龄化也就成为必然。

在户籍方面，有168人是本地人（即墨市范围内），只有9人是外地人到此处打工，但这9人也都是山东省内户口。所以对于全国各地环卫工人过年回家难的问题在黄埠社区基本不存在。就具体文化程度来说，该社区将近200名环卫工人的文化程度普遍较低，文化程度与全国各地的水平差不多，绝大部分人只上过一到两年的小学甚至从来没有上过学，初中毕业的有35人，只有5人读完了高中。

黄埠社区环卫工人的每天工作时间在8小时左右，远远低于全国很多地方。据南京大学的一项调查统计，我国环卫工人工作时间普遍超长，其中有很大一部分人每天工作10—12个小时，更有甚者，每天工作14—16个小时也不足为奇，而工作在8小时以下的仅占受访者的24.3%，而且在调查中发现大部分环卫工人都是全年无休。黄埠社区是新型农村社区，基础设施比较好，政府投入资金较大，机械化清扫率较高，因此无论是从面积还是次数来看每名环卫工人都承担着较为轻松的清扫任务，每人每天需要清扫相当于半个足球场面积的道路，并且清扫次数不多，每天固定时间清扫。虽然黄埠社区城市化进程的加快，流动人口剧增，但作为新型农村社区，人口数量还在可控的范围内，并且人口都集中在黄埠社区的一块区域，非法集市、路边烧烤等垃圾乱丢乱扔现象并不严重，工作难度减小不少。只是黄埠社区城市绿化率高，秋天的落叶较多，清扫起来比较费时费力，除此之外，黄埠社区环卫工人的工作量和工作强度都在全国平均水平以下。

环卫工人的工资待遇是与城市经济发展水平成正比的,城市经济发展水平的高低决定环卫工人工资待遇的高低,因此,全国各地环卫工人的工资待遇差异显著。黄埠社区环卫工作有政府大力支持,所以待遇相对处于较好状况。据了解,环卫公司的员工每月基本工资1200元,老员工有三险一金的待遇,并且年底会根据工作数量和质量发年终奖励。

由于环卫工人大部分都是本地人,基本都拥有自己的住房。环卫工大多住在黄埠社区周边几公里远的村庄中,住房虽然面积不太大,但室内有厨房和厕所等基本生活空间,唯一的缺点就是他们的住房离工作位置相对较远。对于为数不多的几个外来环卫工,他们租住在附近的简易楼房内。为了节省开支,他们往往会几个人合租住在一个房子内,生活条件比较差。虽然这个地区的房租不是很贵,但相比于他们的收入来说也是一个不小的开支。

黄埠社区环卫工人的年龄大多处在上有老下有小的阶段,绝大部分生活支出都用在赡养老人和抚养子女身上,用在自己生活和医疗健康方面的较少,加上每天较高的工作强度,长此以往他们的身体状况都不太好,大部分人都处于亚健康状态。同时,黄埠社区现在正处于发展的初期,教育医疗建设还没有跟上,环卫工的子女大多还是就读于本地的学校,由于与城区教学质量的差异,他们子女大多上到高中就工作了。对于其中为数不多的外来农民工,他们无法将子女带来和自己一同生活,只能将其留在老家由亲戚或老人代管。由于长期得不到父母的关照,他们的孩子的身心健康和成长受到不同程度的影响,在调查中了解到,这几个外来环卫农民工除了环卫工作,还会做一些力气活,他们渴望得到更多报酬,改善老家父母和孩子的生活,不希望自己的现状在子女的身上重现。

无论是本地环卫工人还是外来的环卫工人大多拥有自己的土地,种植地瓜、土豆等一些农作物,在春种和秋收的时候往往会回家帮忙。他们通过出售农作物获得报酬也是其经济来源之一。但是,随着温泉镇的不断开发,房地产的大量涌入,他们的土地很有可能划入拆迁范围,所以在未来,很有可能会有一笔不小的拆迁收入。

总的来说,黄埠社区的环卫工人生活状况总体较好,工作环境良好,工作时间和工作强度都不算太大,只有个别时间需要加班,工作比较辛苦。环卫工人们都有医保和社保，社会保障比较好。绝大部分人不需要外出租房，可以节省不小的开支，没有额外的生活负担。平均每人每月收入在1500元左右，在消费水平比较低的温泉镇，足够日常生活的开销。并且通过兼职各种工作或者种田，又可以获得一笔收入，每月能有不少剩余。环卫公司还为环卫工提供统一的服装、帽子等，而且环卫作业也制定了统一的行为规范，会定期开展文体活动，这丰富了环卫工人的精神生活。但也可以看到，环卫工人的社会地位仍然不高，当地人或者游客随意抛扔垃圾，甚至阻拦环卫工人正常工作。同时，在农忙时节，环卫工人短缺，双倍加班费也留不住农民回家农忙，这个时段就容易导致环卫工人工作强度急剧增大，社区环境卫生也处理不到位。所以对于环卫工作，黄埠社区还有很多需要改善的地方，环卫工人的待遇也需要适度提高。

## 第四节　农村垃圾处理与收容体系

农村垃圾收容体系建设是社会主义新农村建设和美丽乡村建设的一项基础性工程，事关农村人居环境的改善，事关广大农民群众的切身利益，事关社会主义生态文明建设的成败。因此，必须高度重视农村垃圾收容体系建设工作，切实采取积极有效的措施，确保农村垃圾治理工作实现新突破，取得新成效。

### 一　综合治理的现实经验借鉴

南关村位于山东省聊城市，隶属于东昌府区湖南社区。该村地理位置相对优越——位于东昌湖的南湖畔边，特别是近年来该村对面又修设了亚洲第二大摩天轮，使得该地区人流相对密集。面对这种情况，为了向来自各地的游客展示出当地良好的环境面貌，政府对该村的环境建设提出了非常高的要求。

根据调查，南关村总共有700多户人家，总人口达到4000人左右，是一个人口相对较多的大村落。该村男性村民占56.8%；女性村民占43.2%。中年人多以初中学历为主，老年人多为小学及以下学历。由于该地区属于城中村，基本没有用来耕种的土地，所以不存在大面积的田地,严格意义上来说可能不算是真正的农村,有少数的住户在自家院子内种少量蔬菜,牲畜饲养也以小型少量为主,不存在大面积的养殖基地。按照调查该村的家庭生活垃圾主要分为如下几类。第一类是可回收垃圾,主要包括废纸、废玻璃、废金属、部分废塑料以及布料织物,占23%,并且回收率也比较高;第二类是厨余垃圾,主要包括果皮菜叶、剩饭剩菜、花草树木等,占52%;第三类是有害垃圾,主要包括过期药品、用后的电池、废弃的水银温度计和油漆颜料、废弃灯管,数量较少约占4%;第四类是其他垃圾,包括除以上所提及的垃圾之外的废砖烂瓦、烟头渣土和卫生间用纸等一系列难以回收的垃圾,占21%。

近年来,由于政府对新农村建设重视度的提高,南关村生活垃圾的处理情况相较于前些年有了明显的改善与提高。主要成绩如下:第一,宣传力度增强,南关村村民的垃圾处理环保意识有所提升。村委会积极响应政府的号召,加大对环境保护垃圾处理的宣传工作,在村子的各个街道旁边都设有各式各样的宣传栏,采用文字漫画等多种手段阐述正确处理家庭垃圾的重要性。同时时常召开村民大会,在会上同样将垃圾处理当作一个重要的会议议题。村里的广播也时刻提醒着村民正确处理垃圾。再加上该村以中青年人为主,思想灵活容易改变,在这种无处不在的宣传下,村民的环保意识自然会有所提高;第二,垃圾由专门的人员进行回收。村民将垃圾放置于家门口,就有专门的人员将垃圾倒在垃圾车内带走,这样一来村民便很少会在马路边随意倾倒垃圾,有利于垃圾的集中处理;第三,政府投资力度加大,增设了大型垃圾桶。村民可以有两种处理垃圾的选择,一是放于家门口等待专门的工作人员清理。二是自主将垃圾放置于垃圾桶内。垃圾有了专门的存放地,定点投放、定期清理,解决了生活垃圾的投放和清扫,以及处理场所等问题。

南关村在环境的综合治理方面取得了显著的成效,在垃圾处理方面取得了很多可喜的成绩,但是我们更应该清醒地认识到很多尚未解决的问题,需要继续为建设环境优美的新农村而努力。在垃圾处理方面尚需在以下方面不断改进。

首先,村民的环卫意识仍需不断提高。虽然部分村民的环保意识有了改变,但是还有相当一部分村民对垃圾处理和环境保护仍持有随意的态度，这个问题多集中在 60 岁以上的老年人身上。由于他们受过的教育有限，平时的活动主要集中在该村以内，对政府提出的环境保护等相关政策不甚了解，所以这部分村民仍然保留着原来处理垃圾的习惯和方式。定点投放、垃圾定时清理没有成为自觉的意识，同时其他村民对其监督力度也不够，所以群众的环保意识还有待加强。

其次，卫生环保方面的资金投入依然不足。这就导致现有设施发挥不了更好的作用。垃圾回收的工作人员工资太低，而工作量却很大。南关村村委会向全体村民提出，垃圾回收人员除了村内发的固定的工资外，村民作为受服务者，也应该向垃圾回收人员付相应的报酬。虽然村民所应该付的钱并不多，但是还是有不少村民不愿意出这份钱。这就意味着与工作量形成鲜明的对比，垃圾回收人员的待遇太低，很多工作人员就此离职，村民很可能再次恢复原来随意倾倒垃圾的习惯。现有垃圾桶的数量也还不能满足现实的需要。在垃圾产量上，南关人均每天产生 0.6 千克左右的垃圾，全村 700 多户、4000 人左右，一天的垃圾产量就可达到 2.4 吨，所以全村那几十个垃圾堆放桶相对于垃圾产量是完全不够的，这就导致垃圾堆放桶旁边有大量垃圾，严重影响该村的环境和卫生。

最后，垃圾集中处理方式不当。该村对生活垃圾的集中处理通常用填埋和焚烧的方式，对少数垃圾采用堆肥的方式进行处理。垃圾填埋虽然操作起来简单快速，但是垃圾的分解和渗透对土壤和地下水都有着严重的污染，对于以地下水为主要供水来源的南关村来说是一种巨大的危害。焚烧垃圾虽然可以将垃圾中的有关病菌、细菌较好消灭，但同时也会产生大量的一氧化碳和二噁英等有毒气体，不但严重污染环境，而且也会对村民的身体健康产生不良的影响，所以这两种方式都不是集中处理生活垃圾的最佳方式。

**二 政府引导环境治理**

无论是在种植业方面的农药控制，秸秆还田，还是畜牧业的养殖区的建立，以及对乡镇企业的污染监控，农村的综合环境治理都离不开政府的引导。为保证环境治理的有效性，政府也需要加强与其他社会团体的协作，共同治理环境污染。

就目前来看，为了农村的环境治理更好地进行，政府应该逐步健全有关农村的环境治理方面的法律体系。一方面，政府可以建立健全农村居民环境权益诉求机制和利益补偿机制，提高农民参与环保工作的主动性，充分发挥农民在农村环境保护中的作用；另一方面，通过完善法制进一步明确和保障农民的各项权利，使农民的权益得到保障。

环境治理应由政府主导，但不能只有政府唱独角戏，还要倡导大众一起治理。一方面，政府可以充分利用市场，发挥社会方面的力量，委托第三方运营管理污染源治理设施，这样既可以提高治理效率、保证专业化水平，也可以减少企业的经济成本，这种做法值得在乡镇企业较多的农村地区推广；另一方面，可以鼓励农民积极参与，充分发挥他们在环境治理中的作用，号召他们广泛行动起来，将各项治理细节落实到位，并充分发挥政府和村民的双向监督作用。

同时，政府在制订本地区环境治理模式时应充分听取公众意见，并做好监督，实施一定的奖惩措施。农民也应积极监督政府的环境治理工作，在本地区环境恶化而当地政府没有采取有效的治理措施时，可以通过合适的途径向上级政府或公众媒体反映，以此督促政府加强和改进环保工作。

### 三　建立现代垃圾处理体系

建立农村现代垃圾收容体系，主要应从源头、过程、处理三方面展开。源头主要是从提高农民环保意识开始，首先做到不乱扔垃圾，然后再学会分类回收。过程方面不能松懈，要加强环卫基础设施建设、拓宽资金投入渠道、加强领导负责、制订相关法律法规。在最终的处理方面仍要把好关，抓好重点，创新新型垃圾处理系统。

近几年各城市开始进行垃圾焚烧处理的基础研究和应用研究工作，开发了包括逆燃式、热解式、旋转式小型垃圾燃烧炉及一批医院垃圾专用焚烧炉，并建设了一批中小型城市简易焚烧厂，形成了垃圾发电焚烧一体化。但是，这些技术并不能完全做到无害化、减量化、资源化，简而言之就是不能很好地循环利用。这就需要环卫技术的不断创新与发展。

垃圾收运、处理基础设施是开展垃圾治理的硬件，是完善收运处理系统的基础。在农村地区，由于垃圾收运处理设施较简陋，在一定程度上造成了农民乱丢乱放垃圾，长时间积存的现象。加强环卫基础设施建设，设置垃圾桶，新建垃圾池，增加垃圾清运车辆，并配置日常管护人员，为其配备必要的清洁工具。各区、乡镇、村根据规划要切实承担起相应职责，根据自身情况积极参与农村环卫基础设施的投入。经济条件差一点的村，可以先投入建立公厕和垃圾池这些基础设施，再根据经济情况逐年增加投入建设；经济条件较好的村，要加大对现有环卫设施的改造，促进现有环境卫生设施的升级换代，进一步提高环境卫生的层次和水平。

农村垃圾环卫体系的建设发展道阻且长，需要各个方面的努力、配合，这同时也折射出整个农村环卫体系的不完整性和脆弱性。建设好社会主义新农村，发展好农村新生态，建设绿色乡村，实现环境综合治理，就必须需要政府、企业和农民的全面参与和支持，从源头和末端全方位加以控制，最终使农村有一个美好的环境，从而实现农村经济社会的可持续发展。

# 第 二 章

# "绿水青山"中的水资源保护

随着农业产业结构的调整和农民生活水平的不断提高,对农村水资源等的利用规模也在不断扩大。在这一过程中,对各种资源的过度开采和不合理利用造成了部分资源的污染甚至枯竭,这对农村自然生态的可持续发展造成了重大的影响。习近平指出:要把生态环境保护放在更加突出的位置,像保护眼睛一样保护生态环境。因此,具体到水资源保护方面,加强农村地区水资源保护,补齐生态环境短板刻不容缓。

## 第一节 水资源保护与利用现状

生态环境是人类赖以生存、发展的重要条件,而水源在生态系统中担当着不可或缺的重要角色。随着经济与科技的发展,工业化与城市化进程不断加快,人们的生活水平逐步提高,在人口数量显著增长的同时,也在相当大程度上造成了对水资源的过度使用和破坏。在这种情况下,我们应该充分认识到水是生命之源,水源受到污染,生态系统也会随之遭到破坏,人们的生存也将受到威胁。

### 一 农村水资源保护的紧迫性

随着人口增加和新农村建设的发展,工业用水和农业用水需求量进一步提高,农村地区水资源形势更加严峻。农村可用水资源主要来自两条途径:一为降雨;二为开采的地下水。处于干旱半干旱的农村地区,受制于天然环境,降水量少而蒸发量大,地表水资源紧张;处于降水量较大的湿润半湿润区则受限于变化大的季风气候,降水的时间分配不均,灾难性多，旱涝频繁，地下水水量有限，且开采地下水受制于很多现实因素，水资源在自然状况下就相对紧缺。

目前，随着社会的进步，我们更应注意生态保护。在新农村建设的过程中，我国要求从可持续发展的角度优化水资源分配模式。但是在实践中，受到农村地区原有的观念限制，农村地区在水资源开发利用上仍存在很大问题。还存在着水资源利用率低、污染浪费严重、地下水开发过度、水利设施少以及水资源开发难度大等问题，从而导致农村居民用水紧张，阻碍农村居民生活水平的提高以及农业生产的快速发展，并且对生态环境造成了破坏。

与此同时，工业企业排放的污染物、农村生活污水、农业化肥农药污染以及畜禽养殖污染对农村水质状况带来了极大压力。农村地区普遍缺乏生活用水处理设施，清洁洗涤的污水直接排放，生活垃圾裸露堆放，随降雨渗入地下水，垃圾中隐藏的病毒等严重威胁了农村地区的饮用水安全。在农业生产中，为了增加产量，大量化肥、农用薄膜、农药、化学除草剂及作物生长调节剂等的应用，其用量远远超过水资源能承受的限量。化肥引发了土壤板结、肥力下降，土壤中的营养物质随着水土流失进入水体，引起了地表水富营养化以及地下水的污染；残余的农药进入地表水和地下水更是直接加剧了水资源污染；部分农村地区甚至直接采用污水灌溉，给土地、粮食和地下水造成了污染，严重威胁着农村地区居民的生命安全。分散畜禽养殖逐渐发展成了畜禽养殖场，圈养式的工厂缺乏污染处理设施，畜禽粪便废弃物、污水直接排放，垃圾中大量的氮磷进入水体，造成了水体的富营养化。下面以山东日照市岚山区泥田村的有关情况展开分析。

泥田沟村属于日照市岚山区虎山镇，经调查该村的水污染主要有以下几个来源：首先，工业生产排放的各种废水。这是对水体影响最大的污染来源，具有量大、面积广、成分复杂、毒性大、不易净化、难处理等特点。岚山依托日照钢铁和山东钢铁集团，规划建设了钢铁配套园区，园区内现有钢铁配套深加工企业40余家。石油化工区规划面积17平方公里，液化罐区拥有化工及储运加工企业30余家。此外，还有诸多与之相关的配套产业，其在生产过程中产生的废水废渣由于未处理或处理不充分等原因随意排放，导致地下水、河水、海水等均受到严重污染。还有炼钢企业生产排放的烟尘进入大气,又经过降雨和雨后的地表径流携带大气、土壤和城市地表的污染物进入了水体。

其次,居民生活污水的排放。主要是当地居民在生活中使用各种洗涤剂,例如,洗衣液、洗衣粉、洗洁精、洁厕灵等以及日常产生的污水、垃圾、粪便等,多为无毒的无机盐类,生活污水中含氮、磷、硫多,致病细菌多。在使用结束后将未经处理的污水随意排放,渗入地下,或汇入河流,都会导致水源污染。

再次,农业污染。农业污水的来源主要有农田径流、饲养场污水、农产品加工污水。农药污水中,一是有机质、植物营养物及病原微生物含量高;二是农药、化肥含量高。农业上污水浇灌、喷洒农药、施用化肥,被雨水冲洗随地表径流流进水体。由于当地多为传统的耕地种植,农民们为了提高粮食产量,会通过施肥,使用农药等让庄稼更好地生长。经过雨水的冲刷渗入地下,水源遭到污染。此外,农民们为了提高收入,除了日常打理耕地,还会在家中饲养部分牲畜,牲畜排放出来的粪便要么直接运送到河道,要么被运到田地,当作肥料。污水中含有的各种病原体、悬浮物、化肥、农药、不溶解固体物和盐分等被雨水冲刷随地表径流进入水体。

此外,当地的渔业生产也造成了一定的水污染。当地比较有特色的产业就是晒鱼业,每到渔期,当地居民捕捞出的鱼类会被做成晒鱼干,而在这个过程中产生的卤水会侵入淡水,影响水质,导致灌溉用的淡水质量下降,从而影响当地的粮食生产。

最后,困扰着许多临海城市的海水倒灌问题。由于地下水的过量开采,导致了滨海或岛屿上淡水—海水界面处于不平衡状态,从而引起海水倒灌。海水入侵使灌溉地下水水质变咸,土壤盐渍化,灌溉机井报废,农田保浇面积减少,荒地面积增加。

面对这些问题,当地政府也采取了许多行之有效的方法,使得近几年当地水污染的态势有了很大的改观。市环保部门结合山水林田湖草系统共治,在全面梳理、集中摸排的基础上,高起点、高标准编制了水污染防治工作实施方案,精心筛选提报了中央水污染防治项目清单,顺利通过了中央和省环保专项资金审核组的审核。该批专项资金计划用于重点饮用水源地周边的环保基础设施建设,将在提高水环境管理水平、改善水环境质量等方面发挥较大作用。

从 2012 年开始，日照市政府加大了对城市污水和工业废水的治理力度。要求当地产生工业废水的企业必须先进行污水处理装置的安置和建设，并对企业污水处理严格把关，只有符合排放标准才能够进行排放。关闭整治了一批不符合环保要求的工厂企业，并且对于污水排放地点进行了专门规划部署，并有专人监控。同时政府出资在虎山镇新增设五个污水处理厂，推进工业废水再利用，污水经过二级处理达到规定的水质标准后，能够重新运用到当地生产中去。

为全面治理水污染，虎山镇政府也重新对全镇排水管道进行了维修和改良，同时利用处理过的工业废水进行工厂冷却、除渣、灭尘、城市绿地及农田灌溉。与此同时，转变管网投入的观念，改变雨污合流管网的状况，推行雨污分流，更好地治理污水。同时，科研机构利用生物治理技术，设计合理的工业链和合理的工业用水循环等都是有效的生态工程，将环境工程科技真正地运用到实际中。上述这些措施都取得了较好的效果。

**二 村民生产生活方式不当所造成的水污染**

改革开放 40 多年来，农村经济在持续不断的发展。第二产业的引入与发展，使得村民放下锄头，不再从事"日出而作，日落而息"的农耕生活。体力劳动渐渐减少，脑力劳动不断上升到主要位置，这使得村民的生活也渐渐多了休闲时间。农民的生活方式显然已经发生了很大的变化，但是与这种生活方式变化不相适应的是农民生活本身所造成的环境污染。

西岭角村属于山东济南市历城区。20 世纪 70 年代末，西岭角村的河道还是铺满乱石的原生态的溪流，河水清澈，水草茂盛，生态环境较好。后来，随着生产生活的发展，河道间的垃圾越积越多，河水慢慢地变黑、发臭，水草渐渐地枯萎。21 世纪初期，西岭角村的村民们渐渐认识到河水的改变给生活带来的危害，进行了一段时间的整治，有了一定效果，但是因为改变了水系的原本脉络，流水开始下渗，河道甚至出现了旱季断流的状况。

农村水源污染的原因有很多，为更好对已经污染了的水源进行整治，就必须找准根源，才能避免治标不治本，才能制订正确的解决方法和策略，才能从根本上解决村庄水源的污染问题。

在调查中发现，虽然村民们的生活水平在不断地提高，基础设施也逐渐完善，但是公共设施，例如垃圾桶，回收站等垃圾处理的设施少甚至是没有。同时垃圾处理的方式单一，形式简陋，这就促使村民对生活垃圾越来越多地采取就近掩埋的办法，或者将垃圾直接倒进河边等空旷地带。而村民生活垃圾往往会含有大量的氮、磷、硫等无机物，直接排放会使水体富营养化，加剧河水发黑发臭。因此，村民随意排放生活废水、废物是西岭角村水源污染最主要的成因之一。

农业所占比重逐渐下降之后，西岭角村的部分村民转向家禽养殖业，并且随着南部山区旅游业的发展，农家乐越来越多，大面积的家禽养殖成为众多居民的主要收入来源。但是，由于家禽养殖场大多是西岭角村村民自主创办的，相对来说缺乏一些专业性的知识，更遑论必要的污染防治措施，所以大多数的养殖场将家禽产生的排泄物直接排放到主干河道中。再加上当地的农家乐也常常把屠宰动物的血液、内脏以及产生的泔水直接倒入附近的河道中，这就加剧了水体的富营养化，造成水源的第二次污染。

在村民生活富足之后，人们也越来越注重养生健康，吃杂粮和蔬菜，由此西岭角村伴随着旅游业的发展，农产品和蔬菜的产量也大幅上升。村民们看到了致富的机会，开始大面积种植农产品和蔬菜。为了使农产品和蔬菜的产量高质量好，农药和化肥的使用量也随之大幅上升。使用农药化肥固然会使农作物蔬菜水果等产量更高，但是也必然会造成土壤的严重污染，同时也会对当地的河流、地下水等水质产生巨大的污染。

对于西岭角村河流水源发黑发臭，甚至断流的状况，村委会、村民们所要做的就是尽快制订解决方案，从根本上根治水资源污染问题。考虑到西岭角村属于中型偏大的村庄，人口数量较多，不好统一管理，因此，西岭角村的村领导将西岭角村分为东、西两部分，分别进行水污染治理。

首先，进行保护水资源的宣传教育。加大宣传力度让村民们了解水源污染的危害，让村民们明白水源是我们大家每一个人应该关心和保护的东西。其实,很多农村地区尚没有对生活污水进行处理,其根本原因就是众多村民都没有保护水资源的意识,更没有污水处理的意识。因此村委会应该加强保护水资源从我做起的宣传力度,并且制订相关的村规,让村民们认识到随意排放生活垃圾对水源的危害,并让村民们明白如何正确处理生活废水。

其次,要加强西岭角村的生活垃圾、生活污水处理的基础设施建设,使之能够最大限度地满足村民生活垃圾排放的需要。比如建设生活垃圾回收点,建设生活污水集中处理点,街边路边多设立垃圾箱供村民使用。还可以统一进行臭氧沼气处理或者人工湿地处理,并且大力引进污水处理的先进技术,不断提高污水处理技术,使村民们的生活垃圾有地可存,使村民的生活污水有处可去。

再次,大力推进西岭角村的养殖家禽的家庭扩大规模,采取大面积生态立体养殖,实现农业生态化的发展。例如:"鸡—蚯蚓—果树—鸡"的养殖模式,即用鸡粪养蚯蚓,蚯蚓可以帮助疏松果园的土壤,同时鸡粪可以作为果树的肥料,而且鸡可以在果园里生活。这样形成一个自然的生态圈,既能充分利用资源,避免了资源的浪费,又降低了排泄物、污水的排放,更加有利于生态的保护,有利于水资源的保护,避免了污水进入河流造成的水体富营养化。同样,还可以采用其他生态养殖的模式,例如,"猪—沼泽—菜园"模式、"牛—蘑菇—蚯蚓—鸡—猪—鱼"模式等。

最后,加强对本村企业的整治与管理。西岭角村里企业产值比重不大,却是排放污染物的主要来源。应对这些企业进行取缔,或者调整产业结构,由此来控制水资源的进一步污染。并且加强西岭角村的区域布局,把企业相对集中起来,并且禁止在村居民区内建厂,远离水源和优质土壤等自然资源。

正如现实中所表现出来的,随着人类生活的不断发展,人类在对大自然的改造过程中,不可避免地对自然资源产生破坏和污染,其中对于水资源的保护就是重要的一项。我们今后应该尽力避免再走先污染后治理的老路,应该做到预防与治理同步进行。我们只有尽量减少对水资源的污染和破坏,最大力度对已经污染了的水资源进行治理,才能弥补过去发展过程中犯下的过错。

### 三 当地厂矿企业对水源的污染

对于水污染，除了当地村民生产生活造成的污染之外，在一些地方也同样存在由当地所开办企业等方面造成的污染。例如在山东胶东某镇，当地经济发展主要靠化工生产、水产养殖，这两种经济生产方式极易造成水污染。

此镇曾是中国的"长寿之乡"，有着"国家级生态乡镇"的称号，但是近年来却成为"癌症村"。当地的化工企业主要生产丙溴磷，就是"敌敌畏"的原料之一，由于该厂有关污染物的排放，对周围环境造成了一定程度的污染。

生物与水、生物与生物之间进行着复杂的物质和能量的交换，从数量上保持着一种动态的平衡关系。但在人类活动的影响下，这种平衡遭到了破坏。当地化工企业向水中排放污染物，导致一些有益的水生生物中毒死亡，而一些耐污的水生生物加剧繁殖，大量消耗了水中的氧气，使其他水生生物缺氧死亡。这样，长期排放污水导致鱼类质量下降，外形变异，严重时还造成过鱼类的大量死亡。

另外，水产养殖造成了海水污染。特别是当气温比较高时，这种有机污染会在一定程度上不断加剧。当地人们养殖需要不断向养殖池里输入新的海水，却把废水通过管道直接排入海洋中，因为排出的废水中含有不少剩余的饲料以及鱼、海参等的排泄物，直接排入海洋后为一些浮游生物提供了养料，导致近海、港湾富营养化程度日趋严重。同时，由于沿海开发程度的增强和海水养殖业的不断扩大，使海洋污染日益严重。

为解决好该镇的化工厂污染问题，首先，村民应该有反映的渠道，让村民有发言权。在当今反腐趋势的形势下，打击官商勾结的现象，才能为治理当地水污染打开大门，不再让一些人成为污染企业的保护伞，才能真正为百姓谋福祉；其次，为了降低工业污染，应该积极优化产业结构，在项目建设过程中严格执行相关环评手续，同时积极督促污染企业采用清洁工业设备，控制水污染的污染源。

对于该镇水产养殖造成的海洋污染主要应该采取以下几点措施：

首先，认真贯彻落实新颁布的《海洋环境保护法》和《渔业法》。

其次，尽快建立环境监测网络，对重要渔业水域特别是对养殖水域、重要鱼类产卵场及洄游通道进行常规性监测，及时掌握并定期公布海洋渔业环境状况。

再次，对渔业水域生态环境有影响的各项活动，特别是对渔业水域环境有影响的污染源要加强监视，防止发生污染事故。

最后，征收环境保护税，建立污染补偿制度。

海洋污染越来越值得我们重视起来，当地政府也是近几年来才开始关注海洋污染，然而海洋污染已经成为一个刻不容缓的问题。

治理水污染问题，离不开污水处理设施投入和有效应用。相关管理部门应该增加投入，重点完善污水处理设施的建设，通过提高污水处理效果，充分发挥污水处理设施在污水处理与再生水处理方面的作用，进而起到降低水体污染的目的。需要注意的是，对于污水处理设施的建设上，还应该注意完善城镇等生活污水处理设施以及配套管网的建设，确保城镇生活污水都能够进行集中的无害化处理，以减轻由于城镇生活污水对农村造成的水污染问题。

## 第二节　大型水体水库的利用与保护

在很多农村地区，水库不仅仅是重要的农业灌溉水源，也是附近农村和周围城市非常重要的生活用水来源地。水资源保护与每个居民都息息相关，只有通过大家的努力，水源保护与治理问题才能更好地解决。但是，近年来山东有些地方降雨量和水库储水减少，造成了水源地缺水严重，水污染不断加剧。所以我们应该不断加强对一些大型水库水资源的保护和治理力度。

石棚水库是全国重点防洪的中型水库，坝址坐落在青岛即墨环秀区街道办事处石棚子村西土桥头河上，流域面积54.5平方公里，其中直接汇水面积为15平方公里，引入流域面积39.5平方公里，总库容1114万立方米，兴利库容840万立方米。水库于1959年10月动工，1960年8月基本完工，是一座全国重点防洪中型水库。即墨区石棚水库管理所负责的同志表示"水库建成后经历次维修加固，达到100年一遇设计，1000年一遇校核防洪标准"。

拦河坝采用黄黏土均质坝，迎水面用干砌石护坡。主坝长527米，高程33.66米，顶宽5.2米，并附有1米高的防浪墙，安全超高1.70米；闸北副坝长190米，坝顶高程33.66米；闸南副坝长416米，坝顶高程33.40米，坝顶宽都是5.2米。溢洪闸在副坝西端南侧，原为开敞式溢洪道，1975年改建为10孔的3米×1.5米钢筋混凝土闸门，泄洪量为155立方米/秒，可宣泄4年一遇的大洪水。放水洞在主坝两端，均为石砌，矩形，高1.1米，宽0.8米，洞口下有消力池（1966年加修），原为钢木闸门，1968年改为铸铁闸门，设计流量3秒/立方米。干渠长3.1公里，全部浆砌。库区（包括干渠）还建成9处电力扬水站，装机容量420千瓦，提水流量0.82立方米/秒。水库灌区灌溉面积1.215万亩。

为保证灌溉和城市用水，1981—1987年间，在墨水河上游兴修了石棚水库引水工程。该工程包括：留村乡刘家官庄村西北墨水河上的橡胶坝1座，按50年一遇设计，过水能力为489立方米/秒，主坝长60米，坝高2.5米，坝袋容积645立方米，坝壁厚6米，每米拉力12吨，内外压力比1∶1.3。土坝为黏土心墙均质土坝，坝长60米，高6米，顶宽9米，坡比1∶2。坝侧有充排水泵室，装有6B—13水泵1台，配用10千瓦电动机，时出水量190立方米，坝袋排水可自排，也可机排。橡胶坝后，附有交通桥1座，长60米、宽9米，设计荷载为汽车15吨，拖车80吨。引水渠全长3800米。其中隧洞1050米，暗渠2750米。暗渠边墙为石块和预制水泥块砌筑，高2米，底面为乱石混凝土抹光，宽2.8米；渠顶用半径1.4米的半圆预制水泥件跨封。入口前有沉沙池1座，沿渠分设节制闸、清淤井各3处，还有提水井7眼，以便于沿渠两侧灌溉提水。进水闸在拦河坝西侧，有3米×2米钢筋混凝土闸两个，配用10吨电动螺杆启闭机操纵，最大引水能力为10立方米/秒。

石棚水库引水工程，可使石棚水库扩大汇水面积39平方公里，平水年可增加蓄水700万立方米，扩大灌溉面积0.8万亩，可保证向即墨城日供水1万吨，并使水库保持1000亩养鱼面积。以上建设项目共计完成工程量90.37万立方米，用工171.55万个。

关于石棚水库给村民和村庄及整个地区发展带来的价值，林家村一位78岁的老人说道："如果说黄河是中华民族的'母亲河'，那石棚水库则可以称得上是周边村庄居民的'母亲库'。"此外，石棚水库最重要的一项功能则是，为附近地区提供饮用水及灌溉用水。据石棚子村村民委员会副主任介绍，石棚水库流域周边 30 余个村庄生活用水均来自于库区内水源，为村民们饮水提供了极大便利。同时，石棚子村作为最邻近重点水源保护区坝址的村庄，村民农用地灌溉用水也几乎全部来源于石棚水库库区，因为稳定又便利的灌溉水源，村庄粮食产量连年来均得到稳步提升。

另外，石棚水库也为周边区域提供了就业岗位，带动了区域经济发展，如水库周边兴起了水产养殖行业，广阔的库区以及丰富的水源为养殖户们提供了客观环境条件，同时也带动库区周边海鲜饭店的兴起发展。还有作为水库管理机构的即墨区石棚水库管理所，隶属于即墨区水利局，为股级差额事业单位，现有管理职人员 36 人，固定资产总值 2000 万元左右。

然而，就在石棚水库为周边村庄及整个地区发展带来的价值日益提升的过程中，部分不可避免的问题也逐渐开始显露出来。

据走访了解，自 2014 年开始，山东半岛降水严重不足、普遍干旱，多个地区供水紧张，农业灌溉、工业生产、居民饮用全面告急。青岛更是连续 7 年降水偏少，城市水源接近枯竭。由于连年干旱，石棚水库目前已经出现枯竭趋势，一到冬春季节，原来库区的水位就急剧下降，靠近堤坝的区域更是开始裂纹，露出库底的水草卵石。

据市南水厂的一位工作人员介绍，石棚水库中心区域去年还有一些蓄水量，但今年春天也下降得厉害，近年再也没能蓄起水来。石棚水库未干涸之前，盛产鲤鱼、鲢鱼、鲫鱼、黑鱼等淡水鱼。水库周边随处可见大小饭店，这里丰盛的淡水全鱼宴被列为青岛市名吃。而今水库干涸，连水都没有了，更别提淡水鱼了，水库周边的饭店大多关门歇业。石棚水库坝上的观景台，因长时间无人管理，荒草丛生。由于水库美景变成了草原景象，来此观赏的游客大幅减少，观景台也荒废多年。

这种极不乐观的情况对库区周边村民的生活产生了恶劣影响。石泉村的一位村民提到，"虽然紧邻水源地，但石棚水库濒临干涸后，在炎炎夏日几度停水，村民家里出现供水困难。村里打了一口井，组织了一段时间进行集中供水，家家户户每天都得去打水喝。"

除此之外，据石棚水库管理所工作人员的描述，石棚水库目前还出现了一个比较严重的问题，即近年来水库坝体渗漏逐渐加重。关于石棚水库的坝体渗漏问题，主要是沿着水库坝体产生的纵向裂缝以及结构面发生的集中渗漏。同时，水库大坝的坝体断面不足，坝坡与坝体的抗滑稳定性差，坝体深度裂缝问题突出。通过调查不难发现，不少水库坝体存有接触性冲刷、浸润、管涌、流土、蚁害等较为严重的问题，这些都给水库坝体的稳定性和安全性带来很大的隐患。另外石棚水库所采用的土石坝体稳定性相对较差，容易受到内部和外部的双重影响而遭到破坏。由于构成坝体的介质主要是土粒，因而在应力与地下水的双重作用下有可能会发生位移，并由此导致坝体的变形而遭到破坏。

## 第三节　水污染防治的公众参与机制构建

水资源的保护是为了避免人们在开发利用中无序、无节制地开发中造成水资源的匮乏乃至枯竭的后果。对水资源保护的最终目的在于发展农村经济，提升农村居民的生活质量。

公众参与水资源管理有着十分重要的意义。这一方式体现了国家的民主性。我国是人民当家做主的社会主义国家，人民民主具有广泛性和真实性。使公众参与水资源的治理与保护可以提高公共参与社会事务的积极性，大大提高政治效率，保证政治事务的民主性。这也是水资源管理多元化的表现，是水资源管理体系的重要组成部分，是水资源管理民主原则的具体体现。

公众参与水资源管理还有利于促进水污染治理与水资源保护措施的完善。公众参与水资源管理是公众通过各种合法方式、途径，对一切可能造成水资源破坏的行为提出意见、要求，施加影响，进行监督与管理的活动。因此，广泛的公众参与有利于监督政府的行为，防止政府决策失误和贪污腐败，使水资源的保护能够进行下去。另外，公众可以向政府提出自己的意见，帮助参与重大问题的决策，促进水污染治理与水资源保护措施的完善。

大力发展农村经济，是推动公众参与保护农村水资源的一个重要措施。面对农村日益严重的水污染和水浪费的现状，发展农村经济要坚持经济效益和环保效益的统一。要大力推广农业科技，转化农业生产方式，运用科学方法减少对农药、化肥的使用，以减少农业生产中的水污染；

同时采用喷灌、滴灌等技术，减少农业灌溉中的水浪费。与此同时，农业科技大量运用到农业生产中既可以促进农作物产量、质量的提高，带动经济发展，也可以以此提高农民保护水资源的意识。还要在农村大力发展循环经济，农村废水循环、重复利用，也可以采用如"蟹稻共生"之类的生产方式，使经济效益与环保效益并存。

健全公众参与机制，完善相关法律法规可以提高公众参与的积极性。提高地方政府的环境治理能力势在必行。许多地方政府经常存在"重口头，轻环保"的口头主义，因此，相关部门很有必要建立一定的公众监督机制，让人民群众监督相关单位是否真正将口号落实到实处。可以通过建立社情民意反映制度、信访举报制度、舆论监督制度等，切实保证广大人民的知情权、监督权、参与权、举报权等。另外，还可以通过互联网等新技术进行监督。成立一个与农民利益相关的并能与政府时刻联系的基层群众组织也是十分有必要的，在这里既可以公示政府的相关制度、行为，也有必要向政府传达农民的需求并时刻做出回应，以便切实保障农民的知情权、表达权等，最大程度上保护其合法权益。当前我国在公众参与水资源管理方面的法律也不够健全和完善，而且我国农村面积广大，农村人口特别是老年人口较多，如果仅靠国家的法律难以真正将水资源保护落到实处。所以地方政府可以依据本地实际情况，制定相关法规，让农民们依据规范进行生产活动，让他们明白以破坏环境为代价获取经济利益会受到法律惩罚，以此来提高他们的环保意识。

加强宣传教育，提高农民的环保意识。充分发挥农民保护水资源的积极性。要加强在农村的宣传教育，让农民们了解到公众参与到保护水资源中的重要性以及水污染、水浪费所带来的严重后果，使他们真正能在实际生活中做到合理用水，真正投入到水污染治理中去。同时，借鉴有些地方的经验，还可以在农村露天放映有关生态环保的影片，以电影教育人，电影以其艺术性和现实性能使人们深受震撼，从而可以使农民们在潜移默化中认识到破坏环境带来的极端严重的后果和保护环境的极端重要性。宣传教育虽看似无形，但对农民提高环保意识起着十分重要的作用。

农村的水资源污染现象已不容乐观，亟待解决。水资源保护与水污染治理是全社会的共同事业，需要政府、有关部门和公众的共同参与。

只有充分调动公众的积极性，增强公众的社会责任感，让公众成为水资源保护中的管理者，农村的水资源保护与治理问题才会真正解决，美丽中国的梦想才会真正实现。

# 第三章

# 农村土地流转与土地保护

　　土地是农民赖以生存的基础。改革开放以后，我国农村实行家庭联产承包责任制，在土地所有权归集体所有的情况下，土地的经营使用权划分到农民的手中。土地所有权和使用权的分离极大地调动了农民生产的积极性，在政策实行的初期效果显著。

　　伴随着我国经济的迅速发展，家庭联产承包责任制的弊端逐渐显露出来。耕种土地所获得的收益已经不能满足农民的发展需求，农民对于土地的依赖性越来越低，越来越多的农民选择放弃耕种土地外出打工，农民更多地转入工业或服务业的行列中。农业逐渐成为农民的副业，这就造成了大量的土地空闲，土地利用率低下的问题。另外，以家庭联产承包责任制为基础的家庭小块经营，在我国人多地少的国情下使得土地的分散化极高，使一些现代化的农业机械不能被充分利用，极大地降低了生产的效率，相较于其他发达国家大规模的农业生产以及现代化的农业生产方式存在着极大的弊端。

　　人多地少是我国的基本国情，如今在一些地方却出现了人均耕地不足与大量土地闲置的矛盾以及种植方式落后的问题，这一问题需要尽快解决。与此同时，随着经济发展，城乡差距越来越大，一边是城市经济的快速发展；另一边是农村的经济发展缓慢、停滞不前。城乡之间的差距使人们不得不去思考如何增加农民收入，缩小城乡收入差距，解决当前土地制度等问题。

## 第一节　土地流转与农业发展

土地流转是指土地使用权流转，具体是指拥有土地承包经营权的农民将土地经营权（使用权）转让给其他农户或经营组织，即保留承包权，转让使用权。农村土地流转要坚持确保土地的集体所有权，稳定农民对土地的承包权，充分调动土地的使用权。现实中，在一些地方现实转让土地使用权的过程中出现了流转主体、流转过程的不规范性，以及流转动力不足、滞后的社会保障等问题，这些问题的存在都阻碍了土地的有序正常流转。

### 一　农村土地流转的原则与意义

在土地流转实施过程中的阻碍因素有很多，导致土地流转缓慢。在我国人多地少的国情下，土地改革已成为势在必行的变革，必须要从多方面多角度改善土地流转缓慢问题。有序进行土地流转，政府要完善相关的法律法规。进一步完善土地流转的管理制度，明确土地产权，使农民明确自己在土地流转中所拥有的权力，也要使乡镇、村级组织明确自己在土地流转中所担任的角色，规范中介组织的行为，规范土地流转过程，确保土地流转有序进行。政府要加强对土地流转政策的宣传。大力宣传土地流转后所带来的收益，使农民详细了解土地流转政策，减弱农民的恋地情结。除此之外，政府要完善土地流转之后的制度保障，要在土地流转后有健全完善的社保制度、医疗、教育等制度的保障，解除农民的后顾之忧。政府还要加快转移农村的劳动力。尽量使农民向小城镇转移，放宽户口迁移制度，实施一系列的户口迁移的制度优惠，大力发展第二、三产业，提供更多的就业岗位，吸引农民进城务工，使农民能够从土地中分离出来，加快农业人口向非农业人口的转移。在土地流转的融资方面，加大政府对土地流转资金的扶持力度。创新农业金融体系，深化农业金融改革，并提供一定的资金支持引导工商资本进入农业，增强土地流转的市场活力。

（一）不断完善土地流转的意义

土地流转制度对于农村经济的发展具有重要意义，有利于实现农业的现代化生产,并且土地流转制度有利于改善农村土地抛荒现象,改善田野的地貌,有利于农村的生态循环。

首先,土地流转有利于实现农业现代化。

我国农业现代化的发展最为严重的障碍就是土地的分散化,人多地少,土地关系紧张。土地流转之后,将使得大片的分散化土地聚集在一起,进行规模化生产,许多先进的大型农业机械也能使用在农业生产上,提高农业生产的效率和产业的效益,提高农业生产的现代化水平。这种规模化、集约化、现代化的农业生产模式也有利于实现农业产业化的生产,更好地融入市场经济之中。按照市场的需求合理地规划产业,利于农业的集体管理,吸引更多的资本进入农村地区,实现"互联网+"农业的生产模式。土地流转也有利于农业结构的调整,有利于实现农业的特色化生产。

其次,土地流转制度有利于土地的保护。

土地流转使得农村更多的闲置土地资源被利用起来,解决了大量土地抛荒的问题,提高了土地的利用率,而且其对于改善田地地貌、维持田地质量起着重要作用。在分散化的农业生产中,农民对于土地的保护意识不强,一般在作物收割后,无法处理作物残渣,便会直接将剩余作物残渣就地燃烧,从而降低土壤肥力,致使耕地贫瘠化,焚烧还会带走土壤中的水分,破坏耕地墒情,破坏农田的生物群落,这些都会对土地产生较大影响。而集约化的土地种植有利于监测土地,对于种植作物的残渣进行更加科学的处理,对于土地资源有更加科学的评估,实行科学化的管理,依据土地营养成分高低,科学地安排种植作物,延长土地的种植年限,实现对土地的保护。

最后,土地流转制度会产生极大的经济效益和社会效益。

土地流转制度是农民在有偿的原则下进行的土地使用权的流转,农民可以将闲置的土地直接变为一种经济收入。土地流转可以带来一些就业岗位,给农民带来新的就业机会,有利于解决农村剩余劳动力的问题,并且还能增加农民的收入。土地流转之后,农民可以放心地到其他行业、产业中发展,而农村进行农业种植的农民,其农业生产范围也得到了较大的扩展。

## (二) 土地流转所应坚持的原则

土地流转的政策关系到农民的切身利益，其对于维护农村地区的社会稳定有重要意义，因此必须要规范好土地流转的进程，严格坚守土地流转所必须遵循的原则。

在实施土地流转的政策中要切实维护农民的权益，土地流转必须建立在农民自愿流转的基础上进行，不能采取任何强制手段逼迫农民流转土地，也不能阻止农民依法流转土地。由于土地流转将使农民转让自己的土地使用权，所以要对农民进行一定的经济补偿。土地是农民的主要保障，有关部门要合理确定土地流转的价格。通过市场调节机制进行合理定价，促进农村土地流转的市场更加健康有序。土地流转政策要在法律的监管下实行，依照法律法规，合法地进行土地流转，农民对土地的承包权是法律所赋予的权利，在进行土地流转的过程中要签订土地流转的合同，政府要制定一套土地流转的规章制度，确保土地流转规范有序。

总之，土地流转要坚持"自愿、有偿、依法"的原则。在土地流转的过程中还要坚持土地资源优化配置和土地同其他生产要素优化组合的原则，要合理规划土地流转后的用途，坚持保护耕地，实施土地流转的目的就是要实现土地的规模化经营，使农业与现代技术相结合，发展现代农业，提高农业生产的效率。要坚持重点保护基本农田的原则，由于社会经济的发展，大量的耕地被用作住房用地、工业用地等其他用途。我国的耕地面积在逐渐减少，但是中国的人口却在不断增加，中国的粮食安全问题已经成为政府的一项重要的政策难题，在土地流转之后，政府要保证耕地面积在国家规定的最低耕地面积的红线之上。

## (三) 土地流转的具体方式与经验

土地流转的方式是农业用地在农民的土地承包期限内，可以通过土地转包、土地转让、土地入股、农村土地合作社、土地租赁等方式出让经营权，鼓励农民将承包的土地向专业大户、合作农场和农业园区的方向流转，发展农业的规模化、集约化、现代化经营。上述土地流转的方式克服了家庭联产承包责任制所产生的弊端，是适应现阶段中国农村经济发展的土地变革方式。

段泊岚镇位于青岛即墨市西北部，属典型的平原乡镇，共有42个行政村，9461户，3.4万人口，耕地8.8万亩。该镇土地肥沃，粮草丰茂，流浩河、泉庄河、孟沙河、五沽河四条河流从东到西流经全镇，滋润着万亩粮田，农业基础雄厚，素有"即墨粮仓"之称。农业持续稳定发展，特别是市郊优质精细特色农业发展较快，畜牧养殖业已初见规模，形成了种、养、加、贸、工、农一体化的高效农业新格局。此外，该镇立足于本地特色，积极发展特色农业，生产的草编、蔬菜、防草布纷纷走出国门，远销30多个国家和地区。并且结合农机资源优势，正在积极打造农机特色小镇。为了更好地推广农业新技术、新机具的使用，该镇投资300万元创办了农机示范园，占地面积200亩，农机总动力275千瓦，购置了2台玉米联合收获机，3台大型小麦联合收获机，1台60拖拉机，2台上海50拖拉机，1台兖州30拖拉机，1台小型四轮拖拉机，2台秸秆还田机，1台青贮机，2台旋耕机和小麦玉米花生精播机等农机具，种植小麦100亩，玉米100亩，花生30亩，大豆30亩，蔬菜和瓜果20亩，全程使用机械化。

该镇建设了农村土地承包经营权流转服务中心，固定专职人员，具体负责制定土地流转规划、收集土地流转信息并对外发布、规范土地流转程序、开展农村土地流转中介服务等工作。在此基础上，按照"民办、民管、民受益"和"离乡不丢地，不种也收获"的原则，本镇所建立的土地流转服务中心，业务范围包括：办理村民土地承包期内的土地流转服务，组织采购、供应成员所需的农村生产资料；组织收购、销售成员生产的产品；引进新技术、新品种、新设备；开展与农业生产经营有关的技术培训、技术交流和信息咨询服务等。具体流转程序为：在召开群众大会，向群众讲解清楚土地承包经营权流转的方式、期限、具体条件流转的基础上，通过群众自愿报名，村委会备案，报镇土地流转服务中心，经土地流转中心对承租人的实力和资信情况进行审查后，指导承租人和农户按照协商一致的原则签订流转合同，使用统一格式的农村土地流转合同文本，文本内容包括双方当事人的姓名、住所；流转土地的四至、坐落、面积、质量等级；流转的期限和起止日期；流转方式；流转土地的用途；双方当事人的权利和义务；流转价款及支付方式；流转合同到期后地上附着物及相关设施的处理；违约责任等。流转合同一式四份，流转双方、农户所在村委会以及镇上的土地承包经营权流转服务中心各执一份，确保土地流转合理合法，有效避免了各种矛盾纠纷的产生。

在党中央和市委市政府的领导下,该镇农村土地流转的范围不断扩大,农业规模化经营水平不断提高,但在流转面积不断增加的同时,也存在着一系列问题,如从事现代农业生产的人才不足,家庭农场仍然以家庭成员作为主要劳动力,传统的农耕方式和技术难以满足现代农业发展的需要;土地规模化经营的开发力度不够,承包土地少,规模难以形成,平均小规模的流转难以对土地进行深入的开发改造,农民收益难的程度增加;农业发展的资金不足,目前本镇的资金来源有限,在一定程度上制约了农业现代化的发展,并且对农户的扶持力度有限;政策不具体,监管措施难有力;旧习惯根深蒂固,承包土地流转困难;风险大,农业是自然和市场双重影响的弱势产业,效益低,制约流转;操作不规范等。

**二 土地流转中的三权分置探索**

改革开放以来,我国大部分乡村地区都采用家庭联产承包的经营制度,这种分散粗放的生产模式已经无法适应新时期经济社会和农业可持续发展的要求,针对农田利用方式老旧,损害土地资源,危害乡村生态环境的现状,我国以因地和因时制宜相结合的理念原则,进行了新一轮的土地制度创新与改革,党和政府提出了新的土地流转方案即"三权分置"。

农地流转是指农村家庭承包的土地经过合法的形式,保留承包权,将经营权转让给其他农户或其他经济组织的行为。而"三权分置"就是指实现农地流转过程中的土地所有权、承包权和经营权的分离,重点放活经营权。新的土地制度改革,给农户经营提供了更加科学合理,更符合实际情况和时代趋势的经营途径,经过规范化的土地流转和"三权分置",可以让农户开展集约化、现代化的运营方式,将之前分散、零碎的土地集中起来,改善土地划分细碎,运营规模偏小的状况,充分整合利用耕地资源,系统管理,融合现代高科技设备和科学恰当的农田生产技术,改善农田生产模式,加强农田基础设施建设,优化土地资源的配置,有利于乡村土地的可持续使用。

"三权分置"式的土地流转为农村土地制度改革提供了新的方向,是农村发展方式的重大创新。土地所有权、经营权、承包权的分置,盘活了农村长期滞缓不前的经济，对于农民增收、农地整合与保护、农村经济发展等方面具有重要意义，迎来了多方共赢的局面。"三权分置"式土地流转不仅对于促进农村收入、推广农业现代化以及粮食增收具有重要作用，而且在农民素质提升、农村社会保障以及城镇化发展等方面，均具有重大意义，一言以蔽之，就是带动了农村整体的发展。

"三权分置"流转模式的推行，可通过双向机制提高农民自身素质。提高农民自身科学文化素质和技能，对于农业发展具有重要意义，在全民学习、终身学习的时代潮流下，这对农民自身素质也有一定的要求。一方面，农业发展需要较高的科学文化素质，这将促进农民文化涵养的提升；另一方面，农民在为经营权所有者进行劳动工作时，能够得到一定的知识和技能的学习与培养，进一步提高农民的文化素质。

我国农业生产的实质是人们对以农村土地资源为重点的开发运用，农村土地资源是农业生产的物质基础和劳动对象，但农村土地资源仍然面临着严峻的问题，原先的家庭联产承包责任制基本满足了农民对土地的渴求，但是随着社会发展，土地资源利用不合理现象，尤其是土地撂荒等乱象纷至沓来。

这种"三权分置"的农地流转方式，有利于缓解农村土地撂荒现象，从而极大地发挥土地资源的潜力，为农村发展提供后备资源。通过农地流转形成的农业种植，符合国家基本粮田保护政策，对于农地保护与粮食安全起到不可忽视的作用。

### 三 土地流转中的土地托管

2017年2月5日国务院发布的《关于深入推进农业供给侧结构性改革 加快培育农村发展新动能的若干意见》第一部分第六条指出：积极发展适度规模经营。大力培养新型农业经营主体和服务主体，通过经营权流转、股份合作、代购代种、土地托管等多种方式，加快发展土地流转型、服务带动型等多种形式规模经营。土地托管可以说是推进农业供给侧改革的有力抓手和重要突破口，土地托管效益与农业供给侧改革所要达成的提高供给体系质量和效率，满足消费者需求，改善土地生产环境等目标不谋而合，对农业供给侧改革具有十分重要的意义。

就目前而言，土地托管在我国主要包括土地"半托"型、"全托"

型、"承租"型三种模式。

　　土地"半托"型模式也叫作"菜单"式托管。农产品从播种走向市场主要包括旋地、播种、浇地、施肥、收割、销售等众多环节,"菜单"式托管顾名思义就是从"菜单"中选择自己需要的几项,这种托管模式的主要受众群体是季节性外出打工的农民或者家庭劳动力不足以及缺乏技术的普通农民家庭。众所周知,农作物从播种到成熟需要的周期很长,根据不同的生长阶段,每一环节都需要农民打理,但是这又不是一项连续性工作,所以许多农民会选择外出打工,而打工也有严格的工作时间,农作物的需求与工作时间的矛盾成为农民选择"菜单"托管的主要原因。以播种环节为例,"菜单"式托管就是土地需要播种而农民又在外地打工,所以委托合作组织与种田大户播种,而后由农民验收作业质量,由农民与合作组织或种田大户结算服务费用。当然这种模式农户仅仅向合作组织和种田大户支付已选项目费用,合作组织与种田大户也只是对自己提供的工作环节负责。

　　土地"全托"型模式也叫"全程"托管。主要是常年外出打工或无劳动力的农民,将土地委托给合作组织或种田大户全权管理,实现从种到收乃至销售的全程"一条龙"服务。合作组织或种田大户每年定期向委托方缴纳定额的农产品或者农产品销售所获得的全部收入,农户承担种子、化肥、农药、水电等全部农资投入和合作组织以及种田大户付出的所有环节的服务费。这种模式具有很强的风险性,因为农产品极易受到天灾人祸的影响,所以委托方与被委托方并不能确定一年是风调雨顺五谷丰登还是颗粒无收,若没有完成双方最初确定的额度,合作组织和种田大户就要将差额补齐,若超出则超出部分归其所有,所以这种模式并不很受农户和合作组织欢迎。

　　"承租"型模式通俗解释为把土地租出去。这种方式是指多年外出打工或者举家外迁却在农村拥有土地的农户与合作组织、种田大户等达成协议,签订土地流转合同,将土地经营权转到合作组织或者由合作组织作为中介将农户委托的土地经营权按程序对外流转以实现土地更好经营。这种模式很好地响应了我国城镇化的进程,是离开农村迁入城镇的农民最喜欢的模式,这种模式由被委托方向委托方支付一定的土地租用费用,土地的生产投入与产出全部归被委托方,所有农户无权干涉,土地的经营责任也全部由承租方承担。

土地托管是针对土地进行的改革，农产品来自土地、农民工作在土地，土地托管的好坏直接关系着整个农业体系的好坏，对农业生产消费等各个环节具有十分重要的意义，它将大大促进农业供给侧改革的进程。

土地托管后合作组织和种田大户可以在一定规模的土地上采用科学的微灌技术，包括滴灌、微喷灌、渗灌等。将灌溉水加压、过滤，经各级管道和灌水器具灌水于作物根际附近，可以根据科学分析，给予及时的操作和解决，这样能够大大提升农产品质量，避免了过滥使用化肥农药造成的农产品质量下降。

土地托管模式本是针对我国城镇化进程中大量农民进城务工造成的土地闲置问题提出的，在实施的过程中，土地托管也进一步解放了农民，为第二、三产业提供了大量的闲置劳动力。通过土地托管这一模式，更多的农民能够将土地放心交给合作组织和种田大户，摆脱土地的束缚使自己能够安心工作，获得土地和劳动的双重收益，改善自己的经济收入；同时一部分有想法肯干的农户可以以合作组织为中介，经过专业的培训、机械化手段建立不同规模的农场，增加自己的土地收入。

就目前而言，土地托管欣欣向荣，土地托管的面积逐年增长，土地托管的农户大大增加，然而土地托管仍然存在众多问题：①托管主体相对单一，以山东省为例，山东省合作社就托管了全省一半以上的耕地，超过其他组织托管总规模。相比于其他托管组织，合作社开展土地托管服务早，政府扶持力度大，组织规模、服务规模更大，技术水平更先进，而其他主体因为资金的缺乏和风险性考虑，缺乏开展土地托管服务的勇气和力量，于是形成了目前的一家独大；②托管作物结构失衡，目前土地托管作物仍然以小麦、玉米、水稻基本粮食作物为主，这与长期农民传统的种植结构密切相关，即使合作组织与某些种田大户拥有了种植其他作物的经验与技术，农户依旧选择种植基本粮食作物；③"全程"托管模式推行困难，农产品极易受到天灾人祸的影响，土地托管委托方与被委托方并不能确定一年是风调雨顺、五谷丰登还是颗粒无收，双方签订合同时规定的额度具有很强的风险性，所以为了保险起见，这种托管模式并不受双方欢迎，农户与合作组织更多喜欢"菜单"式托管和"承租"式托管，"全程"式托管推行困难。

针对以上三点突出问题，特提出以下建议：第一，培养多元化托管服务组织。按照主体多元、形式多样、竞争充分的原则加快培育经营性服务主体，使不同经营服务主体的优势充分发挥。针对我国目前大量农民进城，农业收入低的客观现状，种田大户应该是土地托管的有力培养主体，政府应该加大政策倾斜，让种田大户看得见利润与效益，使更多以种植为主的分散农户向种田大户迈进，进而成为托管服务组织；第二，优化农作物托管结构。优化粮食安全尤其是口粮安全是我国农业发展的重中之重，各类托管组织不仅要把小麦、玉米等大宗粮食作物作为重点服务与支持对象，还要不断提高自身技术水平，适当加大繁杂工序作物的托管力度，努力做到优化作物托管结构，通过规模化、专业化的服务实现粮食生产的节本增效，提高普通农户种植各种作物的积极性，满足我国基本的粮食需求和作物多样化的消费需求；第三，提高全托管服务能力。为进一步推广"全程"式托管模式，各类合作组织和种田大户应该不断提升自己的能力，积极宣传自身高质量的服务内容、合约保障等，消除农户的后顾之忧，使农民对"全程"托管更加放心。

## 第二节　土地利用与保护情况分析

土地流转是为了进一步解放农村生产力，加快发展农村经济。与此同时，必须大力加强对农村土地的保护，以便更合理、永续地开发和利用农村的土地，实现农村的可持续发展。

### 一　土地保护的措施

第一，关于土地资源，目前我国的整体形势其一是"人多地少"，且耕地总体质量较差。从数量上看，中国人均耕地面积不足1.35亩，而人均耕地的世界水平是4.8亩，中国人均耕地的水平不足世界的40%。但是中国的耕地需要为14亿人口提供日常饮食中的粮油，这一任务无疑是艰巨的。在这种压力下，保护耕地刻不容缓。从质量上看，耕地的质量不高，耕地总体水平较差。质量高的耕地不仅农产品产量高于质量较差的耕地，在面对自然灾害时也会有更强的抵御和恢复能力，因此，为了保证产量，我们需要在保护高质量耕地的同时改造中低产田，因地制宜，提高耕地总体质量。

　　第二，是耕地破坏现象严重。2004 年以来，我国人均耕地由 1.41 亩减少到 1.35 亩。除了生态退耕、农业生产结构调整等政策因素外，耕地的破坏是重要原因：一方面，不合理的农业耕作方式破坏了耕地，造成了农作物减产。当今农业的耕作方式依然粗放：灌溉土地采用大规模漫灌的方式，造成水土流失以及土地盐碱化，破坏了耕地；大量使用化肥，导致土地盐碱化；过度使用农药，污染了土地，使土地减产甚至于无法使用；另一方面，农用地的闲置抛荒行为也破坏了耕地。随着经济社会的发展，农业的收益相较于其他行业越来越低，大量的农民将自己的劳动力投入二、三产业上，如此一来，大量耕地被抛荒，杂草丛生。此外，还有大量耕地被违法开发为其他产业用地，有的被违法侵占建造房屋，有的被用作厂房，有的被开辟为旅游区，破坏了耕地。

　　通过上述分析，可以看到我国耕地现状并不乐观，存在着数量不足，质量较差，破坏严重，被抛荒，被侵占等问题，需要不同的主体采取适当的手段保护耕地资源，"耕地保护行动"刻不容缓。

　　（一）地方政府应加强对农村土地的规划管理

　　政府作为国家进行统治和社会管理的机关，在耕地保护中发挥着至关重要的作用，应该充分发挥管理和服务的职能。针对耕地现存问题，有关部门应以执法者的身份为土地保护提供政策和制度的后盾。

　　针对农村土地抛荒的问题，政府应该发挥其管理和服务的职能。对于已经被抛荒的土地，政府要进行统计和整合，通过各种方式重新利用，可以用补贴或者奖励的方式鼓励农民进行复垦，还可以通过拍卖等方式对土地进行处置，在各个村庄推广拍卖渠道，为耕地寻找新的主人，让需要耕地进行耕作的人，得到想要的土地资源，做到物尽其用。对于还未被抛荒的土地，应当采取各种措施避免耕地的抛荒行为，制定罚款政策，对于抛荒土地的外出务工者，按亩数进行罚款；同时，畅通土地流转通道，为外出务工者流转土地提供方便快捷安全的渠道。

　　对于耕地被违法开发的问题，政府首先要做的是要合理规划用地。根据不同土地的所处位置、水源地以及环境，安排不同的用地，并且严格执行已制订的规划，同时政府要完善执法机制，做到"有法必依，执法必严，违法必究"，规范政府公务人员的行为，严守基本农田保护面积数量不少、质量不降和绝不允许擅自将耕地改为非农用地,这一条不可逾越的红线。禁止违法批准用地,禁止擅自用地、越权用地、违法用地,加大执法巡查力度,加大对违法行为的处罚力度,完善公职人员问责制度,责任到人,法外无情。

对于农村耕地数量少、质量差却被破坏的现状,政府应当广泛征募农业方面的人才,利用他们的专业知识,为当地耕地"量身定制"方案。充分利用各种耕地,提高土地利用率。选择合适的农作物,制定合理的耕作制度,创新生产农业技术,并由专业人员对农民进行技术指导,并且给农民发放绿肥种子等,确保耕地保护政策的落实。制定合适的政策改造当地土地,针对当地耕地的硬度、酸碱度、水分问题,进行合适的改造方案,提高耕地的质量。充分发挥知识在耕地保护中的作用。同时做好宣传,比如通过召开现场会向农民讲授、发放耕地保护宣传册、利用"村村响"平台定时宣传等方式,改善农村居民对于耕地的想法,提高农村居民对于保护土地的积极性。

作为执法者的政府,不管是在能力还是资源上都是高于个人和社会的,必须发挥其作用,做好土地保护工作。

(二) 不断提高农民保护土地的主体意识和参与能力

农民作为农业生产的主体,作为土地的主要使用者,在耕地保护中有着不可替代的关键作用,农民需要在政府的领导下,在社会的指引下,转变态度,学习知识,以自己的实际行动改变农业生产方式,加入到耕地保护的行列中。

培养耕地保护意识,转变态度。首先在心理上对于土地保护要有正确的态度,农民应当摒除事不关己高高挂起的态度,认真阅读政府发放的耕地保护宣传册,积极参加宣讲会,充分利用"村村响"平台,充分认识到耕地是农业生产的基础,有了高质量的耕地,才能提高产量以及抗灾能力,转变以经济效益为首要目的的心态,在追求农作物收益的同时,保护好耕地,做到耕地的可持续利用。农民最需要做的就是从自身做起,改变粗放的生产方式,响应国家乡村振兴以及建设新型农村的要求,接受培训,进行绿色生产,具体措施如下:

首先,培养农民科学文化素养,不断增长农业知识。按照政府的要求,使用生物技术。农药对于耕地的破坏是不可逆的,过度使用农药,破坏了大量的耕地，因此，政府开发了新型生物技术，农民应当积极响应政府的号召。减少农药的使用量，采用生物技术。就像北方农村在对抗美国飞蛾时，利用飞蛾喜光、喜热的特性，使用灯光吸引飞蛾，用高温杀死的技术，这样既对抗了害虫，也减少了农药的使用量。在对抗农业害虫时，我们也可以推广这种技术，研究害虫的习性和喜好，吸引害虫并杀死，减少农药对于耕地的破坏。

其次，培养农民废物利用，使用绿色农家肥。在农业生产中，不合理使用化肥，不断地复耕，导致土壤板结，盐碱化严重，生产力严重下降。因此，为了保证耕地的质量和农业产量，必须广泛挖掘身边可以利用的资源，开发绿色肥料：一方面，大力开发农家肥，兴建农村沼气池，将农民生活中的排泄物以及畜禽养殖过程中的粪便进行发酵处理，发酵得到的沼气，可以作为生活燃料；另一方面，发酵得到的绿色肥料可以提高耕地肥力，一举两得。

总而言之，作为农业生产的主体，农民必须从意识上对耕地负责，改变粗放的生产方式，采用新型农业生产方式，可持续利用耕地。

（三）利用互联网加强土地保护与合理利用

随着互联网的日益强大与普及，互联网的作用越来越大，我们必须利用互联网，凝聚社会力量。要想打好"耕地保护"这一仗，必须依靠互联网发挥社会这一强大的力量，发挥社会对于耕地保护的作用。

充分利用互联网畅通农产品的销售渠道。农民之所以将全部重心放在提高农耕收入上，忽略了耕地的重要性，除了农民自身的知识因素以外，还有农业收入过低，城乡收入差距大，收入无法满足生活需要的原因，销售渠道畅通以后，高质量的农产品有了更好的销售渠道，可以销售出符合其自身价值的价格，农民的收入提高了，才能将对于农作的重心向保护耕地上偏移，提高农民对于耕地的关心。

要加强互联网宣传，利用更加便利的渠道提高对于耕地保护的关注度。一方面，随着互联网的普及，农村也已经被互联网覆盖，农民可以更多地使用网络，因此，社会可以通过互联网进行有关耕地保护的知识宣传，用这种方式使更多的农民讨论耕地保护中存在的问题以及耕地对于农业生产的作用。例如，可以采用公益广告的方式，宣传耕地保护，在各大网站投放广告，潜移默化地影响人们的意识；另一方面，利用好互联网影响范围大，影响速度快，影响意义大的功能，发挥互联网的作用，引起国家、政府和社会对于耕地问题的关注，为耕地问题的解决，提供更多的支持。

此外，可以利用互联网为耕地保护筹集资金和人才。互联网作为一个平台，可以为耕地保护筹集资金，互联网可以建立一个耕地保护的"水滴筹"为耕地保护筹集资金，利用QQ、微信、微博等自媒体进行传播，通过众筹，可以为新型农业生产方式的开发提供资金支持。互联网还可以作为一个招聘的平台，为耕地保护招聘拥有专业知识的人才。

我们已进入新媒体时代，在这样的时代背景下，我们必须利用好互联网这一强大的平台，为耕地保护吸引关注，筹集资金，招募人才，提高耕地保护的效率。

为了保障国家的粮食安全，在农村振兴，建设新型农村的过程中，保护耕地刻不容缓，耕地的保护需要集众人之智，筹众人之资，发动国家、政府、社会、个人的力量。提高耕地利用率，提高耕地的质量，创新农业发展方式，提高粮油、农副产品的产量，为人们提供日常生活用品，保障国家的安全与稳定。

## 二　土地保护实践

土地是农民安身立命的根本，也是农村和整个国家发展的根本，所以必须长期坚持保护土地的国策，保护好每一寸土地，合理利用好每一寸土地。

东金台村是山东省潍坊市昌邑县的一个小村庄，隶属于饮马镇（原隶属于石埠镇，因2007年撤销石埠镇、峄山镇，故将其并入饮马镇），属饮马镇的34个行政村之一。东金台村地处饮马镇中南部，地势平坦，交通便利。是一个较好融合了农村古朴特色与现代化特色的小村落。东金台的土地利用与保护情况可以从以下几个方面来说明。

东金台的土地可分为一级地，二级地，三级地三种等级。其中，以一级地为主要经济作物栽培区域，土地肥力也最强，种植经济作物，粮食作物，例如：小麦、大姜、蔬菜大棚、土豆、草莓等；二级土地是指经过土地登记申请，由村委会发放承包的土地，或者是以其他形式承包的荒山、荒沟等；三级地主要指的是狭小、分散化的土地，例如道路两旁的绿化用地等。三级地所种植的树木种类也不尽相同，例如，20世纪七八十年代，主要种植果树，例如桃树，梨树等。现在道路两旁的绿化树主要以栗子树为主。

改革开放以来，随着一系列的政策措施的推进，农村土地的利用已经朝着规范化、集约化方向发展。东金台的种植作物用地（这里主要指一级土地）的面积大约有两三千亩，按照男女平等、长幼平等原则划分给2000多该村人口，大约一人分配1.43亩的耕作土地。土地分配的原则是十分民主的，不因男女的区别，以及长幼的区别而有所不同。土地按照人头分配，在东金台村，每家每户，如果家添新丁，将户口落在了该村，就意味着可以得到了该村属于他自己的1.43亩的土地。但是这位"新人"获得土地的年龄却不是固定的。例如，新生儿如果在2018年5月出生，就可能暂时不能够立刻得到属于他的土地。因为会出现一种情况，叫作"无地可分"。原因在于，东金台村现在的所有土地都已经分配给了其他村民，并没有合适的空闲土地分配给新生儿。东金台村在土地分配方面遵循了"五年一大调，三年一小调"的原则，其主要内容就是清算近年来的死亡人口与出生人口，然后协调土地，重新分配。但是这一原则在日后的实施过程中却遇到了严峻的挑战，主要原因是土地的调整太过于烦琐。而且频繁的土地易主，不利于农作物的良好生长和土壤肥力的有效保持。所以分配的实施以及具体实施的过程都是因地制宜、因时而异的。应将普遍性与特殊性相结合，尽全力寻求最佳方案，尽可能保证每一位村民都满意，确保每位村民的利益最大化。这就体现了土地调整的因时而异，因地制宜的原则。

农民获得土地都是以"土地确权证"为证明，以户为单位，一家一个土地确权证，来证明土地所有权。经土地确权证明过的土地资格30年保持不变，土地的承包权属于个人。值得注意的是，并不是每一个父母在东金台村的新生儿都有资格获得东金台村的土地，土地的获得需要以东金台村的农村户口为前提和保证。例如，有新生儿将户口落在了县城或者城市中，那么他就没有农村户口，就没有获得东金台村土地的资格。农民获得土地之后，种植何种作物是自己有权决定的，以2018年为例，80%的农民还是以种植粮食作物为主，比如，玉米和小麦。毕竟农村的土地首先就是要解决农民的吃饭问题，所以无论在什么时期，粮食作物的比重都是居高不下的。而且，国家也给予了种植小麦的农民一定的经济补贴，定时将补贴款项打到农民的账户上。这也是国家保护粮食作物的一种体现。但是还是有20%左右的人选择种植其他高收入的经济作物，例如草莓，大姜等。具体的种植情况都是因地制宜的。

随着科学的发展和技术的进步，我国的农村耕作方式越来越向集约化，统一化，机械化，科学化方向发展。一方面，1978年改革开放以后，越来越多的年轻人选择离开农村，去机会更加丰富，前途更加光明的城市寻求发展；另一方面，农村部分人也将大型机械引入该村，大型机械的引入可以更好地解决农村的播种、浇水、施肥、收割等一系列问题。在这种背景下，土地外包这一应运而生的新型土地流转方式就产生了。其主要内容是外出务工的村民将自己的地承包给村内有意向承包这片土地的人，承包者向被承包者缴纳一定的土地承包费（土地承包费的多少因地而异，通过协商双方达成一致即可，以该村村民于文治一家为例，大约土地承包费是一年一亩600元），承包者对所承包的土地进行统一机械化管理，统一化生产。这样一来，不但可以解决了外出务工者的土地闲置问题，有效地保护了土地肥力，不至于浪费该村土地资源，种植更多的经济作物，使农民获得更加丰富的经济收入，还可以将土地统一集约化管理，提高了工作效能，节省了时间、人力、财力以及物力，是一种不仅在东金台村普及，更是在许多农村都普遍流行起来的一种土地新型流转方式。

东金台村土地保护方面的措施较为全面，土地采取轮耕和休作制度。例如，种植大姜的土地限期三年，三年之后就不允许再种植大姜，需要一年的土地空闲时间来恢复土壤肥力，或许可以在种姜的土地种植一年小麦来中和土壤酸碱度。尽可能做到保护每一寸土地的肥力。

除去用来耕作的一级地和用来绿化的二级地和三级地，东金台村的农村房屋用地也占了很大比例。东金台的房屋用地规划合理，基本按照正东正西方向来分布排列。大部分村民选择在自家大门口开辟一块方地，精耕细作，来种植一些果蔬类作物，例如，大葱、丝瓜、黄瓜等，供自家人食用。这很好地利用了空闲土地，避免了土地资源的浪费。而且这些土地肥力一般很高，村民们不会使用一些化肥，取而代之的是天然肥料，例如豆渣、粪便等。虽然不能仅仅靠这一方小土地做到自给自足，但是还是有效地解决了一部分新鲜蔬果供应问题。是东金台村村民对于土地利用与保护的一大进步。

总的来说，东金台村的土地利用与保护情况还是比较合理并且有效率的。在土地利用方面可以做到无地闲置，充分地利用好每一寸土地。一级土地、二级土地、三级土地，每一级用地均规划合理，各尽其用。在土地保护方面，可以有效地做到保护土壤肥力，并且合理利用闲置地，寻求其利用率最大化，这些经验是十分值得参考与借鉴的。

### 三　山体破坏与治理

在农村经济发展的过程中，由于采矿、办厂、养殖或者农业发展自身的原因，有些地方的山体造成了破坏。这既是对土地的破坏，也是对整个农村生态环境的破坏，对于山体的破坏必须引起高度的重视，必须切实保护好山体，如果出现了山体破坏情况，更应尽快加强保护和治理。

山东省淄博市淄川区黑旺镇地处淄川区东部山区，与青州市接壤，素有淄川东大门之称。镇内矿产资源十分丰富，许多山体内含丰富的铁矿和铝土矿。因此，在20世纪改革开放初期，黑旺镇就被淄川区政府列为资源型乡镇。黑旺镇居民在20世纪80年代，依靠单纯开采矿产资源获得了很多财政收入，也增加了当地居民收入，比较快地提高了镇内居民的生活水平。

黑旺镇丰富的矿产资源带动了当地采矿业和运输业的发展，黑旺镇政府依靠出售矿产资源获取了大量收入。但是，黑旺镇在针对矿产资源的开发上，仅仅发展成本较低、技术含量较低的采矿业，没有带动矿产品深加工业的发展。因此，直到现在，该镇还在依靠出售自然资源获得财政收入。黑旺镇在开采初期，因为缺乏相关经验和较好的开采技术，曾对山体造成大规模破坏，造成了较大的损失和生态隐患。长期进行掠夺式的资源开采，使黑旺镇山体采空、植被毁坏、地面下陷、建筑物受损，道路也受到了比较严重的破坏。更为严重的是，资源开采造成的地下水失衡、地下水位下降和采矿排出的废水、废液造成的水污染、土壤污染、土地退化等，严重破坏了矿区农民的生存环境和生产生活条件，矿产资源带给黑旺镇的不再是收入，而是对生存环境的掠夺。

黑旺镇部分乡村山体破坏十分严重，部分矿山已经被掏空，大量山体缺失部分达到山体体积的一半甚至更多。山体上的植被受到毁灭性破坏，大量树木和灌木丛在矿产挖掘的过程中被连根拔起。土层毁坏使得植物缺少了必要的生存环境，动物的多样性势必会减少，这些实际上就成为加剧环境污染的潜在因素。黑旺镇位于我国东部季风区，在季风盛行的季节，大量地表土被吹起，席卷周边村镇甚至淄川主城区，造成周边地区空气中 PM10 的含量大幅度增高。实际上，黑旺镇山体的破坏已经在周边村镇产生了一系列危害自然环境的连锁反应。

在了解现有开发山体的流程之后，可以看到，开发山体过程的每一个环节都有着或多或少的安全隐患。在矿工开发山体的过程中，必须要做的，就是先用炸药炸开山体，然后将碎裂的矿石用货车运至石料厂。在使用炸药的过程中，存在着很多安全隐患。首先，地方采矿场因为想节约成本等原因，往往会采用劣质炸药，存在诸多危险因素，很多矿工在引爆炸药的过程中，会被炸伤，甚至是被矿山山体滑落物砸伤，矿工的家人会向矿场和当地政府索要大笔死亡赔偿金。这笔钱是合理的，但是经常有黑心矿主与当地政府勾结，将此类事件"冷处理"，不愿赔偿给矿工家人应该获得的抚恤金，这样会引起当地的人与人之间的矛盾，不利于社会稳定与公共治安；其次，除了直接威胁矿工生命安全之外，爆炸产生的巨大声音和地面震动往往会引起附近乡村村民的不安。爆炸所释放的巨大能量使地表土层、岩石和植被瞬间发生向上的位移，这对在山上没有收到任何安全警告的农民具有很大的生命威胁。同时，地表的剧烈震动会使附近的房屋发生震动，黑旺镇位于山区，村民住房多是 20 世纪中叶所建，破旧且结构不稳定，轻则墙皮掉落，重则房屋塌陷。爆炸时的声波冲击也非常巨大，住在矿山附近的居民经常会听到爆炸声，这对听力造成了非常巨大的冲击，尤其是对儿童。危害最持久的一点是，爆炸和矿石采掘过程中，大量扬尘进入大气，污染空气环境，导致局部 PM2.5 数值超出正常标准，对施工工人和附近村民的呼吸系统产生很大危害；最后，在货车将矿石向外运输的过程中，矿场为了节约交通成本，往往使货车超重运输，这对公路造成了巨大的承载压力，沿线公路路面破损裂痕较多，影响交通运输和当地居民的使用。

此外，黑旺镇位于温带季风性气候区，夏季降水较多。暴露的土层混合雨水会造成水土流失现象。泥水混合物会侵蚀地表，覆盖基础设施，造成二次灾害。

　　治理破损山体成为黑旺镇政府甚至淄川区政府亟待解决的问题。淄博市国土资源局亲自参与了市内的破损山体修复工作。在山体破损之前，黑旺镇山上树木丛生，生态环境优美。市政府为了恢复原有的绿水青山，制定了一系列政策。首先，高度重视源头预防工作，据所知，近几年开展了山体调查，划定了保护红线。淄川区政府正在制订关于山体保护与利用规划的相关法律法规，同时，政府加强多部门联合执法，严厉打击非法破坏山体资源行为，遏制非法开采、破坏山体现象，尽全力保护好黑旺镇宝贵的山体资源。

　　政府部门采取因地制宜的方法，针对黑旺镇每一座破损山体的实际情况，研究确定不同的治理方法。对适宜修复并且可以进行绿化的破损山体，地方政府采取多种方法，进行综合性绿化修复措施；对符合复垦恢复耕种条件的破损山体，应结合土地开发整理项目进行再一次造地，开发利用；对房地产开发项目邻近的破损山体，政府部门组织村镇与房地产项目共同合作，这样就既治理了破损山体，又美化了周围环境；对破损严重而且已经没有利用价值的山体，就采取直接填平的措施，再在整合好的土地上培育新的植被，这样既消除对村民造成的视觉污染，又增加了可利用土地。

　　黑旺镇政府近几年关闭了许多私人非法采矿场，这些矿场一味地压低成本，采用劣质炸药，矿工安全措施不到位，往往造成事故。另外，政府加大了举报处罚力度，鼓励附近村民举报非法采矿、非法挖掘山体的工厂，并对村民举报采取保密政策和奖励政策。这些措施都使很多矿场不敢非法采掘。而对于那些有正规执照的矿场，黑旺镇政府鼓励矿场提高采掘技术，在采掘过程中注意生态保护，进行可持续型的矿山开发。

　　以上措施都在短时间内取得了一定的效果，但是治理不能仅仅局限于表面。要想彻底改变黑旺镇"靠山吃山、靠水吃水"的现状。首先，应该不断优化产业结构，发展工业产品深加工技术。对于农业，黑旺镇可以利用天然的自然条件发展特色农业。比如，黑旺镇的土地非常适合小米的生长，黑旺镇产出的小米在淄博市小有名气，镇政府完全可以利用这一优势，大力扶持谷子种植业；其次，黑旺镇位于淄川东部山区，远离主城区，空气污染、水污染都不严重，可以利用这一优越的自然条件建设蔬菜大棚，发展绿色农业，培育有机产品，这会大大增加农产品的附加值；最后，在第三产业方面，黑旺镇具备发展特色旅游的条件。可以借鉴临乡俄庄发展旅游的经验，大力发展该村的旅游业。因为黑旺镇位于大山深处，群山连绵不断，树木丛生，古建筑村落保存完好，还有非常少见的瀑布群。旅游业的发展可以带动当地服务业的发展，从而使村民获得更多的就业机会，解决当地村民就业问题和家庭收入过少的问题。

黑旺镇是全国资源型城镇的一个缩影。黑旺镇的产业变化和所遇到的难题几乎是所有资源型城镇在转型过程中都要遇到的，所以，该镇在发展过程中应该大力借鉴其他城镇转型成功的经验，因地制宜，切实找到一条符合本地特色的可持续型的致富道路。

第 四 章

# 美丽乡村与生态保护

党的十八大将生态文明纳入了美丽中国的建设发展工作中。生态文明建设具有推动美丽中国建设良性发展的力量，美丽乡村建设又是美丽中国建设的重要一环，因此，以生态文明发展理念作为实现美丽乡村建设的指导思想是极其必要的。目前，我国美丽乡村建设工作中仍存在许多不足之处，在农村发展过程中，我们需要进一步贯彻生态保护、和谐发展的理念。

## 第一节 农村生态保护现实考察

近年来，我国经济发展水平的提高也带来了严重的生态污染问题。治理环境污染刻不容缓，而农村的环境污染问题也十分严重，因此，有必要切实考察农村生态污染与保护的现状，及时采取有针对性的措施，只有这样，才能尽快实现和恢复广大农村的绿水青山的本来面貌。

### 一 生产发展与农村环境治理

随着农村现代化的不断推进，乡镇工业化的迅速发展和新农村建设政策的不断落实，使农村、农业和农民生活发生了翻天覆地的变化。但在经济飞速发展的同时，这种发展也给农村生态环境带来了一定的负面影响，给人民生活带来了困扰。当然，我们也可以看到，为改善农村生态环境，相当多的地方政府也已经开始采取各种措施来治理污染，以寻求经济发展与生态保护的双赢，实现人与自然的和谐。

山东东营市河口区仙河镇位于黄河入海口北侧，其所在的黄河三角洲成陆时间晚，地下水矿化程度高，草甸形成过程短，植被稀疏，生态脆弱。黄河三角洲从内陆向近海，土壤逐渐由潮土向盐土递变。仙河镇位于近海的位置，土地呈高盐性，且地势低洼，土壤次生盐碱化威胁大，地下水位高而被渤海海水渗透。因此，仙河镇大面积的土地难以种植根系发达的乔木，土地自我恢复能力很弱。尤其是近年来，仙河镇片面追求经济增长，经济粗放式发展，导致了原本脆弱的生态遭受到进一步的破坏，主要包括现代农业的不合理发展带来的生态环境脆弱，石油的开采与加工带来的环境污染以及生态破坏，化工业导致的环境污染等。由于生态的破坏限制了经济的发展，同时也影响了本镇居民的身体健康。

首先，农业面源污染造成了生态破坏。化肥、农药在提高农作物产量，减少病虫害，推动仙河镇经济发展的同时，也造成了大面积的污染。使得仙河镇许多农业用地丧失了生长农作物的能力。此外，现代农业的发展，塑料大棚及地膜覆盖面积越来越大，且使用不可降解的塑料，这些塑料不能得到正确处理，日积月累，土壤的结构和可耕性遭到破坏，地力下降，对农作物产出的质量和数量也带来严重影响。

其次，石油的开采与加工带来了生态破坏。仙河镇是典型的石油矿区城镇，在面积只有657平方公里的土地上，就存在着孤东采油厂、桩西采油厂和海洋开发总公司三家大型油田。仙河镇位于胜利油田的中心区域，胜利油田的部分油气资源区和黄河三角洲自然保护区在地域上存在交叉，勘探开发石油对地表自然环境造成破坏。在石油的开采、运输、装卸、加工和使用过程中，由于泄漏和排放石油造成了严重的生态破坏。

产业发展与人口增加加剧了生态破坏。近几年，随着科技、教育的发展以及人口结构的变化，仙河镇的工业发展迅猛，尤其是依托丰富的石油资源、矿产资源和海洋资源，仙河镇的重化工业占经济比重越来越大，在带动地区经济增长，推动经济结构转型，促进当地居民就业的同时，也带来了严重的生态破坏。化学工业的特点是产品多样化和生产方式多样化，其污染源和污染物也多种多样，包括工业废水、工业废气、工业废渣等。

环保治理力度不够增加了生态治理的难度。由于净化技术有限，环保投资力度不够，化工业生产的废渣废水得不到有效和及时的处理。这些污水排入河流和海洋，使得海洋生态系统遭到破坏。广利河是贯穿东营市中心城区的主要排水河道，是连接黄河与渤海的唯一河流，河道西起黄河南展大坝王营闸，向东南流经中心城区，与溢洪河汇合后经广利港入海，在供水、排水、防洪和改善生态环境等方面发挥着重要作用。就是这样一条重要的河流，却在前几年由于受到污染而几近断流。不仅如此，未处理的工业废水排入地下，污染地下水，对人体健康和动植物生存产生了巨大危害。

仙河镇拥有得天独厚的湿地景观，天然动植物以及丰富的石油资源，尽管在发展过程中出现了经济发展过度依赖石油开采，片面追求经济发展，忽略生态保护甚至造成严重的生态问题。但是与此同时，近年来，随着科技进步和居民环保意识的提高，政府对生态保护力度逐年加强，以及在经济发展方式方面的积极转变，使得仙河镇的生态环境得到很大改善。

## 二 农民生产生活方式与环境压力

在一些农村地区，生态问题仍比较突出，除了外部原因，还有农民生产生活方式本身，农村治理力量不够，农民意识不强等原因，这使得农村的环境问题日益严峻。

孟桥村距离山东潍坊寿光市中心比较远，有一小时多的路程。在当前国家对城市环境治理过程中，原本在城市附近开设的污染企业开始向农村转移。孟桥村的西北侧近几年来建立了大量私人小企业，这些企业在给附近村庄部分无业人员提供工作岗位的同时也带来了污染，这些企业大量使用煤炭，且大多为化工工厂，排气多，污染严重，没有处理污染的设施，废气大量排放，距工厂只有几百米的村庄里一直存在着较为严重的空气污染。加上农村的生产生活垃圾，小麦玉米收割后的秸秆，蔬菜大棚中的农作物收获后拔出来的植被等，这些垃圾在堆放到一定程度后便会由村民自己燃烧处理掉，无形之中增加了空气污染。对空气影响最大的是每年冬天燃煤问题，冬季农村没有集体供暖，供暖由村民自己购买煤炭解决，所以在私人企业、垃圾燃烧处理、农民冬季燃煤情况下，农村空气反而污染更加严重。

在这种情况下，当地政府开始拨款，在村里几个大路口放置了几个大型垃圾桶用来收集生活垃圾，每天有专门的环卫人员将附近的垃圾用垃圾车带走进行集中处理，再加上前两年开始明令禁止秸秆就地燃烧，村民互相监督，秸秆全部低价出售给附近村庄里的牛羊饲养户，使得生产生活垃圾的燃烧得到了大幅控制。自去年中央环保督查组巡视之后，附近工厂开始停业整顿，部分工厂已经引进了专业的处理污染的设备，其余工厂也经常停工，工厂的排污得到了有效控制。2018年冬天由镇政府统一下发了环保煤，低价出售给村民，虽然环保煤在使用过程中不如普通煤产热充分，但低廉的价格也吸引了不少村民购买。在政府及中央的管理下，村里的垃圾堆放、空气污染虽没有彻底根除，但也被有效地遏制了。

孟桥村也存在地下水污染现象。孟桥村80%的农民依靠种植蔬菜大棚谋生，大棚的蔬菜每年一般种植2—3季，每一批作物从种植到采摘完毕只有三四个月的时间，在这期间农药使用量最大。据调查，中等规模的蔬菜大棚每一季农作物大约使用一万多元的农药，而且大多数农药通过灌溉的方式使用，而现代农业使用的农药中只有10%会被作物吸收，部分气化进入大气中，在长期大量使用下，农药便会随着土壤渗入地下造成地下水污染，地下水的污染是不可逆的。还有附近的小工厂排出的废水、村庄人畜粪便、化学洗涤用品等，这些都没有得到处理，最终对地下水产生了严重的生物性污染和化学性污染。

自1989年寿光孙集王乐义的冬季蔬菜大棚实验成功之后，蔬菜的"白色革命"推广开来，尤其是在21世纪初，孟桥村蔬菜大棚大幅度增长，农业生产规模扩大，再有村里人口的增长，如近十年来，孟桥村村民加上从外省过来务工务农的人口，村里长期定居人口由原先的800多人迅速增长到现在的1300多人，以及村里用水量不断增大，在8年前，孟桥村只有两口水井，一个在村中央，用于村民日常生活，一个在附近的蔬菜大棚附近，用于灌溉浇水，在3年前，村里的水井已经增长为5口，也就是说用水量大大增加，导致地下水被过度抽取使用。而且孟桥村位于寿光，位于寿光附近的羊口是临海的，地下水的过度开采必然带来海水倒灌。在3年前，海水倒灌已经影响到距离不远的侯镇，情况若不得到控制，海水将进一步污染地下水。

村里地下水的污染已被村民意识到，近几年随着村民收入增加，生活品质进一步提升，不少村民购买了净水机来处理平时的饮用水，还有的从远处污染程度较轻、水质较好的地方购买饮用水，如附近最为出名的南夏水，每日运到村中都会被一抢而空。当地政府从 5 年前开始遏制农药的使用，尤其是污染严重、对人身体危害最大的"黑药"，这种药用于治疗农作物多发的根线虫，但是不仅是使用过程中有强烈的化学气味，而且使用后对地下水和农作物果实都有巨大危害。政府为处理这一问题，开始将附近农药出售点的相关农药收缴并且做定期排查，鼓励村民之间互相举报，并对举报成功的人给予相关物质奖励。而且在作物灌溉过程中引进了滴灌技术，政府免费提供滴灌需要的水管和抽水机，村民只需领取并铺设到蔬菜大棚中就能使用，滴灌技术不仅能减少农药的使用量，更能有效地减少农业灌溉所需用水量，同时不会影响作物的生长。在生活用水方面，自 2016 年开始普及阶梯水价水表，孟桥村开始使用阶梯式水价，村民按月上交水费，村民在水的使用过程中也更加节俭，用水量也有所下降。

但从近十多年来孟桥村生态环境的恶化加剧来看，部分农民环境素养整体水平较低造成了污染的加剧。改革开放以来，科技不断提高，生产力也迅速发展，农民在生产生活中大量使用现代化技术为自身创造利益，但并没有意识到自身的行为对环境的破坏。

近些年来，工厂因对环境破坏严重而遭附近居民抵制的新闻层出不穷，但孟桥村附近不断修建高污染工厂却得到了农民们的支持，那些本属于农民的土地被农民租出换取利益，在政府限制农民使用易渗透毒性高的农药的时候，也不乏农民投机取巧，暗地里和不法商贩私下买卖。当地村民 90% 都是小学文化，他们没有足够的文化水平来意识到当前自己的行为对环境造成的破坏，即使当前环境恶化已经开始影响到生活质量，他们也认为可以通过别的方式避免，如在水污染的情况下购买其他地区的水，同时，也更会为追求一时的利益不顾环境的承受能力。这也是大多数农民与城市居民的不同之处，城市居民会更加关注生活质量，也有环保的意识，较高的文化水平使他们清楚自己的行为是否破坏环境，而农民更加注重物质利益，环保意识相对较低。

### 三 经济利益的追求与环境污染

在农村经济发展的过程中，如上所述，一些农村的环境问题是由于村民或者部分村民对于经济利益的不当追求造成的。这体现为个别利益对集体利益、眼前利益对长远利益的损害,因此解决环境问题,保护生态和谐,必须明确环境的责任。

西崮头村是胶东半岛处的一个小村,这一带地势起伏较大,阳光充足,植物丰富,因而这里的果树茂盛,种类繁多,水果和谷物等都能很好地生长,近几年苹果种植也取得了比较好的收益。随着技术的发展,依靠垛山石材建起的石板厂也为这个小镇的经济注入了活力。然而经济发展在逐渐好转的同时,生态却发生了变化。

十几年前的西崮头村虽然不富裕,但是也是山清水秀,环境优美,河水很深,山上也有很多野生动物出没。然而这几年,村里河水里很少见着大鱼了,山上也很少有动物出没。显然村里环境的破坏也影响了这些生物的生存。气候恶化,水质污染,土壤污染等问题近几年一直出现在这个曾经美丽的小村庄。究其原因还是经济不合理的发展引发的污染造成了这一现象,只有分析具体的问题,追究问题产生的原因,才能对症下药,找出针对性的治理措施。

首先,是生态环境方面存在问题。西崮头村是渤海湾沿海地带的一个小村,村民早已经习惯了这样四季分明的气候。可是近几年,镇上的村民们会明显觉得气候有些不正常,与往年不一样。2014年变化尤为明显,那年的冬季几乎没怎么降雪,雨水却很大,大年初二拜年那天竟然下起了中雨,村民们过年买的厚厚的衣服都穿不住,气温较高,又是雨水相伴,大家都是打着雨伞披着雨衣去拜年的。而这一年的夏季更是罕见的干旱,一整个夏季都没怎么下过雨。由此,河里的水位迅速下降,地里干涸,引发了一系列的抢水大战。水源冲突现象在那一年频繁发生,严重影响了当地农产品的产量以及村民之间的和谐。在那之后的两年虽有好转却也大不如前,对于镇上的人来说,那是令人难忘的一年。这之后,气候恶化呈现越演越烈的趋势。此后的一两年,镇上秋冬季节会少见地出现雾霾天气,甚至夏秋季打农药的时候,空气流通性差,雾中会掺和着农药的味道。2016年夏,先是持续的干旱,而后又连续下起了大暴雨,当年的农业收成非常不好。

其次,河流污染和土壤问题也很严重。本来因为气候问题水位不断下降,河里净化恢复能力减弱,再加上这几年村里还有越来越多的污染物排进去，水质更是越来越差，一条东河两个大湾存水较少，而且还很浑浊。很多土地的土壤肥力下降，土质改变，大量土地撂荒，资源浪费等情况屡屡发生，以至于出现了"有地没人种，一起去打工"的场面。

再次，农业种植引发污染。根据近几年村里发展状况分析一下破坏的原因，很容易看出农业种植引发的污染是非常重要的方面。在果树的管理方面，西崮头村近几年引进丰富的苹果品种，嘎啦、将军、红富士、金帅、王林等新鲜品种陆续出现，苹果产业空前繁荣，种植规模日益扩大。因而大多数河流的河岸两旁都有很多的苹果地，村民们在管理苹果的时候，将大量的农药喷洒在空中，还有一些农药从药筒中泄漏，流入河里，将河水染成蓝灰色，很久才会恢复。当然摘下的带有农药的苹果袋子有时也会被风吹得四处堆积，农药和化肥通过各种途径流入水中，导致水质越来越差。这样的水再用来浇灌苹果地，对苹果树的树根也不好，久而久之，那些残留的有害物质危害果树，影响苹果的产量和品质。当然最严重的还是铺在果园里给苹果上色的反光膜。当苹果摘下后，一大堆一大堆的反光膜残留在地上，大风一吹，河里便多了很多的白色垃圾。同时在大量种植苹果的时候，果农们由于缺乏知识与经验，不会科学地针对土地施肥，乱用化肥，改变了土壤的成分。农业化肥中残留的有害物质污染了土壤，塑料泡沫、反光膜等用完以后也残留在土壤中。

此外，因为崖子镇整个苹果产业在当地知名度较高，作为该镇村庄之一，西崮头村也有很多商家慕名而来，车辆往来增多，镇上的管理人员组织出钱修路。在这个过程中，一些阻碍工程的多年的粗壮大树都被砍去。再加上大多种植的是苹果，尤其是在阳光充足的夏秋季节，正是苹果上色的好时候，一些枝繁叶茂的大树被太阳光线投射到地上的阴影，影响了邻近苹果的上色。很多村民不敢明目张胆地将其砍伐掉，便偷偷地在大树根部划几道深深的口子，让大树接收不到土壤的养分，慢慢失去生机，不再长叶子。因而很多路边的大树都是四季枯黄，逐渐死亡，植被就这样被一点点破坏。再有就是近几年，由于气候反复无常，对农业灌溉缺乏安全感，村里的村民们纷纷出钱挖井挖大湾，滥挖水湾，严重破坏了当地的地貌和地表结构，河里全是一个个深不见底的大湾，也影响着村里的生态和谐。

最后，乡村工业兴起引发的污染也不可小觑。近几年由于技术的发展,西崮头村借着靠近垛山,石料丰富,采石相对容易的天然条件,办起了石板厂。那段时期,村里的男子都赶着去山上运石头,工厂老板们雇用工人去山上拉石头,工人们将石头用卡车运回到厂里,厂里的员工用工具将石头开凿,加工成平滑的石板,联系卖家,销往周边各个地区。然而在制造的过程中,一些废旧的石料堆积在河边,遇到暴雨天,石料被冲刷到河里,污染河水,抬高河床,很多工厂附近的河流都漂着一些乳白色的物质。不仅是天气原因,还有很多人为因素,一些工业废水、废料得不到合理的处置,都排到河中,工业废弃物淹没在河里,使河床愈来愈高。从一开始的很多死鱼漂在河里,到之后一条鱼也没有,全是染白的水,再到最后河里变成干干的白泥,村里的河流和大湾的水质一点点恶化。工业污染水质也会浸入土地导致土壤酸碱性改变等。

任何经济的发展都不能只顾眼前利益。西崮头得天独厚的地理条件孕育了该地的农业发展。随着时代的变迁,西崮头村更要用发展的眼光看问题,开拓创新,重视产业持续发展,维护好生态环境。同时,在发展过程中,需要应用好当前丰富的自然条件和逐渐兴起的其他产业,只有这样才能积极探索出一条使经济发展与生态环境相协调,与产业未来发展相适应的可持续之路。

## 第二节 农村生态问题形成原因

农村环境问题产生的原因是多方面的,一方面,可能是外在的诸如附近工业污染或者城市工业、生活垃圾的排放造成的;另一方面,也可能来自农村内部,诸如养殖业、农产品加工或者农民不合理的生活方式等所造成。

### 一 厂矿企业对农村环境的污染与治理

众所周知,工业是一个国家的重要经济支柱。而厂矿企业更是在工业中占据重要地位。对于山东淄博,这个工业化相对发达的老城市来说,厂矿企业数量众多。在张店城区东南城乡接合部的一个普通乡村——良乡村,为了加快乡村经济的发展,提高村民的生活水平,凭借得天独厚的地理位置和政策优势,积极响应党和政府的号召,将大块的南部地区建成了一个较大规模的工业园。良乡工业园提供的大量便利条件，吸引了大批企业投资建厂，尤其是将位于沣水镇的众多企业吸引过来。随后，良乡村便迅速发展，一举成为张店区的名村，成为众多乡村的典范与楷模。

众多的工厂开办为良乡村创造了巨大物质财富的同时，却面临着工业发展带来的巨大的副作用——污染，当地村民各种各样的烦恼接踵而至：噪音污染、空气污染、水体污染、土壤污染等。良乡村虽然经济上来了，但人民的生活质量却并没有迅速上升，反而下降，人们生活苦不堪言。张店区东南部成为名副其实的污染重灾区，随之而来的是房价也开始下跌。

良乡村最先受到影响的、最能直观感受到的便是空气污染。空气每天都在恶化，良乡工业园吸引了沣水镇的部分陶瓷企业，但这些企业会产生大量的粉尘造成污染，最直接的影响便是一到阴天，天空一直都是雾蒙蒙的。而到了冬天，空气质量就会更差，雾霾常常光临。此外，还会经常有大量的货车卡车进出工业园，有时车辆为了方便，便会穿梭在村里的道路上，排放大量尾气，顺带掀起一片片沙尘。还有一些工厂的技术水平达不到指定的标准，便会在生产过程中产生大量的污染环境的废气。而影响最大的，莫过于化学工业，而良乡工业园有大量的化学工业，它们大量使用无机酸、无机碱，造成了巨大的污染。这些工厂为了躲避区环保局的检查，白天大多不进行或少进行工业品的生产，或者说进行一些不排放废气毒气的工作，而到晚上便像昼伏夜出的蝙蝠一样开始出动，整个良乡村都弥漫着浓重的化学品味道，呛得人无法正常呼吸，村民大多称之为"放毒"。有几个有责任心的村民试图举报这些夜晚"放毒"的企业，但效果不理想，后来人们逐渐也对这种"放毒"习以为常了，毕竟举报之后工厂停产对自己或亲戚的家庭也是颇有麻烦，因为有相当一部分的村民都是在这些工厂中工作，举报对他们的收入并不是很有利。从此，良乡村夜晚散步的村民越来越少，饭后散步变成了一种奢望，村民的生活悄然发生了变化，生活质量和水平急转直下。

良乡村还存在水体污染。工业园中有印染厂，对布料上色是需要大量的染料进行染印。由于是私人小厂，商人的特点大多以逐利为主，他们不愿在污染设备上下巨大成本，即使迫不得已购买环保设备，设备的运行和维护也是一笔不小的支出，也只是在环保局进行检查时才运行。这就会使染料水中的化学元素的含量超标，大量含有有害化学元素的污染水源渗入地下水、土壤以及附近的河流。

良乡工业园与良乡社区仅仅是一路之隔，距离很近，这样的确方便了村民上班下班，与此同时，也难免对村民日常的生活造成一定的影响，噪音就是很关键的影响。在日常生活中，货车卡车的日常装卸就会造成很大的声音，虽在村中，却仍能感受到工厂的喧嚣。而工厂偶尔发出巨大噪声，更会影响居民。

经过这些年的治理和保护，良乡村的环境已经得到明显改善，蓝天的数量明显变多，晚上散步休闲的村民也多了，人们能在工作之余得到更多的放松与休闲，老人与孩子的脸上也都绽放出了久违的微笑。目前，良乡工业园的整体搬迁计划已经制定完毕，大部分的企业已相继搬迁，与此同时，良乡村也开始发展多种多样的经济，不再仅仅依靠单纯的工业来推动发展，又相继开辟了良乡物流园、宝沣大酒店等第三产业来促进经济的发展，加快了经济的转型升级。

### 二　农村养殖业的环境破坏与生态保护

在调查中发现，现有农村的一些农户养殖业由于规模小，没有相应的环境保护处理设备，而只是简单地处理畜禽粪便或者其他废弃物，长此以往，对环境也造成了相当大程度的污染。

海头村是属于山东蓬莱市刘家沟镇的海边村庄。随着人民生活水平的不断提高，禽畜产品需求量不断增加，养生意识、享受观念不断增强，海产品也变得炙手可热，于是海头村村民抓住市场需求，适时地发展养殖业。在这里，农民的收入来源之一便是养殖业，主要有禽畜养殖和海产养殖。据统计，海头村共有 165 户人家，现有正在经营的主要有养猪场两家，蛋鸡、肉食鸡养鸡场各 1 家（之前倒闭了 2 家），以及 5 家海产养殖场。

然而养殖业带来的环境问题也越来越突出，在许多地方禽畜污染物排放量已经超过居民生活、农业、乡镇工业、餐饮业的污染排放量，成为环境污染的主要原因，刘家沟镇政府不止一次收到百姓的相关投诉（主要原因是气味太重），可见养殖污染情况不容小觑，控制养殖污染源、保护环境势在必行。

海头村禽畜养殖业主要养殖猪、鸡、牛、羊、貂5类。该村共有8家养殖户，其中两家养猪场正在营业中，一家规模为23头老母猪，年出栏量在300头左右，另一家规模为10头左右老母猪，年出栏率约100头；蛋鸡养鸡场剩1家，肉食鸡养鸡场剩1家；另养羊和貂、养蝉、养蝎子各一家。在刘家沟镇上，最大规模的养猪场约有100头老母猪，年出栏量在1000头左右。日前，该镇由于环保整治，已有39家养殖场由于废水处理不达标等条件限制而停止经营。

海头村禽畜养殖业污染情况是否严重呢？据调研，海头村养猪户均位于村外500米之外，环保严整前，村民选择用沼气池来处理粪便，但由于沼气池搭建数量有限，粪尿等废物处理措施实际不达标。以该村一家有23头母猪的散户为例，该户搭建了4个10立方米的粪池，夏季时，大概两天需要处理一次粪池，冬季时，5—6天处理一次，沼气池不足够时通常是将粪池中的粪便抽到田地中，存在着往"臭水沟"抽尿的嫌疑。并且，牛等反刍动物产生的甲烷气和二氧化碳排放量会造成大气污染，就一个小村庄而言，大气污染不明显，但全国全球各地累积起来，污染指数便触目惊心了。另外在养殖禽畜中，用于治疗和预防疫病的药物残留、为提高生长速度而使用的超量微量元素和添加剂以及消毒剂都会对土壤、水源和空气构成污染。

该村禽畜养殖业污染环境的主要途径有：一是有机物的污染。禽畜排泄的粪便等废物进入土壤后转化成磷酸盐和硝酸盐，引起土壤营养富积。具体说是农户将粪、尿等废物直接抽到自家的田地（该村多种植苹果树），二是将粪尿当作农家肥、有机肥来降低种植成本；三是将处理的干粪外销（当地百姓会主动向养殖户购买动物粪便以作有机肥，按照每立方米一定金额来计算价钱），但过量的有机肥会造成土壤富营养，用海头村方言讲就是：把树"烧"坏了。

这种还田方式的优点，一是可实现畜禽养殖场粪尿零排放，投资省，不耗能；缺点是受条件限制，施用不当会造成水体污染；二是水体污染。当地农户偷偷将尿抽入河中，造成水体发黑，不再清澈；此外，将尿抽到田地中，废物会渗到地下，污染地下水源；三是空气污染。夏季，猪场、鸡场气味十分明显，距离村落太近，会直接影响到村民生活，这些有害气体的扩散范围为 500 米，不仅会对禽畜本身的生长发育产生影响，而且还会危害人们的健康；四是微生物的污染。患病或隐性带病禽畜会排出大量的致病菌和寄生虫卵，处理不当会成为传染源或传播疫病，海头村养猪户表示冬天口蹄疫菌种通过空气传播十分迅速，"一般这家患病，马上邻村的、附近的都免不了患口蹄疫的。"村民这样表述。

海产养殖业是海头村养殖业体系中另一组成部分，主要经营海参、鲍鱼、扇贝、虾类 4 类海味的规模养殖。目前，海头村 5 家海产养殖户（只经营海产养殖，不存在畜禽、海产养殖同时进行的情况），4 家仍在继续经营，1 家因征地原因停止经营。

靠海吃海，海头村民抓住海产养殖业具有资源便利、收益高的特点，不断发展该行业。但随着养殖密度不断加大，一味追求高产高效的养殖措施对养殖水环境（尤其是养殖池子底部环境）造成了很大污染，使得人工养殖的海产品长期处于应激状态导致其生理功能紊乱，生长缓慢，免疫功能下降，并逐渐感染疾病，甚至死亡，影响了产品产量和质量，对养殖水体造成了一定的污染。养殖户表示每个池子每天都要更换新鲜的海水，排出的废水直接通入大海，免不了会造成海洋污染。

海头村的养殖池中的污水大多未经任何处理就向外界环境排放或被养殖单位循环利用，成为一个不容忽视的污染源头。其污染主要为，一是池子底部淤泥积累造成的污染。养殖池既是海产品的生长环境，又是其分泌物、排泄物的处理场所。大量饵料投入池塘，残饵和水生生物的粪便、尸体无法排泄出来，沉积于池子底部，形成一层黑色淤泥；二是滥施药物造成的药物污染。由于村民对于水产疾病防治技术及用药知识匮乏，许多人使用廉价、残留严重的农药、鱼药及化工原料，造成了养殖水体的严重污染。而且，各种人药、兽药中的抗生素、激素类药物近年来在海产养殖业上的应用，虽然对治愈疾病产生一定作用，却在很大程度上破坏了水环境和动物体内的微生态平衡；三是残饵过多造成的饲料污染。海头村均为传统养殖池子，因追求高产高效，放养密度普遍较大，且多人工投喂青绿饲料和植物性原料饲料，所投饲料在水体中流失较多，利用率低，增加了水体中有机物的污染量。

### 三 私人石灰窑等对农村环境的破坏

如今政府对环保治理越来越严格，高污染高能耗的农村私人小工厂被取缔，原农村被破坏的生态环境逐渐恢复，但其对于环境破坏的影响仍然没有完全消除。

山东省潍坊市昌乐县五图镇泉二头村，曾建有私人石灰窑工厂，能耗大、资源利用低，对环境造成极大破坏。如今已被关闭停产，而泉二头村受其影响的环境仍处于恢复期。该石灰窑建于泉二头村的西南方向，与村庄有大片农田相隔。该窑建造前为泉二头村的荒坡，表土不平，村民往来较少。且由于该村外出务工劳力较多，村民年龄结构日趋老龄化，此地大片区域常年闲置，不用于农业生产。建造的石灰窑靠近公路，但与公路仍有一段距离，主要依靠外来运输的原料进行再次加工，成品由汽车转运外地。为掩人耳目，石灰窑挖取低洼位置建造，周围以较高的土坡作为遮挡。

该村闲置的土地和较好的地理位置，为石灰窑的建造提供了可乘之机。从某种意义上而言，石灰窑的供给解决了附近的石灰消费需求，使厂主获得了可观的经济收益。生产设备的低投入和廉价劳动力，降低了石灰窑的整体成本。私人小工厂的局限性是以获取短期的利润最大化为发展的主要方向，并非立足于长远的发展目标。作为生产者的石灰窑工厂，注重了经济效益，忽视了社会效益。

由于追求利润的盲目性，使村民承担了健康风险，也会产生不可忽视的环境破坏问题。

首先，是生产工艺落后。现环保石灰窑多为钢结构立窑，对多种系统安装有严格要求。泉二头村的石灰窑为私人违规小工厂，外层搭建以石头和砖等垒制而成。地处农村，因较小的生产规模和承担随时被环保部门取缔的风险，使其生产石灰的设备购置简陋。且资金以私人投入为主，难以支付高昂的废气净化等环保设备。落后的生产工艺使工厂处于粗放型生产，利润空间较小，产品多数情况下作为中低端材料使用。而且工人缺少防护工具，近距离接触污染物，受危害的浓度和时长远远超标。

其次，会产生有害气体和粉尘。泉二头村的石灰窑在烧制过程中会产生烟雾，农村照明设备并不如城市覆盖面广，为避免引人注目，有时在夜间生产。烟雾伴有硫黄等刺激性气味，并随风向扩散至村庄。由于该村仍以农业生产为主，兼有将私人种植的树木砍伐转卖以赚取利润的行为，使村民没有更好地认识到健康问题。且石灰窑和村庄相距途中的其他绿植，吸附一定有害物质，使村民对空气污染感知并不强烈，而绿植防护收效较微，且并不能从根本上解决污染源的存在和扩散，造成污染日益严重。由于在石灰运输过程中，防护遮盖措施简陋不完善，易扬起粉尘，途经地势起伏较大的土坡时，会散落石灰等材料。石灰窑附近地方尤其严重，地面基本已被厚厚的一层石灰覆盖，石灰覆盖厚度以石灰窑为中心向周围减少。

最后，是占据农田，污染农作物。农作物本身具有吸附净化能力，但其能力有限。且农作物的土地、大气、水源生存环境受到污染，有害物质利用农作物间接沉淀于人体，使村民和购买的消费者均受害。石灰窑占据土地，原本较为荒芜的地表更加寸草不生。周围土地由于汽车的运输碾压、存放原料和人员走动，破坏了原有地貌，致使土地硬化，原有耕地以石灰窑为中心向外衰退。耕地面积的减少和农作物生存环境的恶化，进一步引发减产。由于生产、运输过程中遗落的石灰粉尘，覆盖土地表面，被植物吸附，使植物的状态明显弱于正常情况。

## 第三节　美丽乡村建设经验与措施

美丽乡村是将科学发展作为建设导向，通过农业发展，环境改善和文化传承等目标的推进，结合全面与协调化的工作部署，建构乡村建设的评价体系，可以在真正意义上实现安居乐业和天蓝水净的乡村环境。当前，我国农村不再以环境污染为代价追求高速度的经济发展，而是在保护和美化环境的基础上追求绿色发展。美丽乡村不仅仅是蓝天白云、清澈的河流、葱绿的树木，更表现在乡村发展水平不断提升、农民经济收入增加、农民科学文化素质提高，实现乡村和谐发展等方面。

### 一　乡村建设新模式——美丽乡村

美丽乡村，强调必须树立尊重自然、顺应自然、保护自然的生态文明理念。

美包括自然美和社会美，是指能让人产生舒适、愉悦、振奋、满足的一种特殊属性。美丽是指所有一切让人产生美好心情和身心愉悦的事物。乡村是农民生活的集聚地，是农民社会生活和农村经济社会发展的基本载体。美丽乡村的内涵概括起来包括三个层次：一是生态良好，环境优美，布局合理，设施完善；二是产业发展、农民富裕、特色鲜明；三是人文素质提高，形成文明道德风尚。而生态保护型美丽乡村，主要是指在生态优美、环境污染少的地区，拥有自然条件优越，水资源和森林资源丰富的特点，具有传统的田园风光和乡村特色，生态环境优势明显，可以把生态环境优势变为经济优势，适宜发展生态旅游的乡村。

从可持续发展的角度分析，生态保护型美丽乡村建设需要走生态文明、循环经济、长期受益之路，需要引进高科技手段、利用新能源技术、创新新农业生产流程。这是"美丽乡村"建设工程的基本要求，是确保"美丽乡村"的运行的利国、利民、利未来的必要条件。美丽乡村关系到"十三五"时期发展目标的实现，十八届五中全会强调，实现"十三五"时期发展目标，破解发展难题，延续发展优势，必须牢固树立并且贯彻创新、协调、绿色、开放、共享的发展理念。统筹推进经济、政治、文化、社会、生态文明和党的建设，确保如期全面建成小康社会。美丽乡村建设是美丽中国建设中的重要组成部分，是全面建成小康社会的重要举措，是新时期顺应社会历史发展潮流的升级版的新农村建设。建设美丽乡村是统筹城乡发展，解决"三农"问题的必然选择。

提高农村的生态环境状况是建设美丽乡村非常重要的内容。农村生态环境的改善与维护不是一蹴而就的，这是一项长期而艰巨的工程，农村生态问题涉及经济、文化等各个方面，这就需要社会各方的协调配合，共同发力，根据当下农村的现实情况制订合理有效的策略才能使农村生态环境得到改善，美丽乡村的建设才具有现实的可能性。

第一，要加快创新，推动绿色发展。要加强科技层面的创新，农村生态环境的改善归根到底是要加快经济发展方式的转变。告别过去的粗放式经济发展之路，要因地制宜，走可持续发展之路。农业农村现代化发展和农业循环经济的建设要依靠现代农业技术的投入。通过加大对农村地区经济发展的资金投入，政策倾斜，引进知识水平较高的人才增强农村地区的创新能力。要创新农业生产方式,加快农业发展的机械化、规模化的进程,减少农业生产过程中的污染,实现农业的绿色发展。要提升乡镇企业的创造活力,延长农产品的产业链,增加农产品的附加值,对废弃物进行合理有效利用,在保护农村的生态环境的同时促进经济的发展,为美丽乡村的建设提供经济基础。推动农村生态文明的建设还要转变思想观念,传统的思想对社会主义新农村的发展作用较小。农村要加强与外界的交流,借鉴其他地区的发展模式,综合考虑本地的特点,形成独特的发展之路。改变原有的靠天吃饭图安稳的观念,勇于挑战传统,突破传统思想的障碍才能获得新的发展,积极接受新生事物,合理利用自己的资产,使之发挥最大作用而不是存在银行里。利用互联网、电商等拓宽农产品的市场与销售渠道。转变农民的生态价值观,增强农民的生态保护意识。通过思想观念的创新为农村经济绿色发展提供精神动力与智力支持。

第二,政府相关部门要加大对农村生态文明建设的支持。完善相应的政策与制度。农村生态环境的改善离不开政府的大力支持。相关的部门制订切实可行的政策支持农村的发展,使农村生态的改善有政策依据。完善与生态保护相关的制度,比如优化生态补偿制度,让生态保护的收益内部化,使保护者得到补偿与激励,实现生态环境保护行为的自觉自愿,能够可持续地坚持下去,建立起生态环境保护的长效机制。实现农村绿色发展的长远目标。还要完善与生态相关的立法。在依法治国的背景下,法律的作用越来越重要。制订完善相应的生态法案,发挥法律强制力、权威性的特点,用法律来规范人们对自然、生态环境中的行为是实现绿色发展的重要保障。加大对《环境保护法》的宣传力度,使农民形成相应的保护环境的法律常识,自觉保护生态环境。在建设农村的生态文明的过程中,还要加强对相关主体的监督。政府要积极发挥职能,推动生态文明建设,通过走访、调查等形式对农村企业进行了解,监督会产生污染源的企业工厂,对于表现好的企业可以进行适当奖励,对于排放污染环境的废弃物的企业要严肃处理。同时要监督农民,在农业的生产过程中,严禁露天焚烧,随意处理化肥农药,从源头上减少污染,优化农村生态环境。

第三,乡镇企业作为振兴农村经济的重要力量,也是保护生态环境的重要力量。乡镇企业家要有生态意识,责任意识,大局意识,明确企业的环境责任,不能为了自身企业的发展而污染环境。加大对自身企业的资金投入,引进净化污染物的设备,实现工业生产的废物、废水、废气的达标排放,实现无害排放,控制自身对自然的损害行为,自觉维护自然界的生态平衡。我们需要转变发展模式与产业结构,发展污染少的绿色产业,发展循环经济,实现可持续发展,在节约资源保护环境的同时,提高经济效益与自身的竞争性。企业还要用自己在当地的影响力宣传相应的生态保护知识,形成正确的舆论导向,正确引导农民的生产行为。

第四,农民是农民生态文明建设的主体。农民群体也要提升自身的素质,为生态文明建设贡献自己的力量。农民要增强对生态保护的意识,在农业生产之余,农民群体要加强自身素质的提高。采取各种措施,促使农民。(1)通过手机、电视、报纸、广播等渠道,将传统媒介与新兴媒体相结合,学习相关生态知识,尽可能多地了解破坏生态的危害性与严重性,在平时的生活中形成良好的生产生活习惯,自觉保护生态环境;(2)定期学习相应的生态法律,增强法律意识,知道破坏生态也是一种违法的行为;(3)学会用长远的眼光看待问题,不能为了一时的经济利益而去破坏生态环境。观念先进的农民也可以自发组织一些宣传讲座,或者通过戏曲、相声、小品等大众喜闻乐见的形式向周围的人宣传生态环境的知识,形成良好的保护生态的氛围;(4)农民要节制自己的农业生产行为,在生产过程中要合理适度开发自然资源,不乱砍滥伐,保护森林资源,使森林能够发挥应有的生态功能,提高环境的承载力。减少农药化肥的使用,使用绿色有机肥,减少对土壤、水质、大气的污染,发展绿色农业与循环经济,实现农村的可持续发展,建设良好的农村生态环境;(5)农民长期生活在农村,还要养成良好的生活习惯,保护农村的生态环境,通过学习和自身素质的提高,改变原来的生活方式,到固定的垃圾场扔垃圾,自觉对垃圾进行分类投放,对有害有毒的垃圾进行合理处置,不乱排放生活废水,实现生活方式的绿色化,提高自身的生活品质,为美丽乡村的建设贡献自己的力量。

第五,良好的生态环境是建设美丽乡村的重要指标。把生态文明理念融入美丽乡村的建设之中,及时推进生态文明建设的基本要求,也是新时期美丽乡村建设的应有之义,并为美丽乡村的建设奠定坚实的思想基础。在乡村振兴战略的大背景下,相信生态文明建设将会得到更加快速的发展,美丽乡村目标的实现将会更近一步。

### 二 农村生态保护的出发点

生态文明是人类为保护和建设美好生态环境而取得的物质成果、精神成果和制度成果的总和,是贯穿于政治建设、经济建设、文化建设、社会建设全过程和各方面的系统工程。良好的生态环境是人与社会发展的基础。农村是中国的重要组成部分,美丽乡村则是美丽中国的基础,因此,要建设美丽中国,首要的任务是全面提升农村的生态环境,改变农村落后的面貌,将农村建设成为生态良好、环境优美的乡村,提升农村的宜居水平,建设美丽乡村。当下,我国在农村生态环境建设中还存在很多不足,这影响着美丽乡村与美丽中国的建设,所以我们应将生态文明的理念与美丽乡村建设相融合,实现人与人,人与自然,人与社会的和谐发展,为美丽乡村建设工作打下坚实基础。

农村的生态文明建设与美丽乡村是相辅相成的,良好的生态环境是美丽乡村建设的基础,而美丽乡村建设的深入进行能够促进农村生态环境的进一步改善。同时,农村生态环境的改善将会对美丽乡村建设的政治、经济、社会文化等发展产生较大的影响。

随着中国社会的快速发展,经济发展水平的提高,人们的生活质量大大提高,对生活各方面的要求也随之提升,也更加追求健康的生活方式,对水果蔬菜等各种农产品的品质要求越来越高。良好的生态环境能够为高品质农产品的种植与培育提供基础,能够生产出更多绿色健康的产品,满足广大消费市场的需要,提高农村的收入水平。同时农产品的绿色发展可以有效推动农村产业结构的转型,延长产品的产业链,实现农村经济规模化产业化发展。良好的生态环境为农村提高土地资源、水资源、生物资源的利用率,为农业发展提供坚实的物质基础。随着农村生态环境的改善,农村的经济将得到快速发展,为美丽乡村的建设提供经济保障。

山东某乡镇号称是中国吹塑第一镇,在这个响亮名号的背后是严重的污染现象,由于过度生产塑料,当地的水质遭到破坏,地下水污染严重，居民饮用水必须去买经过过滤的净化水，传统的自来水生产过程已经无法过滤出水中的有害物质。这种以牺牲生态环境获取经济发展的方式是不可取的。绿色发展理念在城市中虽然得到了较好的践行，但农村地区的居民生活环境较城市来说相对落后，农民的知识水平普遍较低，还保留着原来的生活方式，绿色生活在农村还是一个较为陌生的词汇。农村的基础设施较为落后，一些生活垃圾会就近处理掉，甚至随意倒在河边路边，很少会进行垃圾分类，使农村的生活环境很差。同时，一些废旧电池等有害垃圾不经处理直接扔掉，会对土壤，水质，大气造成较为严重的污染。生活产生的废水也会不经处理而直接倒掉，污染空气和水质。

在一些相对落后的农村地区，村落相对分散，这在无形之中扩大了污染的范围。在冬天，一些农村仍然会通过燃烧煤炭取暖，也加重了大气污染。由于过度开采自然资源，农村地区也出现了自然灾害。一些农村过度追求经济利益，随意开垦土地，对土地资源没有合理规划，造成土地的生产力下降，造成农民弃耕，土地荒废，久而久之就会造成土地荒漠化。为了扩大耕地，农民会砍掉树木，林地变成耕地，使林地原有的防风固沙，保护地表的作用减少，风沙天气变多，地表裸露，土地沙化，严重的地区还会造成水土流失与泥石流。围湖造田的现象也较为严重，为了方便灌溉，很多农民会在湖泊、河流周围进行耕种，湖泊河流的面积逐步减小，淤积严重，蓄洪泄洪的作用减小，在汛期来临的时候，河流湖泊发挥调节洪水的作用较小，会造成严重的洪灾。这些都是存在于农村中的生态问题，若不加以合理的治理，农村地区的生态环境将会进一步恶化。

随着社会主义新农村建设以及教育的发展，绿色发展理念在农村的一些地区得到了践行。一些农村绿色产业得到了发展，通过供给侧结构性改革，大力发展旅游业、花卉、林下经济，深入贯彻"绿水青山就是金山银山"的思路。在延长农村经济产业链中，实现了企业与农户的联合，促进农村地区第一二三产业融合发展。

可以看到，近几年，中国农村的面貌得到了较好的提升，基础设施逐步完善，道路、水电、通信、居住环境与以前发生天翻地覆的变化。垃圾分类投放回收，沼气的使用，现代化农业科技的应用使农村的生态得到了较好的改善，生活环境更加干净整洁。乡镇企业走向规模化，生产过程中的废弃物得到有效处理，大大减少了污染源。同时，随着生活条件的逐步改善，农民接受了更多的思想教育，保护环境、绿色发展的理念在农村传播开来，农民也在努力实现生产发展、生活富裕、生态良好的目标。社会主义新农村的建设使农村的生态环境得到了很大的改善。

### 三　构建美丽乡村的措施

习总书记指出：生态兴则文明兴，生态衰则文明衰。环境就是民生，青山就是美丽，蓝天也是幸福。我们要像保护眼睛一样保护生态环境，像对待生命一样对待生态环境。对于生态环境破坏日益严重的今天，为了保护生态环境，制订生态保护方略势在必行。美丽乡村，值得时间去验证，是造福千秋万代的伟业。

（一）构建美丽乡村的行动纲领——制订生态环境保护方略

构建美丽乡村的行动纲领，为进一步行动做出了明确指示。这一纲领有利于人们提高环保意识，承担环保责任，自觉履行环保义务，建设良好的生态环境，保护人的生命健康，提高人们居住水平和生活水平。同时，有利于促进人与自然关系的和谐，可以推动人与自然和谐相处的现代化建设新格局的形成。

制订生态环境保护方略要顺应时代发展要求。对生态环境的保护与美丽乡村的建设具有指导意义，有利于经济社会健康有序发展，建设生态文明社会，建设美丽乡村、美丽中国，并为后世开创文明、和谐、充满活力的生态环境。乡村建设与生态保护应齐头并进，生态保护方略是基石，坚持并贯彻执行所制订的基本方略有助于共筑中华民族的美丽乡村、建设美丽中国，让生活在乡村的村民既能享受现代化物质文明，又能置身和谐自然的生态美景。如此，方得青山长翠，百鸟长鸣。

对于美丽乡村建设，不能仅仅停留在"搞搞清洁卫生，改善农村环境"的低层次认识上，而应该提升到推进生态文明建设，加快社会主义新农村建设的高度上。生态文明建设对美丽乡村建设具有重大的意义，我们理应将生态保护寓于美丽乡村建设中去，加强生态保护，促进人与自然和谐发展，以推动美丽乡村建设的进程。建设美丽乡村，必须尊重自然，保护自然，合理利用自然资源，使生态与经济和谐发展。

(二)构建美丽乡村的现代路径——生态与经济和谐发展

构建美丽乡村,其一,需要加强乡村水利工程建设。服务"三农"始终是水利工作必须要加强的重点,要紧紧围绕美丽乡村建设的战略部署,保障农民的饮水用水安全;改善乡村的水生态环境;减少河水污染,保护好河流生态系统,提高河水的自净能力;加快发展农村水电,推动水利工程建设。

建设节水型社会是解决我国干旱缺水问题最根本、最有效的战略举措,这对美丽乡村的建设同样有效。通过宣传教育提高人们的节水意识,改变不良用水习惯;完善农作区的灌溉和排涝体系,发展喷灌、滴灌技术,提高农业用水的利用效率,节约农业用水。

其二,需要优化水资源配置,减少水资源污染。水污染主要包括地表水污染和地下水污染这两大部分,因此,要减少水体污染,就要着重对这两大部分进行管理。坚持"先节水后调水、先治水后通水,先环保后用水"的原则。在美丽乡村建设过程中,工厂要做好废水污水的净化,控制污水排放量,控制地下水开采量,集中设置排污点,污水净化处理点。

(三)构建美丽乡村的动力来源——实现农村现代生产方式变革

实现农村现代生产方式变革,首先,要推动农业规模化经营进程。要加快乡村土地流转化进程,将农作区集中成片,进行土地复垦,提高土壤肥力,加快农田水利工程建设,发展农业适度规模经营,进行高标准农田建设,保护发展规模农业、生态农业、循环农业。创新农村土地制度改革,规范土地的合理有效利用。

其次,要合理使用化肥农药。要推广生态肥料,绿色肥料和有机肥,减少化肥农药的使用量,提高化肥农药的利用率。健全农药配送管理制度,严格防止高毒素、高残留的不合格化肥农药进入土壤。也可以通过秸秆还田等生态措施提高土壤肥力。

再次,要加强绿地建设,植树造林种草。要因地制宜,种植特色农作物,既可美化环境,保护土壤,又可作为观赏性植物作为美丽乡村发展的特色,发展特色旅游业。正所谓"一方水土养一方人",人类在与自然界的长期相处中,由于不同的地域条件和自然环境,会不断产生出适应自身发展的人文风情,建筑特色。

最后，要运用科学的宏观调控对企业进行治理。对于违规排放工业废气的企业，不仅要采用经济手段对其进行处罚，还要运用法律手段，制订相应的法律法规，对违法违规行为进行法律制裁。

（四）构建美丽乡村的现代意识——凝聚社会发展的共识

要凝聚社会发展的共识，第一，提高农民的环保意识。农民才是乡村的主人，美丽乡村的建设离不开他们的辛勤工作与努力，生态保护也一定要动员农民广泛参与。要加大生态环保的宣传力度，耐心引导农民，增强他们建设美丽乡村的责任感，自觉去保护生态资源，保护乡村环境。提高农民的整体素质，引导他们转变观念，走可持续农业发展之路。

第二，提高企业的环保意识。完善废水污水排放体系，减少废弃废水的排放，生产生态环保的产品，发展清洁生产和循环经济，转变企业增长方式，促进生态环保可持续发展。

第三，政府自身也要提高环保意识。坚持科学发展观，坚持资源节约和环境保护的基本国策，合理规划乡村生态保护体系，将乡村生态文明建设列入国家总体规划治理体系中去，制订生态补偿机制，加大资金、技术支持，制订相应的环保法规，做到有法可依，有法必依。切实保护好乡村的生态环境，为美丽乡村的建设奠定良好的基础。

建设生态文明，是关系人民福祉，关乎民族未来的长远大计。生态文明与美丽乡村建设是息息相关，相辅相成的。生态文明是相对于农业文明、工业文明而言的一种社会经济形态，是比工业文明更进步更高级的人类文明新形态。要想做好美丽乡村建设，必须采取合理措施加强生态保护，促进人与自然协调发展，实现经济、政治、文化、社会、生态五位一体全面发展。

# 第四篇

# 生活富裕与农民生活方式改变

乡村振兴，必须走城乡融合之路，推进健康乡村建设，持续改善农村人居环境，推动共同繁荣的新型工农城乡关系，确保农民受益，促进农村公共服务和社会事业达到新水平。本篇内容主要从城乡融合机制构建与农民生活、农村新农合与卫生保健、农民居住与环境改善、农民收入与农民消费观念改变等方面内容展开。

# 第 一 章

# 城乡融合发展与农民生活

2017年12月，中央农村工作会议提出：必须走中国特色社会主义的乡村振兴道路，要求重塑城乡关系，走城乡融合发展道路。这是对马克思主义城乡融合观的重大发展。习近平总书记指出"建立健全城乡融合发展体制机制和政策体系，加快推进农业农村现代化"[①]，这为城乡未来发展做出了新的规划和展望，为乡村振兴指明了方法和道路。城乡融合是城市化发展到一定阶段的必经之路，是社会经济发展到一定阶段的必然要求。建立健全城乡融合发展体制，推动新型城镇化建设，实现城乡发展一体化，是解决"三农"问题、实现乡村振兴的必由之路。从现实来说，城乡融合体制机制创新在于打破城乡二元制结构，实现资本进农村，资源要素进农村，这样最终才能实现城乡一体化发展。

## 第一节 新时代背景下的城乡融合发展

改革开放后，特别是在20世纪80年代末期，由于历史上形成的城乡之间隔离发展，各种经济社会矛盾出现，城乡发展的二元制结构有加重的趋势。在当下，我国经济发展进入新的阶段，城乡融合问题更加成为经济社会发展过程中不可忽视的问题。因此，当前重视城乡融合发展，实现城乡生态环境的有机结合，促进城乡健康、协调发展具有重要的意义。

---

① 摘自习近平总书记在中国共产党第十九次全国代表大会开幕式上所作的报告。

## 一 城乡融合提出的必然性及意义

新时代,城市和乡村的协调发展是国家发展中不能忽视的问题。社会主义的主要矛盾已发生变化,这也对城市和乡村的发展提出新的要求。无论从理论还是现实中来看,城市和乡村的融合有必然性。二者需要在新的社会形势之下,实现共同发展。

从促进城乡协调发展的"统筹城乡发展"的理论到"城乡发展一体化"的理论,充分发挥工业对农业的支持和反哺作用、城市对农村的辐射和带动作用,建立以工促农、以城带乡的长效机制,表明我国加大了统筹城乡发展力度,也在一定程度上促进了城乡共同繁荣。

近年来,虽然我国现代农业发展进程加快,农村面貌发生了巨大变化,城乡二元结构问题得到改善,但现实情况是,我们仍然可以清晰地看到城乡之间的差距,城乡之间融合还存在着很多的问题,发展要素在城乡之间的流动受到诸多限制,制约着城乡融合发展。据有关报告显示,2017年,我国城乡居民人均可支配收入比为2.82:1,农村居民的消费水平仅为城镇居民的36.8%,农村的基础设施与公共服务远不能满足人民日益增长的美好生活的需要。城乡基本公共服务与基础设施标准差距依然较大,城乡教育和卫生发展严重不均衡,阻碍了新时代农村居民生活水平的提升。

当前,我国正处于快速城市化进程中,大量农村人口迁往城市,农村人口越来越少,农村财物向城镇集中,这也就导致了部分农村出现了空心化。如何解决农村空心化、如何保持农民基本生产生活秩序,如何为农村提供城乡均等的基本公共品,事关中国现代化大局。

城市、乡镇、农村融合发展是一个历史必然。在新时代背景之下,党的十九大提出了"乡村振兴战略""建立健全城乡融合发展体制机制和政策体系,加快推进农业农村现代化"的理论,是新形势下党中央对城乡关系的再定位和对乡村发展的重视,是对未来新型城乡发展关系做出的重大战略部署。它更加强调城乡之间地位平等,为新时代乡村的振兴指明了方向,是加快推进农业农村现代化,实现乡村振兴的重要指导方针,所以说,构建城乡融合发展体制机制是解决现阶段我国社会主要矛盾的必然选择。

城乡融合是多方面的融合，不仅体现为城乡经济的融合，也体现为空间、基础设施、公共服务、生态环境的融合。空间融合是城市与乡村吸收对方的优点并相互渗透，城市要有美景与生态，乡村要基础设施健全与生活便利。经济融合是要突破城乡二元结构的束缚，城市和乡村各自形成独立而又有特色的经济发展方式。产业融合是指通过城市和乡村产业的协调，形成一个优势互补、发展协调的产业布局体系。城乡基础设施建设融合是要把城市和农村作为一个整体，加大对农村基础设施的投入。公共服务融合就是要力争实现公共服务均等化，积极推进城乡教育、医疗、社会保障一体化。城乡生态环境融合就是要实现城市和农村生态、能量良性循环，严格控制污染源，使城市生态环境乡村化，乡村环境城市化。

**二 城乡融合发展的存在问题及出路**

在推进城乡融合的过程中，一方面，有着推动力和催化剂，存在着现实条件和基础；另一方面，推进的过程不是一帆风顺的，也面临着一些现实因素的阻碍。

(一) 城乡融合发展的现实条件与基础

党的领导是城乡融合发展强有力的政治保障。我们具有集中力量，统筹资源办大事的社会主义制度，为推进城乡融合发展提供了制度优势。中国共产党是领导核心，具有总揽全局，协调各方，把方向，谋大局，定政策，促改革的能力。党的坚强领导为城乡融合发展提供政治保障，为推进城乡融合发展提供了政治优势。党的领导和社会主义制度为城乡融合发展提供了强有力的政治保障。

农村的发展潜力是城乡融合发展的有力增长点。农村的生态环境优于城市的生态环境，加之生态资源丰富，为乡村旅游的出现奠定基础。全国各地具有良好生态环境的农村，发展生态旅游取得了较好的经济收益。前往农村旅游的人大多来自于城市，这也就促进了城乡之间的融合发展。农村生态旅游的发展，一方面，促进了产业创新，促使出现新的业态，促使农村经济发展；同时也促进农业农村功能和价值发生巨大变化，彰显出乡村的发展潜力，人们向往乡村、振兴乡村的意识日益增强；另一方面，农村和旅游融合发展的理论创新，为城乡政治、经济、文化、生态全面融合发展提供了理论参考。

中国当前的经济发展构建了城乡融合发展的物质基础。进入新时代，我国已成为世界第二大经济体，综合国力显著提高，特别是农业现代化能力进一步增强，这为城乡融合发展提供了物质支撑。农村的基础设施如农村电网、乡村道路、居民住房等条件以及教育医疗等公共服务水平都有了很大提升，交通可达性以及互联网覆盖率的大幅度提高，为乡村振兴提供了良好的基础条件，也为城乡融合发展提供了强有力的物质支撑。

（二）城乡融合发展面临的问题

城乡融合过程中面临的最主要问题是城乡二元结构问题。改革开放以来中国城市化快速发展，工业化、城镇化迅速推进，大城市、小城市、城镇无论是在经济还是在社会的各个方面都取得了重大进步，特别是 20 世纪 90 年代以来，主流文化进城，以及城乡人口流动，大量农村剩余劳动力进入农村，城市居住人口迅速增多，城市规模扩大。但与此同时，城乡发展出现明显的失调，城市人口密集率急速提高，伴随着出现交通拥挤，住房紧张，环境污染等一系列的城市问题，而农村却存在大量土地闲置荒芜，造成资源浪费。

城市化过程中，国家把建设社会保障的重心放在了城市，把大量的财力、物力投入到了城市的社会保障建设中，导致城市社会保障体系较为完善，居民的生活可以获得基本的保障，而进入城市工作的农民工受户籍制度等各方面的影响不能享受到城市的社会保障。农村社会保障体系中存在一系列的问题，农村社会保障制度覆盖面窄，水平低，改革滞后且在推行过程中受各地区具体状况的影响，落实效果产生偏差。

城乡融合发展过程中，城市居民和农民生活水平等也出现严重的两极分化。城市经济发展水平高，拥有学校、医院、交通、通信等一系列完备的基础设施，以及体育馆、剧院、电影院等娱乐场所，追求衣食住行各方面的高质量，居民生活水平高，而农村生产力水平低下，进而造成农民的生活水平落后。

城乡二元结构对城乡融合发展的制约在长期计划经济和城乡建设路径的影响下，所形成的"二元思维""二元观念""二元经济""二元社会保障""二元户籍制度""二元就业制度""二元基本公共服务"等城乡二元结构，在短时间内无法真正消除，还将在较长期时间制约着城乡融合发展的进程。

目前城乡管理职责交叉、部门分割、权责脱节和效率不高的问题仍比较突出，多头管理、无人管理的情况还存在着。行政运行和管理制度不健全，中央和地方财权和事权的不匹配现象突出，也会在一定时期制约着城乡融合发展的进程。

人才缺乏也是城乡融合发展的制约因素。城乡融合首先是农村要有发展的推动力，在农村能够形成良好科学的种植体系。但是由于缺乏培养种植人才、经营管理人才、精深加工人才，使得农村的种植体系并未形成较好的局面。在推进城乡融合的进程中，比较缺乏懂"三农"工作人才。当然，既懂得"三农"工作，又懂得城市发展工作的人才更是少之又少。可以看到，城乡融合发展进程中，具有战略思维、大局视野，能着眼于城乡融合发展美好愿景并进行谋篇布局的复合型人才是很少的，这也在一定程度上影响着融合的进程。

推进城乡融合是一个渐进的过程，不是一蹴而就的，切忌急功近利，反对只顾一味地追求速度而不顾人民意愿，不求质量的做法。要循序渐进，走好每一步。

（三）城乡融合发展的前途与出路

推进城乡融合，要建立健全城乡融合发展机制，致力实现城乡发展一体化。构建城市和乡村命运共同体，实现二者相互联系、相互服务、相互补充，最终达到不再是城市一头发展，而是城市带动农村共同发展，促使城乡共同体在经济、社会、资源等方面持续稳定发展。解决农业农村发展不平衡、不充分问题，实现乡村振兴，促进全面小康社会的建成。

在发展的同时要加强环境及资源的保护。不可为了经济利益而过度开发，采取利用与保护相结合的发展模式，推动农村的可持续发展。深入推进农业供给侧结构性改革，质量兴农、绿色兴农，提高农产品质量，从以增产为导向到以提质为导向，转变农村经济发展方式，推动农村经济发展和实现乡村振兴。政府要转变经济政策，制订向乡村倾斜的扶持性政策，改变由市场规律导致的资源要素全部流向城市的现象，从政府和国家层面，用政策引导农民致富，引导农村发展。

以城促农，推动城市基础设施与公共服务向农村延伸和覆盖，实现城乡基本公共服务均等化。一方面,要促进城乡教育一体化发展,实现政府主导与市场配置相结合,教学设备、教师等教育资源向农村倾斜,积极推动优秀教师在城乡间的合理流动,使农村获得更多更好的教育资源。从国家层面,教育是国家发展的大计,关系到整个民族的发展。对农村来说,推动农村教育的发展也同样意义重大。体现出农村经济发展以人为本,通过教育提高农民的素质,包括文化知识素质和道德素质,培养人才,反过来作用于农村经济的发展;另一方面,要完善农村的社会保障体系,首先政府必须给予高度重视,将社会保障的重心转移到农村,重点加强农村最低生活保障制度、医疗保险制度和养老保险制度,致力于建立城乡之间公平的社会保障制度,建立健全覆盖全民的社会保障体系,努力为农民提供一系列的基本生活保障。加强农村社会保障法制建设,将其纳入制度的轨道,使农村社会保障有法可依,使农民的合法权益得到保障。从而使农民生活有保障,农民的生产生活积极性提高,农民生活水平提高。缩小与城市在社会保障方面的差距,努力做到在农村也能享受到与城市同等的社会保障待遇,促使农民不再为了追求更好的社会保障而挤入城市,减少农村人力资源的流失,促进农村劳动力的在城乡间的合理流动。加大农村的基础设施建设,完善农村的基础设施,把城乡交通、电力、信息等方面的基础设施统一规划、统一建设、统一经营和统一管理,努力实现互联互通、共建共享,以提高资源的利用效率。

城乡融合发展的提出有其必然性和科学性。推进城乡融合具有现实意义、理论意义和实践意义,是实现中华民族伟大复兴不可缺少的重要环节。虽然在实现融合的过程中面临着重重阻碍,但是只要坚信理想信念,政府积极引导采取措施,发挥市场的导向作用,积极引进人才的多主体合作下,城乡融合定会有发展的新局面。

## 第二节 城乡融合与"三农"问题

2013年,"中央一号文件"中指出要把城乡发展一体化作为解决"三农"问题的根本途径。习总书记在十九大报告中强调:农业、农村、农民问题是关系国计民生的根本性问题,必须始终把解决好"三农"问题作为全党工作重中之重。把城乡融合作为城乡一体化的新提法,具有比城乡一体化更丰富的形式与内涵,必然对"三农"问题的解决起着重要的作用。

### 一 以城乡融合发展解决"三农"问题的契机

习近平总书记在党的十九大报告中提出建立健全城乡融合发展体制机制和政策体系,这一论述不仅对于实施乡村振兴战略,促进当前农村发展具有重要现实意义,而且也为当前城市以及整个中国社会综合协调统筹发展指明了方向。

#### (一)城乡融合发展是解决"三农"问题的重要方向

习近平总书记关于城乡融合发展论述是新时代中国特色社会主义思想中具有重要意义的理论创新点之一。从理论来说,城乡融合发展论述作为当代马克思主义中国化的理论成果,其内涵需要在思想研究中不断丰富深化。从实践来说,城乡融合发展作为一项社会发展系统工程,涉及社会政治、经济、文化生活、社会治理、生态保护等多个方面,事关整个社会主义现代化建设战略全局,因此展开对城乡融合发展论述的理论与实践研究,对于进一步丰富习近平总书记新时代中国特色社会主义思想,推动中国特色社会主义事业的发展,具有极为重要的理论意义与现实价值。

从历史上看,世界上绝大多数国家都经历了城乡发展对立与失衡的非良性状态,城乡关系因此受到了较多理论与现实研究的关注。马克思、恩格斯基于历史唯物主义立场,结合19世纪欧洲当时的社会现实对此也有过一些论述。马克思、恩格斯在其研究中认为,"城乡之间的对立只有在私有制的范围内才存在",正是由于生产力的发展,资产阶级对工人阶级的统治剥削,形成了城乡之间"中心—边缘"的二元对立格局。马克思、恩格斯同时又认为,城乡之间的对立不会是永远存在的,消除城乡对立必须具备一定物质条件和社会条件,这些条件的具备需要生产力的进一步发展,尤其是机器大工业的建立。

国外学者对于城乡关系的研究多见于经济学、社会学、历史学、文化学等方面,在发展经济学方面,有刘易斯二元经济论、乔根森二元经济模型、哈里斯—托达罗模型、缪尔达尔地理二元结构理论,这些理论尽管在表述、基本观点等方面都存在着较大的差异，但其共同关注的大多是发展中国家经济发展过程中城乡关系所面临的诸如城市化、劳动力转移、结构变迁、生态恶化、人口增长等问题。社会学和历史学研究主要有霍华德田园城市理论、沙里宁有机疏散理论、赖特广亩城理论、芒福德城乡发展观、托马斯城乡边缘区理论等，这些理论研究主要是基于发达国家的城乡关系展开，揭示在城乡关系中所面临的城市拥挤、交通不畅、乡村环境污染等方面的问题。

从不同时期看，20世纪后半期西方城乡研究主要有五六十年代的城乡协调理论，即刘易斯—拉尼斯—费景汉模型以及其后布德维尔、赫希曼等创造的增长极限理论，该理论倡导发展中国家可以通过大城市和地区性城市群的发展促进经济增长，认为这种增长可以通过"涓滴效应"扩散到乡村地区。70年代以后，利普顿对以往城乡关系理论进行批判，认为以往理论都具有"城市偏向"倾向，在此基础上，弗里德曼和道格拉斯提出了乡村城市发展战略。80年代，西方城乡关系研究则呈现出多种理论的交锋，其中朗迪勒提出了"次级城市发展战略"。20世纪90年代，麦基在研究亚洲很多核心城市边缘过程中，发现城乡之间的界限日益模糊，一种新的城市化类型由此出现。麦基的研究主要从城乡联系与要素流动的角度研究城乡关系。在现实实践方面，与我们邻近的国家，韩国20世纪70年代以后开展了新村运动；日本20世纪80年代中期以后进行了"第四次综合国土规划"，该规划计划建立"自然—空间—人类系统"，以实现城乡协调发展。

在国内研究方面，中华人民共和国成立以后，1956年，毛泽东在《论十大关系》中指出，必须协调农业、轻工业、重工业之间的关系，这可以说是这一时期最为权威的涉及城乡关系的论述。改革开放以后，我国城乡关系发展思路经历了从"城乡二元"到"城乡协调"，再到"城乡一体化""城乡统筹发展"最终到现在的"城乡融合发展"，这体现出党和国家以及学者研究关于城乡发展问题在实践中认识的不断升华过程。

就具体学者来说，费孝通较早以乡土中国为切入点论述城乡关系，他认为："从基层上看，中国社会是乡土性的，我说中国社会是乡土性的，那是因为我考虑到从这基层上曾长出一层和乡土基层不完全相同的社会。"改革开放后，骆子程在《城乡经济结合战略》一书中提出了城乡结合发展的基本内容。20世纪末，周淑莲、郭克莎、金碚等学者的《城乡二元结构下的经济社会发展问题研究》《中国地区城乡经济关系研究》，分析了如何把握城乡经济与社会发展的态势，提出了促进城乡协调发展的基本对策措施。张福信的《城乡一体化发展决策理论》分析了城乡一体化的决策实施问题。陈锡庚则在《中国城乡经济投入占用产出分析》中讨论了城乡居民收入分配、工农业生产价格"剪刀差"、农业科研等内容。21世纪以来，曾菊新的《现代城乡网络化发展模式》强调了打通城乡、资源共享、双赢共荣的思想。张平军的《统筹城乡协调发展》提出统筹城乡发展的科学内涵、机制创新及其统筹城乡发展的原则、任务、对策等。

在城乡融合发展研究方面，在著述方面，如王伟光的《走共享型融合发展之路——莱芜市统筹城乡发展研究》（2013年），该研究为地方案例研究，研究重点主要体现在共享以及统筹城乡发展等方面；郑伟达的《穿越田头市井——城乡融合发展的十个视角》，该研究为专题研究，研究内容主要是城乡融合发展的相关理念，具有一定的前瞻价值；双文元的《城乡融合型的土地整治研究——以曲周县为例》（2015年），主要以案例的形式进行了农村土地保护与利用的研究；陈燕妮的《马克思恩格斯城乡融合思想与我国城乡一体化发展研究》（2017年），该研究主要集中于马克思城乡关系思想与我国城乡一体化发展的理论关联。十九大闭幕后，主要有白雪秋等著的《乡村振兴与中国城乡融合发展》（2018年）、吴宝新等著的《北京城乡蓝皮书：北京城乡融合发展报告》等。

新时代，是党的十九大提出的新概念，是习近平总书记新时代中国特色社会主义思想的历史基础。新时代，我国社会主要矛盾已经转化为人民日益增长的美好生活需要和不平衡不充分的发展之间的矛盾。今天，党领导下的人民有条件、有能力不断实现对于美好生活需要的追求，而发展的不平衡，其中就包括城乡之间的发展不平衡。城乡融合发展论述的提出是基于新时代中国基本国情提出的，所以我们必须加强对具体国情、城乡不同发展状况以及各地发展不平衡的具体差异的把握，才能更好地理解城乡融合发展理论的内涵，并不断促进城乡的融合发展。

基于新时代中国这一理论与现实的时空交叉点上，习近平城乡融合发展论述作为一种理论创新，应该具有新的内涵，第一，"城乡"定位。

城乡融合发展所要改变的是城乡过去存在的二元对立，不是简单的城市消灭农村或者农村取代城市，是城乡两者作为独立主体发挥相互作用、实现保留各自特色、共存共荣的发展；第二，"融合"创新。城乡融合不是像过去那样彼此割裂，而是城乡在有机开放系统中不断实现高层次的信息交流、要素流动和动态发展；第三，"发展"目的。必须明确要实现什么样的城乡发展，怎样发展。城乡融合发展不再是过去那样仅仅追求经济效益的发展，而是实现政治、经济、文化、生态、社会治理等各方面全方位的互动交流与融合发展；第四，发展动力。作为传统工业文明中弱势一方的农村来说，城乡融合发展的动力就是要不断完善提升发展农耕文明，保持农村文化特色、重塑农村田园风貌，实施乡村振兴战略，建设美丽宜居乡村，实现百姓富、生态美的统一。

城乡融合发展的实践，应该进行顶层设计，逐步建立城乡融合发展的制度体系，具体包括：首先，重塑城乡关系，破除城乡居民身份地位不平等的户籍制度，建立健全全民覆盖、普惠共享、城乡一体的基本公共服务的制度体系；其次，系统制订城乡要素自由流动的制度体系，实现城乡居民基本权益平等化、居民收入均衡化、要素配置合理化、产业发展融合化；再次，探索制订城乡融合发展规划，在总的指导原则与整体规划的基础上，依据各地特色、发展差异，着力完善整体的城乡融合发展结构布局；复次，完善农村经济社会发展的基本制度，构建农村三产融合发展体系，建立农村社会保障体系，提升农村在城乡融合发展中的实力与地位；最后，加快制订城乡融合发展的文化繁荣、生态和谐的制度体系建设，全面建立促进思想文化创新的制度建设，促进生态和谐、文明昌盛的城乡融合发展。

要建立并形成保障城乡各自独立发展的内生机制，形成工农互促、城乡互补、全面融合、共同繁荣的新型城乡关系。建立形成促进城乡融合发展的经济机制。打造促进城市融合发展的城市群和不同层级的中小城市和特色小镇；加快构建现代农业生产发展体系，加快实现由农业大国向农业强国转变。建立形成符合城乡融合发展的文化机制。促进城市文明与农村农耕文明的互相促进，交相辉映。建立形成实现城乡融合发展的生态保护机制。以生态和谐引领绿色发展，实现城市绿水蓝天与乡村美丽宜居的统一。建立形成城乡融合发展的社会治理机制。使城乡成为一个动态开放的系统，实现农村与城市要素的自由流动，重视农村的基础设施建设，推动城市化、新型工业化、信息化、农村现代化的同步发展。

如前所述，城乡一体化思想在改革开放后就已产生，它是指随着生产力的发展促进城乡居民生产方式、生活方式、居住方式发生变化，使城乡的人才、资源、技术等要素相互融合，改变原有的城乡二元体制结构，使城乡在经济、政治、文化、社会、生态上保持协调发展。城乡一体化的目的在于改善城乡关系，逐渐缩小城乡之间的贫富差距，实现城乡的共同繁荣与发展。

（二）"三农"问题的解决在于城乡共同发展的引领

"三农"问题作为关系国计民生的根本性问题，与我国整体实力水平和国民生活水平有着密切的关系，"三农"问题的解决是迫切且必要的。城乡融合发展机制作为一项针对我国实际国情提出的体制，适应我国经济基础与上层建筑，一定会对解决"三农"问题做出重要贡献。

我国是农业大国，农业作为第一产业，为支撑我国持续发展提供了物质基础。但随着社会的进步与发展，我国的农业发展也面临许多问题，农业发展变革的速度不能适应社会的要求和其他产业的需要。

我国正处于从传统农业向现代农业过渡的阶段，要改变传统的人力操作，虽然各种先进的机械已被引入农业生产过程中，但农业机械化普及程度不高，机械作业水平低，生产效率低下；随着工业化的普及，能源资源消耗加快和污染排放加剧以及农药的使用，导致土地及周围环境被污染，土质被破坏，也造成了农产品产量和质量的降低；个体小规模经营的土地，专业化和标准化程度低，作物产量低，质量差，农民付出和收入不成正比，农民积极性不高，最后往往是被私人企业大规模收购为建筑工厂、养殖场等，造成可用土地资源的减少。

由于对农业生产的积极性的丧失，大多数年轻的劳动力进入城市打工，造成农村的劳动力不足，老人的赡养得不到保障，留守儿童的现象也日益突出；经济发展的落后使得农村基础设施的配备与城市相比还有较大差距；社会最低保障制度的普及还不够完善，居民基本权益得不到很好的保障，出现很多农民看不起病的现象；农村对教育不够重视，失学辍学率较高，对高等教育认同感低，农村人难以通过上学改变自己的命运。

农民由于素质教育的普及程度较低，思想观念较为保守传统，普遍存在逆来顺受、消极认命的人生态度，对科学技术、法律知识的认识薄弱；农民的生活较为封闭，掌握的知识技能有限，不能及时了解市场经济动向来准确调节农业生产活动，使付出和收获不一定成正比，造成劳动力的浪费；农民的生活质量较低，有些甚至连物质层面的需求都无法满足，更不要说精神层面的构建，与城市居民的生活有着较大差距。

解决"三农"问题不能局限于从乡村本身思考乡村的发展问题，还要把未来乡村发展与城镇发展作为一个有机的统一整体来看待。农业、农村、农民面临严峻的形势和很多急需解决的问题，它需要党和人民的共同努力，也需要一个科学的理论制度体系来指导。

强调城乡融合，本质上是改变城乡二元对立局面，寻求城乡共同发展。不难看出，城乡融合发展对于城市和乡村是双向互利的，但更大程度上来说对乡村的惠及更甚，对乡村振兴有着积极的推动作用。实现人才、资源、技术等要素的融合，将先进的生产力和科学技术引进农村，无论是对农业生产质量和产量的提高，对农村美丽乡村的建设还是对农民生活水平的提高，以及进一步缩小贫富差距，都有重要的积极意义。

## 二 以城乡融合发展解决"三农"问题的现实障碍

在推动城乡融合发展，解决"三农"问题的过程中，不仅有机遇，还要面临很多挑战。分析发展过程中的障碍因素，有利于改变城乡发展的不平衡不协调，可以加快城乡融合发展的进程，更好地解决"三农"问题，从而实现乡村振兴战略。

城乡二元结构形成于我国特殊的历史时期，在中华人民共和国成立初期，我国工业化程度很低，加上面临西方资本主义国家的封锁，政府为了推动工业的快速发展，将户口分为农业户口和非农业户口，在经济上通过剪刀差、税收等形式，从农村筹集资金支持城市工业的发展，从而形成了有中国特色的城乡二元结构：城市经济以现代化的大工业生产为主，而农村经济以典型的小农经济为主；城市的人均收入和人均消费水平远远高于农村；城市的卫生、教育、道路和通信等基础设施发达，而农村的基础设施落后。随着社会的发展，特别是随着改革开放的深入，二元结构带来的先进城市和落后农村之间的不平衡现象越来越突出。

改革开放以来，随着城市化发展进程的推进，农村人口不断迁移、大量涌入城市，城市不断扩张，城市人口急剧膨胀，给城市带来了住房、交通、就业等方面的压力，同时也带来了农业耕地面积减少，使人地矛盾不断加剧，这为城乡融合发展带来了困难。

"三农"问题在我国作为一个概念被提出来是在20世纪90年代中期，实际上它自中华人民共和国成立以来就一直存在，并随着社会的发展日益突出。我国"三农"问题的产生既有内部因素，也有外部因素。既有历史因素，也是现实发展的结果。

农业与其他产业相比，有着自身的薄弱性，受自然环境的制约，还受生物发展规律的制约，同时科学技术的发展程度对农业的发展也有影响。改革开放以来，国家财政对农业、农村的投入绝对量不断增加，但投入比重在下降，对工业的投入和重视则在增加。城乡二元结构的体制也影响和制约着"三农"问题。我国的二元结构是政府强制地采取超经济的手段和政策，使城乡按照不同的方向发展，因此具有强制性和深刻性，它促进了城市的快速发展和农村的加剧落后，使农村难以摆脱旧制度的制约。在城市和农村逐渐分离的过程中，农业相比工业发展得薄弱、农民相比城市居民的贫困、农村相比城市的落后更加展现出来，并且这种不平衡的发展越来越突出。

### 三 以城乡融合发展解决"三农"问题的途径

推动城乡融合发展解决"三农"问题，体现在经济、文化、社会、生态文明各个方面。针对特定的领域进行定向、有针对性的采取措施，才能更全面、彻底地解决"三农"问题。

（一）从经济方面入手解决"三农"问题

走城乡融合发展之路，要将城乡的人口、技术、资本、资源相互融合。城乡互为市场，相互服务，可以打开农村市场，为农民提供更多的工作岗位，使得农民不必背井离乡去大城市漂泊打工，可以缓解过多的年轻劳动力流向城市，造成农村劳动力不足且老人儿童无人照看的情况。除此之外，城乡融合还可以促进农村经济的发展，带动当地产业升级，改善农民生活质量，提高农民生活水平。

农民由于受教育程度低，较城市来说本就人才稀少，同时，不少农村大学生毕业后留在城市工作，造成农村人才的流失，更加大了城乡之间的发展差距，不利于农民生活的改善。落后的现实状况需要具备一定完善理论和实践经验的人才来引领，使一部分人先富起来，先富带动后富。20世纪50年代的知识青年上山下乡，减轻了城市就业压力问题，在某种程度上缓解了阶级矛盾的同时，也给当地农业活动注入了大量劳动力，给落后的农村带来了新思维、新思想、新技术。习近平总书记在2018年两会期间参加广东代表团审议时强调：一方面，要继续推动城镇化建设；另一方面，乡村振兴也需要有生力军。要让精英人才到乡村的舞台上大施拳脚，让农民企业家在农村壮大发展。城镇化、逆城镇化两个方面都要积极推动。推动城乡融合发展，实现城乡人才的双向流动，既允许农村人口向城市迁移，也吸引城市人才关注农村的动向与发展，人才共享，相互服务。

（二）从文化方面入手解决"三农"问题

农民收入低、农村生活苦，根本原因是农民从事的都是一些没有很多技术含量的体力工作。虽然职位没有高低贵贱之分，但不可否认的是从事脑力劳动和有技术含量的工作获得的收入更高，而这些都要建立在教育的基础上。一些农民对教育观念的认同感低，认为上了大学也没有什么出路，还不如趁早辍学工作。因为缺乏一定知识的积累，所以只能从事一些辛苦且薪水不高的体力工作，而那些通过知识获得的脑力劳动对他们来说遥不可及，一代一代都是如此就永远不可能根本改变穷困的生活。

随着城乡融合发展的推进，放宽农村孩子进入城市中小学学习的限制，让更多的农村孩子能够享受更高水平的教育和更舒适的学习环境；实现部分知识人才进入农村，给农村注入活力和先进的教学理念；通过一些有为人士的宣讲使家长增强教育重要性的观念，知道让孩子上学才有出路，城市孩子同样努力学习的事实。减少农村文盲半文盲数量，提高教育普及率，是改善农村落后现状的关键。

农村生活条件差，与农民思想观念的落后也有很大关系。生活环境的封闭使农民对新思想新观念的接收和接受带来障碍，继续沿用从古代流传下来的风俗习惯，不免会受到糟粕文化的影响，保持封建守旧、故步自封、消极认命的生活态度，这在很大程度上阻碍了农村的发展。

城乡融合发展，就是要将城市的思想观念和先进文化带给农村，摒弃陋习，使农民学习接受新兴事物和思想，在基本实现物质生活满足之后追求精神世界的富足。同时，城乡融合发展新模式还有利于乡村立足文化传统和现实的需求，可以更好地适应当前经济全球化、市场化和信息化需求。对于农村一些优秀的传统民间习俗、手工艺术、文明乡风、纯朴家风应该加以继承和发扬，把农村建设成文化古韵和新生事物并存的结合体。

（三）从社会方面入手解决"三农"问题

习近平总书记在党的十九大报告中指出，要在"幼有所育、学有所教、劳有所得、病有所医、老有所养、住有所居、弱有所扶"上不断取得新进展，保证全体人民在共建共享发展中有更多获得感，这对农村社会保障制度提出了更高要求。

健全社会保障制度是减少农民支出和增加农民收入，解决"三农"问题的重要措施。医疗费用在农民支出中占有很大一部分，因此健全农村医疗保障制度是必要的。在很多农村，有相当部分农民看不起病，因治病深陷穷困，而城市中这种情况较为少见，城市居民积蓄相对较多且医疗保障制度健全。针对上述状况国家应该加大财政投入，汲取城市医疗保障制度的经验，尽快建立适合农村现状的医疗保障制度。

随着我国老龄化现象逐渐严重，以及农村经济基础薄弱、供养老人能力较弱，年轻人外出打工无暇顾及老人等原因，给农村老人养老问题带来了诸多困难。因此，只有不断推动城乡融合发展，共同推进城乡养老保障体系建设，建立更加有弹性、适合农村现状的养老保障制度，才能真正让农村老人实现"老有所养"。

（四）从生态文明方面入手解决"三农"问题

由于工业化的快速发展，使生态环境问题越演越烈，更凸显了农村生态价值的重要意义。农村建设不应一味注重经济利益的获得，更应在加速发展经济的同时注重环境的保护。

在城乡融合发展的过程中，在城镇化的建设过程中，应该适度开发，理性发展，在尽可能保留乡村原状的基础上建设农村。城乡融合有利于建立城乡融资机制，将乡村资源优势、生态优势转化为经济优势、发展优势，推进农业由增产导向转向提质导向，增加优质农产品的供给和服务，走一条绿色可持续的高质量发展道路。只有共享绿色开放理念，共享绿色发展资源，在改善农村落后现状、提高农民收入的同时注重环境的保护，才是城乡融合发展的应有之义。

改善农村污染治理状况，需要学习城市先进治理技术与思想，大力推进科技改善环境，坚持可持续发展战略，坚持科学发展观，通过城乡融合发展，共享绿色理念，共创美丽乡村。

"三农"问题的解决是长期且艰巨的过程，在现阶段，只有大力推进城乡融合发展，实施乡村振兴战略，缩小城乡贫富差距，才能让人民共享改革开放发展成果，实现社会主义现代化和中华民族伟大复兴。我们应该正视目前存在的问题与不足，并积极发挥各自的能动性，才能更好地推动城乡融合，进一步解决三农问题。

## 第三节　城乡融合发展与农民生活改善

"建立健全城乡融合发展体制机制和政策体系"这一论断的提出，体现着我国城乡融合发展的重要性。经济水平的提高也为乡村振兴战略和城乡融合提供了物质基础。但是，目前我国的城乡融合过程并不完善，城乡之间存在着较大的差距，所以破除城乡二元结构、打破单纯的城市化进而构建完善的城乡融合机制，对促进农村发展，提升农民生活水平有重要意义。

### 一　城乡融合背景下农民发展所面临的问题

城乡融合，即将城市与农村的各自优点相结合，最终实现城市和乡村共同发展。习近平总书记在十九大报告中阐释了中国共产党的历史使命和历史担当。而要实现历史赋予我们的使命，必须解决农业、农村现代化问题，必须使农村与城市形成命运共同体。我国正处于中国特色社会主义发展的新阶段，要实现经济的又好又快发展，必须转变经济发展方式，实施乡村振兴战略。乡村振兴战略为实现城乡融合提供了历史机遇，实现城乡融合又是实现乡村振兴战略的目标。因此，现阶段的城市化提升着农民的生活水平，但同时在迈向城乡融合过程中也存在着一系列问题。例如农村人口向城市集中，城市越来越拥挤，农村却出现空心化。要解决这些问题，必须要统筹好城市、乡镇、农村的关系，构建更加健全的城乡融合机制。

除此之外，实现城乡融合发展对于整个社会以及农民生活改善有重大意义。从理论上来说，城乡融合体制机制是在借鉴国外以及国内城乡融合成功实践经验的基础上总结而来，这应该是一套带有中国特色的理论体系和制度，对于我国今后城乡融合的发展具有理论指导意义。从实践上来说，实现城乡融合就是要摸着石头过河，在实践中探索城乡融合路径、构建城乡融合框架，并不断解决城乡融合中出现的问题，所以，城乡融合具有重要的实践意义。从现实上来说，正确的城乡融合发展是解决现阶段城市化问题的有效途径，有利于解决农村与城市经济、政治、社会保障等多方面的差距问题，有利于破解农民在城乡融合中的困境，进而实现乡村振兴，提高农民生活水平。

在党的十九大报告中，习近平总书记提出农业、农村、农民问题始终是我国最根本的问题。21世纪以来，中共中央采取了一系列措施来促进乡村发展。实现城乡融合发展是实现乡村振兴战略的重要途径，但在迈向城乡融合的过程即现阶段城市化的过程中，城市和乡村仍然存在着经济政治等多方面的差距，农民在融入城市时也面临着多方面的困境。

近年来，在城镇化发展过程中对农村土地的需求呈现出快速增长的趋势，因此农村失地农民的数量不断增多。失去土地的农民想要融入城市是困难的，一是他们长期习惯于传统耕作的农业方式；二是他们对于城市中现代化所需要的技能相对缺乏。所以失地农民在社会融合中面临"种地无田、上班无岗、社保无份、创业无钱"的困境。失业农民没有了收入来源，必然会出现收入差距的分化，进而导致城乡差距的拉大，从而制约城市化进程。对于大多数农民来说，土地就是他们的收入来源，就是他们生活的最基本保障。在我国的城市化过程中，城市扩张、工业发展、交通发展必然会对农民耕地进行征用。虽然征用土地会给农民带来一定的补偿金，但是据统计，每征用一亩土地，就会伴随1.5个农民失业。这确实是一个真实的数据，失去土地的农民，由于长期生活在农村，劳动技能比较低，现代经济的发展又对劳动者的技能要求较高，所以他们只能选择危险系数高但收入却低的体力活，而且大多数只是短期的工作,并不稳定。在此过程中,农民面临着就业困难、收入不稳定且较低的困境。

在城市化过程中,城市和乡村生活方式的差异对居民生活产生了较大的影响,农村社区建设,生活方式改变使搬迁后的农民邻里之间联系减少,沟通频率降低。而且,由于农民失去了土地,生活来源减少,城镇化的农村社区消费水平高,原本自给自足的生活食品现在都要通过消费购买。在此过程中,农民在城乡融合过程中必然会产生与城市在生活方式、文化上的冲突。除此之外,农民在城乡融合过程中还面临着社会保障与城市人不一致的困境。由于农民大多没有固定职业,因此没有退休金,而且又失去了土地,土地赔偿金只能保证他们一段时间的生活,却不能作为其养老的保障。而且,城镇化使更多的年轻人外出打工,老人大多成为空巢老人,这时候农村城镇化的养老机制、制度却并不健全,这就使农民的养老保障出现问题。

现阶段我国构建城乡融合机制的工作中,城乡之间的资源、要素配置并不平衡。在城市化过程中,农民逐渐失去土地,成为闲置的劳动力,不断挤入城市寻找工作,而且较为年轻、有知识的一代人也到城市中寻求发展。现阶段,我国城乡基本公共服务资源仍存在差距,这是导致农村人口外流的重要原因之一。这一方面是城市资源优异的吸引;另一方面却导致了城市和农村劳动力和人才资源配置更加不平衡。人才的不平衡,也必然导致教育、医疗等资源的不平衡。在城市中,师资力量雄厚,教师拥有更先进的教学设备来丰富教学内容,学生的视野也可以得到开阔。而在农村,不仅缺乏优秀的师资力量,教学设备也比较落后。医疗水平也同样如此,在城市中可以接受更全面、专业的治疗,而在农村,由于医生和设备的缺乏,只能治疗人们日常的感冒发烧等轻微病症。除此之外,城市与乡村的文化资源、公共设施资源等都存在着差距,这不利于农民享受城市化的成果,也不利于促进城乡融合机制的构建。

## 二 城乡融合对于农民发展的意义

城乡融合,顾名思义,就是以城市带动乡村,以乡村填充城市,城市与乡村做到互补。在城市高速发展的时代,乡村生活也应"不甘示弱",当然随着党和政府对乡村建设的投入,农民生活也在悄然发生着变化。

(一) 城乡融合可以使农民有更多机会享有城市文明

城市文明和乡村文明,是两种截然不同的文明,但这也并不存在贵贱高低之分。城市文明,有繁华的商圈文化,有便利的生活条件,有时尚的生活品位等,种种因素吸引着农民的目光,越来越多的农民时常进城购物、游玩。与此同时,恬静的乡村文明,也吸引着越来越多的市民返璞归真,回到大自然的怀抱里,感受除城市嘈杂的夜市生活之外的另一种宁静氛围。有观点认为乡村旅游被广泛地认为可以成为拯救中国日益凋敝的乡村的一种重要内生力量,特别是在促进传统乡村变革与发展,缩小城乡差距等方面被寄予了更多的期冀。这样的双向互动,何尝不是一种城乡融合发展的推动剂呢?

(二) 城乡融合可以不断改善农民生活水平

城乡融合离不开产业支撑,而旅游产业便是城乡融合发展的支柱之一,其中乡村旅游更是推动农村经济发展的巨大动力,加快农村追赶上城市的步伐。在旅游业发展前景广阔的背景下,农民生活也与之前相比变化巨大。以前传统农业是农民生活的支柱,而随着旅游业进军农村,传统农业也向现代农业转型,例如,农民们不仅种植蔬菜瓜果,园子里还衍生出采摘园,供游客自行采摘挑选,农民收入不再局限于种植农产品运输到市场销售这一种渠道。

(三) 城乡融合可以促进农民不断发展

在城乡二元经济结构转换的过程中,互联网在农村经济社会发展中能够起到的作用,主要包括连接城乡市场、改善农村教育、转化农村剩余劳动力。其中,农村教育一直是为政府和党所牵挂的,有大学学历的教师不愿意下乡,村里的教师想要往大城市发展,导致农村教育一直得不到很好发展。而互联网时代的到来,为这种现象解决了不少问题。比如,越来越多的农村孩子通过多媒体或者是手机、电视来实现线上学习,一定程度上缓解了教师资源的匮乏,从长远来看,农村教育借助于互联网,能在一定程度上得到发展,也可以更好地促进城乡融合。

(四) 城乡融合可以使农民生活方式不断变革

"互联网+"时代的到来,使地球村不再遥远,网络也破除了时空的界限。当前中国已经进入互联网时代,互联网的发展已经影响到社会的各个层面，这也使城乡之间的隔阂逐渐缩小。因此，能否利用新兴信息通信技术缩小城乡差距成为各界学者关注的焦点。而互联网时代给人们生活带来最大变化的莫属网购了。的确，现在只要打开手机，只要想买东西，几乎都可以在网上完成购物，这个变化不仅促进了城市经济的进一步发展，对于农村经济来说，也是一项质的飞跃。以前农民们需要将农产品或者手工作品运输到市场进行售卖，且经常出现"丰产不增收"的现象，而现今，农民们只需借助一台电脑，便可以足不出户地将产品推销出去。这种新兴电子商务的发展，不仅改变了原来传统的农民经济收入来源，还提高和扩展了农民的收入渠道。对此不少学者建议政府积极引导广大农村居民使用互联网，培育农民的互联网意识，从观念上接受和认同互联网，缩小城乡居民的互联网使用差距。

改革开放40年来，农村居民生活整体水平得到显著提高，农民的消费水平与农民收入水平同步增长。各地农村的发展都不同程度地促进了农民收入的增长，农民的消费水平每年也在持续提高。

### 三 构建城乡融合机制促进农民发展的途径

农村改革并不只是简单地改造农民和农业本身，而是深层次的经济社会体制改革。农村改革能否进一步深化和取得成功，与宏观经济体制的改革和行政管理体制的改革能否深化、能否破除既得利益的藩篱密切相关。基层政府要更加积极主动地配合国家各项政策的实施，调整和改变国民收入分配扭曲的现象，建立一个更公平的收入分配体系，从而为保障农民的基本权益发挥更好的作用。在城乡融合过程中，大多数农民的基本权益得不到保障，导致其获得感、幸福感、安全感系数不高，而乡村振兴战略的部署，也意味着我国的国民收入分配格局将进一步向农业农村调整，全国范围内资源配置格局和基本公共服务供给将进一步向农业及农村倾斜，城乡间要素将呈现双向流动、有机结合的良性互动格局。

当前我国城市化中面临着诸多问题，农民失地、失业等，与城乡资源配置不平衡密切相关。要解决这些问题，必须构建城乡融合机制，通过深化农村土地改革来解决土地问题，通过促进产业发展和完善社会保障来提高农民生活水平，通过推进乡村绿色发展打造良好的农村生活环境。构建全方位的城乡融合机制提高农民整体生活水平。

城乡融合的发展过程不会是一帆风顺的。在现阶段城乡发展中也存在着诸多亟待解决的问题，农民生活与城市生活仍然有着较大差距。此类矛盾若解决不好，则会引起农民对构建城乡融合机制的抵触，进而影响社会的稳定和谐，影响全体人民生活水平的提高。因此，政府、企业、社会组织、农民等构建城乡融合机制涉及的主体，都要行动起来，积极地采取措施来解决构建城乡融合机制中的问题，以便更好地促进城乡融合机制的构建。

（一）城乡融合应该始终保障农民的各项权益

城乡融合是现代化发展的必然趋势，因此部分农民离开土地也是不可避免的现象，所以要做的是如何预防和降低失地对农民生活造成的困难。一是政府首先要从政策上出发，要制订实施正确的、符合社会发展规律的城乡融合措施，避免因盲目激进导致城市化过快，避免对农民土地的大幅度占用；二是失地的农民大多数是以土地收入为主要来源的低学历人群，政府要针对这一特点，对农民给予相应的政策支持。一方面对于失地的农民给予合理的失地补偿，并确保完整地下发到失地农民手中，杜绝层层克扣现象，并在生活上给予其短时间的保障；另一方面政府可以以社区为单位开展失地、失业农民产业技能培训。失地意味着农民在第一产业的收入来源切断，但却可以从不断发展的第二、三产业上寻找着力点。从第二产业来说，可以培训失地农民拥有相对稳定的木工、电工、机械工等体力劳动技能；从第三产业来说，可以培训失地农民家政、餐饮等劳动技能。接受了适当教育的失地农民可以获得更稳定的就业机会，从而取得较为稳定的收入，提高生活水平。

（二）城乡融合需要不断改革农民的生活方式

解决最基本的农民收入问题，必然要先解决农民的生活方式与城市的矛盾。在这个过程中，就业技能培训已解决一部分人闲置在家的困境，另外可以将拆迁居民搬迁至同一小区，并丰富完善小区公共资源，以提供给闲居在家的农民，丰富其文化生活。除此之外，还要引导农民学习城市的规章制度、引导其适应城市的生活方式、价值观念。从而从心理上解决在城市化中农民生活方式与城市生活方式的冲突。而且我们必须承认的是，土地是农民收入的主要来源，对于失去土地进入城市生活的农民，我们不仅要顾及其一段时间的生活，还要保障其养老生活。因此，政府必须采取措施来提供最基本的养老保障。一是政府可以为失地农民办理养老和失业保险，为他们的生活提供一些保障。为农民办理与市民一样的社会保障，实现其市民待遇是政府征地工作的重中之重；二是应当在城市化发展的新兴经济支撑点增加财政支出，完善当地的养老机构和设施建设，从而减少失地农民的后顾之忧。

（三）城乡融合必须致力于实现城乡公共资源配置的合理化

要想更好地促进城乡融合机制的构建，必须促进城乡公共资源配置的合理化，从而使城乡居民更好地享受城乡融合的发展成果。一是要完善农村最基本的基础设施。城乡融合并不是人口全部转移到城市，而是城市和乡村共同发展，实现乡村的自我发展。俗语说，要想富，先修路。所以实现农村发展必须加强农村道路交通建设，加强城市与乡村之间的联系，促进农村地区工业的发展，从而解决农村地区劳动力就业，吸引人才回到农村；二是要提高农村教育水平。政府要增加对农村地区办学的财政支出，改善农村教学环境，提高农村教师工资待遇，从而提高农村地区的办学水平；三是要提高农村地区的医疗水平。政府要落实人才政策，如免费医疗生农村就业问题，要对医疗人才的知识和道德素质严格把关，切实提高农村医疗队伍人才水平。同时，政府要落实医疗保险等制度，保障农民和城市人口享有同等待遇，同时避免看病难、看不起病的问题。除此之外，针对城市与乡村文化资源、公共设施资源配置不平衡问题，可以发挥企业的作用，引导企业到农村建设，政府提供一定的政策支持，利用社会之力提高乡村的文化设施和公共设施等资源的配置。

（四）城乡融合要求不断促进农民消费的升级

自中国特色社会主义进入新时代以来，在一些地区，新时代农村居民消费需求更加注重品质和效益，消费内涵进一步拓展到在法治、公平、正义、安全、环境等多层面协同提升的更深层次。因此，探讨解决农民消费问题的对策，无疑对扩大内需和促进经济发展具有重要的意义。目前许多农民的消费环境仍然得不到很好的改善，不利于农民消费结构的升级。因此政府应当加快农村的基础设施建设，尤其是欠发达地区的建设，鼓励农民消费，改善农村的消费环境，使农民有良好的消费渠道去消费。收入是消费的基础。首先，要利用各种渠道加大对农业的投资力度，建立起国家、集体和农民相结合的农业投资体系；其次，要为农民提供除农业之外的多种就业渠道，例如建立乡镇企业，扩大农民的就业机会，促进剩余劳动力的转移。

城乡融合将会经历四个阶段：城乡分隔、城乡联系、城乡融合、城乡一体化。所以我们必须掌握城乡融合发展的基本方向，朝着更好地构建健全的城乡融合机制前进。健全的城乡融合机制能更好地处理农村土地的利用问题。完善的土地流转机制，既提供了一定的建设用地，又保证了农作物生产用地。并且，在此基础之上，要提高建设用地的利用率，实施农用地承包经营和机械作业，使农村基础设施更加完善，农作物产量提高。健全的城乡融合机制能更好解决农村剩余劳动力问题。城市的第二产业更多地向乡村转移，为闲置劳动力提供了更多的就业岗位；第三产业在农村地区扩展，农村餐饮等服务业发展，乡村特色农产品形成更加完整的加工链，乡村旅游等也会发展起来。政府引导人才回流农村，带动当地人创业，使更多资金流入农村。健全的城乡融合机制能更好地促进城乡公共资源的合理配置，使城乡之间的教育资源更加平衡，乡村地区的师资力量、医疗水平提高，同时使乡村地区的文化娱乐资源更加丰富，基础设施更加完善。

# 第二章

# 健康乡村构建：新农合与卫生保健

新型农村合作医疗（简称"新农合"）是指由政府组织、引导、支持，农民自愿参加，个人、集体和政府多方筹资，以大病统筹为主的农民医疗互助共济制度。主要采取个人缴费、集体扶持和政府资助的方式筹集资金。新型农村合作医疗制度从2003年起在全国部分县（市）试点，到2010年已经逐步实现基本覆盖全国农村居民。

## 第一节 新农合与农村医疗

当前，我国正处在城镇化进程迅速推进时期，城市与农村之间，无论从医保项目种类、医保覆盖率、保障水平，还是从政府财政支出等方面看都存在很大差距。因此，分析研究当前城乡医保差距和医疗条件的差别，对我们解决城乡矛盾，优化新农合制度，提高农村人口健康水平具有重要意义。

### 一 新农合的现状及发展

我国在计划经济时期实行过农村合作医疗制度，农民免费接受集体提供的医疗服务。在改革开放以后，旧有的农村合作医疗制度解体。当时，农民的传统劳动模式在市场经济条件下收入不高，所以因病致贫和返贫现象时常发生。与此同时，城镇发展迅速，人口收入高，城乡居民健康水平差距拉大，社会矛盾加重，农民生活满意度降低。2003年，在经过广泛的论证和研究后，我国在农村地区开始试点实行新型农村合作医疗制度。农民看病采取政府补贴、企业捐助、居民交费三合一的政策，农民看病交费后会有一定程度的报销补助。在新农合政策实施以后，农村群众看病就诊率明显提升，农村家庭因病支出减少，看病支出占家庭支出的比例降低，因病致贫的现象随之减少。

潍坊诸城市新型农村合作医疗从 2005 年开始，按照"落实责任、规范管理、巩固提高、创新发展"的工作思路，努力探索符合诸城实际的新型农村合作医疗发展路子，经过相关部门艰辛努力和卓有成效的工作，新农合工作健康稳步发展，对于提高农民健康水平，促进农村经济发展，维护社会稳定做出了积极贡献。

2004 年，诸城市选择在辛兴镇等三个乡镇开始试点新型农村合作医疗；2005 年全面推行，到目前一直平稳运行。每年年底，由政府出台筹资的文件，确定参合农民范围和筹资标准，以镇为单位组织筹集参合农民个人缴纳的资金，以镇为单位上交市财政新农合基金专户，市级补助资金等都会同时划入基金专户。

近年来，辛兴镇农村合作医疗呈现出了以下的特点：

首先，对农村贫困居民的优惠政策增加。为进一步贯彻落实国家的"精准扶贫"政策，辛兴镇对农村贫困居民实施了许多优惠政策：如资助贫困农民参加新农合。其主要措施有，通过加大政府投入、组织社会捐助等多种渠道资助贫困农民参加新型农村合作医疗，享受合作医疗待遇；为贫困农民提供医疗救助；对于农村贫困居民，在报销新农合后，再给予医疗救助；积极开展"农民大病保障工程"，扩大新农合报销病种；方便贫困居民报销；积极推行贫困农民就医后在医疗机构当场报销结算新农合报销和医疗救助补助资金，实行一站式服务，方便贫困农民。上述做法都取得了积极的效果。

其次，住院费用补偿额度提高。新型农村合作医疗制度全覆盖以来，在逐步提高参加新型农村合作医疗、农村医疗、农村居民住院费用报销补偿的基础上，辛兴镇对 90 种重大疾病实行定点医疗、定额或限额付费，不设起付标准，补偿比例提高到 80%，这不仅减轻了农村居民住院费用的负担，有效缓解了农村居民因为患病导致贫困，进而病情加重恶化的现象，而且让农村居民得到了更多的实惠，保障了广大农村居民的健康权益。

再次，农村居民满意度提高。在新型农村合作医疗工作开展中，辛兴镇坚持以人为本，突出大病统筹为主、重点补大病、适当补小病的方针，采取加大政府投入、组织社会资助等多种途径来资助农村居民享受新型农村合作医疗待遇，帮助农民解决"有病看不起"的现象，为农民谋取更大的健康保障，农村居民对新型农村合作医疗的满意程度不断提高。

最后，农民新农合参与率逐年提高。十余年来，诸城市新型农村合作医疗从无到有、从点到面、从小到大地发展起来，极大地保障了农民的健康，取得了"农民得实惠、卫生得发展、政府得民心、社会得和谐"的良好效果。自2007—2018年的11年里，辛兴镇新型农村合作医疗的农民参与率一直保持在100%。

辛兴镇的新型农村合作医疗是一次新的探索和实践。辛兴镇党委和政府从农民的根本利益出发，因地制宜，科学决策，以人为本，在这个过程中，积累了一些宝贵的经验，也经历了一些曲折，最终获得了明显的成效。

## 二　新农合的保障效果分析

新型农村合作医疗制度从2003年实施以来，对农村人群看病就医产生了深刻的影响。新农合政策在我国政府的大力宣传之下，在已参合人员切实感到了实惠之后，农民的参保率逐年提高。目前在我国绝大部分县市农村，参保率已达90%以上。新农合政策改变了农民的健康观念和就医理念，促进了农民健康状况的改善，新农合实施以来发挥了巨大的积极作用。

从农民健康观念的改变来看，新农合政策实施以后，农民从极高的层面和角度开始重视自己的健康问题。大部分地区新农合缴费是自愿参保，自主选择档次，这使得农民对自己健康状况开始有了一定思考。在某些地方的医院也因此开展折扣查体项目，农民为了对自己状况有真切的了解，会进行全身检查，以确定自己选择新农合的需要。这在很大程度上检查出了农民的身体健康状况，让他们对自己身体有一定了解，因此会及时接受治疗和改变生活方式以保持健康。在新农合政策缴费之后，医院体检的项目会部分包含在报销范围内。农民因此进行体检和项目检查的支出降低，这很大程度上提高了农民疾病的确诊率。农民因为这一政策的实施认清了自己的健康状况,也因此在以后会注意自己的身体健康。小病早治疗,隐性病早发现,慢性病早控制。农民健康观念因此改变,健康水平也能因此得到提升。

从农民就医理念改变来看,新农合政策通过改变农民看病流程和减少农民看病就医的医疗支出,从而改变了农民看病就诊的理念。在新农合政策实施以后,农民对看病就医的愿望得到加强。在有了报销资金的支持下,农民小病不再拖,大病不怕治,基层医疗机构门诊就诊率提高,住院治疗率提高。尤其是新农合对住院报销的比例大,门槛低,因此农民有病更倾向于住院治疗,这在极大程度上保证了农民治疗的及时性和有效性。但是在这一制度要求的影响下,基层医疗机构住院率高,床位紧张,药品使用规范性降低。这又在一定程度上加强了我国存在的药品尤其是抗生素使用不当的问题。对下一代儿童的耐药性和身体状况产生了不利影响。

在新农合政策实施以后,农村群众的健康状况确实发生了明显的改变。从农村群众健康理念和就医理念的角度分析,我们可以设身处地地理解农民对新农合政策的感受和看法,能进一步发现一些问题。从城乡医疗保障制度的差别分析,我国的城镇医保制度施行时间较长,效果也很好,因此借鉴城镇医保的经验,进一步优化农村新农合制度,对进一步缩小城乡差距,保障农民健康具有重大意义。

与此同时,也应该看到,新农合毕竟是在我国现阶段城乡差距较大,农村医疗条件差,农村人口文化水平不高的条件下制定的。因为农村人群受教育水平较低,对新农合政策的了解度不高,因此在参保和使用方面存在着很多的问题。

农村老弱病残人群参保热情较高,但是支付能力较差,较少选择金额较大的档次。而这部分人群的新农合使用率较高,从报销实际上来看,对他们医疗支出的减少数额并不大。中青年群体疾病较少,但是支付能力强,他们对自身健康状况盲目自信,也很少选择高档位,甚至不参保。在偶然性大病到来时发挥的报销作用不大,因平时小病就医中的报销次数较少,使用效率低,效果也不明显。因而青年人群参保盲目性较大,参保积极性不高。

在新农合参保人数和资金筹备上存在着一定的问题,新农合资金储备情况并不乐观。而新型农村合作医疗可持续发展的关键因素就是资金的筹集，只有充足的资金储备才可以保证较低的起付线和较高的封顶线，进而为患者提供巨大的医疗费用支出，有效防止广大农民"因病致贫、因病返贫"。

农民在缴纳了新农合保险以后，常见病症的门诊和住院费用明显降低，农民对小病就诊的积极性提高，这在很大程度上改善了农民的健康状况。农民的看病观念因此得到改善。农民面临重大疾病时也不再无助，在咨询医院部门后，扣除报销部分，居民的实际支出明显降低，因病致贫比例下降。

但是，在很多地方实行的新农合制度有很多的复杂规定。比如门诊报销有金额上限；门诊报销有签约医院的地域限制；住院报销起付线较高，不同等级医院起付线不同；不同等级医院报销比例不同；不同医院之间、不同区县之间转诊报销政策不同。农民的知识水平较低，面对这么多复杂的条条框框难以理清头绪，实际使用却存在很多难题，造成农民使用率不高，使用的有效性和合理性不高。

受报销标准和种类的限制，医院和诊所提供的医疗服务变得单一，盈利变小，设施更新较慢，人才短缺，在很大程度上不利于农民疾病的治疗和康复。同时，新农合报销结算还要间接跟县级部门核算，报销过程烦琐，存在问题和漏洞较多。这在一定程度上加重了医院工作人员的负担，也容易滋生报销流程中资金的流失和各种腐败的现象。

对此，首先，应该加强新农合政策的宣传讲解。向农民具体解释新农合的流程和使用规则，提高农民对参保的认同感和热情；其次，是改革新农合的具体规定。比如增加新农合缴费档次；降低报销门槛，减少报销限制，增加报销项目；优化转诊报销体系，异地报销异地结算可以网上操作，一次性审批报销完成；再次是应简化各单位报销流程，让病患家属少跑腿，提高基层医疗机构服务水平，对基层医疗机构进行重点帮扶，扩建改造，使之更适应日益增多的农村病患的看病住院需要；最后是医院应加强对大夫处方的管理，不钻新农合医疗项目限制外的空子，保证农民接受的是合理、优质、省钱的医疗服务。将医保储备金的管理单位尽量向上一级集中，更高级别的单位能更有效地储备充足资金，投入报销中，而且市级统一结算可以避免市内转诊报销比例的下降，增加农民报销获得的费用;借鉴城镇医保的管理模式,缩小城镇和农村的差距,最终实现统筹统一,缓解城乡矛盾,消除城乡差异。

### 三 新农合与医保并轨的现状调查

医疗保障一直以来都是社会关注的热点问题。社会的发展使得人们更加重视保障问题,医疗保障制度不仅与百姓健康问题息息相关,也是维持社会稳定的有力保障。当前我国在城乡之间存在着两种不同类型的医疗保险制度,制度的运行带来了许多好处,同时也暴露了不少的弊端。下面以山东东营市的有关情况为例展开分析。

山东省在2007年颁布的《关于开展城镇居民基本医疗保险试点的指导意见》正式提出要建立低水平、广覆盖的城镇居民医疗保险制度,截至2009年底,山东省的17个地市均已建立起城镇居民医疗保险制度。并且山东省在2006年、2012年出台的文件中为新农合制度在山东省的顺利开展提供了必要的政策支持。新农合制度在政府的支持下,不仅实现了较高水平的参保覆盖率,还在一定程度上缓解了广大农民看病难、看病贵的问题。截至2013年底,在山东省的135个县中,共有6378.8人参加新农合制度,参合率高达97.76%。到2015年,正式将城镇居民医疗保险和新型农村合作医疗保险整合统一。

东营市作为2007年的试点城市之一,在2007年10月份实施了城镇居民医疗保险制度,率先构建了由城镇职工医疗保险、城镇居民医疗保险、新型农村合作医疗三项制度组成的医疗保障体系,在制度上实现了全覆盖。2012年,针对城镇居民医疗保险和新型农村合作医疗制度分设所带来的各种弊端,积极借鉴先进地区的经验,结合实际,创新思路,在全省率先完成了城镇居民医疗保险和新型农村合作医疗的整合,将居民医疗保险体系从"双轨制"变成一张网。后期,针对制度运行中出现的居民医保基金支出增长过快的问题,历时一年探索建立了总额控制下的组合式付费方式,实现了城乡居民医疗保险制度的良性、健康、可持续发展。但是,随着经济社会的不断发展和各项改革的逐渐深入,城乡居民医疗保险事业也遇到了不少问题,比如,筹资机制不够完善,统筹后的居民医保基金如何实现收支平衡、基层医疗卫生服务体系建设如何加强等。

东营社区在 2018 年的城乡居民医疗保险制度的个人缴费额度为：普通居民 260 元/年，在校学生 160 元/年。城镇"三五"对象、农村五保对象、城乡最低生活保障对象、孤儿、优抚对象、重残、70 周岁以上老人、建档立卡贫困人口个人不再缴费。父母参加了外城市职工基本医疗保险的新生儿出生当年，办理本社区落户手续，其父母提供外地医疗保险经办机构出具的当年度缴费证明，按年度缴费后，自出生之日起享受居民基本医疗保险待遇。随父母（至少一方取得东营社区居住证且新生儿出生之日居住证已满半年）居住的非本市户籍的新生儿，出生三个月内办理居住或暂住手续的，可参加本社区居民医疗保险，按年度缴费后，自出生之日起享受待遇，出生三个月后，不再享受落地参保政策。毕业当年大学生缴费，自 2016 年 9 月 1 日起，具有东营市户籍的高校学生，毕业当年按居民身份缴纳保险后，可享受居民基本医疗保险和大病保险待遇。其中，市内高校毕业生可在毕业当年居民基本医疗保险缴费期内，按当年度个人缴费标准的 1/3 缴纳保险费。东营社区居民总计 4320 人，除去年龄在 70 周岁以上的老人、孤儿等国家免费帮助缴纳保险的居民外，其他 3900 多人全都参加了居民医疗保险。

根据东营社区的政策及数据不难总结出，城镇居民医疗保险制度是以政府为主导的。城镇居民医疗保险最显著的三大特点分别是主导靠政府、合作方便、不以营利为目的。几乎是全覆盖的，对年龄没有限制，无论是中老年人、年轻人还是未成年人，只要符合条件的都可以投保城镇居民医疗保险。同时也有采取家庭筹集资金，以支付政府补贴的方式。城镇居民家庭自愿投保基本医疗保险，政府将提供补贴，这其中包括政府为丧失劳动能力的重度残疾人、低保对象、低收入家庭和 60 岁以上的老年人支付全款。在门诊和住院方面，参保人员享受双重补贴。而报销方式也更为便利。参加当地城镇居民医疗保险的人员，在住院和门诊报销时只需要支付入保险的部分个人承担，其余的则直接由医疗保险机构和医院结算，而个人则不必再支付费用。

东营社区在 2018 年居民基本医疗保险政策宣传中提到：参保居民在本区一级及以下协议管理的门诊医疗费用（含一般诊疗费），不设起付线，按比例报销至年度最高限额，分别由个人账户和统筹基金支付。2017 年度普通门诊最高支付额为 200 元，其中按每人 50 元转入个人账户。并且，大病保险金从居民基本医疗保险基金中划拨，参保个人不缴费。居民大病起付标准为1.2万元，个人负担的合规医疗费用在1.2万元以下的部分不予补偿；个人负担的合规医疗费用1.2万元以上、10万元以下的部分予以50%补偿；一个医疗年度内，居民大病保险每人最高给予30万元的补偿。

从政策看来，东营社区的城乡基本医疗保险制度已经比较完善，城乡居民保险基本覆盖到了每一位居民，在参保人员的覆盖水平上，基本做到了无"死角"、无重合。通过调查可以发现东营社区还是带有一些农村色彩的，但是也更能代表当下的许多正在转型的社区。在报销封顶线与报销比例这两项上，大多数的居民都是非常满意的，但是从起付额度这一项来看，有67%的人认为起付额度过高，其中大多数为年龄在35岁以上并且没有固定收入的居民，其中也不乏很多学生。这部分居民不满意的原因是他们认为医疗保险从2010年的80元提高到如今的160元，并且对比职工医疗保险来说，新制度的报销比例还是较低的，这也让居民感觉到了不公平。自从东营社区投资25万元建立了社区卫生服务中心后，居民的就医条件有了极大的改善。但与此同时，社区服务中心的医生较少，技术水平也偏低，所以，医疗保险机构服务欠佳，服务水平依然还有很大的上升空间。

## 第二节 农民身体保健意识与健康状况

党的十九大提出了乡村振兴战略，这是习近平总书记新时代中国特色社会主义思想的重要组成部分，也是做好新时期"三农"工作的重要统领。建设"健康乡村"作为该战略目标的重要一环，对构建安定祥和、健康有序、充满活力的新式农村发挥着举足轻重的作用。新时期要把建设"健康乡村"的任务夯实打牢，必须探寻新型农村合作医疗发展新路径，充分发挥新农合在完善农村医疗基础设施建设、维护村民身心健康以及促进农村"健康扶贫"三个方面的重要作用。

### 一 新农合制度促进了农村医疗水平的提高

新型农村合作医疗是由政府牵头组织，通过个人缴费、集体扶持和政府资助的方式筹资，以大病统筹兼顾小病理赔为主的农村居民医疗互助共济制度。新农合旨在提高农民就医的可及性与可负担性，减轻大病医疗负担，切实缓解农民"看病贵"和"看病难"的问题。自2003年新农合在我国部分农村实行以来，特别是《"健康中国2030"规划纲要》和《"十三五"卫生与健康规划》相继出台之后，新农合的发展被提到了一个新的高度。面对庞大的农村受众群体，国家每年都会用大批专项财政资金支持农村医疗基础设施建设。据财政部公布，2018年在医疗卫生与计划生育支出方面，中央支出预算数为209.05亿元，其中用于基层医疗卫生机构建设的预算数为6.04亿元（国家统计局，2018年）。通过相关数据分析我们不难看出，政府正逐年加大对卫生保障和医疗基础设施建设的投入力度，力求为广大农民群众提供更高水平和质量的医疗卫生服务。

首先，新农合制度促进了乡村卫生所数量增设和服务功能提升。乡村卫生所集医疗、预防、保健、康复、健康教育和计划生育技术指导等功能于一体，是做好农村卫生工作的基础，也是新农合制度运行的载体和平台。为了加强村民就医的硬件设施建设，引导村民就近医治，进一步盘活基层医疗资源，各地卫生局积极响应建设"健康乡村"号召，协同当地政府大力推进"一村一所"建设，打造县、乡、村三级卫生所医疗服务体系。据统计，截至2017年底，全国3.16万个乡镇共设有3.7万个乡镇卫生所，基本在农村构建起一刻钟就医圈，真正实现了小病不出村，常见病多发病不出乡镇的目标。此外，在提升服务功能方面，乡村卫生所也积极探索现代化、多功能的发展模式。拿医疗环境建设来说，乡村卫生所实行诊断室、治疗室、观察室、药房、值班室五室分开，并配备血压计、听诊器、体重计、血糖仪等常用诊疗设备，电脑、复印机、打印机等办公设备也配置齐全。在日常工作开展方面，卫生所还以自身为辐射中心，定期深入村民内部举行健康知识宣讲活动，普及疾病防控、紧急救治等医疗知识。与此同时，卫生所还将健康检查规范化常态化，定期在村民集中区组织大型义诊活动，真正为村民健康做到早防治、早发现、早治疗，为村民提供了全方位的人性化新农合服务。

其次，新农合制度促进了乡村医生人才队伍培养。乡村医生作为农村医疗基础设施的重要组成部分，是农村卫生保健工作的重要承担者，在巩固和发展农村卫生建设和落实新农合制度方面起着重要作用。在医疗条件相对欠缺的农村地区，拥有专业医疗卫生知识的乡村医生无疑是每个村民的"守护神"。近年来，随着新农合制度大范围普及推广，乡村医生队伍也随之扩大。据统计，截至2017年底，全国乡镇卫生所卫生人员有136万人，其中技术卫生人员115.1万人，如此庞大的乡村医生群体，为保障村民身体健康筑起了一道"防护长城"。为了确保新农合制度更好地施惠于民，乡村医生必须拥有丰富的理论知识和专业技能。在上岗培训上，主要通过在职培训、远程教育、定向培养等方式加强乡村医生业务培训和后备人才培养；在工作管理上，所有培训人员经考核合格后再正式聘任，并实行动态管理，对表现突出的乡村医生予以表彰和提拔。更值一提的是，为了便利身患残疾的村民、行动不便的老人以及婴幼儿及时就诊，相当数量的乡村医生还扮演着"家庭医生"的角色，并实行签约负责制，定期到村民家中检查健康状况，为村民提供更加方便快捷、细致周到的新农合医疗服务。

最后，新农合制度还促进了医疗网络技术的进一步应用普及。随着互联网信息技术迅速发展，医疗卫生领域也迎来了大数据时代。新农合制度因势利导，充分考虑到广大村民对快捷办公的需求，在实际操作程序上也融入了现代网络服务元素。例如，为满足村民按时缴纳、及时结报的需要，缓解村民定时定点"排长龙"等候缴费以及报销的尴尬局面，新农合将互联网一并纳入了缴费、报销程序。这不仅在很大程度上提高了工作人员的办事效率，还有利于村民健康数据存储和及时更新，避免了由于补贴结算不清而引起的经济纠纷。此外，各地卫生所还应用大数据技术，定期将村民身体检查的各项指标汇总生成个人"健康档案"，并运用大数据手段分析村民各项指标是否正常，在排查隐性疾病、防治重大疾病方面做出了积极贡献。

随着新农合制度日益朝着多元化、体系化方向发展，新农合不仅在完善农村医疗基础设施建设方面持续发力，而且也对村民的身体健康和心理健康产生了较大的良性激励作用。

**二　新农合制度保障了农民的身心健康**

新农合制度在着眼村民整体健康的同时，也更加兼顾农村特殊人群，特别是农村留守儿童、农村妇女以及体弱多病的老人等农村弱势群体的利益，力求为每一位村民带来健康福音。

在关爱儿童成长方面，为了关爱农村儿童的健康成长，2010年6月卫生部出台《关于开展提高农村儿童重大疾病保障水平试点工作的意见》，以儿童先天性心脏病和急性白血病为切入点，探索建立农村居民大病保障和救助机制。2011年年底，新农合提高儿童两病医疗保障水平工作在全国范围内全面展开，至2013年11月底，全国有30个省开展了新农合儿童大病保障工作。在涉及农村儿童重大疾病治疗和报销上，新农合实行按病种报销制度，根据各病种的标准化诊疗方案确定合理的医疗补贴费用。从新农合试点新增儿童重大疾病保障病种、完善儿童医疗费用支付与补偿办法可以看出，新农合在保障农村儿童健康方面发挥着越来越大的作用，减少了农村患重病儿童因家庭经济条件看不起病而耽误最佳治疗期，甚至威胁生命安全等情况，切实为农村患重病儿童提供了最及时周到的医疗保障服务。农村留守儿童作为更为特殊的弱势群体，常常因监护人照顾不周而无法得到日常的健康保障。基于这种情况，各地村卫生所积极配合卫生局的工作，为农村留守适龄儿童免费进行常规接种，提高免疫规划工作质量；在农村留守儿童较为集中地方，村卫生所还加强传染病疫情监测，严防儿童传染病疫情蔓延；为了落实好农村留守儿童医疗救助工作，一部分村卫生所还在村委和村民的帮助下建设"农村儿童之家""爱心健康驿站"等儿童活动场所，以便及时掌握农村留守儿童的健康问题。

在关爱农村妇女和老人方面，新农合制度也立足实际情况，进行了许多尝试和创新。例如，新农合在逐步扩大重大疾病救治试点的病种范围时，明确提出优先考虑妇女乳腺癌、宫颈癌、重性精神疾病、艾滋病机会性感染等大病保障，让罹患大病的农村妇女能够成为最大受益者；村卫生所还会定期组织农村妇女进行健康例查，排查妇女患重大疾病及妇科疾病的隐患，真正做到防患于未然；此外，村卫生所也会面向广大农村妇女宣传计划生育、优生优育等健康知识，倡导健康的饮食习惯和作息方式，为关爱农村妇女健康迈出了重要一步。在关爱农村老人方面，村卫生所会定期举行义诊，降低老人患心脏病、高血压等疾病而错过最佳治疗时间的风险。为应对老人的常发病、多发病，相当数量的村卫生所还专门开设紧急会诊的"快捷通道",确保在突发情况下也能为体弱多病的老人提供最及时的治疗;在缴费和报销方面,新农合也适当降低了老人缴纳的费用,提高报销比例和补贴标准,让老人花更少的钱降低更多的风险,为保障农村老人身体健康提供了许多现实可能性。通过对农村儿童、妇女和老人的保障措施可以推断出,新农合制度把"以人为本"作为工作出发点,不断提高服务水平和成效,受惠于民也更加注重施惠于民。

新农合制度对村民心理健康的影响主要表现在提升村民的获得感和幸福感。党的十九大报告明确提出,目前我国的主要矛盾已经转变为人民日益增长的美好生活需要和不平衡不充分的发展之间的矛盾,人们在满足基本生活需要的同时,更加注重生活水平和质量的提升。在改革开放40年取得卓越成效的大背景下,新农合也不断探索新思路、新方法和新路径,坚持提高农村经济发展质量与村民健康水平同轨对接、共同发展,真正做到发展成果更多、更公平地惠及全体人民。因此,新农合的本质就是增强农村老百姓的获得感和幸福感,使他们对农村各项医疗保障制度充满信心。

由于大部分村民缺乏良好的经济条件,因而防范风险的能力偏弱。在对疾病的态度上常常表现为"小病忍一忍,大病拖一拖",对重大疾病更是充满恐惧与担忧。随着新农合制度的不断普及完善,村民加入新农合以后,对疾病救治不及的担忧明显减缓,心理压力自然得到了有效释放。而且村民参合的时间越长,从新农合获得的收益也就越多,其心理健康水平改善的程度也更为显著。究其原因主要有三点:第一,新农合有效改善了农村医疗保障环境,提高了村民对公共医疗的信任度和接纳程度;第二,新农合大幅降低了农民大病救治的医疗成本和因病致贫的风险,减轻了家庭的经济压力;第三,由于新农合报销程序不断完善,村民会普遍产生"可以报销"的心理暗示,极大缓解了村民因病返贫的恐惧感。由此我们不难看出,趋利避害是每一位村民的正常心理现象,能够在很大程度上缓解村民对疾病的焦虑和担忧。合理的报销补贴使村民对农村基层医疗产生积极的情感体验,从而提高村民疾病诊治的积极性。新农合制度的实施不仅可以使村民拥有健康的体魄,还能培育村民以更加积极健康的心态面对生活,对维系良好的家庭关系、培养和睦的邻里关系和催生出更高层次的获得感和幸福感起着重要的促进作用。根据上述分析可以得知，新农合确实对村民心理健康的改善具有可行性。

### 三 农民身体保健意识增强

社会在发展，经济在不断进步，农民生活水平不断地提高，尤其是近几年国家和社会对于精神文明建设的重视，使得农民的生活品质普遍得到了提高，而相应的农民的身体保健意识也普遍得到了提升。但是，在一些相对落后的农村地区，农民的身体保健意识仍然显得有些薄弱。

现在农民群众生活的现状是，农民普遍缺乏卫生知识，自我保健意识淡薄，"小病扛、大病拖"的后果往往是小病拖成大病，大病没钱医治甚至无法医治。而且日常生活中也不注意养生与锻炼，饮食卫生方面也不是很注意。此外，农村地区有关身体保健的场所和设施不够齐全，没有为村民提供全面的健身器材。这些都直接或间接地导致了农民身体素质差，进而拉低了农民生活的幸福指数。

通过对临沂市沂水县书堂旺村的调查发现，在50岁以上的农民中，高达71%的农民表示身体不舒服先扛一下看看，实在不行才会选择去医院，平时也没有时间去做什么身体保健。而只有14%的农民表示年纪大了对于身体健康反而格外重视，会定期地去医院进行体检，平时也会注重身体锻炼与养生。剩下的那些多为子女在外又没有经济来源的孤寡老人，他们对于身体健康，或者说对于生活都没有什么大的追求。而通过对这些家庭的经济情况调查发现，那71%的农民家境大多都是普通家庭，而那14%的农民相对来说家境比较富裕，家庭负担比较小。为了做对比，对部分城镇居民进行了调查采访，其结果却截然不同，69%的居民在平常生活中注重锻炼与养生。由此可见，农村地区的农民身体保健意识总体而言比较薄弱，城镇居民的身体保健意识要远远高于农村地区的农民。

农民身体保健意识不够强的原因主要有以下三点：

首先，农民与城市居民生活态度与生活追求二者有很大的不同。随着人民生活水平的提高，尤其近些年来，人们的生活态度普遍已经发生了明显的变化，生活品质得到了明显提高。人们生活不再是仅仅追求物质生活的满足，对于生活品质也有了一定的要求，精神层面也得到了重视与发展，当然农村地区生活水平也得到了很大提高，相对来说农民的空闲时间增加了,但是农村里的农民的生活态度相较于城市居民而言都还比较保守,农民大多是生活中的服务者,他们在生活中往往全身心的奉献给生活,且很多人寄希望于后代,于是便形成了一种把自身地位放到很低去服务生活而不是享受生活的这种传统上。经济发展,生活水平提高后,这种观念和现象已经有所改善,但仍然存在。这种生活态度使得一部分农民不懂得享受生活,更不会把更多的精力放到提高生活品质上来,也就无暇顾及身体保健。

其次,农民群众的文化程度不高,这也是导致农民身体保健意识淡薄的一个重要原因。对于书堂旺村这样比较偏远一些的农村来说,教育资源比较匮乏,教育环境较差,师资力量不够,老百姓接受教育意识不强,种种原因导致农村孩子出现受教育文化程度不高的现象。生产力决定生产关系,经济基础决定上层建筑,农村的生产力本身就比较低下,所以导致生产关系比较薄弱,从而经济基础也相对较弱,进而导致形成了文化教育方面的短板。文化素质偏低,农民对于生活品质的要求不高,简单的工作与生活模式,再加上实质上繁重的生活负担,都让农民这一个群体整天忙碌于生活,而无暇顾及自身的健康,也就无法形成身体保健意识。身体保健意识是反映生活品质高低的一个重要方面,相反的,对于生活品质的要求同样深刻影响着农民的身体保健意识。

最后,也是最重要的,农民身体保健意识与经济发展水平密切相关。一方面,农村地区农业发展受到限制。其一,农民对于农资市场缺乏敏感性,盲目地去进行种植或者养殖,使得农资市场上出现了某种产品因为农民的主观臆断而产量增多的现象,自然会导致销量的下跌,不利于农村地区的经济发展;其二,书堂旺村这样的村子,农业结构比较单一,农产品种类与发展受到极大限制,农产品商品流通网络建设步伐缓慢,双向流通渠道不够畅通,农民买卖难度较大。并且农村地区技术支持不够,服务体系也不够完善,随着市场经济的发展,农村地区的农业发展很被动,发展也相对缓慢。此外,农村地区就业结构单一,缺乏更多的工作岗位与高薪就业机会,限制了农村经济的发展。经济发展水平不够高,农民收入与城镇居民收入相差太大,日益增加的各项消费给农民增加了经济负担与压力,政府不能为农民提供足够的健身场所与器材,再加上政府宣传的不到位,农民的身体保健意识也就得不到提升。

### 四 农民身体疾病与寿命

关注农民身体健康，不仅要关注农民的健康意识是否在不断增强，实际上，更重要的还是关注农民的身体健康状况本身，这是发展乡村健康事业最终的目的和最重要的指标。关于农民的身体疾病与寿命状况，下面以青岛平度市同和街道办事处后五甲村的有关情况为例展开分析。

（一）村民身患大病情况

首先，关于身患癌症、恶性肿瘤的情况。癌症具有细胞分化和增殖异常、生长失去控制、浸润性和转移性等生物学特征，癌症是导致农民患病死亡的主要杀手。在农村，农民生活环境比较恶劣，文化素质相对较低，吸烟、喝酒以及不合理的饮食导致人们患癌的几率提升。而且随着农民平均寿命的延长，癌症对农民的威胁日益突出，农民生活水平较低，缺乏相应的健康防范意识，不经常性去医院体检，对自身健康状况就没有具体地了解。当发现癌症的时候一般都是晚期，如该村一位村民从发现肝癌到去世，仅仅四十天。试想，如果具有较高的健康意识，每年去医院体检，是否还会发生这种情况？

农民患癌还有一种原因是家族遗传。该村有一户家里兄弟姐妹四个，两人查出癌症，胃癌和肺癌。虽然这户人家发现较早，但是由于不合理的治疗，农民自身文化水平较低，对于医生的话不以为意，认为只要注意一下就行，继续务农打工，加重了身体负担，导致病情恶化，两三年的时间就被病魔带走了。

癌症是农民的主要杀手之一，在农村主要癌症是胃癌、肺癌以及肝癌，严重影响了农民的寿命。癌症关键治疗期在前期，如果前期发现早，将癌变部分切除，癌症也可以得到有效的治疗，但是，在农村早期发现癌症是很难的，一般发现就是晚期，这个时候，一切都晚矣。

其次，关于身患高血压的情况，高血压是以体循环动脉血压增高为主要特征，可伴有心、脑、肾等器官的功能或器质性损伤的临床综合征。高血压是最常见的慢性病，也是心脑血管病最主要的危险因素。农民患高血压是常见的，一家人里总有一个或者几个高血压患者。这与农民的饮食习惯息息相关。高血压主要是由大量摄入食盐，过度饮酒导致的，肥胖也是造成高血压的原因之一。在农村，农民吃饭大量摄入食盐，尤其一到冬天家家户户都腌制咸菜，吃饭以咸菜为主，这种大量摄入食盐以及过度饮食是农民得高血压的主要原因。

在该村，农民即使查出高血压，也不会将它放在心上，认为吃几天药就好了。他们认为高血压就像得了一场感冒，没几天就好。所以，病情一旦缓解，就和过去一样，药扔到一边，该吃吃该喝喝。这也最终会导致偏瘫，半身不遂等病症。

最后，关于身患糖尿病的情况，以高血糖为特征的代谢性疾病。因胰岛素分泌缺陷或生物作用受损，或两者兼有引起。糖尿病在农村也很普遍，主要因为农民生活习惯、饮食习惯不规律。糖尿病虽然不像癌症那样直接致人死亡，但是它也是不治之症，通过并发症，引起眼、肾、心脏、血管、神经的慢性损伤、功能障碍，最终导致人的死亡。所以，对于糖尿病的治疗关键在于病情的控制，平常对饮食起居的管理，这对人的自控能力提出了要求，但是农民由于文化水平较低，对于糖尿病了解的少之又少，对于病情控制缺乏相应的措施，甚至部分村民认为只要血糖控制在相应的范围以内，糖尿病就好了，不需要再吃药，对吃药治疗也不放在心上，想起来就吃，忘记了就算了，吃东西也不注意，这样只会加重患者的病情。

(二) 村民的寿命与死亡

农民的寿命与疾病有着很大的关系，非正常死亡占了绝大多数。但是，从总体上来说，农民的寿命都逐渐增长，随着经济文化水平的提高，关键是农村经济的发展，使得农民有能力关注自身的健康状况。国家通过深化改革，健全农村卫生服务体系，完善服务功能，实行多种形式的农民医疗保障制度，解决了农民看病难问题，不断提高农民健康水平和生活质量。

从两方面看待农民寿命问题，一方面是正常死亡，村里最长寿的活到了92岁，这位老人如此长寿主要和家庭环境有关，家里人照顾得周到，也与家里的经济条件密切相关。老人家里经济条件较好，疾病较少，能够做到早预防早发现。但是一般老人只能活到70—80岁，当老人到了这个年纪，一旦遇到小病小灾，一般是致命的。老人到了这个年纪身体虚弱，再加上终年劳作，身体状况每况愈下，逐年积劳导致身体的垮塌。还有就是对家里老人照顾不周，认为只要扛一下就好，观念比较保守，站在自己角度考虑老人的病情,最终导致病情的恶化;另外,农村医疗水平与城市依旧还有很大差距,农民病了最好的也就去县城看一下,不会舍得去大城市接受治疗,对自己的病情不是很了解,耽误了治疗。

另一方面是疾病之外非正常死亡。具体包括青少年溺水身亡、成年人自杀等。农村家长缺乏对孩子的管教,小孩子经常去河边游泳,到地里放火,对自身安全造成极大的隐患。周围村落经常存在孩子溺水死亡的事件,孩子掉井里的情况。除此之外,还存在一些自杀情况,上吊、喝农药屡见不鲜。虽然,农村生活水平得到了提升,但是人们的精神生活空虚,消极、悲观地对待生活。当遇到经济问题的时候,农民总是束手无策,农民主要经济收入就是那固定的一亩三分地,除此之外,别无他法。当遇到经济问题时总是束手无策;还有,就是出现感情问题,亲人之间吵架,一部分人爱钻牛角尖,不会辩证地思考问题,导致自己无法从不良情绪里走出来等。这些问题严重时候导致农民选择自杀。

## 第三节　农民生活习惯及改变

近年来,随着改革开放的不断深化,经济发展水平不断提高,全面建成小康社会有了新的进展,人民生活不断改善。党和国家逐渐实施乡村振兴战略,"三农"问题是关系到国计民生的根本性问题,必须把解决好"三农"问题作为全党工作的重中之重,坚持农村优先发展,支持和鼓励农民创业和就业。我们可以看到,虽然农民的生活面貌得到了极大的改善,生活习惯与以往相比也发生了重大变化,生活更加健康积极向上。但是一些传统的不良生活习惯仍在少数农民的头脑里根深蒂固,要想改变也并非一朝一夕就能完成,这需要在党和国家政策的鼓励和支持下,使广大农民逐渐自身觉醒和改变。

山东省日照市东港区卧龙山街道山海天文德小区,之前是当地的东小洼村,在推进城乡一体化的新农村建设过程中,村庄拆迁,90%以上的当地村民都住进了同一个小区——文德小区。所以,住在文德小区的大多数依然是居住在东小洼的农民,尽管村民都住进了楼房,却仍然还有许多由于不适应楼房居住条件等原因而养成的不良习惯。

(一) 饮食方面存在的不良习惯及改变

从饮食方面来看，很多农民还是信奉"不干不净，吃了没病"。这是农村普遍盛行的一句流行语，同时也被全面贯彻到了日常生活当中去。比如吃饭的时候，不小心掉在地上的饭菜，很多居民会直接忽视地面是否干净这个问题，直接捡起来吃；许多人在外工作了一天，回家不洗手就直接拿起馒头往嘴里塞，上完厕所不洗手更是成为常态；很多人习惯喝凉水，渴了就直接打开水龙头喝生水；平时走在路上也会随时摘一个苹果往身上擦一擦就直接吃，鲜有顾及农药残留的问题。

同时，许多居民对于海产品的安全意识和法律意识也很低。文德小区处于沿海的位置，大量居民会经常从海上直接采取一些海产品运到小区里卖，许多居民会贪便宜和便捷忽视了一些海产品的安全卫生情况而选择购买它们，出现了食物中毒现象。比如，日照附近海域时不时会发生赤潮，赤潮生物第一优势种为链状亚历山大藻，该藻种可产生麻痹性贝毒，在食药局提醒消费者在毒素爆发期不要采捕和购买食用野生的贝类的前提下，每年仍然有大量居民或抱着侥幸的态度购买或误食，出现中毒症状。除此之外，在恰逢日照开海的季节，大量新鲜海鲜上市，许多文德小区的居民会有"趁着新鲜多买点"的意识，一买就会买很多，煮完后吃不完第二天就接着吃，殊不知这里隐藏着致命物质。隔夜的海鲜譬如爬虾，会产生大量的有毒物质危害身体健康，但是仍然有不少居民"馊粥冷饭养胖子"的观念根深蒂固，为了图方便、省柴火，吃隔夜的冷饭馊粥。更严重的是，这种贪便宜图方便的习惯已经静悄悄地演变成了个别商贩漠视法律的心理。秋季是适合吃螃蟹的大好季节，为了获得更多的利润，日照石臼海鲜市场的批发商人造出了一种"针眼蟹"——使用针管从螃蟹的肚脐处、蟹腿的关节处向海蟹中注入一种海水和化学药水的混合物。由于注入的是海水，本身螃蟹体内就是可以容纳部分海水来存活，化学药水相当于兴奋剂来提高螃蟹的活动能力，所以这类"针眼蟹"看起来会比普通的螃蟹行动更加活跃，容易给人造成这种螃蟹"更加新鲜"的假象。这些看似是为养家糊口所使用的赚钱"小技巧"，实际上已经触碰了法律的底线。

对于居民"有什么卖什么"和贪便宜图方便的不良习惯，小区相关部门应该加强食品安全以及相关法律的宣传，尤其是沿海居住的居民，更是应该加强他们对于海鲜食品方面的认识与教育，因地制宜，从实际出发，制订沿海地区居民特色的健康教育内容，准确了解把握当地居民的健康状况；为保证健康教育工作的有序开展，需要不断提高健康教育人员的素质，对健康教育人员进行教育培训，提高其知识储备；对小区基层领导进行定期的教育培训，争取得到当地政府的重视和支持；对于不法商贩的猖獗，相关部门应该加大执法力度惩戒不法行为，保障居民的生命财产安全。

（二）穿着方面的不良习惯及改变

在穿着方面，近些年农民收入水平的大幅度提升带来了居民穿着消费观念的深刻变化，现在农民穿着明显多元化，衣着也更加时尚、漂亮。然而，一些穿着礼仪等相关方面的不良习惯仍然存在。比如，在夏季，天气比较炎热，小区当中处处可见没有穿着上衣的男性，这种不良习惯实际上对很多女性尤其是儿童产生了恶劣影响，有损风气；很多居民为了省水费电费，衣服穿好多天才攒到一起洗，该小区正位于山海天旅游度假区，人们在经营烧烤生意时无暇顾及身上穿着时间过长沾满油点和油烟味的衣服，而这些穿着时间较长的衣物细菌繁殖较快，对人们的健康有害；更甚一些居民除了贴身穿的衣服，外衣便不再清洗，因为本区的许多居民在外从事职业的多样性，例如在工地工作，沿街开家具店，从事粉刷工作，衣物上会溅到泥浆泥水，钢筋器材也会留下印记，甚至油漆点，这些外衣因难以清洗污垢，导致居民对此不再给予清洁。

节俭克制是中华民族数千年来形成的传统习惯，它根深蒂固，深入人心。而本区居民由于从事职业的特殊性养成的这种崇俭克制的消费习惯，虽然有利于节约自然资源和积累社会财富，但过度压抑消费也限制了消费对生产的反作用。对于广大在外从事脏活累活更换衣物频率很慢的居民来说，除了要通过广播、报纸、健康的文化娱乐等方式引导他们树立正确的消费观念以外，支持工商企业开发符合农村特点的具有文化色彩的消费新领域和新产品也不失为一个积极的措施。

（三）居住方面的不良习惯及改变

在居住方面，尽管村民们住上了楼房，却仍然存在许多住在平房时所养成的习惯。首先，有很多本小区的居民没有经过任何相关部门批准，便随意在小区门口售卖自己从海上捕捞的牡蛎、鱼等海产品，这一开始不仅吸引了本区的居民来购买,而且也吸引了附近小区的居民以及度假区的游客来购买,而海鲜生意的火爆又吸引了其他商贩前来小区摆卖各种各样的货物,从一开始的蔬菜、水果到后来售卖衣物,而摆摊的位置也从文德小区一直沿街下去摆到了日照一中的校门口。由于文德小区和其附近的小区靠近日照一中,大多都是学区房,上下学高峰时期,人流量巨大,行驶车辆也很多,从各个小区来的消费者络绎不绝,这就使得本来就不宽敞的街道沿街变得更加拥挤。这种私自摆摊赚取私利不顾公共秩序的不良行为已经严重影响到了学生和上班族的出行安全;其次,当傍晚时分商贩们收起货摊回家之后,在街道上留下的是烂叶子、果皮、塑料袋和污水,这种行为也在很大程度上影响了街道的卫生情况。更令人咂舌的是,执法人员屡次阻止这种行为,却仍然有不少小区居民在执法人员离开后继续在小区门口摆卖海鲜,甚至有个别居民面对执法人员的管教时选择无视或者无理取闹地与其起争执,这也在一定程度上反映了这些居民的法律意识淡薄。

不少居民对于"靠山吃山、靠水吃水"发展特色经济的认识存在偏颇,甚至走入了"只取不予"或"多取不予"的行为误区。小区居民随心所欲地开采海洋资源,依靠着优越的地理位置,在旅游旺季到海边进行个体经营,如租店售卖海上用品、经营烧烤生意等,却忽视了生态文明发展的问题。随着日照市夏季海边旅游的热度持续增加,居民们对经济收入的"胃口"也越来越大,人员的进出增多,污水排放、垃圾处理等方面,并没有得到居民们足够的重视,往往都随便处理了,采用较先进设备设施的居民很少,这给海边的卫生保护造成了很大的危害。

农民的不良生活习惯在这些年的教育与改革中已经消失了许多,良好的生活习惯也在逐渐养成,但是总会有一些旧的保守的思想观念阻碍着农民的进一步发展,因此必须在各个方面解决好农民的不良生活习惯的问题。宣传党和国家农村卫生工作方针政策,普及卫生法律法规知识,宣传国家免费治疗如肺结核等优惠政策,宣传新型农村合作医疗制度,提高农民的"参合"率和对卫生资源的享用率。帮助农民掌握传染病防治知识,使农民了解预防为主、防治结合的基本常识。宣传普及环境与健康、营养与健康等保健知识,使农民了解慢性病的预防措施和核心信息。教育农民掌握食物中毒、农药中毒及重大公共卫生事件的预防措施和应对能力。培养农民养成"讲卫生、保健康"的良好生活习惯，建立健康文明的生活方式，改变不良卫生行为，讲究室内外环境卫生，保持地方卫生干净整洁，积极参与农村环境卫生整治，有效治理农村乱倒垃圾、乱堆乱放等不良行为，彻底改变农村环境脏、乱、差的现象。丰富农民的文化生活，加大文化事业建设，积极组织群众性的精神文明建设活动，运用多种技术手段以及大众传媒来宣传，丰富精神生活，提高自身意识。

改变不良的生活习惯还得从农民自身做起，只有意识提升了，不良的生活习惯才会被改变，相信城乡的差距在这一方面会越来越小，相信农民自身力量的强大。不良的生活习惯改变了，不仅对自己、对家庭有利，而且也是对他人、对社会、对国家的贡献。

第 三 章

# 美丽宜居村庄导向：农民居住改善

党的十九大提出了乡村振兴战略，而宜居乡村建设是振兴乡村的关键。美丽宜居乡村建设的过程主要面临着生态环境污染、人居环境规划不合理、乡风民情继承难等问题，因此宜居乡村建设需要及时采取监管与整治、统筹与规划、保护与传承等有效措施，只有政府、社会齐抓共管，发挥农民主体地位，才能最终共建共享宜居乡村。

## 第一节 美丽宜居乡村建设现状

美丽中国，农村必须美。繁荣农村，必须坚持不懈推进社会主义新农村建设。建设美丽宜居乡村是时代发展的要求，是实现百姓幸福安康、国家繁荣富强的基础。依据对现实的分析可以看到，尽管当下我国宜居乡村建设仍然面临诸多矛盾，但从国家对乡村振兴的重视程度和农村发展的战略机遇来看，美丽宜居乡村建设前景向好。

### 一 宜居乡村的内涵及意义

美丽宜居乡村从宏观领域上来说应包括自然和社会两个层面上的"宜居"，具体表现为自然生态环境优美、基础设施完备、村居布局科学、精神乐土留存等方面，最终达到天蓝、水净、地绿、安居、乐业、增收的美好局面。

人居，顾名思义，是指人类聚居生活的地方，是与人类生存活动密切相关的地表空间。农村人居环境包括农村居民生活生产中的住房、道路、教育、医疗、卫生、思想观念、文化氛围等方面，内涵十分丰富。

可以从三个方面来理解农村人居环境的含义：第一，农村人居环境的主体是生活在农村里的居民。他们或出生就在农村，或是后来转至农村生活，但他们的共同点是大部分时间在农村度过，经过长时间的生活。他们已经对农村有了十分的了解和熟悉，并且在内心形成一种寄情于农村的特殊的情感——乡情；第二，农村人居环境以农民生活所在村庄为固定地理空间。农村人居环境与城市人居环境是相对应的，它的地理空间以农村为界。在一个具体的村庄里，该村人居环境的地理空间是指该村庄与其他村庄界限内的所有空间，该村居民可以在这一特定的地理空间进行劳作与娱乐活动；第三，农村人居环境是一个包括硬环境和软环境在内的综合体。农村是农村居民生活生产的场所，必须提供居民生存和发展所需要的硬环境和软环境资源。硬环境属于有形环境，包含农村住房建设，基础设施建设等，可以通过观察和使用判断其优劣；软环境属于无形环境，形成于农村居民共同的生活生产中，并长期影响着农村居民的心理和行为。硬环境和软环境共同构成了农村人居环境，为农村居民生产生活服务。农村人居环境包含了农民生产生活的众多方面，事关农村社会的全面发展，其中某一因素的改变都会对农村居民产生很大的影响。

人居环境的改善事关百年大计，关系到每个人的切身利益。近年来，国家越来越重视农村人居环境的建设，各地区也把改善农村人居环境，建设美丽宜居乡村作为乡村振兴的重要建设内容。

随着城乡一体化的不断推进，乡村建设在各方面都取得了重大成就，但城乡二元体制仍然得不到根本解决，中国要想富农村必须富，农村是中国的希望和未来。美丽宜居乡村建设是乡村振兴的关键一环，是实现全面小康不断提高人民幸福感和满足感的必经之路。

从紧迫性上来讲，一方面，党的"两个一百年"奋斗目标中第一个百年目标即到建党一百年时全面建成小康社会的任务已经迫在眉睫，小康不小康关键看老乡，只顾城市不断发展而忽略宜居乡村建设，那么全面建成小康社会只能被迫拖延甚至成为空话；党的十八大指出要建设美丽中国，而农村是中国的基础，党的十九大报告提出实施乡村振兴战略，党和国家对"三农"问题重视度越来越高；另一方面，我国乡村在发展过程中存在诸多问题：物我矛盾、人我矛盾众多，生产方式粗放环境污染严重问题显著；村容村貌不整洁，布局规划存在问题；精神动力和凝聚力缺失阻碍着美丽宜居乡村的建设和国家战略的进行。

从重要性上来讲，小到影响村民的生活起居，大到影响中华民族伟大复兴，宜居乡村建设是我国实现社会主义现代化必要的前提和基础，是坚持以人为本的重要体现。一方面，改革开放以来，我国城镇化、工业化、农业现代化取得巨大成就，物质财富累积越来越多，人民生活同样也获得改善与充实，给宜居乡村建设提供了必要的条件；同时宜居乡村建设的稳步推进对社会主义现代化起到了重要的反推作用，为现代化建设提供源源不断的生力军；另一方面，中国特色社会主义共同理想与共产主义远大理想最终都是为了人的自由而全面的发展，建设宜居乡村一是肯定了人民群众的重要作用；二是体现了以人为本，发展为了人依靠人，发展成果由全体人民共享。宜居乡村建设对推动城乡一体化进程，对推动我国的发展都有重大意义。

**二 美丽宜居乡村建设面临的问题**

当下，宜居村庄建设仍然面临诸多问题，集中表现在生态污染、设施落后、规划不科学、乡愁难留存这些方面。问题的出现与农民生产方式不合理、乡村资源短缺、农民文化素质水平不高等因素有很大关联。

（一）生态环境污染突出

近年来国家大力强调生态环境保护的重要性，要像保护眼睛一样保护生态环境，像对待生命一样对待生态环境，但是乡村在保护自然生态环境方面仍然有所欠缺。

一方面，科学技术的不断发展给农业生产带来了诸多便利，但也产生了矛盾和问题，尤其是农药化肥地膜和农业机器设备的广泛应用。农药和化肥的过度施用造成了土地污染、土壤板结，特别在下雨时残留的农药会随着雨水渗入地下水或直接流入河流湖泊造成水污染；地膜处理不及时，自然循环难降解，而且，它还会阻碍养分和水分的输送、传导，造成农业减产；落后的农业机器设备往往排放大量尾气，影响大气环境；另一方面，农村传统的生活生产方式也造成了环境污染，尤其体现在生活垃圾的处理方式和家畜饲养管理上。在一些农村，部分农民环境保护素养相对较低，塑料袋、秸秆等生活垃圾往往采取露天焚烧的方式而很少集中处理，排放出大量一氧化碳、二氧化硫等有毒气体，影响空气质量和农村居民的身体健康；相当一部分乡村还没有化粪池、沼气池，使得厕所垃圾和家畜的粪便往往直接堆积在空地上或就地掩埋，严重影响村容村貌和周围环境。此外，由于乡镇企业特别是环保意识淡薄企业排放废水废气，一定程度上也加剧了生态污染。

（二）规划不合理与设施落后

村庄建设规划不合理集中表现在乱搭乱建、房屋面积、大小、风格差异较大、物品堆放和车辆停放的空间不足等。随着经济的发展、城市化进程加快，当下的农村逐渐显露出了"工业社会"和"半熟人社会的特征"，产生了类似于城市病的状况：马路越修越宽却有车多堵塞道路的情况，房屋越盖越大却有乱搭乱建的趋向，生活越来越现代化但人的环保意识和消费观念却没有同步提升。农民越来越富裕但履行公共义务和承担责任的职责感却没有较大提升。尤其是在农居建设方面由于房屋采光、建设面积不合理，造成邻里之间的利益矛盾和冲突，导致了邻里不和谐。近年来新农村建设是乡村发展建设中的一大亮点，但不少新农村建设只是表面上的"新"化，房屋是新了但农民的生活方式却没有得到根本改变，一些当初乐于搬进楼房的农民纷纷抱怨没有空间摆放农具，新楼在供水供暖等方面也存在诸多问题。

基础设施落后是导致宜居乡村建设难的另一重要因素。一方面，是交通、水电等方面的问题。要想富先修路，路是连接乡村与城市的枢纽，便利的交通是发展的前提。部分地区受地理环境影响，道路施工本就困难重重，加之偷工减料、施工队伍水平低等人为因素加剧了互联互通的难度。水电是当下任何区域都不可或缺的资源，一些落后乡村由于供电供水设施的老化或缺失给生活生产造成严重不便，深深地制约着宜居乡村建设；另一方面，是乡村娱乐休闲、医疗卫生等公共设施的缺乏。农村农业是我国传统文化的发源地，但当今的文化中心已经转移到城市当中，农村处于文化圈的边缘，文体娱乐设施的不足导致农村文化繁荣、农民道德和审美素质提升困难。

（三）村容村貌整治问题

随着农村经济的发展和农民收入水平的提高，农民对农村人居环境治理的要求也越来越高。在新农村建设和乡村振兴政策的带动下，越来越多的农民建起了新房屋，但是随之也产生了由于农民建房的无规划性和自发性而造成的乡村建设缺乏统筹安排的问题。在一些村落，虽然是有着不少各种崭新的，充满现代气息的房子，但是由于其散落在村庄中的各个地方，这样非但没有体现出新农村的新风貌，反而会破坏村落整体的古朴美感，显得参差不齐、杂乱无章。

农村公共服务设施、绿化景观的设计规划也较为欠缺。农村基础设施建设的问题需特别关注，以道路建设方面为例，以前的农村道路多为坑洼不平的土路，尤其是遇到下雨天等天气状况的影响时，更为泥泞难行。随着现代交通工具的发展与普及，以及城乡交通往来需求增大，这种农村土路的规划改造就显得更为重要。此外，还有一些农村中存在着厕所条件简陋，厕所垃圾暴露在外的现象，这不仅导致臭味熏天，污染环境，而且引来苍蝇、蚊虫等，稍有处理不当，极易造成一些传染性疾病的发生，这些状况的存在急切需要一场"厕所革命"。

新农村建设的主要任务是"生产发展、生活富裕、乡风文明、村容整洁、管理民主"。改善农村生活环境，做好乡村绿化工作就是落实"村容整洁"任务的具体表现。但是目前有许多乡村不重视其村庄的绿化，公用地、绿化地面积减少，或是没有对绿化地进行统一规划，这样就会导致农村的绿化状况达不到要求，无法发挥绿化建设对环境保护的重要作用。

(四) 乡村精神文化建设问题

从人类诞生开始，人居环境的演变就被深深地打上了人类活动的烙印，而且，随着人类文明的发展和科学技术的进步，人类活动对人居环境的影响越来越大。

农村文明是中华民族文明的重要组成部分，而村落就是这种文明的载体。但是各地在美丽宜居乡村的建设中，有的忽视了乡村原有的特色风貌、传统文化和乡风文明等内在建设，过多注重农村基础设施等外在建设，农村特色文化传承薄弱，农村的质朴乡风文明严重丧失。传统村落在农村建设中大量消失，或者被改造得面目全非，既没有城市的现代气息，也没了乡野的质朴文明，从农村出来的人们很难再寻觅到记忆中的故土，更别论乡愁。青山在减少，绿水被污染，房子被改建，让农民找不到田园的感觉和家乡的记忆。农村是中华民族传统文明的重要发源地，乡土文化的根不能断，乡村精神文化不能没有承载。在由传统村落向现代村落的剧烈转变中，不能让乡村成为记忆中的故土。

### 三 建设宜居乡村的要求与措施

宜居乡村建设需要制度和法律的保障，需要科学的规划、资金的投入，需要政府社会尤其是农民的协力合作，发挥农民主体地位和主动作用，只有农民才真正了解农村的环境，因此他们对乡村的发展也最有发言权。

美丽宜居乡村建设的目标很多，任务很重。农业部办公厅在关于开展"美丽乡村"创建活动的文件中，将其特征描绘为"天蓝、地绿、水净、安居、乐业、增收"六个方面。为了完成到2020年农村人居环境显著改善，村庄环境基本达到干净整洁有序，村民环境保护与健康意识普遍增强的行动目标，要求从细微之处着手，努力做到"三美"。

第一，是环境治理风景美。首先，进行农村环境保护宣传教育。开展各种形式的农村环境宣传教育，提高农民的环境保护意识，培养他们的环境保护责任感。真正树立环保意识，才能做到"内化于心，外化于行"，将环保意识真正体现在日常行为中。同时可以通过宣传向农民传输有关合理使用化肥、农药的知识，让农民学会高效合理地使用化肥；其次，完善农村环境保护的相关法规。农村的一些小工厂之所以敢肆无忌惮地排放工业"三废"，其中很大一部分原因就是因为政府在对农村环境保护的法律法规制定方面不够完善，监管还不够到位，这才让这些工厂有机可乘。政府要建立健全农村环境监测机制、管理体制和行动机制，充分发挥法律法规的监管作用，并且在发现污染时可以及时地进行处理，以防造成更大的危害，同时寻找污染源头，让污染农村环境的行为无处可逃；最后，合理进行生活垃圾专项治理。改变以往生活垃圾随意扔弃的做法，建立专门的垃圾回收站，在街头巷尾放设多个垃圾桶，安排专门人员定期对垃圾桶进行清扫回收，对垃圾进行环保安全处理。

第二，是科学规划布局美。要想建设美丽宜居乡村，就必须坚持规划先行，整体规划村庄布局、建筑风貌和基础设施建设等。提高对村民新居建设质量和风貌管控的要求，明确建筑的使用材料、层高、间距等，合理安排；改善村庄的道路、供水、厕所等基础设施建设，农村厕所改造应与新农村建设、美丽乡村建设和农村环境连片整治建设相结合，因地制宜地制订农村厕所改造实施方案；合理规划农村绿化建设，提前进行绿化地选址与绿化植物的品种选择，安排好专门人员对绿化地的日常维护与整修负责。

第三，是乡风文明素质美。美丽宜居乡村的建设，不只体现在生活环境的宜居，还体现在文化风尚的宜居。制订以保护地区特色为前提的乡村建设计划，在进行农村现代化建设的同时，遵循乡村自身发展规律，注意乡土气息，保留乡村风貌，留住田园乡愁。由于各地气候环境等自然因素和经济发展水平等因素的影响，每个地区都会形成自己独有的风采、文化与记忆，在传统的新农村建设思路下，很容易造成这些独特的文化泯灭，造成"千村一面"的景象，这就要求我们要注意保护村庄原始风貌与特色，在保留原有特色的基础上，发展现代化的农村与农业，实现农村建设"各美其美"的特色发展。

建设宜居乡村，从具体措施方面，主要应包括以下几个方面：

（一）加强对环境的监管与治理

加强对环境的监管与治理，要发挥村民和政府两个主体的作用，要发挥制度和法律强制性、规范性的作用，减少土地污染、水污染和大气污染。

从村民角度来看，村民要通过村民大会、基层党支部会议等形式制订相关的村规村约如禁止露天焚烧，让村民充分发言讨论提出自己的观点、看法和主张，提出自己的利益诉求，协调好村内环境治理措施。还要采取相应的奖惩机制，对身体力行遵守规定的村民以适当奖赏，对违反规定破坏生态环境的村民给予一定惩罚，如罚款等。从政府角度来看，政府有关部门尤其是镇一级，要在不违反国家法律的前提下制定相应的地方行政法规，落实环境监管责任制，将村务管理具体到个人，政府有关工作人员要担负起相应的监管责任。政府还要加强对村民的环保意识和基本文化素质教育，积极组织宣讲队伍去乡村宣讲，尤其要注重对农村党员的教育，强化绿水青山就是金山银山的意识，使环境监管由他律到村民自律，使村民内化于心外化于行，这是使环境监管和治理有效发挥作用的关键。

## (二) 重视对人居环境的科学规划

重视人居环境建设要坚持整体谋划，要从乡村建设布局、基础设施建设两个角度出发，既要使建设布局相对合理，又要方便和充实村民生活。

从乡村建设布局来看，要因地制宜地对现有的农房院落、村庄道路及周围设施进行特色风貌整治。不同类型乡村采取不同的方式。对城中村或城边村而言，距离城市近所受到的辐射作用强，建设布局要适度倾向于同城市规划相一致，加强与城市的互联互通；对远离城市的纯农业为主的乡村而言，要突出地域特色，与农业生产方式相协调，配备相应的农具存放地和粮食存储室等。无论哪种类型的乡村建设都要避免乱搭乱建和乱放乱堆，保证休闲娱乐区域、集市商业区和村民居住区相协调。从基础设施建设上来看，需要政府的资金投入，需要更多的资源配给，宜居乡村离不开全面的完善的基础设施。首先，要种类和功能多样，要具备学校、医疗卫生所、养老院、福利院、文体娱乐场所等公共设施；其次，要在质量上达标，一是施工认真负责，要保证基础设施建设自身的高质量；二是要充分发挥起这些设施所应有的作用，让村民充分利用起来并且利用好，这是更为关键的。

## (三) 传承乡情留住乡愁

传承乡土风情，留住乡愁就是要保护乡村文化的根基，保留乡村风貌，留住田园乡愁，增强人们对乡土的归属感和依恋感，这是乡村美不美、宜不宜居的关键。

美丽宜居乡村建设不能忽视乡村文化底蕴，离不开乡村文化遗存和传统技艺等有形或无形的人文环境的涵育。一是要加强对传统村落的保护，杜绝一味追求眼前利益和短期利益而破坏历史建筑和特色建筑的行为，保护物质性文化遗产；二是要加强对传统技艺、手艺的传承，保护非物质性遗产。乡风乡情建设不是简单的复制，也不是千篇一律，应该打造出"一村一景""一村一品""一村一韵"的效应。各美其美，美美与共。

## (四) 共建共享宜居乡村

宜居乡村建设是一个漫长复杂的过程，是一个渐进共享的过程，同时更是全体村民共建共享的结果。

从保护生态的角度来看，村民应该推行绿色发展减少污染源，利用沼气池集中处理生活垃圾实现废物再利用，杜绝露天焚烧、乱排乱放，并使之养成一种生活习惯；从乡村布局规划的角度来看，每位村民都应以主人翁的姿态积极建言献策，对乡村基础设施的布局和房屋建筑的规划提出有益的意见；从构建淳朴乡土文化角度来看，要不断创新农村公共文化的管理和运行的机制，打造农村公共文化资源共享平台，缩小与城市存在的巨大文化差距。村民之间要处理好人际关系，使邻里之间相互团结、互相帮助，乡村党员要发挥好模范先锋带头作用，推动形成良好的文化氛围。要不断挖掘乡村特色和潜力，继承古老手艺技艺，让文化遗产得以流传，其价值得以彰显。

## 第二节　农民居住现状及改善分析

乡村振兴战略的一项重要任务就是要不断改善农村居住环境。而改善居住环境，模式之一就是实施农村集中居住，将原先分散居住的农民集中到规划好的社区或中心村居住，配之完备的基础设施，使农民的居住条件得到质的改善。由此看来，推进农村集中居住是当下我国新农村建设的重要任务。

### 一　农村集中居住现状分析

所谓农村集中居住，是指在充分尊重农民意愿的前提下，按照地方政府规划，将原来分散居住的农民集中到规划好的社区或中心村居住，同时使农民在心理上接受并适应集中居住后的生活。国土资源部《城乡建设用地增减挂钩试点管理办法》是其政策依据。与此同时，也可以从"土地节约""人口迁移""村改社区"三个方面来描述这一概念，"土地节约"旨在强调它能优化土地利用，激活闲置土地资源；"人口迁移"侧重推动城镇化进程，促进城市文明向农村辐射；"村改社区"注重生产生活方式的改变，建设新型农村社区。

以农民集中居住为主要形式的新型农村社区近年来不断涌现，深刻改变了传统农村的社会治理基础，通过对不同模式界定的分析，农村集中居住的模式主要可以分为农村集中居住小区模式，搬迁城镇居住模式以及中心村模式三种。

农村集中居住小区模式的地点位于农村或城市郊区，是把原先分散、缺乏规划的居民点聚集到事先规划好的社区，形成农村集中居住小区。这种模式摆脱了原来村庄布局的限制，可以根据需要进行科学合理的布局，房屋设计、基础设施、社区管理等都采用城市小区标准，是一种城市化形式的农民新社区。

搬迁城镇居住模式，对于因各种原因失去土地的农民，可以引导搬迁城镇居住。此模式需要当地政府合理规划好城镇住房建设，合理安排建设农民的集中居住小区，同时给予配置完备的基础设施。这种模式使农民的眼界有了极大的开阔，生活质量从本质上发生改变，看病难、孩子上学难、交通不便等一系列问题得到了解决，使农民真正地享受到了现代城市的文明与便捷。

中心村模式是指选择一个地理位置较好，基础设施较为齐全，规模相对较大的村庄为中心，在对此村庄进行整治与建设的基础上，引导周围其他村庄向此中心村聚集，从而形成一个基础设施齐全、规划有序、环境优美的新型农村居住区。这种模式较前两种投入成本低，便于实施和搬迁，同时对农民生活的负面影响小，有利于农民尽快地适应新生活，因此在一定程度上更易于推进。

从整体来看，我国各地农村发展程度存在较大差异，不同地区农村经济水平、发展历史、农民收入状况以及农民的意愿问题决定了农村集中居住模式的不同。因此，在具体实施上，不同地区应结合实地情况，具体问题具体分析，有针对性地选择适合自身特点的集中居住模式。

实施集中居住能够改善村容村貌，将分散的居民集中到规划好的社区或中心村，有利于村庄布局的有序性发展和村民居住环境的优化。与此同时，将农民集中到一个区域之内，有利于基础设施的进一步配置完善，如在社区内统一安装水、电、暖、气、网等便民设施，让村民享受与城市居民同等的基础设施资源，促进城市化公共服务延伸到农村。而在居住分散的情况下配置相关的配套设施则会出现投入成本高、工程量大、效率低下等问题，以至于难以确保农民的切实利益。

## 二 美丽宜居乡村建设的实践

农村社区,既有别于传统的行政村,又不同于城市社区,它是由若干行政村合并在一起,统一规划,统一建设,或者是由一个行政村建设而成,形成的新型社区。在这一方面,山东诸城市农村社区建设的经验值得借鉴。

山东省诸城市农村社区化政策的推行经历了三个阶段:在2007年的改革中,诸城市政府以两公里为半径,以"地域相邻,习俗相近"为原则进行了社区化的小规模试点改革;随后的2009年,诸城市政府以"积聚,集约,发展"为目标,将农村社区化改革与城乡经济政治发展和文化融合以及政府的公共服务等要素相协调,改革进一步深化;紧接着到2010年,诸城市政府又以"撤销建制村"为目标调整了社区布局,不仅在一定程度上实现了城乡土地的综合利用,还为"中心城区—镇驻地—农村社区"目标模式的形成创造了条件。街道办事处工作人员表示,现阶段,诸城市的农村社区化工作已基本完成,目标模式基本形成,市政府的工作重心已经向提高社区公共服务质量和合理增设社区绿化转移。

龙都街道位于山东省诸城市西部,地理位置优越,交通发达,是诸城市对外开放的桥梁和纽带,也是全中国最大的蔬菜种子生产基地,被誉为"中国蔬菜种子之乡",总面积约110平方公里。辖区内分布着86个行政村和社区,占全市的41.3%,共计36852户,11.6万人。

在进行农村社区改造之前,龙都街道的居住环境较差,主要体现在以下诸方面:危旧房屋数量较多,安全隐患较大;电路老化,家庭用电安全难以保障;庭院中缺少排涝设施;冬季集体供暖难度大;宽带网络普及率低;部分道路路面局部塌陷。在面临诸多居住环境问题的同时,诸城市也迎来了经济快速发展的新契机,良好的工业基础使之成为青岛市的产业转移承接地,70多家相关企业计划落地,因此足够数量的土地面积和建设空间成为诸城市承接产业转移的重要物质基础之一。为改善居民居住环境,处理承接产业转移与用地空间不足之间的矛盾,龙都街道积极响应诸城市政府的农村社区化改革,开展辖区内的土地综合治理。其中"宅基地换房屋,农民上楼"的措施便是因地制宜,充分盘活土地和劳动力资源的有效措施。

要想实行农村社区化改造,首先要解决建设资金的来源问题。龙都街道办事处某工作人员表示,诸城市农村社区化改造的建设资金主要来源于承接该项目的众多开发商,政府与开发商进行合作,以公共服务市场化的契约外包为主要运作模式筹集资金,政府与开发商签订相关协议,将土地换置与安置房的规划建设工作交由开发商运作。在着手进行农村社区化建设之前,龙都街道各社区居委会分别召开多次业主大会,要求改造区域内的每一户都派出一名业主代表参加会议,并详细介绍了诸城市即将承接产业转移的现状以及即将实行的有关龙都街道农村社区化改革的具体措施,就业主们提出的相关问题进行解答,并了解各位业主对"上楼"的态度,征求相关建议。随后,各社区居委会将业主们的态度、问题、建议进行汇总,集中反映给市政府。市政府办公室和市政府社会化发展办公室联合住建局、国土规划局、招商局、人社局、安监局等各部门召开多次会议,结合本市的建设资金,建设用地规划和人力资源等状况以及各业主的意向,对当前政府提出的改造方案的可行性进行评估,确保龙都街道辖区的"上楼"方案切实可行,并对此制订出详细的计划方案和规章制度。

龙都街道办事处工作人员表示,为保证拆迁工作的顺利进行,政府专门聘请了青岛某专业评估公司与开发商进行合作,对辖区内每家每户的房屋面积、庭院面积进行详细测量记录,并将水井、树木等附属财产分类进行登记,汇总出最终结果后分别向政府和开发商报告。

接下来,先由政府与开发商商讨制订出《诸城市城市房屋拆迁补偿安置办法(试行)》草案,再由开发商与业主讨论,直接商定房屋建设的规模、标准等,形成最终的补偿安置办法。业主自愿与开发商签订拆迁补偿(包括搬家费以及房屋租赁补贴)协议,开发商在约定期限内建设完毕后,按照签订合同的顺序交付房屋,居民即可"上楼"入住。

截至2017年,龙都街道的农村社区化建设已基本完成,村民搬进了新楼房,供电、供水、供暖、宽带网络等设施配备齐全;社区绿化得到极大改善;开发商经规划,还给社区内的老人和儿童建设了娱乐活动专用区域;社区内街道宽阔平整,行车便利;街道两旁设置了一定数量的下水道口,有效满足了雨季排涝的需要。与此同时,社区门诊、超市、警卫中心等更加高质量的公共服务得到有效普及;大型购物商城以及电影院等诸多文娱项目的落户也使得居民的消费更加便捷，文化生活更加丰富多彩，同时也给附近居民提供了许多新的工作岗位，在一定程度上解决了龙都街道部分社区居民的岗位需求问题。

目前，我国美丽乡村建设正在稳步迈进，越来越多的美丽宜居村庄将会出现。这样的村庄应该既是生态美好的，又是经济迅速发展的，既拥有绿水青山，也拥有金山银山。农民居住状况不断改善，不仅表现在房子规模更大，更美观，人们也更加追求舒适度、幸福感；还表现在水、电、网、道路等基础设施也在不断完善，为农民、农村、农业创造良好的发展环境。农民生活幸福，不断实现自己的梦想，这也构成了中华民族伟大复兴的中国梦的一部分。

## 第三节　农村房屋建设及户型功能改变

改革开放以来，我国的经济得到快速发展，随着农业生产方式和农民生活方式的变革，农民居住房屋的户型和功能也发生了很大的变化。

### 一　农村房屋建设与户型变化的历史沿革

农村房屋结构形式变迁是农村经济发展的表现，同时结构形式的变迁也进一步推动了后者的深层次发展。农民居住房屋户型结构与功能的变化，同时也在很大程度上展现了农民生产生活方式的巨大变化。

山东省滨州市滨城区市西办事处陈家村现有197户591人。2000年以前，陈家村农民以务农为主，每家每户有自己的田地，他们也有自己的宅基地，一般来说，家里的住房都是自己建造的。在那个经济并不是很发达的年代，几乎全部房子都是土坯房，土坯房就是用泥土为墙的房子，墙的内外材料用的都是泥土，还会加入一些稻草秸秆堆砌在里面，这样可以较大地提高墙体的抗弯能力。土坯房工序比较简单，也不像现在需要什么支架，只要墙体建起来了，房屋也就差不多成型了，但是房屋建造周期比较长，而且要经常维修，尤其是屋顶的稻草要经常进行修补和替换，由于墙体是土做的，所以还要注意防水、防潮，而且许多结构的强度不足，整体稳定性较差。然而在当时经济并不发达的年代，土坯房是陈家村人民的最好选择。

陈家村大多数的土坯房还是以木头作为承重结构，会选用非常粗的木柱作为房梁，然后用多根较短的柱子搭在中间的柱子上，起到支撑整个房顶的作用。墙体是以黄土为原材料，加上稻草混入其中，抗灾能力较差。

土坯房的结构功能区混乱，各个屋子没有明确的功能划分，通常一间屋子担负着客厅与餐厅的功能。而且在2000年以前，厨房大都是用泥土垒砌的灶台，接上烟囱伸出屋顶排烟。每家每户都有自己的小院子，各个屋子之间并不连接贯通在一起，三四间大屋子分隔开，在灶房做完饭之后，要走出房门再端进另一个房屋去吃饭，吃饭休闲（看电视）与睡眠都是在一个屋子里开展的。

2000年之后，随着经济的发展，已经有部分农民转变职业，由原来的务农转向外出打工，在有了一定的经济基础之后，开始重新修建房屋，主要以砖房为主，即砖混结构。砖混房屋的功能结构有了较大的分别，对于户型要求也有了一定的规模意识，建造房屋的时候通常会有准确的户型结构图作为指导。这个时期的房屋还是平房，一般是有了客厅厨房卧室的划分，但还不是特别明显。通常这种房屋的户型为一厅两室一厨一卫，但是卫生间是独立的，一般设置在家中院子的角落。厨房是用天然气来作为生火原料，厨房与主屋相连，一般做完饭之后就直接端在主屋里面。然而到了冬季，天气寒冷，农村中没有供暖系统，取暖装置是火炉，但是这种火炉与前期的灶台有明显区别，这种火炉一般是在集市上买的，炉子连着烟囱，将烟排向屋外，所以在建造房屋时还会专门留有排烟口。这个时期的房屋大多数还没有独立的可以洗澡的区域，村民通常会在离村子较近的公共澡堂来解决洗澡问题。

2010年以后，特别是2014年之后，政府响应国家政策，统筹城乡规划建设，滨州市国土资源局颁布了关于市西街道办事处陈家村居委会拟征收土地补偿安置方案的文件，此次征收陈家村居委会地块位于滨城区长江二路以北、渤海十二路以西地段，征收土地总面积为7073平方米，全部为农用地7073平方米（耕地6295平方米、沟渠742平方米）。而农用地位于第Ⅱ级片区，补偿标准为70.5万元/公顷。这样一来，80%的耕地被占，陈家村村民失去了耕地，职业开始转换。并且村民又开始有了建房的想法，而产生这一想法的原因主要有两个，第一，是因为政府占用耕地的补偿,村民手头富裕;第二,是因为村民预判陈家村会被纳入拆迁区,等到城市规划需要拆迁时,面积越大的房屋拿到的拆迁款就越高。因此,大部分人家盖起了小别墅,一般是两层楼为主。

现在,该村的小楼虽然也是二层楼,但是与真正意义上的别墅却相差甚远。陈家村小楼的二层楼使用效率并不高,大部分村民还是住在原来的一楼,二楼几乎是闲置的。只有在人口比较多的人家,一般是祖孙三代都住在一个院子里,才会充分利用起二层楼来。而现在这种小楼,功能区已经逐渐分明,大多数小楼的户型是两厅两室甚至三室一厨一卫,而且厨房与卫生间是在整个房屋内的,是与其他房屋连接起来的,并不需要走出大门,很多的村民甚至会在主卧室布置衣帽间和独立的洗手间。后来不符合条件的村民政府限制建二层楼,所以还有一小部分村民仍然住着原先的平房。

### 二 农民生产、生活方式对农村房屋户型的影响

农户的生产方式及其生活需要是其房屋使用功能划分的依据。在农村,房屋一般都包括饮食、起居、储藏、会客等使用功能,根据农户不同的需求也会派生出其他的功能。下面以山东省菏泽市牡丹区王浩屯镇郭寨行政村农民居住情况为例展开分析。

郭寨村总人数约为1400人,共计420户,耕地面积为2380亩。明洪武年间,郭姓人氏从山西洪洞县迁居于此,故更名为郭寨。郭寨村的主导产业是小麦、玉米、辣椒、西瓜和大蒜,除此之外,亦有不少农户以养猪和羊为主要收入来源。由于郭寨村的经济、政治、文化等领域的发展状况与周围村庄大致相同,并且人口多、生产生活需求多样,所以研究该村的农户房屋的使用功能划分与现状具有一定的可行性和代表性。

郭寨村是以农业活动为主的行政村,由于该村并没有出现大型农场、工场或手工业企业,所以农户仍然以生产农产品为主。随着经济的发展,一些非农业活动逐步在郭寨村的经济领域中出现,村民的生产生活方式发生了显著变化。一方面,他们在农业经营中仍扮演重要角色;另一方面,他们在非农业(如手工业、商业、服务业)的经营中也发挥了关键性作用。因此,可以把郭寨村的农户大致划分为以下几类:纯种植型农户、纯养殖型农户、种养结合型农户、单一居住型和半商业型农户。

### (一)纯种植型农户房屋使用功能

纯种植型农户约占郭寨村农户的 2/5,是郭寨村最多的一种农户类型。随着农村经济的发展和农民生产生活需要及其思想观念的变化,尤其是在从众和攀比心理的驱动下,这类农户的房屋逐渐从原来的平房变为由两层楼房和一个大庭院组成的房子。在一般情况下,房屋的第一层功能就能满足农户的基本生活需要,只有少数家庭成员众多或子女已婚但未分家的农户才需要完全利用第二层的房间。

农户楼房的使用功能大致可以分为四个部分:最中间的房间做客厅,具有会客功能;东西两边的房间分别做卧室和储藏室,具有休息和储物功能;还有一个利用楼梯下方及其周围空间改造而成的盥洗室,具有洗浴功能。除此之外,大多数的农户会选择在院内单独建一个房间用作厨房,原因是他们虽然已使用煤气、电饭锅等厨具,但仍然保留着用地锅做饭的习惯,在寒冷的冬季或农闲时分用秸秆生火做饭,对他们来说这不仅仅是一种生活方式,更是一种难以割舍的情怀。院子里还会搭建一两个简易的车棚用来停放农用车,也会用来囤放没有销售的玉米、大蒜等农产品。楼房内虽设有厕所和浴室,但农户不习惯使用室内厕所和马桶,他们仍然会在院子里再建造一个厕所,这种做法与农户传统的思想观念和行为习惯密不可分。

### (二)纯养殖型农户房屋使用功能

以纯养殖业为生活来源的农户不足郭寨村农户的 1/10,这类农户绝大多数是由有行动能力的 60 岁以上的老年人组成。他们以放羊卖羊为生,房屋是一层的砖瓦房,使用功能较为简单。房屋一般有一个厨房亦是餐厅,既是做饭又是吃饭的场所;一个堂屋被两扇门分割成三个房间,最中间的一部分用来充当客厅,两边的房间分别用来就寝和储放杂物;厕所和羊圈都在室外。这种房屋使用功能的划分在一定程度上反映了农村老年人的生产方式和生活需要,他们通常生活简朴、知足常乐,但同时思想观念落后、封闭保守。

### (三)种养殖结合型农户房屋使用功能

同时经营种植和养殖业的农户约占郭寨村农户的 1/5,是郭寨村的第二大农户类型。这类农户劳动能力强、家庭负担重,一般由 30—50 岁的夫妇及其孩子组成。房屋以平房为主且面积较大,除了具有纯农业生产型农户房屋所必备的功能外，还需要有两三个猪圈以及一个专门用来存放饲料、粮食等的房间。这种农户房屋的使用功能划分较为合理且利用率高。

（四）单一居住型农户房屋使用功能

纯居住型农户占郭寨村农户的 1/10 不到，他们以承包土地和雇用劳动为主要生活来源，一般不直接从事农业生产。比起一般农户，他们生活条件较好，房屋大小适中且内部功能划分相对精致齐全。

（五）半商业型农户房屋使用功能

半商业型农户一般拥有自己的门市房或者小超市且保留土地，此类农户数量极少。以拥有小型超市的农户为例，他们的房屋大都位于村子的主干街道。农户只需用一间面朝街道的房间作超市，销售日常生活必需品。除了在农忙季节，农户利用早晚以及吃饭等空闲时间经营超市，其他时间都会有一人专门经营超市。穿过超市再往里深入，房屋的布局和使用功能便和其他农户相差无异了。

从目前的状况来看，郭寨村的砖瓦房和平房的数量正在减少，两层楼房有显著增加的趋势，房屋的使用功能与划分正朝着现代化和多样化方向发展。

通过对不同类型农户房屋使用情况的调研发现，农民的生活水平和居住条件有了显著提高，但在房屋的使用功能与划分方面仍然存在一些问题。

第一，房屋功能划分不明显。例如有的农户家庭的储物功能划分不明显，每个房间都会存放一些杂物，既影响美观又不方便查找。

第二，房屋功能没有得到充分利用。农户的房屋一般比较大，尤其是随着二层楼房的兴起，一些农户不愿意上楼居住或者暂时用不到第二层楼房，使得一些房间闲置。另外，村民没有重视到书房的重要作用，很少有农户会利用闲置的房间为孩子设置一间书房，这也是造成农村教育问题的外部条件之一。

第三，落后陈旧的思想观念的束缚。农村文化、思想和审美观念相对落后于其经济发展水平，部分农民缺乏开放性和创新性，不愿意改变房屋现状，也给新农村的建设造成一定困难。

生产生活方式及其需要决定农户房屋的使用功能划分，一方面，政府进行新农村建设及旧村改造应立足农户实际生产生活需要，适当保留房屋原有的使用功能，按不同标准分区建设，不可一刀切；另一方面，农户要转变观念、与时俱进，合理规划和充分发挥房屋的使用功能。

### 三 农民房屋居住几代同堂现实情况分析

在中国的传统观念中，"养儿防老"的思想一直根深蒂固。从法律到道德方面，都规定儿女有赡养老年父母的义务，即失去谋生能力或自理能力的老年人，可以依靠年轻的子女来度过晚年生活。所以，绝大部分农村人都是与自己的父母或者后代居住在一起，形成三代同堂或四代同堂的局面。但是，改革开放之后，由于经济发展程度的不平衡，社会结构的改变，农村的房屋居住情况已经由几代同堂向小家庭模式转变。

当下文化中追求回归几世同堂时代，所谓的"堂"，汉语即可指具体的"四方而高大的建筑"，寓意为"家"，又可被广义理解为一种形而上学上的具有与"家"相关联的丰富社会伦理意义的理性结构。在这个城市化不断加快，人心浮躁的时代，更应该倡导"家"文化，让亲情温暖我们的心，不被社会所左右，内心更加坚定，充满斗志。拥有"家"文化，能让人与人之间的距离被无限度拉近，在家人，朋友，甚至陌生人之间产生温暖，让社会能够时刻产生一个良好积极向上的氛围。

山东省潍坊市安丘市吾山镇陈家沟共有400户居民，经济发展的要求使得人口流动发生许多变化。农民居住几代同堂的家庭现状大致可以分为两个方面：一是农业家庭。此类家庭人员都从事农业生产，以种地为主，一家人都在农村居住。这种情况下是典型的小农经济耕作，精耕细作的生产方式，只是比古代男耕女织略强，简单使用机械化工具，但因为许多田地无法让机械化工具进入，能运用的较为狭窄。同时也会饲养家禽牲畜之类维持生活，这样三代同堂，四代同堂的现象也是有的。这种情况是比较罕见的，据调查，这种情况占10%，也就是说有40户农民是属于这种情况的。但还有一种情况是在老年人还有劳动能力情况下会要求自己单独一个小屋，这种家庭居住多有南屋北屋之分，北屋大多是青年人居住，南屋主要是以老年人居住为主。由于时代的不断变化发展，许多老年人与青年人观念不同，因而在对于某种问题的看法上也有不同的理解。在这种情况下，老人们为避免冲突，通常会采用这种形式。这种情况尤其以丧偶的老人为主。这也是一种"分而不离"的现象。正所谓距离产生美，过多的接触并不意味着是好事。而这种情况也是较为普遍的，据调查，这种情况占20%，也就是说有80户农民是属于这种情况的。

二是非农业家庭。此类家庭主要是在外打工，以外地打工作为主要收入，俗称"农民工"。这类家庭大致分为两种，一种是青年劳动力外出打工，老年人在家中种地耕作。经济来源主要是劳动力打工挣的钱，因此家里只有老年人在家，也有部分是老人小孩在一起，出现隔代同住的现象。因而在农村也经常出现留守儿童的现象，父母与小孩有时好几年才见一次面，这种情况是不可避免的。同时，这也是当今社会所密切关注的情况，且这种情况最为普遍。据调查，这种情况占50%，也就是说有200户农民是属于这种情况的。另一种是青年劳动力在外打工，并有一定收入，因此老年人跟随子女去外地居住，在外地形成三代或四代同堂的现象，随之而来的是农村出现空闲房屋，农村人口大量流失，土地无人耕种的现象。随着经济不断发展，农村渐渐出现空心化的现象，农村人口大量流失，城市人口众多，资源短缺。这种情况也是有的，据调查，这种情况占20%，也就是说有80户农民是属于这种情况的。

过去，农民无论老幼，均住在一起，日出而作，日落而息，日复一日，过着一成不变的生活。这也是陶渊明所倡导的"土地平旷，屋舍俨然，有良田美池桑竹之属。阡陌交通，鸡犬相闻。其中往来种作，男女衣着，悉如外人"[①]。虽说这种情况不是完全真实存在，但是在一定程度上也反映了古代农民生活方式的滞后。农民住房三代或四代同堂的现象是普遍存在的。对比之下，不难看出现在农民房屋居住几代同堂现状发生了明显改变。农民由原先一家住在一起到逐渐主动或被迫分家，甚至可能已经不在农村居住，这也是当今社会存在的普遍现象。造成这种现状的原因也是多方面的。

---

① 出自陶渊明的《桃花源记》。

## 第四节 农民"上楼"及生活方式改变

实施乡村振兴战略,要坚持农业、农村优先发展,加快推进农业、农村现代化;要坚定走"生产发展、生活富裕、生态良好"的文明发展道路,建设美丽中国,为人民创造良好的生产、生活环境。农村的住房建设作为农村建设的关键问题,在一定程度上反映了一个地区农村建设的情况。在一些农村,建设一定规模的农村社区,引导农民从原来的平房、瓦房搬迁到楼房上生活,这在建设农村、发展农村方面,不失为一种有益的尝试,但由此也产生了一些问题。

### 一 农民"上楼"的方式与意义

近年来随着农民收入不断提高,农村家庭在住房建设方面投资不断加大,住房质量也有所改善,农村居民为了追求更好的居住条件,纷纷开始"上楼"。下面以山东济南市章丘农村为例展开分析,农民"上楼"主要有以下方式:

自行购房。随着经济的不断发展,章丘大部分农村里的年轻人除去考上大学或者外出远方打工的,基本都会在本地的技校或者跟随老师傅学习一门技术,也有人能够抓住机遇自己创业,其中做得比较好的家庭,赚了钱就会在城区买房子,进而搬离农村平房,在城区实现"上楼"。

自行租房。一方面,章丘农村里的部分家庭为了追求更好的生活品质,纷纷选择进城打工,但是由于城区房价不断上涨,这些家庭无法承担直接购房的压力,出于方便工作的需要和个人对于美好生活的需求,进而会选择租房居住,从而实现暂时的"上楼";另一方面,章丘农村里的年轻家庭,为了让子女接受更好的教育,也选择在城区内租房居住。

政府政策的需要。为了推进城乡一体化建设,加快城镇化的进程,农村土地房屋拆迁的事件越来越多,章丘也不例外。近几年来章丘部分农村居民通过旧村宅基地拆迁置换,换取了城镇内的住房,减轻了其进城的压力,实现了在城区内的"上楼"。

农村公寓的修建。近年来,由于选择在城镇购房租房的农村居民越来越多,久而久之农村里出现了"空心村"的情况。而这些村子中自身比较富裕的，利用自身资金和村里融资开始兴建农村公寓，这逐渐变为一种趋势，尤其是交通便利、临近市区的乡村。农村公寓相比于市区及其周边的楼房，以其较低的价格受到了多数人的欢迎。因此，那些选择留在农村的居民，在一定程度上以这种方式实现了"上楼"。

**二 农民"上楼"态度和生活习惯**

农民离开原有的宅基地平房或者瓦房，搬到楼上居住。我们需要充分了解的是其对于上楼的态度如何，支持与否，主动还是被动。同时，需要了解的是"上楼"后是否适应，生活习惯发生了哪些改变。

山东省日照市在城中村农民的土地已被政府征收，农民也已脱离农业生产，在通过各种途径实现了再就业的大背景下，近十年来逐渐对城中村进行了旧程改造工程。南小庄作为其中一个村庄，于2011年开始进行拆迁，历时4年半在2015年12月正式交房，南小庄村民陆续搬进楼房。

（一）对于"上楼"的态度与适应

关于上楼，不同的人有不同的想法和态度，总体上呈现青年人与老年人两种分化。

青壮年农民大多愿意上楼。首先，对他们来说，上楼意味着"跳出农门，迈进城门"，意味着离城市化生活又近了一步，能获得心理上的满足感，与城市居民的差距又小了一些。同时，天然气、自来水、太阳能、无线网络等配套设施一应俱全，使得上楼生活条件更加舒适便捷，干净卫生。加之他们在村里生活的时间短，接受过现代教育，对村庄的感情不如老一代农民深厚。除此之外，拆迁上楼将使他们获得一笔对农民来说比较可观的拆迁赔偿款，他们预备用这笔钱开店做点小生意，实现长久以来的"生意梦"。所以，上楼是青壮年农民的梦想，往往政策还未下达，他们就四处打探消息，希望村庄早点拆掉进行旧城改造，他们盼望着早点上楼。

老年农民大多不愿意上楼。首先，他们在这片土地上生活了一辈子，有着浓厚的乡土情结，舍不得离开祖祖辈辈生活过的地方，他们对这里的一砖一瓦，乡亲邻里都有着很深的感情，他们认为把这样好的房子拆掉是一种浪费，与几十年的老邻居老伙计分开也割舍不下；其次，他们的身体素质和条件让他们上楼难,下楼也难。居住多层住宅楼(没有配置电梯),爬楼梯让他们力不从心,1—3层都要气喘吁吁,再往上爬就更加困难,所以他们常常在楼上一待就是好多天,没事几乎不出门,生活得很郁闷;居住高层住宅楼(配置电梯),他们会因为坐电梯而感到眩晕,或者在心理上没有安全感,生怕电梯会出事,总是提心吊胆,且因为楼层过高,他们甚至都不敢靠近窗台往下看。最后,由于他们习惯了鸡犬相闻的生活和双脚粘连土地的生活方式,上楼生活虽然舒适便捷但很多现代设施他们都需要重新学着去使用,也意味着生活成本的提高。老年人虽然不愿意上楼,但在大形势下,他们也不得不在拆迁合同上签字,服从政府和政策的安排,离开生活了几十年的老房子,搬进楼房。

(二) 生活习惯的坚持与改变

从衣食住行等几方面着手,与传统在平房里的生活相比较,上楼后农户的生活发生了天翻地覆的变化。

首先,"上楼"很好地解决了冬天取暖问题。

在平房里居住时,农民冬天家里即使生着炉子,也并不十分暖和,何况有些事还必须到院子里去,所以农民在家里也常常把自己包裹得很严实。上楼后,暖气通入家中,舒适、稳定,符合人体需要,在家中农民穿得明显比以前少了,可以在家中只穿一个保暖内衣也不觉得寒冷,这在之前是绝对不可能的。部分在平房里生活了大半辈子的农民对暖气不是很适应,他们习惯了冬天里的寒冷,暖气的温度他们不适应,觉得太热太干燥,容易上火,在室内待不住要出去走走。还有部分农民觉得暖气费太贵,干脆在冬天也不开通暖气,省下一笔费用,这样他们在楼上穿得仍然和未上楼之前一样多。

农民上楼之前,在平房里搭建"土炕",晚上就在炕上睡觉,在烧火做饭的同时把炕也烧热了,冬天一家人在炕上搭桌子吃饭,聊天看电视,晚上睡觉也十分暖和。上楼后,"土炕"不能再搭建了,农民只能睡床,起初会十分不适应,尤其是老年人,虽然上楼有暖气,但还是觉得不如一个炕暖和,难以接受。同时在"土炕"上能进行的吃饭看电视等活动在床上都不能进行了,之前农村其乐融融的家庭氛围也就因此变淡了。

其次,"上楼"后生活燃料变得清洁环保。

农民在上楼之前,主要有3种生火做饭方式,分别是煤球炉子,煤气灶，以及与土炕成一套系统的烧火灶台。使用煤球炉子做饭之前，需要先用柴火将炉子点燃，然后再填煤球，这种方式会产生煤灰，农村妇女在做饭之前通常会"碰一鼻子灰"，不仅不环保卫生，还会产生一氧化碳，对人体造成危害。与煤炉子相比，使用煤气灶做饭虽然具有干净、快捷等优点，但是价格贵，而且需要拿着沉重的罐子每隔一段时间去充煤气，很麻烦；同时煤气安全性低，煤气泄漏中毒事件时有发生。用烧火灶台做饭，需要捡柴、填柴，产生烟和灰，室内卫生不清洁。

农民上楼后一律使用天然气做饭，天然气具有安全、价格便宜、方便快捷、供应持续稳定等优点，天然气的使用极大地改善了农民的家居环境，提高了生活质量。上楼农民已经习惯了用天然气做饭，并对这种方式表示满意和肯定。与此同时，自来水，厨房清洗池，抽油烟机等现代厨房装置的应用也大大提高了农民的做饭效率和卫生程度。以自来水为例，上楼之前，农民家里虽然也安上了自来水，但水龙头通常只有一个放在院子里，厨房里即使安了自来水也没有清洗池和下水管道。做饭时用水就需要从提前盛满水的水桶里舀，水桶通常不盖盖子，难免会落上灰尘，舀水的时候还容易弄脏弄湿地面，不卫生。

总体而言，与传统的做饭方式相比较，上楼农民对上楼后的高效、安全、卫生的现代厨房装置很满意，在这一方面上楼提升了农民的幸福感。

再次，"上楼"后农民的车辆存放发生改变。

农村家庭的汽车拥有数量较少，即使上了楼，他们的出行工具也以电动车、摩托车、电动三轮车为主，极少数农民家里拥有汽车。原先这些交通工具各自放在自己家门口或院内，互不影响；上楼后，他们的这些交通工具虽然有储藏室可以存放，但由于搬弄麻烦，就零散地放在单元门门口或者进门口处的公共走廊里，没有规章和秩序，不仅影响社区的美观也妨碍进出。

在地下车库存放的汽车，高档汽车少，面包车和低档汽车多，甚至还有农用三轮车也存放在地下车库内。以山东省日照市南小庄为例，2017年11月，由于地下车库内农用三轮车老化，加之车内堆积物品引发自燃、爆炸，农用三轮车报废，差点儿引起地下车库火灾，幸亏保安及时发现，否则后果不堪设想。

复次,"上楼"后农民卫生习惯发生改变。

其一,在公共卫生方面,部分农户的素质并没有随着居住高度的提升而提升,他们仍然保留着在农村时居住的卫生习惯。在电梯内吐痰、在地下车库内丢垃圾、在公共楼道内摆放私人物品,且楼道内的私人物品被偷等事件都时有发生。在个人卫生方面,农户由于搬上新楼房,对自己家中的卫生比较讲究,再加上上楼本身产生的灰尘与垃圾就少,家中卫生较未上楼之前有了很大的提升;其二,太阳能热水器、浴霸一应俱全,上楼让村民洗澡更加舒适便捷,农民洗澡的次数更加频繁,个人卫生工作做得更好了;其三,卫生间内马桶、洗手池等配套设施的应用,让农户的如厕环境更良好,更卫生。但最初使用马桶时,许多农户感到很别扭,表示难以适应。

最后,"上楼"后邻里交往发生了改变。

农户上楼之前,一片区域之内,邻里关系十分密切友好,经常串门、聊天、分享食物,对邻居家的大事小事也基本清楚。夏天的时候,各家不约而同地拿着马扎、扇子来到屋山头上聊天乘凉。上楼之后,农户通过抓阄的方式决定与谁成为邻居,原先的邻里关系被打破,而成为对门的两家人通常不熟悉。即使在长时间的居住中,也难以形成与以前的邻居那样深厚的情谊。上楼后,农户之间相互串门的频率小了,人们各自把自己关在家里的时间变长了,通过看电视、玩手机打发的时间变长了,与邻居在电梯内相遇不认识一般也不会主动打招呼。一个个小"笼子"不仅将农民的房间隔了起来,人心也被隔了起来。农民一边促成着、习惯着这样冷漠的邻里关系,一边又抱怨着现在的邻里关系变淡了,时常怀念曾经三五成群地坐在一起的那些人。

经过一定时间的上楼生活,南小庄农民已经逐渐适应,即使当初反对拆迁,对拆迁持怀疑态度的老年人,在言语中也表明了对上楼政策的肯定。的确,从总体上来看,上楼让农民生活的舒适度和便捷程度等方面都有了很大的提升。"上楼"在一定意义上缩小了城乡差距,提高了农民的幸福感和获得感,对构建社会主义和谐社会具有重要意义。

# 第 四 章

# 农村发展与农民就业、收入

"三农"问题是关系国计民生的根本性问题，必须始终把解决好"三农"问题作为全党工作重中之重。目前，解决"三农"问题最重要的是实现农业生产方式和农民生活方式转变。因此，有必要关注农民从业情况，分析农民的从业类型、制约因素以及改善就业应该采取的措施，并切实应用于当前农村发展的实践中去，只有这样才能更好地促进农村的发展。

## 第一节 农民从业类型现状

农民从业情况主要受到当地农村经济社会发展的影响，同时也取决于自身的主观因素。在改革开放的发展过程中，农民从业类型的变化呈现出鲜明的时代特色，不同年龄阶段的农民就业类型差异较大。

### 一 制约农民就业的因素分析

影响农民就业的因素有很多，其中主要包含当地自然环境因素和人文社会因素。自然环境因素在改革开放前期影响较大，但随着经济社会的发展，自然因素的影响逐渐减少。现在，人文社会因素尤其是经济因素的影响就逐渐增多。

青岛市黄岛区大村镇小泊村位于大村镇东北10公里处（原市美乡东2.4公里），距县城、市区较远，不靠海，马家河上游东岸，地处丘陵地区，交通十分便利。据传，明朝中期，崔氏由今山前寨里、西寨迁来立村。因地势低洼，人口少，故名小泊村。

在改革开放初期的相当长的时间里，由于自然环境因素的影响，小泊村深处内陆丘陵洼地，无山无水，所以该村一直以农业生产为绝大部分农民的就业选择，而且以个体农业生产为主。在这种就业类型下，农民只能维持最基本的生产生活资料，甚至在灾年生活会变得极其艰难。农民所有的精力都必须放在农业生产上，不能再去从事其他职业，收入也相对较低。随着改革开放的深入，小泊村的就业类型受到社会整体经济发展的影响越来越大，就业类型也越来越丰富，就业结构越来越完善。

首先，改革开放初期以农业生产为从业类型的农民，年龄越来越大，已不再适合从事重体力劳动，逐渐把部分贫瘠耕地废弃，肥沃土地则或租或卖给他人耕种，自身逐渐不再以农业生产为主要就业类型，只是少量耕种口粮自给，然后少量圈养家禽和买卖，事实上是进入养老阶段了。

其次，在改革开放初期成长起来的中年农民群体，他们受改革开放人文社会因素的影响更大一些。由于家庭联产承包责任制的实行，化肥农药的使用，耕种农机的使用，使得生产效率大幅度提升，以至于中年农民群体大多都不再以农业生产为主要的从业类型。

再次，中年农民群体的从业类型呈现复杂化，各种从业类型都有所体现。其一，最主要的就是在空闲时间去打工的，一般中年男性是去从事工地建设、道路建设、绿化设施等重体力户外劳动，中年女性一般则是去食品厂、服装厂等人力工厂打工。这两种务工可以在空闲时间为农民带来收入，并且没有很高的要求。但是也有极大的弊端，因为没有各种保障，故而俗称为"打黑工"，工作环境恶劣，危害身体健康，工作不稳定，收入也就不稳定，这部分农民挣的就是辛苦钱、血汗钱；其二，还有从事小包工头之类的工作，他们并不需要从事沉重的体力劳动，但是需要寻找劳动力，并与雇主劳动力协调好工资，费心费力，但赚的钱并不太多，并且收入极其不稳定，甚至竟然受所谓经济危机的影响；其三，还有一部分就是有稳定的工作，比如乡镇教师，乡镇教师收入固定，各种保障福利较多，并且随着国家对乡镇教育的重视和福利待遇的提升，乡镇教师的收入和福利越来越好，甚至并不低于城镇平均水平，他们的生活也极其安稳，并不会再去寻找其他的就业，完全以教师为主要的就业类型；其四，就是一些个体性工作类型，在村里开小卖店、超市、手机店、化肥店等个体户，虽然他们规模并不大，并不能与城镇的个体户相比，但也有其乡村特点，在农村中，他们虽然规模并不大，但也是必需品，农村需求固定，因此每一年的收入并没有那么低，形成"小垄断"，足以维持生活。

最后，在改革开放后出生成长起来的青年群体，他们已基本不受自然环境的影响，并且接受了较高层次的教育，他们基本又开始以单一职业为主要的就业类型，职业与收入双重稳定，但与农村的联系也进一步削弱。

对于接受了义务教育和高中教育，但并未接受高等教育的人，他们并不会再去寻找传统农民的就业类型，而是在自身知识能力范围内去寻找最合适的工作，比如有各种福利保障的工作，这种情况下，工资水平可能暂时并不高，但是在退休以后有着农民所不能比的保障，这也是他们选择的很大因素。

那些接受了高等教育的青年，他们接受了完整的教育，基本符合专业工作的基本要求，因此，他们的就业类型则开始偏向自己的主观意愿与较高收入、较高要求、较高福利保障和有一定所谓社会地位的工作。比如，教师、500强公司职员、国家企事业单位、公务员和从事高科技科研工作等。

## 二 农民从业类型细分

在调研过程中，可以看到，农民从业类型的不同既具有年龄层次差别，也具有明显的地域差别，这事实上体现了农村经济发展历时性与横贯性，纵横两个时空维度的差别。

山东省莱州市土山镇谭家村共有224户人家，村里就业发展主要以草编业和工业、农业为主，辅以小型商业个体户。其中，农业主要由中年家庭经营，大多数青年人都已经到市区打工，或安家落户，也有少数文化水平较低的年轻人在该村就业，除此以外，还有许多外来务工人员在村中就业。谭家村的工业发展为外村部分工人、农民提供了大量的就业机会。由于改革开放以来村里的工业发展迅速，成功拉动了谭家村的经济发展，因此，村内的基础设施建设相对其他村庄比较完善。下面是该村几种主要的从业类型。

## （一）手工业之草编业

谭家村的草编业主要是利用玉米皮、麦秆为原材料，玉米皮本色为白色，吸湿性强但手感粗糙，给人粗犷感。麦秆经过压扁加工，材质柔软富有弹性。草编包最大的特点就是调色性强，在本色的基础上可以染绘不同的色彩，为了更加美观，通常也会手工缝制一些色彩鲜艳的图案。谭家村的草编包主要分为：经典通勤类、休闲个性类、优雅淑女型、甜美公主型、别致精巧小包五种类型。近几年，由于草编包在广大市场销量的增长，工厂也在进行不同风格的设计和创新，以此希望能够与时代以及消费者的审美相契合。

由于草编业主要由人工编制，因此需要大量的劳动力，而谭家村的农民上到70岁，下到20岁都有人从事草编业。整个村庄共有四个大型草编工厂以及零散的草编管理个体户，这些工厂和个体户雇用了人数不等的劳动力进行草编工作，工人可以统一聚集到工厂按照时间获得劳动报酬，也可以带草编品回家按照工作数量获取劳动报酬。虽然工作的选择相对来说比较自由，但是除了管理阶层，这些基层劳动者基本全是体力劳动。谭家村的草编业销量大，因此从事草编业的工人工作量充实，空闲时间较少，收入相对比较可观。

## （二）工业

其一，印染业，谭家村的印染工厂从1990年起步，至今已有较长的历史，主要包括染色、印花、洗水等操作，主要工作是印染布料，工作量大，机械化程度高。我国的印染技术有着悠久的历史，唐代的印染业相当发达，色谱齐备且工艺精湛，到了明清时期，我国染坊有了很大的发展，据资料显示：在1834年法国的佩罗印花机发明以前，我国一直拥有世界上最发达的手工印染技术。

谭家村的中年男士以及许多外地青年大多投入到印染行业当中。目前，印染业面临的最大挑战就是污染问题，近30年的印染工厂排放了大量的废气废水，使谭家村的清水河变成了"黑水河"。由于我国对于环保污染问题的重视力度加大，印染业在节能减排方面做出了相应的改善，但即使这样，重度污染仍然存在。因此谭家村许多中年男性劳动力正面临着失业的危险，尤其是近几年，他们的工作经常停歇，导致劳动报酬不稳定，众多工人承受不了经济压力转而投入到其他行业当中。据当前国际对环保问题的严格规定以及未来的环保趋势，以印染业为代表的污染性强的重工业如果不大力改造，引进环保设备进行污水处理，发展前景则不容乐观。

其二，装载机制造，装载机是一种广泛用于公路、铁路、建筑、水电、港口、矿山等建筑工程的土石方施工机械，它主要用于铲装土壤、砂石、石灰、煤炭等散状物料，由于装载机的作业速度快、机动性好、效率高、操作轻便等优点，它成为工程建设中土石方施工的主要机种之一。

谭家村共有两家大型装载机制造厂，所雇用的主要是村内以及外地的青年劳动力以及技术工人，其中具有焊接、零件加工等技术的农民大多选择在该村的装载机制造厂工作，近几年随着城市化的加深，建筑工程兴起，随即也大力拉动了装载机制造业的发展，但是由于装载机的制造也会伴随有噪音污染、空气污染等污染因素存在，在国家的环保治理政策下，其形势相当严峻。因此，谭家村的装载机制造业也受到严重的打击。

（三）农业

谭家村根据家庭联产承包责任制的政策，每个人分得0.9亩土地，家家户户都种植自己家的土地，玉米和小麦轮番耕种，农业生产并没有形成什么规模与特色，农民根据自身需求，种植基本粮食作物，如玉米和小麦，也有少数农民种植花生，仅有一家种植樱桃果树，随着时间的推移，谭家村农民在耕作过程中，机械化水平提高，采用喷灌技术，不再是从前的大水漫灌，这样既节约劳动力，又节约用水。但是，目前，随着城市化的加深，村中年轻人大多向城市迁移，村里缺乏年轻劳动力，从事农业的家庭越来越少，农村土地利用率低下。加上农业收入较低，许多家庭愿意将自己家的土地租给其他人家，有的家庭专门承包土地，但是由于土地连续性差，大多呈分散状态，因此难以使用大型机械进行耕作，其生产效率依然低下，甚至出现了土地荒置的现象。

（四）商业

谭家村除了从事农业与工业、手工业的打工者之外，还有一部分农民从事小型商品交易工作的个体户，如，超市、饭店、集市贩卖等。相对于打工者来说，他们的工作更自由，更有主动性和主导权，并且担负着维持村民日常生活用品运转的重要任务。家家户户都需要通过商品交易的方式，实现生活的正常运行。

### 三 农民从业类型与当地经济发展

在一定程度上，农业从业类型变化事实上是当地农村经济社会与文化发展的综合表现，所以，引导农民就业转化应该和当地农村经济发展水平、发展特色结合起来。

大延东村，是山东省泰安市岱岳区良庄镇的一个行政村，与良庄镇其他村相比，是占地面积较大、人口较多的一个村。在 21 世纪的今天，大延东村的农民从业类型发生了一些变化，呈现出不同于其他时代的特点。

近年来，根据大延东村村民委员会的统计调查，大延东村总面积 4300 亩，总人口 3860 人，总户数 1100 户，其中耕地面积接近 2000 亩，从事农业生产的农民占该村农民总人数的 60%—70%，与 20 世纪相比，从事农业生产活动的农民明显减少了，但跟其他从业类型相比，农业仍然是农民最主要的从业类型。但是农业的种植种类以及方法发生了改变，与之前相比，有了很大的进步。首先，种类大大增加，尤其是蔬菜种类，种植、灌溉等多采用机械方法，并不断进行创新，例如防止芹菜倾倒而发明的网绳等；其次，自给自足的生产模式得到了根本性的改变，交通通信技术不断发展。两年前，大延东村修建了连接农田的生产路，尤其是邻村北宋村蔬菜市场的扩建与进一步发展，扩大了农产品尤其是蔬菜的销售渠道，农产品的种植种类从之前的以粮食为主变成了现在的以蔬菜为主，并且种植总量和产量要远远高于从前，闲置的土地大大减少甚至几乎没有了，蔬菜种植种类繁多，一年四季蔬菜不断，其中包括马铃薯、西葫芦、西红柿、蒜苗、香菜、丝瓜、芹菜、油菜、白菜、菠菜、黄瓜、双季菜地瓜、芸豆、豆角等 40 多个系列，200 多个品种，同时农民会在不同季节交替种植不同的蔬菜，这样既保证了土地的肥力，又保证了自己的收入。科学技术的进步使农业生产活动更加方便，机械化水平的提高减轻了农民的劳动负担，而农民通过一代代地积累经验与传承，再加上农村蔬菜种植服务中心提供的农业技术服务，从事农业的农民每年都可以获得良好的收成，收入也较为稳定，再加上有些农民受传统思想影响较深，不喜欢改变，从而对农业这个职业类型也一直坚持着。因此，近年来，农业仍然在农民从业类型中占据着最主要的位置。

同时，农业的进一步发展，催生了该村的一系列相关产业，农民可以从事的职业也不断增加。首先，是与农业直接密切相关的从业类型，其中大部分农民从事个体商业或自由职业，包括种子售卖职业、蔬菜贩卖职业、化肥售卖职业、塑料薄膜售卖职业等等。据统计，大延东村有三家化肥售卖店、四家种子服务站、两家薄膜棚架店。除此之外，大延东村还有两个经营自行车、三轮车以及农用机器的店铺，为进行农业活动提供所需的机具。并且随着科学技术的发展，农业的机械化水平上升，但一些农用机器需要一定的技术人员进行操控，一般从事农业的人家不会使用，并且因为大多数的农用机器价格多上千元，对于农民来说，很少有人愿意花大量时间和金钱去购买并学习使用，因此，便出现了一些自由职业者，他们类似技术工人，但又与技术工人有很大的不同，他们购买农用机器并熟练掌握其用法，从而为农民提供相关的服务并收取一定的费用，并以此作为自己的职业，在大延东村，从事这一个职业的有五六个人；其次，在个体职业的从事上，除了与农业相关的职业外，一些属于服务行业的有关食品等的职业也越来越多。在大延东村，有三家早餐店，其中一家主要卖油条，两家主要卖烧饼，还有两家佳肴店，两家饭店，两家小型超市，还有两家理发店，两家成衣店等，这一个个的个体店铺，为该村农民的生活提供了便捷，但是这些多为个体职业，只有一家人进行管理和经营，并没有招聘工人；再次，进城务工的农民人数也是比较多的。大部分务工的地点为良庄镇上的一个米粉工厂和两个大型购物中心以及邻村的北宋蔬菜市场，在蔬菜市场的务工农民主要从事蔬菜装箱的工作，还有不少农民从事蔬菜运输的工作。前两年，大延东村还新建了一所出国劳务所，为农民提供出国打工的服务；最后，大延东村的一些农民发现了旅游业的商机，建立了草莓采摘园，开始发展乡村旅游服务业。农民也开始从事旅游业，可以说，这是一个很大的进步。由此看来，大多数其他职业都是从农业衍生出的，这说明了在大延东村农业的重要地位。因此，总的来说，在大延东村，农业作为最主要的农民从业类型的同时，近年来该村农民从事个体职业、自由职业和务工等农业以外其他职业的人数明显上升，也成为农民的主要从业类型。

大延东村农民的主要从业类型在当代也显示出其自身的特点，除了从事农业的农民人数有所下降，从事其他职业的人数有所上升外，从业类型也逐渐增加，同时，从业类型也显示出其年龄特点，从事农业的农民年龄逐渐上升，这主要是因为大延东村的青少年一代的受教育水平越来越高，因此，年轻一代的人多选择留在大城市或者从事其他行业，而不会选择从事农业活动，而从事农业活动的多为"80后"及其之前的一代人，随着他们年龄的增加，而农业生产活动又没有新一代人的加入，这就使从事农业活动的农民总体年龄逐渐增加。同时，农民从业类型的增加也使农民的收入差距逐渐拉大，从事个体职业的收入高于从事农业的收入。此外，则是农民多从事单一的职业，致力于某一职业，不再跟之前一样将农业作为主业，而将其他职业作为副业。再者，随着时代的发展与人们的需要，农民的从业类型也在不断地更新，例如近年来随着淘宝的发展，农村的农民也开始使用淘宝，但取件需要去镇上，很不方便，2017年大延东村建立了第一家农村淘宝服务站，也随之产生了相关的职业，例如与信息发布、运输取件的工作相关的职业等。

目前，大延东村的农民从业类型现状显示出不同于其他时代的特点，它与其他地方的农民从业类型既有相同也有不同之处，但总的来说，大延东村是当前农民从业现状的一个缩影，或多或少地体现了中国农民的从业现状。

## 第二节　农民外出务工情况调查

随着经济的发展和现代化进程的不断加快，农村家庭成员因就业、求学等原因远离其家人已成为常态。特别是在广大农村地区，外出务工人员（指户籍仍在农村，外出从业6个月及以上的劳动者）逐年增加，从2008年的14041万人逐渐增加到2018年的16884万人，外出务工人员已成为支撑我国经济持续快速增长的重要力量。

### 一　农民外出务工综合情况

农民外出务工情况，与自己的家庭经济水平和是否有空闲时间有很大的关系。在开春完成播种后,有了空闲时间的农民会选择去往附近的城市当农民工,补贴家用。大部分是选择到建筑工地干活,参与城市建设。到了六七月份,进入农忙时节,农民又纷纷从城市回家收获粮食,收完粮食之后又去到附近的城市成为农民工。在早些年外出务工的农民中,大部分的选择是打零工,因为时间自由,农民在农村有自己的土地,他们选择的城市要方便自己随时回家照看土地与地里的庄稼。而经济条件不好的人家,更是会选择进入城市打工,为家里减轻经济负担。下面以山东省禹城市李屯乡孙富荣村情况为例展开分析。

随着城市化进程不断加快,近几年,农村旧村改造情况进程也在不断加快,由于农民逐渐搬到社区,住到楼上。但是住进楼房,农民面临的问题是,相较于以前住在自己的小院子中时,现在离自己的土地较远,并且住到楼上原有的耕作的工具不方便搬到楼上房子内,而且,在农村,几乎家家都喜欢自己养头猪,几只羊,几只鸡,等到过年的时候卖钱或者自己吃肉,这些家畜也不便于搬到楼上。所以大部分人选择把土地出租给外来承包土地进行规模土地经营的人,自己每年收取租金,并且把自己的家畜卖掉;小部分农民自己承包土地种菜,或者自己养猪、养奶牛、养鸡、养鱼等进行养殖。而不再种地的人,大多数选择外出务工。

在村中选择外出务工的农民中,去往的城市主要是济南、北京、天津等较大的城市,其中到济南的农民最多。农民大部分选择到济南打工的原因:一是因为济南距离德州禹城很近,不过一两个小时的车程,在离自己家近的城市,农民可以随时回家,比较方便;二是因为很多年前交通不如现在发达,有一部分人来到济南这个比较近还比较发达的城市打工,并逐渐在济南有了自己的小生意,近几年外出打工的人,也会选择有自己熟人在的城市,并且一个村子中,大部分人都沾亲带故,有一些人也会到济南与亲戚一起干,所以,村子里大部分人选择了有亲戚熟人在的济南,有一小部分想要外出闯荡的人选择了北京、上海、天津;三是济南在不断发展,经济实力不断增强,城市也在不断地建设,所以农民工到济南,可以较容易得到工作机会,在工地进行建设;四是因为相比较北上广等一线城市而言,济南的物价相对来说是比较低的,在一线城市里,虽然挣得钱多,但是花销很大,物价水平高。而在济南,物价水平相对低,对于习惯了农村物价的农民来说,在济南的生活开销水平更能让人接受，毕竟农民在农村生活，物价水平低，蔬菜可以自己种，并且国家有土地补贴，一年也花不了多少钱，济南的物价更易让农民接受。

在近几年，李屯乡大力推进宅基地改革，在孙富荣村，村干部也在积极响应号召，在几年内，村中要实现整村上楼，住进楼房，村中农民也越来越多地选择外出，在经济不断发展的时期，外出务工，进入城市后，农民工也抓住了很多机会，不再一味地当建筑工人，或者只有体力劳动，在孙富荣村进城的农民工中，有人选择收售二手家具，或者自己开家具厂，出售柜台、货架、沙发、床等家具，也有的人选择在城市中学习一门手艺或者技术，比如：修电脑、修空调、修手机的技术，学习厨艺，成为一名厨师等，拥有了一门技术或者开办了自己的厂子。农民工在城市里大多会选择自己租一个店铺，找一个门面经营，这一部分的农民工在进入城市有了自己的生意以后，他们会选择把自己的孩子接到城市里接受更好的教育，学习知识，开阔眼界，或者把孩子和父母一起接来，在城市定居。

在这两年中，由于城镇化不断发展，新农村建设进程加快，许多农民工选择返乡创业来为自己的村镇和地区提供了一定的就业机会，由于孙富荣村相对来说比较靠近城区，新农村建设进程较好，并且国家对农民发放了土地补偿款，在家务农的农民，每亩地都可以拿到国家的补偿，所以现在有很多农民工选择不再外出，而是在村边自己办厂，在本地进行务工。但是仍然还有一部分农民工，在济南等城市里有了自己的关系网与圈子，所以这一部分人仍然会待在城市中进行打拼，而不是选择返乡创业。

## 二　农民外出务工待遇及其影响

近年来，农民外出务工待遇问题一直是社会所关注的热点。随着城镇化的发展，农民工作为一个新兴务工群体，逐渐进入大众的视野，其所反映出的社会问题也为人们所关注。下面以鲁南地区某村为例展开分析。

通过调查发现，该村约有1300人，外出务工的约有400人，约占总人数的30.7%。从年龄上看，25—35岁的约占39.5%，36—45岁的约占

28%，46—55 岁的约占 21.5%，其余约占 11%，可见他们集中在 25—35 岁，大多为青壮年；从性别来看，男性约占 82.75%，女性约占 17.25%，大多为男性，女性较少；从文化程度上看，小学文化程度的约占 35.25%，初中文化程度的约占 31.5%，高中文化程度的约占 14.75%，其他约占 18.5%，大多是中小学水平，受教育程度偏低；从从事职业来看，第一产业的约占 5.25%，第二产业的约占 70.5%，第三产业的约占 24.25%，大多从事制造业，以第二产业为主；从外出流向看，去大城市的约占 53.25%，去中小城市的约占 27.75%，去其他地区的约占 19%，大多会选择经济发达、市场较大的城市，如北京、天津、广州等地区；从农民本身状况而言，外出务工的农民大多生活条件较差，在农村发展前途较小。

近几年，该村外出务工的人越来越多，其根本性影响因素无疑是经济。农村经济相对来说是比较落后的，而吃穿住行、抚养子女、赡养老人等开销是巨大的。该村是镇上比较大的，经济上相对于相邻的几个村来说发展较好，开有服装店、超市、百货店等，但是一般是妇女在经营这些门店，男性大多数选择外出务工。这些男性青壮年身体条件好，能经受住各种艰苦环境，通常选择外出务工来赚更多的钱，担负起家庭重任。如今，要想有一份既轻松又赚钱的工作，必须接受高等教育，取得一定的文凭。而在农村，教育基础设施和师资力量比较差，升学率低，加上本地就业机会少，许多人文化程度达不到一些企业和单位的要求，从而踏上了外出务工之路。城乡收入存在较大差异，通过农业获得的收入无法维持一家人的生活，而且农业发展因自然灾害的发生变得尤为不稳定。相比之下，在城市因其发展规模大、经济效益高以及其他各种便利条件，劳动力的工资相对较高，吸引着农民。由此可见，更好的生活条件、更多的就业机会、更高的收入吸引着大量农民外出务工，维持生计。

对农村来说，外出务工促进了农村经济的发展，使农村面貌得到极大改善。据调查，2017 年该村农民每月的人均净收入达到了 3500 元，同比增长了 25% 左右。农民家庭收入大幅度提高，既改善了家庭生活条件，也推动了整个农村的改革。有些农民从城里带回了资金、先进的技术与丰富的经验，投身于回乡创业，使许多村里剩余劳动力有可以从事的职位，也使农村的发展前景更被看好。

在城市文明潜移默化的影响下，外出务工者改变了传统的旧观念，如生活观念、教育观念、生育观念等，开阔了眼界，思想更加与时俱进，从而提高了自己的素质。以前他们经常聚在一起闲聊、打牌等，生活比较悠闲，相反这种环境下更容易发生一些小的冲突和纠纷。现在，随着这些新观念在农村的传播，恰恰改变了农民的生活方式，使人们的素质得以提高，社会更加稳定。除此之外，农民外出务工在一定程度上缓解了农业人口与土地资源之间的矛盾。外出务工人员把土地承包给别人利用，自己从第一产业转向了第二产业或者第三产业。这样一来，在减少了剩余劳动力、缓解矛盾的同时，也有利于土地的集中生产和经营。

### 三 农民外出务工存在问题及其解决措施

任何事物都有两面性，外出务工也不例外。伴随着其数量的增加和规模的扩大，所存在的各方面的问题日益显现出来。

外出务工者以青壮年为主，其外流导致农村劳动力不足，限制着当地经济发展。在镇上一些工厂招不够人，生产困难，技术水平难以提升，产业升级受到阻碍。农业上大量年轻劳动力的流失也导致了土地无人耕种，化肥、农药的滥用等问题，生态环境遭到破坏，粮食产量减少。大量有生产能力的农民外出打工，给工业和农业带来一定的负面影响，不利于其持续性发展。而那些外出务工的人并没有快速融入城市之中，他们由于文化程度低，只能从事技术水平要求较低的体力劳动而无法从事自己理想中的工作，就业困难，面临着巨大的压力。在城乡二元制结构下，农民虽然进入了城市务工并居住在城市，但仍没有改变农村户籍的事实，无法享受城市居民所拥有的社会保障和公共服务，地位较低，缺乏幸福感。有许多农民选择从事建筑业，劳动强度大、工作环境差，极易出现受伤等状况，所享有的医疗条件差，存在着巨大的安全隐患。并且通过调查发现，该村外出务工的人有一半以上没有签订劳动合同，保险待遇低，拖欠工资、剥夺休息权等现象时有发生，加之农民维权意识低，因而权益得不到保障。这些外出务工的青壮年人口通常是自己或者带着妻子外出，将孩子、老人留在家中，从而产生了留守儿童、空巢老人等一系列社会问题，也进一步加重了农村的老龄化。老人生活孤独，情感得不到满足，极易产生消极的生活态度；小孩虽然在爷爷奶奶的照料下，但缺乏一个家庭应有的爱与教育，逆反心理严重，得不到健康的成长。如果大量农民涌入城市，会限制城市的发展，加剧环境污染、交通拥挤、住房紧张等一系列问题，社会秩序混乱，危害社会治安。

这些问题影响着农村经济的长远发展、自身的就业、家庭的幸福、社会的和谐与稳定等，我们必须直面问题并采取积极有效的措施来改善，推动国家的大发展和大繁荣。

首先，应加快农村产业结构调整和升级。发展乡镇企业，给村民提供更多的就业岗位，防止劳动力大量流向外省，给回乡创业的人提供更多的资金和保障。一部分人不愿回乡的一个根本性原因是收入低，生活得不到提高，为此政府应该采取相关措施来提高他们的收入，带来更多的福利；其次，打破城乡二元制结构和户籍限制，改变对农民不合理的做法；再次，健全相关法律法规，改善社会保障制度，保护好外出务工农民的人身安全和各项合法权益；再次，应加大宣传力度，增强农民的维权意识，同时改善他们的就业环境。伴随着我国产业结构的调整和升级，对劳动者素质的提高也提出了新的要求，所以应对农民展开培训，做好职业教育，提高劳动者素质与就业技能，拓宽就业渠道，来更好地适应市场需求；最后，留守儿童和空巢老人问题必须高度重视起来。鼓励农民工回乡创业或者带家人一起外出，使他们享受良好的教育和医疗等基本公共服务。与此同时，要加大城市管理力度，加强社会治理，使城市更加有序与和谐，实现农民与城市的和谐与共同发展。

## 第三节 当前农民收入增长与负债分析

改革开放以来，我国农村经济在总体上是持续增长的，农户的人均收入水平也稳步提高。但是随着农业现代化和城镇化的不断发展，农村居民收入差距也随之扩大，这在无形之中阻碍了农村经济的进一步发展，不利于我国全面建成小康社会的宏伟目标的实现。

### 一 农业产业与农民收入的关系

影响农民收入的因素有很多。单就农业产业来说，由于我国农业产业化体系化的趋势越来越明显，基层政府也分别推出了一些新型的农业生产模式来带动农民收入，力图通过农业产业体系化来促进农民增收，这无疑是一个非常好的思路。这种模式即在一些地区内形成产业集聚。具体来说就是农业产业化、体系化能通过龙头企业发挥品牌效应，使企业与企业之间交易成本降低，另外还有科研机构的研发也会促进技术进步，这些都能够带动农民收入的增长。

农民收入增加，农民生活水平会提高，从而带动消费水平的增长，促进经济发展、农业产业发展，这是相辅相成的关系。另外，从长远来看，农民生活水平提高，城乡差距缩小，这还有利于下一代的成长和发展，提高下一代人的整体素质，从而使社会进步，经济发展，产业必然也会有所发展。所以农业产业能够促进农民增收，农民增收也会使农业产业有所发展，二者可以共同进步，共同发展。

首先，产业集聚能提供非农的就业岗位。由于有大量的"零值劳动人口"，使得大多数还处于发展中的且仍然处在一个比较低增长的经济发展状态中的国家，他们贫富差距越来越大，城乡之间的差距也逐渐扩大。但假如某地区形成了产业化体系化的农业，那么这些产业则可以为这些人提供非农就业岗位，这可以极大地为农民提供非农业转移渠道，能非常好地通过拓宽就业渠道增加农民收入。

其次，产业集聚能形成规模经济。传统的小农家庭经济自给自足，难以形成规模化的经济，这会使农民投入多，但是回报少，生产成本一直处在一个较高水平。市场风险的存在使得农民生产种植与市场需求之间常常造成信息不匹配的情况，这使得农民随波逐流，盲目跟风，缺乏策略性。当遇到自然灾害或季节性滞销时，常常给农民带来惨痛的经济损失和巨大打击。这就体现出像是古代小农社会经济的脆弱性，导致农民收入难以有效提升。但是，如果经济产业化、体系化、规模化了，那么当产业的经营规模扩大时，它的平均成本也就降低了，这就会使利润增加即收入增加。另外，产业体系化也能够促进产业结构调整、优化和升级，帮助农民增加收入。

最后，产业集聚能发挥龙头品牌效应。当农作物收获时，农产品供给比市场需求大，这会导致农产品难以出售，随之而来的是农民低价销售农产品，这样就会导致收入减少。而农业产业如果发挥品牌效应，并且根据产业链，收购质量安全、品质过关的农产品，进行精加工，就可以使农民以更理想的价格出售自己的农产品。如此，农产品也可以有一个更宽广的销售渠道，扩大销售市场，从而保障农民增收。

**二 农民主要收入来源分析**

近年来，国家非常注重农业、农村、农民的三位一体的发展，出台一系列扶持措施和优惠政策，这不断引导着"三农"向更好、更积极的方向发展。具体来说，农民的收入整体情况和总的变化在一定程度上反映了该地区农民生活水平、幸福指数和经济发展的水平。因此，深入了解并分析农村居民收入结构，对明确经济发展模式以及确定经济发展方向起着非常重要的作用。

鄌郚镇隶属山东省潍坊市昌乐县，位于昌乐县的东南部，总面积达到223.9平方公里，耕地面积有14.6万亩，总共管辖153个行政村，常住人口有10.5万人。鄌郚镇农民收入主要分成四种形式：工资性收入、家庭经营收入、转移性收入和财产性收入。工资性收入是农民一项主要收入来源，农民工资性收入比重相对小，但由于工资性收入在农民收入来源中地位逐渐上升，将会成为农民收入来源的重要增长点；家庭经营收入缩小了城乡区域差距，起着不可缺少的作用；转移性和财产性收入占比小，应给予更多的关注。

（一）工资性收入

工资性收入就是常说的劳务收入，鄌郚镇乡镇企业发展迅速，大批农民进入乡镇企业工作，还有很大部分农民会进入县城或市区一些企业打工。鄌郚镇根据本镇特有的资源和环境，发展了一批独具特色的产业，如吉他产业，政府给予了足够的优惠政策和资金，带动起吉他企业的蓬勃发展，从而也带动了鄌郚镇农民工资性收入的大幅增长，尤其是在1995—2000年之间，工资性收入成为农民最主要的收入来源。

（二）家庭经营收入

家庭经营收入分为两种，一种是家庭农业经营收入；另一种是家庭非农业经营收入。首先，在家庭农业经营收入方面，在鄌郚镇的大部分村，西瓜是种植最为广泛的农产品。鄌郚有着悠久的西瓜种植历史，是中国无籽西瓜的发源地，被誉为"中国无籽西瓜之乡"。鄌郚镇拥有自身传统优势、技术优势、规模优势和营销优势，栽培历史悠久，种植面积大，收入高。其优势种植带已经形成，并引进西瓜双膜覆盖栽培技术，分春秋两季上市，品种全，花色多，培育出了独具特色的西瓜品牌。农民虽然付出体力劳动较多，较为劳累，但种植西瓜，成本适中，且市场广阔，收入高。

其次，是家庭非农业经营收入。农民主要是从事工业、饮食业、建筑业、交通运输业和服务行业。近年来，郎部镇按照"产业拉动创业，创业带动就业，政策激励创业"的思路，经过几年的摸索，郎部镇逐渐形成了具有自身特色的工业发展道路，形成了一批特色产业。特色产业主要是吉他产业、炸药产业和酿酒产业。乐器产业是郎部镇的传统产业，乐器生产企业已经达到上百家之多，从业人员大约有几万人，产品花色品种多，产业链长，产品附加值大，其中电吉他产量占全国总产量的36%，实现业务收入达到35亿元。乐器产业作为本地独具特色的产业，不仅能够使农民翻身做老板，拥有自家产业，增加农民收入，同时也推动了郎部镇经济的稳定增长。炸药产业是在看准时机，抓住机遇的条件下兴盛起来的，最具代表性的就是潍坊龙海民爆有限公司。总公司位于郎部镇，占地面积约22万平方米，现有职工上万人，其中民爆专业技术人员近千人。但民爆企业存在安全生产的问题和隐患，也存在技术研发和技术升级的难题，安全管理方面落实不到位，较大程度上埋下了安全隐患，随着产业结构调整和改革，发挥的作用也越来越小。郎部的葡萄产业已成为农村重要支柱产业，特别是在郎部地区，种植葡萄已成为农民致富的重要途径。郎部镇积极发挥土地资源丰富、光照充足和空气干燥的优势，加大政策扶持力度，进行资源、资金、技术配套，加上临近高崖水库，灌溉条件好，建立起以自种、自酿为特点的中国顶级葡萄酒庄——仙月酒庄。酿酒产业规模化生产，规模化经营，延长了产业链，发展了加工制造业，生产效益高，农民收入翻倍增长。许多农民在资金充足等条件下，加盟饮食产业，开办了各种大型超市、酒店以及各色各样的小型餐馆，由于时间较为自由，工作较为轻松，因此备受青睐。另外，高崖水库不仅是小镇经济发展的命脉，而且也发展成为该地区著名的风景旅游胜地——仙月湖风景区，发展起来的旅游业和服务业等第三产业，成为支撑郎部镇农民收入增长的又一重要支柱。

### (三) 转移性收入和财产性收入

转移性收入包括家庭非常住人口寄带回、亲友赠送、各种救济金、救灾款等。这项收入来源在农民收入中占比非常小。由于鄌郚镇一部分农民外出务工、经商等，经济基础稳定，带回的收入也较为稳定。其他的收入如救济金、救灾款等在一些特殊情况下时常发生，如发生灾情、个别家庭因特殊原因导致贫困等，这些收入变化大，但占比例不是很大，因此对农民总收入影响不大。

财产性收入主要是指金融资产所有者提供资金或将有形非生产性资产作为回报所得的收入，主要有股息、利息、租金、红利、土地征用补偿和其他财产性收入。随着农民资产的增加，进行储蓄、投资、出租土地商铺等活动获得股息、利息和红利等，财产性收入也呈现快速增长的态势。

综合上述不同收入的变化来看，工资性收入在农民总收入中比重逐渐增大，非农业收入来源增多，就业渠道呈现出多样化的特点，第二、三产业获得的收入增长，这得益于国家政策的变化和农村体制改革，农民的日子将越过越好。相关政策将驱动农村走向又快又好的发展道路。

### 三 农民负债情况分析

农民负债在相当大程度上反映了农民的收入和生活状况，以家庭为单位，研究村民家庭债务的金额、来源、用途，了解农民负债情况具有重要的现实意义。同时，全面分析农民负债的原因，也可以为有效化解农民负债问题提出相关对策和建议。

### (一) 村民负债综合情况

以山东省齐河县潘店镇某村为例，据调查发现，该村53%的农民没有负债，7%的农民的负债金额在1万元以下，9%的农民负债在1万—5万元之间，8%的农民负债金额在5万—10万元，另有23%的农民负债金额在10万以上。其中大多数农民的家庭收入都可满足日常开销，实现自给自足。负债金额在10万元以下的家庭，借款主要用于生产、种植投入、新技术培训、子女教育等。10万元以上负债的家庭大多数将取得的钱款或物资弥补过去经营亏损、进行新一轮的种植与养殖或是大额商品的消费，比如为子女购置车房等。

负债金额在 1 万元以下的农民家庭有相当部分使用新型网络理财工具，其中不乏被互联网深深影响的 20—35 岁的青年人。由于网络借贷具有一定风险，面对形形色色的网络借贷工具，大多数农民家庭选择的是公信力较高的"蚂蚁花呗分期""京东金融""360 借条"等。由于借贷金额较小、选择的是公信力较高的借贷理财工具，可以看出农民对于网络借贷持有一定谨慎性。4G 网络走进千家万户，智能、快捷、人性化的操作便利了人们的生活，网络借贷也已经成为小面额借贷的主要方式之一。

负债金额在 1 万元—10 万以下的农民家庭大多选择"熟人借款"以实现自己的经济目标，从侧面上反映出农民的收入有了提高。从某种意义上来说，熟人借款的出借需要考虑的不是该债务人的实际偿还能力，而是债权人和债务人之间的"感情、人情关系"。当经济纠纷发生时，借条则是维护债权人权利的保证，债权人可以通过借条来证明此借贷关系和借贷事实的存在。

负债金额在 10 万元以上的农民家庭都更偏向于选择银行贷款。银行借贷款体系较为规范健全，另外银行的口碑信用在农民选择银行借贷来源中也增色不少。首先，借贷利率较稳定，月利率一般稳定在 8‰，年利率稳定在 10% 左右；其次，债务人还款期限有明确规定，可以避免恶性催债事件的发生。

一般来说，负债偿还时间可以根据偿还能力自由选定，有较大弹性。债务人在不超出自己偿还能力，保证本家庭日常生活运转的情况下，既可以选择 1 个月，也可以选择 2 个月、3 个月等。而大多数家庭负债金额在 1 万元以下的还款期较短，大多在一年以下。负债金额在 1 万—5 万元的农民家庭大多选择在 1—3 年偿还负债。负债金额在 5 万—10 万元之间的农民家庭大多选择在 3—5 年偿还负债。有 10 万元以上负债金额的农民家庭大多选择 5 年以上的偿还期限。其中也有难以偿还的债务，比如，因为重大疾病而丧失劳动能力的农民家庭，投资使用不慎而造成的巨大损失，债务的偿还对于他们来说就难以实现。一般来说，负债偿还期限越长，还款利息越高。在偿还利息利率较高的情况下，不少农民家庭会考虑节俭不必要的家庭支出，以减少债务利息。从这方面考虑，影响负债偿还时间的客观因素有：债务人的债务金额、偿还能力及偿还利息利率等。

（二）村民负债原因

农民产生负债的原因可以归结为几个方面：农民自身、作为大额负债来源的银行、社会层面以及偶然因素。

农民自身风险意识较差，表现在生产结构较为单一、支出与生产投入缺乏预期规划等方面。首先，农民家庭生产结构较为单一，举例来说，大多数农民只是规模种植国家提倡种植的，给予粮食补贴的小麦、玉米等普通粮食作物，缺乏种植经济附加值较高的经济作物来丰富和补充收入，规避风险；其次，据调查，该村农民家庭收入一般可以满足日常生活所需，除非面临大额商品的消费与支出。种植养殖等农业生产项目属于传统的周期性项目，盈亏的周期性交替对缺乏长期财务规划的农户群体伤害较大。在营利充沛的年份，由于农村家庭生活攀比的习性，建房装修，婚嫁购车等消费扩大，多年积累可能被大幅消耗；再次，农民掌握的市场信息通常不够全面，不少农民去年种什么品种走俏，今年就种什么品种，经营上的投机行为，非理性地次年扩大再生产，导致资金富余甚少；扩大生产后的当年往往面临市场供过于求的价格下降，出现亏损，后续再生产或家庭生活将有可能面临巨大困难。

从社会层面来看，改革开放以来，国家实现了工作重心的转移，以经济建设为中心，中国特色社会主义经济繁荣发展，琳琅满目的商品充斥着市场，生产刺激着消费。国家在富强，人民幸福感、安全感也在不断提升；农民信任国家，愿意把储蓄的钱更多用于消费和投资以扩大再生产。同时，虽然国家不断强调推动城乡协调发展，但乡镇企业发展依然甚是缓慢，普遍存在着数量少，且质量不高的情况，无法向农民提供足够的就业岗位来扩大收入。

当前，便捷的授信流程和激进的授信额度成为银行占领市场和完成指标的利器。而金融"三大工程"的落地，则使农村金融继续深化，农村和农户们也会得到更多的金融渗透，利率市场化引发的信贷利率优惠诱惑显著，面对突如其来的信贷盛宴，部分农村客户的负债近年来呈现不断上升的趋势。

此外，一些偶然因素也可能会形成农民的负债。传统农业生产项目周期性较长，受自然因素和偶然性因素影响较大，偶发的市场波动和自然灾害、消极的人为破坏等因素都可能使马上就要进入收获营利期的农业生产项目迈向亏损的深渊。

（三）化解农民负债的相关对策和建议

在国家方面，国家应该给予政策上的支持和引导。首先，国家应推动研发新型农业生产技术，提高农产品产量与质量，提高农民收入种植与养殖收入；其次，国家应出台相关税收优惠政策扶持乡镇企业发展，提供更多就业岗位，扩大农民收入；再次，国家应创设风险意识环境，向农民灌输科学风险意识；最后，国家应进一步改进财政补贴办法，加快推进农业保险法律法规建设，健全农业保险管理模式，加快建立政府主导的农业大灾风险分散机制。

银行可以通过以下四项基本措施起到预防和化解农民负债的作用。首先，银行应加强区域信用环境建设与宣传，强调信用以及信贷风险担保人代偿机制的重要性，增强债务偿还责任意识，明确偿债责任；其次，银行应考虑尝试研发有自然灾害等意外事件保险机制的贷款产品，携手保险公司来锁定此类风险，一旦遇到洪涝、暴雪等自然灾害或受外围环境、市场信息等不可控因素影响，出现无法偿还债务情况，可以启动债务保险理赔，代债务人偿债；再次，银行对于信用意识较差、因经营上出现困难，负债持续增加的违约客户，应积极采取措施，如降低贷款额度，加大清收力度等方式降低风险；最后，银行从多方面多角度考查贷款人信用状况与偿还能力，提高放款门槛。

而最根本的是农民自身也应加强风险意识。一方面，努力扩大收入；另一方面，通过减少支出来实现。首先，农民应努力学习农业生产新型技术，增强农产品竞争力，提高农产品收入；其次，积极利用各种市场平台，了解市场动向与市场行情，最大程度把握市场活动信息的情况，避免因市场信息不对称而造成的损失；最后，农民应增强风险意识，积极主动了解国家金融货币政策与银行政策，购买相应的农业保险，避免不必要的损失和负债。

# 第 五 章

# 产业兴旺下的农民消费观念转变

社会主义新农村建设，是在现代化、市场化和全球化的时代背景下，以及农村发展滞后的现实情况下提出的一种发展战略。我们可以看到，在新农村建设过程中，随着农村地区生产力的发展，在促进农村产业兴旺的形势下，农民的消费观念也在逐步发生变化。因此，在目前我国经济进入新常态的过程中，研究农民消费观的变迁，对挖掘农村消费潜力，培养新的经济增长点有着极其重要的意义。

## 第一节　农民消费观念的现状及改变

新农村建设的根本任务是大力发展农村生产力，重点是发展现代农业，提高粮食综合生产能力，核心是要增加农民收入。改革开放40年来，农村改革重点完成了三个重大转变。一是确立了以家庭承包经营为基础的农村微观经营主体；二是培育了市场机制，促进了农产品和农村其他生产要素的流通；三是实施了统筹城乡社会发展的基本方略。这三个转变极大地解放和发展了农村的社会生产力，调整了工农关系和城乡关系，确立了新的经济社会秩序。在新农村建设的背景下，新农村建设示范点在全国各地同时启动，全国各地政府、人民都在为建设社会主义新农村而努力。经过长时间的建设发展，社会主义新农村建设取得可喜的成就，这些都在相当大程度上促进了农业、农村的发展，促进了农民收入的增加和消费观念的转变。

同时，农村基层管理自治组织得到发展与规范化；产业结构配置更加合理，第二产业，尤其是第三产业得到飞速发展，乡村旅游业的发展带动一系列产业的发展；农村的基础设施得到改善，新农村社会保障制度和新农村合作医疗逐渐进入正轨；九年义务教育在广大农村地区基本得到落实；文化下乡活动也极大丰富了农民的精神生活。这些也都极大地提高了农村生产发展能力，改变了农民的消费行为。可以看到，新时代农村居民消费需求更加注重品质和效益，消费内涵进一步拓展到教育、文化、医疗、科技、环境等多层面，从而展现出农民巨大的消费潜力。

### 一　产业兴旺对农民消费观的导向作用

产业兴旺是发展农村生产力的根本动力，是实现农民增收的关键所在。产业兴旺背景下农村经济的快速发展，对促进我国农民消费观升级具有很强的导向作用。

实现乡村振兴发展战略，就要牢牢把握住产业兴旺这一关键点。根据我国各农村地区不同的发展状况及地理位置，因地制宜发展的特色农业给越来越多的农村地区带来生机与活力。新时期农村特色农业立足于城市农村两个消费市场，依托引进龙头企业，以规模化种植基地为基础，建设了诸多"生产＋加工＋科技"的产业园区。这样，在乡村振兴的过程中，越来越多的农民实现了增收的愿望，人均年收入有了可观的数值，并且一直处于上升的趋势。

产业兴旺使农民收入增多，从而也对农民的消费观念有一个非常明显的导向作用。因此农民收入对农民消费观念的转变具有直接影响。农村产业兴旺，使农民对未来的收入情况有一个良好的预期，有效收入的增加使农民获得幸福感、获得感，从而促使农民的消费观念从生存资料消费向发展资料消费和享受资料消费转变。虽然农村居民衣食住行等生活必需消费仍旧占据较大的比例，但农业消费市场的出现有效地缓解了农民消费的后顾之忧，从而可以充分挖掘农村居民在家庭设备及服务、交通通信以及文教娱乐等发展型和享受型消费方面的潜力。

农业供给侧改革可以不断提振农民消费。在产业兴旺这一大背景下，农业领域的供给侧结构性改革在巩固和完善农村基本经营制度的基础上，优化了农业资源的配置，提高了农业生产的效率，产出更多优质绿色的农副产品，在供给端一侧推动生产，优化消费结构，实现消费品不断升级。农业供给侧改革使得新时期农业的发展有了更多的发展活力，增强了农民对农业发展的信心。

电商平台发展是新时期农村消费增长的一个重要着力点。农村电子商务对农村经济发展的要素投入结构进行了重新配置，从而促进了农业和经济发展转型升级。电商业务的发展能够借助于互联网信息技术，重新分配农业要素，拓宽农产品销售渠道，使产品流通更加便捷，促使资金、人才和技术开始大量向农村地区涌入，以便充分开发农村市场。农村电商的发展使农业生产更多地以市场为导向，使农民更能精准地认识到市场的供求信息，分析当前消费者需求的发展与转变，从而也会不断改变自身的消费。

农村供给侧结构性改革，现代农业的发展和电商平台的应用，从生产和销售两个角度，对农民消费观念的转变起到了一个重要的助推作用，有利于刺激农村农民的消费需求，促进农民自身消费观念的转变升级。

经济的发展推动思想的变革，在新时期产业兴旺的大背景下，农村的教育水平有了明显提高，而这一明显的变化在农村青年思想上的体现尤为明显。经济的发展对农村教育的发展有着重要的作用，农村青年的整体素质有了明显的提高，个性意识在其中兴起。但是要明确的是，这里的个性意识并非利己主义等不符合时代发展潮流的落后思想，而是一种新的消费观念。老一辈的农民更多的是把挣来的钱用在建房子、购买土地或者把钱存到银行里，相较于之前的不能消费、不敢消费的落后消费观，新时代的农村青年在追求实用性的同时，也在教育、服装、出行旅游等各方面实现了消费的转变。

## 二　农民购物习惯与消费意识的改变

中国传统文化强调节俭与勤奋意识。一般认为，农村消费者在消费上更加保守，其购物决策以追求经济实惠为主，对商品价格较为敏感。闫寺镇是位于山东省聊城市东昌府区的一个普通村镇，多年来，居住在这里的人们的购物习惯与购物意识也发生了很大的改变。

在购物习惯与购物意识方面，农村消费者形成了"从一元化到多元化"的改变。最初，农村集市是人们购买物品、消费的习惯性场所。所谓集市，即指农村集市贸易"，是农村在固定地点进行的集中的初级贸易。这种贸易的参加者主要是农村集市所在地及其附近的农民、手工业者和其他乡村居民，他们之间的买卖活动是生产者向消费者的直接出售，是生产者之间的商品交换，是一种简单的商品流通。除此以外，参加者还有小商贩以及其他的生产者和消费者。有学者认为，农村集市贸易远在东晋时代就有，改革开放以来，这种经济形式更是得到了长久的发展。在闫寺镇，这里的集市并非每天都有，而是在固定的日期，即农历的每个月的以三、八结尾的日期，如初三、初八、十三、十八，每隔五天进行一次。在集市的地点方面，几十年来，闫寺镇集市的地点只发生过一次变化，主要是由于乡镇建设问题，但区域大体位置并没有改变，仍然是集中在镇中心位置附近。集市的规模日益扩大，在2015年，由原来的正方形块状区域变成了如今的长方形块状区域。在集市主要的贸易物品方面，商品种类繁多，但大多是农民们的日常用品。主要有：水果、蔬菜、布匹、衣服、农具、花卉等，随着农村经济的发展，贩卖布匹的摊点如今已经消失，取而代之的是各式各样品类的服饰。集市是镇子上的居民们最初买日常用品（尤其是蔬菜）的主要地点，直到今日，闫寺集市贸易依旧繁荣。

除了集市贸易之外，还有较为分散的购物点，如小卖部、夫妻店，以及集体所有的供销社、代销店等，除此之外，还有为数不少的走街串巷的商贩。这些都是几十年前居民们购物的主要方式。后来，随着乡镇经济的发展和乡镇文化的建设，闫寺镇镇中心由原来的平房修建成了二层楼房，随之兴起的是各种各样的店铺。居民们的购物习惯也相应发生了变化。在2005年左右，出现了第一个超市——"百姓超市"，后来随之而起的还有三四个小超市。不过，这些第一批兴起的超市并非像如今的超市一样便利，主要贩卖烟酒糖茶等，这就导致了人们在非集市时无处购买蔬菜的状况。于是，不久，水果、蔬菜超市也出现了。目前，闫寺镇主售蔬菜的超市一共有三个，这极大地便利了人们的生活，在一定程度上弥补了集市贸易时间上的不足。2010年前后，第一个规模较大的综合性超市在小镇上建立起来，名字叫作"亿丰超市"，这是在聊城市发展迅速的连锁超市，后来在小镇上建立了分超市。自此，居民们的购物习惯可谓是实现了巨大的突破，从只能在固定的时间上在集市上买商品，到如今随时可以购买商品，居民们开始热衷于"超市"这种方便而又品类丰富的购买去处。

近年来，随着互联网的发展，网络购物消费在社会上流行开来。同时，这种网络购物的热潮在小镇上的居民之间也日益流行。到目前为止，镇上已经建立了四个快递点：圆通、中通、韵达、邮政快递。这些快递物流站点的增多反映了农民们网购的频繁性日益增加。在网络购物的农民主体上以年轻人居多。近年来，新一代的农村青年受教育水平日益提高，加上农村地区的上网人群以年轻人为主，因此，网络消费的主体趋于年轻化。在网购的商品方面，由于我国农村居民的可支配收入相对小于城镇居民，所以，闫寺镇里的网购消费者更青睐于物美价廉的网购商品。根据调查显示，小镇的网购消费者购买最多的是家电及电子产品，其次是服装，在服装方面，以女性消费者为主。到现在为止，网购在村民们之间也流行开来，但由于网络购物其本身存在的诸如时间性、商品购买之前无法亲身体验等缺陷，所以，人们一般在附近的超市或者镇中心的店铺里面购买商品，如果在这些地方无法购买到令自己满意的商品的话，那么，居民们此时就会选择网购，由于网络商城产品种类多、价格选择性大等优势，人们可以通过网购来选择令自己满意的商品。

总的说来，居住在闫寺镇的农民们的购物习惯经历了从传统的集市购物到如今新兴的网络购物，这种多种购物方式并存的转变，极大地方便了农民们的消费生活。

### 三 农民消费观转变中存在的问题

现如今已是全面建成小康社会的决胜阶段，中国特色社会主义进入新时代的关键时期。在这个大形势下，不同的经济发展模式，不断投射到农村居民的思想、观念、意识和行为动机层面，引发农民社会心理结构的分裂、重组与嬗变。消费观念指导消费行为，农民消费观念的转变带动消费行为的变化，并且呈现出传统性与现代性、多元性与异质性、积极性与消极性并存互动的复杂态势。目前，农民的消费观念中主要存在以下几个方面问题。

（一）求同、从众攀比消费心理的出现

随着农村产业调整的不断进行，农民的生产生活方式已不同于往日。农民的消费观念在转变升级的同时，逐渐出现了对物质资料的过度性追求，求同、从众、攀比的消费心理层出不穷。部分农民的消费不是根据自己自身的客观条件来进行的，而是以自己的主观心理来进行的。他们以旁人的消费行为作为参照，从而使得个人在消费活动中处于一种被动的地位。

虽然农民在产业兴旺的过程中消费观念有了很大的转变，但是同一区域下的农民依旧会对该村的消费习俗有所看重，在不知不觉中农民的消费具有趋同性，使得农民的消费结构出现不合理的地方。另外，随着农业产业的发展，农民的收入提高，部分农民也会出现从众、攀比的消费观念。"你有我必须有，你没有我也要有"的病态的消费心理渐渐出现在一些农民的思想意识中。另外，在某些"大事"的办理上，也会出现攀比的消费心理，过度消费可能会导致部分收入较低的农民背负上沉重的负担，使其在相对时间内生活窘迫，幸福感下降。

（二）不消费和不敢消费的落后消费观念仍旧存在

产业兴旺虽然促进了农村地区经济的发展，也使得许多农民的消费观发生改变。但是以小农经济为基础的传统农业所形成的落后的传统消费观念在一时间不会发生全部改变。在内陆地区特别是在封闭的山区，这种不消费不敢消费的观念就尤为突出。

由于部分农民收入有限，即使在产业兴旺发展这个大背景下，农民的储蓄动机仍旧十分明显，又加之我国农村地区范围广阔，农民人口的基数大，农民普遍受教育程度低，相较于消费，人们更加愿意将自己的钱财放在银行中。而这一消费观念是新时期产业兴旺也无法在短时期内动摇的问题。

（三）由稳健的银行储蓄向风险较高的贷款、理财和保险发展

由于农村是一个广大的消费市场，消费潜力巨大，国家为了转变经济发展方式，开始放宽对农村的信贷政策，基本已经形成了一个能够服务农村、农民的金融体系。农民以前的消费方式简单，在满足基本的生存需要消费以后，由于农民的高层消费意识淡薄，其余的资金基本都是以储蓄的方式进入银行。随着社会主义新农村建设，农民的文化素质的不断提高，其市场意识不断增强，消费方式逐步改变，大多数农民都可以接受贷款，资金充足的农民有的还从事基金、商业保险分红等风险较高但利润也更高的投资形式。

### (四）消费支出由低档日用品向高档耐用品、奢侈品发展

农民以前的消费方式简单，除去最基本的生存需要消费，基本可以做到自给自足。随着经济发展以及社会主义新农村的建设，农民的经济收入得到了很大程度的提高。马斯洛需求层次论指出，在基本的生产需要得到满足以后，人们会提出更高层次的需求。农民在满足基本的日用品消费以后，享受性支出明显增加了。从2011年开始，为了拉动国内的需求，国家针对家电行业采取了相关扶持政策。家电下乡政策使农村家庭里几乎户户都有电视、电脑、冰箱甚至小轿车等一批高档耐用品、奢侈品。在电子商务高速发展的时代，农村的通信服务得到很大程度的改善，以中国电信，中国移动为首的通信服务商基本上都覆盖了新农村建设示范点。农村淘宝上线后，农民可以通过网络在家里达到购物的目的，但是由于农村大都处于比较偏僻的山区，交通不便，快递物流等基础设施没能跟上农民的消费需求。

### (四）消费观念多元化，自我保护意识增强

在改革开放以前，农民的收入很少，农民的消费观念比较一致，主要表现为省吃俭用，杜绝浪费。而现在农村电子商务为农民提供了就业机会和收入，使农民对自己的收入有了更宽广的支配空间，在满足了最基本的生存需要以后就开始思考起精神世界的满足了。此时的农民消费观念出现了多元化的特征，如一些居民仍然保持改革开放前的消费观念，注重节俭反对铺张浪费。而另一些农民则开始追求现代化的消费生活，不仅仅追求物质方面的享受，对精神文化方面的需要也变得更加渴望。但是消费观念开始由原来的传统消费观念向现代消费观念转变，也是农民消费观变化的一个特征。

现在农民有了电子商务这个平台，如果在网络上购物出了偏差，可以有效地保护农民的消费权益。并且农民还可以通过网络了解到相关的法律规定，向外界求助。而政府也出台了相关文件来保障农民的消费权益，这就帮助农民建立起了自我保护的消费意识。

## 第二节 电子商务对农民消费观的影响

农村电子商务的快速发展在农产品领域、日用消费品、服装、电器、

农资购销等多方面都会产生重要影响，对农村经济社会发展的方方面面构成影响。这不仅会给农民们的物质生活方面带来极大的改善，增加农民的收入，而且会对农民的精神生活造成影响，使农民的价值观念产生变化，尤其是农民的消费观。

农村电子商务的发展对农民收入和消费具有明显双向拉动的作用。一方面，在广大农村制约农民消费的最主要也是最直接的因素就是收入，而电子商务天然具有跨越时空的作用，对于精准扶贫精准脱贫有着重要意义与作用。根据调研，2016年，在全国国家级贫困县发展了18个淘宝村，按每个淘宝村解决700人就业计算，可以实现数万人的脱贫。农村电子商务的发展，主要依赖于农产品的网络销售以及由此所吸收的剩余农村劳动力，对增加农民收入有着积极的作用；另一方面，通过各大物流公司以及信息化的基础设施建设，农村电子商务体系为村民提供了丰富的消费产品和更为丰富、方便的优质的服务，弥补了传统农村农民商业模式的不足。此类电子商务平台以精美的图片广告，优惠的价格和通过在农村建立的物流点而拥有了便捷的交通，刺激着农民进行大幅度的消费，这种消费的增长最根本的原因也是得益于农民在农村电子商务中获取的收入，所以这是一个双向互动的过程。

农村电商的发展，也在不断改变着农民的消费观。在农村电子商务的发展过程中，也伴随着互联网和移动网络及其配套设施在农村的广泛普及，农村消费者的信息获取渠道逐步拓宽，和城镇消费者基于网络所获得的信息差距得到大幅度缩小。所以农村电子商务还有另一种途径影响农民的消费观，就是农民在网络上进行电子商务交易的同时，不可避免地会在网络上接触到一些信息，打开自己的新视野。所以，这些网络信息就会对农民原有的价值观念产生冲击，从而改变或影响着农民的消费观念。还有一点值得注意的就是农村电子商务本身作为一种对于农民而言的新奇的商业模式，在农村逐渐普及，成为主要发展产业，而且这种商业模式可以给农民解决就业问题和增加收入，使得没有参与到其中的农民产生好奇，并进行了进一步的了解。这个了解的过程也是农民思想态度变化的过程和消费观转变的过程。所以农村电子商务以它本身带来的价值观念和通过网络传播带来的一些信息，直接改变着农民的消费观念，使得农民的消费观念更加现代化，更加趋向于城市居民的消费观念。

山东省威海市文登区西藕湾村位于市中心与乡村的交界地带，地理位置比较优越，与市中心的信息交流也比较便捷。因此，该村的信息通达度是比较高的。据调查，该村约有730户人家，其中安装电脑与宽带的人家约占70%，可见电脑在该村的普及率是很高的。另外，智能手机在该村的普及率也非常高，除了少数独立居住的老年人没有并且不会使用智能手机外，家家户户基本上都使用智能手机，这为他们进行网上购物提供了条件。

据不完全统计，该村有过网上购物经历的人家占到65%。其中，"80后""90后"的青年人所占比重最大。对于他们而言，上班工作时间基本固定，自由支配的时间也并不充裕，基本没有时间出去购物。而网上购物极其便利，他们可以足不出户就买到自己需要的东西。遇到因加班、下班晚而没有时间出去用餐的情况时，他们也可以上网订餐。另外，在淘宝中他们可以和父母关联亲情号，父母可以把中意的物品的链接发给他们，让他们代付。现如今，网上购物已然成了他们生活中必不可少的组成部分。但不可否认的是，虽然他们网上购物的频率很高，但除了网上购物，他们也会去超市、大型商场等购物场所购买所需物品。不仅如此，当海淘的质量无法令他们放心时，他们也会选择找海外代购购买自己所需的外国产品。而"60后""70后"的中年人不经常上网购物，一是他们觉得网上购物不安全，担心自己的个人信息和银行卡密码会泄露；二是他们看不到实物，对网上销售物品的质量会有顾虑；三是他们不清楚运费险，认为退换货又麻烦又要自己承担运费，担心对网上购买的物品不满意却又只能闲置，造成自己钱财的浪费；四是有一些中年人并没有注册微信，也没有开通网上银行，并不懂得使用微信、支付宝付款。因此，这部分群体会选择超市、商场等购物场所进行消费。但是，在这个群体中也有一部分人在子女的引导下，能够懂得网上购物的流程并能掌握网上购物的操作步骤，也会偶尔在网上购物。然而，那些老人们基本上没有网上购物的经历，一是他们家中没有电脑、智能手机等可以网上购物的工具；二是他们家中的电脑只是为孙辈准备的，他们自己并不会操作使用。因此，这部分群体青睐去村里的小卖部购买所需物品，这种购物方式对年迈的他们而言，既方便又快捷。行动方便的老人还会去集市上购买物品。而年纪较小的"00后"因为有父母的照料，他们并不需要自己网上购物。

在调查统计中，该村居民网上购物的物品种类有着很大的差异。"80后""90后"的青年人在网上购买的物品种类最丰富。服装、鞋、配饰、美妆产品、箱包、电子产品、食品等是他们共同的选择。其中，美妆产品、服装和鞋在他们网上购买的物品中所占的比重最大。不过，"80后"在箱包类商品的购买力上要高于"90后"，而"90后"在零食的选购上则更多一点。另外，大学生除了在网上购买上述物品，在专业书、课外书方面也有所涉及。而一些成家的"80后"还会在网上选购儿童玩具、奶粉、纸尿裤等宝宝所需的物品。"60后""70后"的中年人大多会选择家居用品，他们也会在网上购买一些心仪的衣服和包，较少数中年人会选择在网上选购家用电器。除此之外，有一些居民还会选择在网上缴纳水电费以及社会保险，经常出差的人则会在网上购买车票等。总体来看，年轻人在网上购买的物品种类更加齐全，中年人购买的商品种类偏向实用。再者，该村的男性居民在网上购买的物品种类较为单一，而且无论是哪个年龄段的男性，他们在网上购物的物品种类都要远远少于同年龄段的女性。

大多数情况下，该村居民在网上购买物品时是带有明确目的的，他们会根据自己的目的去搜索相关商品并进行购买，并且他们在这种情况下购买的大多是生活必需品。另外，还存在一种情况，就是居民在闲暇时浏览网上购物软件时偶然发现自己心仪的商品，进而决定购买的。经常存在这种情况的群体大多是"90后"，尤其是在校大学生，他们的闲暇时间较多，所以会用更多的时间去浏览网上购物网站。因此，他们在网上购买商品时常常带有随意性，购买的物品对他们而言大多也不是必需品。还有一部分群体，他们上网购物既带有目的性又带有随意性。他们在网上浏览商品的时候会关注打折的商品，看到既是优惠商品又是生活用品时，他们会选择趁降价的时候拍下商品，然后存起来，方便以后用。

## 第三节 促进农民消费观念转变的措施

当前,中国改革开放在不断深化,经济持续稳定增长,产业结构基本实现转型,农民收入持续提高,农村消费环境逐步改善。但是,现代化、市场化和全球化给农业、农村和农民带来发展机遇的同时,也带来了严峻挑战——农村发展仍不充分,农村消费升级遇到瓶颈,严重影响了农民消费获得感、幸福感、安全感的提升。因此,如何进一步激发农村消费潜力、满足农民消费需求的同时不断带动经济增长,是当前农村工作的重中之重。

**一 落实科学发展观,切实提高农民收入水平**

实现农民消费观念的转变,农民收入持续增长是一个重要方面。应构建现代农业产业体系,围绕着第一二三产业融合发展,延伸农村产业链条,以此来发展农村新产业新业态。

要加强政府、农民、企业之间的关系。政府要建立完善的法律保障制度来引导农业的发展,向农民提供优惠的政策,加大政策支持,减轻农民负担,从而使他们专注于农业产业的发展。同时,增加政府对农业的财政投入,用于农产品的技术、品牌建设、灾害补助等,支持农业龙头企业、品牌企业的建设和发展,使现代农业产业蓬勃发展。同时要重视市场化的作用,提高农业生产效率,鼓励创新,发挥市场在资源配置中的决定作用,从而促进农民收入的持续增长。农民收入持续增长,可以促进农民消费观念的转变与升级,有了资金的支持,农民就会能于消费,敢于消费。

政府应加大对新农村建设的资金等各项扶持政策,改善农民的生活环境,增加农民的收入水平,让老百姓真正享受到改革发展的成果。针对不同区域的农民采取相应的扶持政策,实行精准扶贫和造血扶贫,提高农民的发展能力。虽然农民的收入不断增多,但是城乡居民收入之间的差距依然存在,且有逐年扩大的趋势,所以国家要加快城乡发展一体化的脚步。与此同时还要实现农业供给侧结构性改革,增加农民收入与丰富农村市场产品供给。通过发挥市场对资源配置的决定性作用，推动城乡融合发展，提高工业和商业企业对农民需求变化的敏感度，并且优化乡村物流体系，为工业、服务业产品下乡提供基础。

### 二 加强教育，引导农民树立科学合理的消费观

农民消费观念的转变升级在受收入制约的同时也会受到教育水平的限制。在广大的农村地区，农民受教育程度普遍偏低，这就间接导致了农民消费观念落后。产业兴旺的发展，特别是互联网+农业的发展，使农村农民的教育得到了很大的提升。

首先，应大力开展互联网教育，培养具有互联网思维的新农民，转换传统的农业发展思想。利用产业兴旺带动农村教育的发展，提高农村地区农民的受教育水平，提高农民的整体素质，从而利用教育解放农民落后的消费观念，以此来带动在产业兴旺背景下的农民消费观念的升级，使其向现代化、网络化、创新化的方向转变。

其次，应不断提高农民的科学文化素质。让农民掌握现代农业的技能，所以国家要加大对农村地区教育设施的投入。与此同时，要提高农民辨别投资风险的能力，金融行业在一定程度上促进了社会主义新农村建设，提高了农民的消费水平。但是投资金融行业的风险较高，且国家针对农民还没有具体的优惠措施，农民承担的银行贷款利率较高。除此之外，国家还应该引导农民树立健康的消费观。由于受传统道德观念的影响，农民更注重物质的享受和感觉，而忽视了精神层面的发展以及道德文化素质的提高。一些农民受西方拜金主义和享乐主义思想的影响，消费行为越来越注重所谓的高端、大气和上档次，在各种婚宴活动中，奢华的西式仪式出现在人们面前，铺张、浪费的情况严重。农民纯朴的感情被以金钱为载体的各种行为所异化，所以引导农民树立正确的消费观刻不容缓。

### 三 维护农民权益，树立农民崭新的消费趋向

农民发展能力不高的原因在于自身文明素养的相对落后，根本的解决之道就在于维护农民的合法的经济、政治和社会权利，大力促进乡村治理体系现代化与法治乡村建设，形成共治共享的社会治理格局。没有

良好的乡村治理体系与法治建设，农民就没有舒心、放心的消费体验，也不会有较高的消费满意度和社会安全感。

要树立农民崭新的消费趋向。一方面，这依赖于社会治理体系的不断完备，为农民不断提供良好的生产、生活和消费环境，使农民能够更好地适应现有的生活；另一方面，还需要农民不断提升自身现代文明素养，不断摆脱传统社会自然经济的影响，从而不断增加适应现代社会市场经济的能力，以便更好地融入现代社会。

# 主要参考文献

21世纪教育研究院：《农村教育向何处去——对农村撤点并校政策的评价与反思》，北京理工大学出版社2013年版。

安海燕：《农村土地承包经营权抵押贷款试点效果研究》，中国财政经济出版社2017年版。

白云、王环：《县域经济发展模式创新与新农村建设研究》，科学出版社2012年版。

蔡孟奇编著：《小城镇建设档案管理》，西南交通大学出版社2012年版。

曾博伟：《旅游小城镇：城镇化新选择——旅游小城镇建设理论与实践》，中国旅游出版社2010年版。

曾文：《农村社会治理新理念研究》，光明日报出版社2017年版。

常杪等：《小城镇·农村生活污水分散处理设施建设管理体系》，中国环境科学出版社2012年版。

陈艳：《农村老年人精神卫生资源配置与利用研究》，中央编译出版社2017年版。

陈宗胜、钟茂初、周云波：《中国二元经济结构与农村经济增长和发展》，经济科学出版社2008年版。

东野光亮主编：《农村土地资源利用与保护》，中国建筑工业出版社2010年版。

董捷：《城市圈土地资源优化配置研究》，科学出版社2012年版。

杜润生：《中国农村改革发展论集》，中国言实出版社2018年版。

郭玮：《夯实农业农村发展基础推进农业现代化》，中国言实出版社2014年版。

韩俊：《农村改革试验区改革实践案例集》，中国财政经济出版社2019

年版。

黄宁阳：《中国新时期农村劳动力转移研究》，科学出版社2012年版。

黄涛等：《农村产权制度变革与乡村治理研究》，商务印书馆2018年版。

蒋立亮编著：《农业企业经营与管理》（农村经济发展与经营管理丛书），中国社会出版社2006年版。

孔祥智、盛来远主编：《中国小城镇发展报告（2009）》，中国农业出版社2010年版。

孔祥智：《中国农村发展40年：回顾与展望》，经济科学出版社2018年版。

李谷成：《转型视角下的中国农业生产率研究》，科学出版社2010年版。

李勇华：《农村社区治理研究》，人民出版社2018年版。

刘晓鹰、刘兴全、［韩］朴燮：《中韩区域经济发展与农村城镇化研究》，民族出版社2010年版。

刘祖春：《中国农村劳动力素质与农村经济发展研究》，中国社会科学出版社2009年版。

罗安程：《农村生活污水处理知识160问》（生态美丽家园建设培训用书），浙江大学出版社2013年版。

骆中钊、张勃、傅凡等编著：《小城镇规划设计丛书——小城镇规划与建设管理》，化学工业出版社2012年版。

马春艳：《中国农业生物产业技术创新路径及政策研究》，科学出版社2012年版。

马文杰：《中国粮食综合生产能力研究》，科学出版社2010年版。

马晓河主编：《中国的新农村建设与韩国的新村运动》，中国计划出版社2008年版。

孟庆瑜等编著：《农村生态环境保护法律读本》，甘肃文化出版社2009年版。

宋锦耀：《农村一二三产业融合发展理论与实践》，中国农业出版社2017年版。

宋志红：《农村土地改革调查》，经济科学出版社2016年版。

孙君、徐宁：《把农村建设得更像农村》，江苏凤凰文艺出版社2019年版。

王伟等主编：《农村经济发展问题研究（2007—2008）》，中国农业出版社

2009年版。

韦祖庆:《农村新民居审美研究》,经济日报出版社2016年版。

魏延安:《农村电商——互联网+三农案例与模式》,电子工业出版社2017年版。

邢双军:《新农村人文生态环境的保护与发展研究》,浙江大学出版社2012年版。

张安录等著:《征地补偿费分配制度研究》,科学出版社2010年版。

张雅丽:《中国工业化进程中农村劳动力转移研究》,中国农业出版社2009年版。

赵树枫等编著:《农村宅基地制度与城乡一体化》,中国经济出版社2015年版。

郑舒文等著:《农村电商运营实战》,人民邮电出版社2017年版。

左停、齐顾波主编:《农村区域经济发展问题研究》,中国农业大学出版社2012年版。

[美]福罗拉:《农村社区资本与农村发展》,肖迎译,民族出版社2011年版。

[美]蕾切尔·卡森:《寂静的春天》,吕瑞兰、李长生译,上海译文出版社2011年版。

[美]约翰逊:《经济发展中的农业、农村、农民问题》,林毅夫等编译,商务印书馆2004年版。

# 后　记

　　只要是出生于农村的人，无论在农村生活时间多长，对广阔的农村的记忆永远都是抹不去的，对于农村的情怀已经永远渗透在血脉之中。我个人童年时就离开了农村，对于农村我会时时投去最深情关切的一瞥，时时为故乡，为农村的每一步发展，哪怕是最微小的变化而高兴。

　　因此，最近几年来，我把研究的视角和关注的目光转向了农村、农业和农民，就是希望能够为"三农"问题作出一点个人力所能及的贡献。与此同时，在课堂上，我也多次鼓励同学们能够多思考一下农村，将来有机会能够为家乡的发展尽力。我希望自己对于农村有所思考和发现，也更加希望学生们能够为"三农"问题尽力，将来在理论和实践上有所发现和成就。

　　需要感谢的人很多，首先要感谢的是我的学生。所谓教学相长，他们给我提供了很多分析农村的现实案例，同他们的讨论，也给我很多启发。需要感谢的人还有很多，在这里需要特别感谢的是本书的责任编辑，也是我的老同学朱华彬老师。一两年来，他为本书的编辑出版付出很多精力。

　　由于时间和本人能力所限，本书不当之处在所难免，望各位同行多多斧正，再次表达我深深的敬意和谢意。

孙　波

于泉城济南历山脚下

2019 年 3 月